U0051759

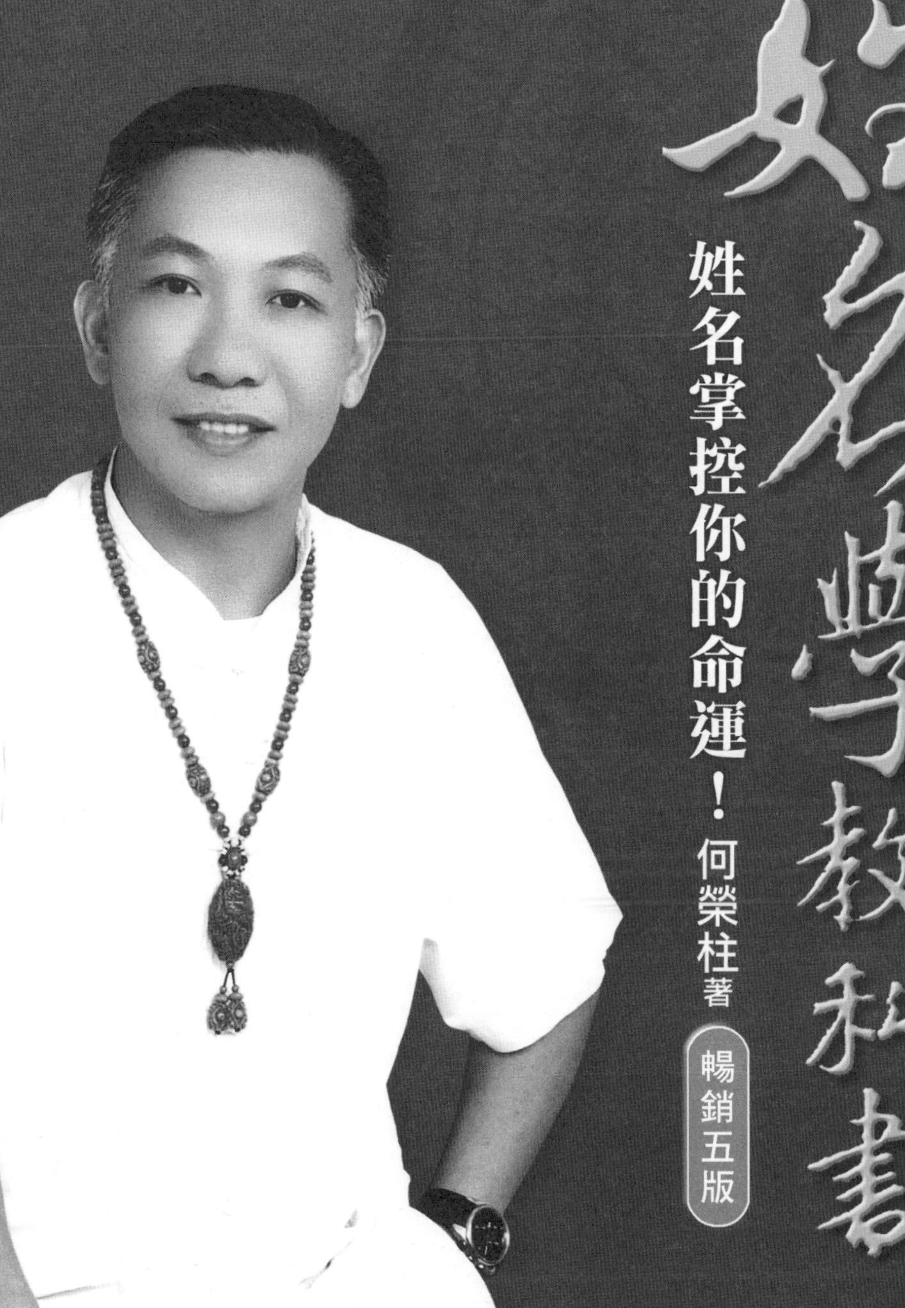

姓名學教科書

姓名掌控你的命運！

何榮柱 著

暢銷五版

姓名學 NAME BOOKS 教科書

何榮柱◎著

《姓名學教科書——增訂版》

自序

本人拙著《姓名學教科書》一書，自從於二○○三年十月出版後，便備受各方矚目，訂購者踴躍，不到兩年的時間已經四刷售罄。由於本書的內容融合了姓名學的八大派別，這在姓名學的研究史上是獨一創舉，深獲讀者們甚多好評，並殷切希望本人能再增列論斷實例，及其各派的精華詳解，以便更能瞭解姓名學之堂奧，本人實誠至爲感激。

今特將《姓名學教科書》（初版）擴大改版成《姓名學教科書——增訂版》一書，以我二十年來的經驗，每年看超過三千個姓名，將各門各派加以分析整理、分門別類，是故有此一「集合了十一大派別」的姓名學，以供讀者們參考與研究。

命理的研究是無窮無盡的，更不能歸類於哪一種學術才是正宗的五術。我常覺得「存在」就是合理，問題是如何從合理中找出個中的精華所在！這也是我一直以來從事姓名學術的研究領域，比如：「人爲何要有姓？」而名字又是從何而來呢？這種種疑問不斷地衝擊著我的心緒。相信很多人常會在農民曆上看到81劃之吉凶靈動數，這些數理的吉凶又是誰發明的呢？其準確度又是如何？我知道這些數理在國人的心目中早已深根蒂固，很難去改變其固有的想法，但是身爲一個姓名學的研究工作者，難道不需去徹底地探討嗎？我相信在你看了本書之後，就能有深刻地瞭解；至於姓名的準確性和重要性，那就得看個人的經驗了，如人飲水，冷暖自知！我常將姓名比喻成一個「巧克力」的包裝，包裝得漂亮、精美，就能提高購買率，而包裝若是粗糙、低俗，下場將是乏人問津；而其實巧克力的本質是不變的，只是換個包裝罷了，不是嗎？

人的命運也是如此！如果說你先天的八字已定，就像你出生的命好，如同一台「賓士轎車」，至於這台賓士車的性能能否發揮到極限，端看往後要行走的道路平不平順。反觀之，八字不好的人就如同一台普通的國產車，若它都行走在平坦的高速公路上，它一樣可以一路順暢，而我所指的「高速公路」，就如同我們的姓名一樣，都是後天可以改變的！或許某些人的認定，姓名不過是符號的代表而已，根本不具任何的吉凶意義，然而根據我二十多年來的觀察與研究，重不重要、準與不準，眾說紛紜，各門派各據山頭，所以更興起我爲何要著手寫作本書的念頭。時代一直在改變，各種的學術理論也會因朝代的變遷而有所變異，陽宅八字的論斷是如此，姓名也是一樣，但我一直秉持著科學邏輯與客觀的統計來看待姓名學，以便能盡量作到盡善盡美的境界，如同我們都希望將來自己的小孩「德智體群美」樣樣都到達完美的程度一樣，豈不更佳！

特別感謝出版社的配合與認同，還有我的學生孫烒玲的協助，在彙編與校稿上幫了我非常大的忙，本書方能編印問世。由於本人工作忙碌，新書付梓，匆忙當中難免有誤，還望請同道先進及讀者諸君，不吝指教是幸。

何榮柱　2006/10/18 於台北

如何閱讀這本書

撰稿序

幾年前，因爲對姓名學的興趣，同樣的作者與撰稿推出了姓名學教科書。

幾年後，同樣的作者與撰稿，再度推出姓名學教科書修正版。因爲我們期望這本書能更完整、更清楚地表達我們對於姓名學的了解，所以又繼續將原本初版的內容再次編輯、修正錯誤與艱深難懂的地方、補足不足的部分。所以，修正版與初版相比，不僅頁數變多了，內容的深度、廣度、正確度上都有明顯地提昇。我們可以想見讀者拿到這本在姓名學領域中堪稱大部頭的書時，一定會有許多問題。尤其是被問到「如何閱讀這本書？」爲了避免讀者以後再問到這些問題（其實是我們偷懶想避免花時間再回答相同的問題啦），我們就先自問自答一些可能將被提出的問題，就算是提供給有心先看撰稿序讀者的一點福利吧！

Q：這本書適合哪個程度的讀者？

A：這是一本適合初學者到進階者的姓名學書籍。我們期望初學者能藉由本書對姓名學有更正確、多面向的觀點；進階者能藉由本書更有系統地從原理了解姓名學，這樣可以在更深入了解後自行選擇派別自修或是拜師學藝繼續修習姓名學。

Q：本書的宏觀介紹。

A：整本書主要分成四個部分：

- 第一部分：以時間軸的方式介紹漢字、姓名的相關知識，以了解姓名學的歷史軌跡與主要的姓名學學派。
- 第二部分：抽絲剝繭地、系統化地重新釐清、介紹目前我們所收集到的姓名學派別與特點。
- 第三部分：以本書介紹的派別實證姓名學論斷的結果。
- 第四部分：取名所需的相關資料、法規。

Q：如何閱讀這本書？

A：我們建議所有讀者，從第一章開始看（雖然內容有點多），才能更有系統地了解姓名學。

然而，由於每個章節的內容在編排上，並沒有明顯地先後順序，所以即使躍躍欲試的讀者想要直接「算」某個派別，也沒有什麼關係，可直接翻到相關的章節，按照步驟「算」，以後再翻到其他的章節瀏覽也是可以的。

Q：這本書的內容都是作者和撰稿者寫的嗎？

A：本書的內容主要來自於：

- 作者拜師學藝的姓名學內容，但原始的作者已不可考。
- 作者依照自己的研究、經驗口述，由撰稿者編輯補充。
- 其他人的著作、論述，在本書的各章節內皆會明列引述的來源。

Q：內容會不會太深？

A：吃肉會不會肥？當然會！肉之所以好吃就是因爲有脂肪，能讓肉吃來不乾不澀。

我們明白讀者希望這本書的內容既有深度又能容易閱讀，所以，我們已經儘量讓這本書在符合嚴謹、正確的原則下簡單易懂，希望藉由簡單的圖、表，就能讓讀者明白這些內容。

Q：這本書的內容都是正確的嗎？

A：這要以先前的四個部分來看：

- 第一部分：漢字的演變、與姓氏學的相關研究都是事實。對於姓名學的演變，是我們依照現有的證據所作的假設與推論。
- 第二部分：這是作者親身學習到的數個派別，這是姓名學的現況。

- 第三部分：這是依照既有的姓名學規則所作的衍生實證、研究，我們已經儘量客觀、嚴謹。
- 第四部分：有些部分只是簡單的數學，有些部分則是作者目前運用的姓名學工具，法規也是政府公布的，這些都很難出錯。

所以，還是請讀者自行判斷這個答案吧！如果有疑問的地方，歡迎大家指正，我們也會在確認內容後，於改版中修正這些內容。

Q：對於姓名學的研究只有書中列的這些內容嗎？

A：當然不是！這麼說就小看我們了。在這個版本中，我們原來還計畫放入一些五術相關知識的介紹、取名的相關步驟、取名考量的原則，不過，考量到修訂時間、與未來出版的書籍，因此我們只放了目前書中的這些內容。未來有機會，我們將視市場反應再推出其他的部分。

Q：姓名學的派別只有這本書內列出的內容嗎？

A：當然不只！我們已分門別類將姓名學分成不同的學派，每個學派中再列出一或多個派別，但考量本書的厚度、價格，更重要的是考量作者、撰稿者對於這些派別了解的成熟度，我們在目前的修訂版中只列十一個派別。未來有機會，我們將視市場反應再增列其他姓名學派別的版本，敬請期待。

Q：這本書還會有其他的問題嗎？

A：當然有，我們已經儘量設想一些問題，然後自問自答了，剩下的就請讀者發問，我們會儘量在書的撰稿序或是內文中回答讀者的問題。

撰稿 孫烒玲 2006/10/18 於台北

目　錄

1 姓名學概觀與認識

1.1 姓名學導論

「姓名學」是同時討論文字、與姓名的五術思維，所以我們得從文字、姓名的兩個觀點來討論姓名學。本章的討論邏輯請參考附圖。（見下頁）

在文字的部分。文字是思想的載體，它將語言的聲音訊息轉化爲視覺訊息。因此我們在研究姓名學之前，需先瞭解漢字的特性，再瞭解漢字形體的演變，才能眞正了解目前我們所使用的漢字，事實上非常複雜，難以單純就形、音、義去理解。

在姓名學的部分，我們先了解「姓與氏」的起源，再了解「名與字」的差異，接著，筆者嘗試將現在已經混用的「姓名學」一詞細分成學術上、與命理上的姓名學，並了解姓名學的五個學派分類，利用各個學派的細微特徵討論姓名學的演進過程。

最後重新以漢字的特性切入姓名學，了解姓名學未來可能的發展，並作小結。

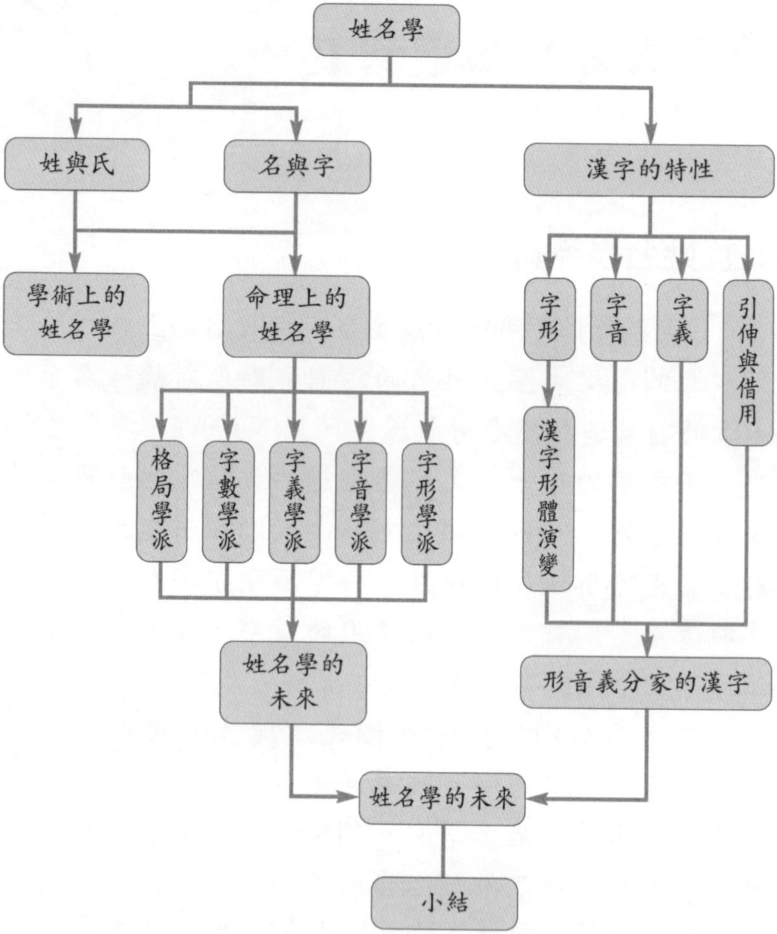

姓名學

姓與氏　名與字　漢字的特性

學術上的姓名學　命理上的姓名學

格局學派　字數學派　字義學派　字音學派　字形學派

字形　字音　字義　引伸與借用

漢字形體演變

姓名學的未來

形音義分家的漢字

姓名學的未來

小結

1.2 文字的特性

人類訊息傳播的媒介是透過身體語言和口語，也就是透過視覺和聽覺。但爲了克服語言在時間和空間上的限制，因而有文字的需要。但文字的前身可能和當時人類隨手的塗鴉有關，在有了廣泛共通的語言後，才將圖畫轉成原始的文字。世界上各古老文化，其文字體系的創造方式、發展途徑、應用，其規律可以說都與此接近。發展途徑都是先從代表具體事物外形的「表形期」，再進步到需要指示、思考字義的「表意期」，最後才是以音標表達意義的「表音期」。

應用文字時，每個族群必須先對字有公認的意義及發音，其書寫的順序也要合乎說話的順序。因此表達文字的方式都是標出記錄內容的三個構成要素：音、形、義，然後才發展出有文法的完整語句。

文字依照這三個不同的構成要素，形成了不同的發展策略。

第一種是採用「音＋義」的「拼音文字」，採用口語拼音組成文字，拼音文字直接賦予文字表音的功能，其義直接與音相聯，形只是用來表音，直接放棄以文字具象或抽象模擬事物的企圖，回頭使用存在已久的語言系統，直接以語音的拼音符號描述事物，依照語言的發展形成形體，所以當語言完成時，只要找出一組最被接受的聲音，文字也在同時完成。今日的英語系統、希臘文、俄文、日文都使用拼音符號，其原理與發展邏輯是一樣的。

第二種則是「形＋義」的「象形文字」，其形直接與義相聯，以文字具象或抽象模擬事物，音只是對義的發音。目前現行的文字系統中，全然使用「象形文字」的語言系統已不多見了。「甲骨文」中還可以見到「象形文字」的影子。但這個世界是多變的，造字的人很快地發現，除了眾多的抽象概念難以描述之外，原來具象的事物在細膩差異的辨別上也遇上了問題，因爲每當發現一種與原先概念不同的事物就得在原本的字之外重新再造字，但發現不同事物的速度遠比造字的速度快，以致於「象形文字」在造字上遇到了造字速度太慢的瓶頸而難以突破，這也可以說是「象形文字」的宿命，也可以解釋爲什麼目前已見不到純然的「象形文字」。

第三種則是介於以上「音＋義」與「形＋義」之間的混合體，除了漢字，西元前4500年左右的埃及文字也屬於此類。因爲原來的「象形文字」遇到了無法突破的瓶頸，因此轉向「拼音文字」靠攏。

套用唐諾《文字的故事》的觀點：「聰明的文字學者將形聲字作爲辨別文字年代的碳元素作爲檢視文字年代的依據。」而胡維德在《漢字不應抱死表義之路》也表示：「在已破解的西元前3000～3500年甲骨文412個基礎構件中，表形的有356個，表意的有125個，示音的有113個。」所以嚴格地說，甲骨文已不全然是「象形文字」，且絕對不原始。

根據胡維德《漢字不應抱死表義之路》的記載，到了東漢，「許慎《說文解字》的9353個字中象形字只有393個（其中還包括指示字）；有1260個會意字；7700個形聲字，占82%。清代《康熙字典》49630個字中形聲字占90%。漢字由象形開始不久就轉變方向，到今天被形聲字擠到一角，正說明了表意文字是不適應社會和語言要求的。」

由以上的數據可知，漢字最終也向拼音文字靠攏了，但它仍然不死心的未全然放棄抵抗，它的造字法並不全然像拼音文字是無意義的拼音符號，不論是聲符或形符都使用漢字作爲字的要素，這算是漢字的最後妥協方案了。只是這個抗拒過程一直到了東漢文字學家許慎《說文解字》中才被記錄下來，漢字終於有了首次具規模、系統地組織、分析、歸納的記錄。

《說文解字》中提到「六書」，「六書」的分類有：象形、指事、會意、形聲、轉注、假借。實際上，「六書」只是歸納、分析漢字的系統規則，後人再造新字時，依據的就是「六書」系統，這些新造的漢字也包含了日本、韓國、新加坡的漢字，這也是本書使用「漢字」作爲稱呼，而非狹隘稱之爲「中文」的原因。

唐諾《文字的故事》：「象形、指事、會意、形聲是造字法則，轉注、假借是用字方法，如果將轉注、假借排除在外，用個時間軸表達漢字的演進，就會發現三個階段：摹寫具象事物的象形階段、表達抽象概念的指事會意階段、大量造字的形聲階段，但這三個階段是交疊的、犬牙參差的，並非切割性的徹底完成一個（階段）再進入下一個（階段）。」接下來我們將討論各個階段的漢字特點。

本節參考書目

1. 唐諾，文字的故事，聯合文學。
2. 胡維德，漢字不應抱死表義之路，www.yywzw.com/qtx/gr-hwd002.doc。
3. 許慎，說文解字。

1.2.1 字形

「字形」的特點是將具象物體的輪廓、概念的特徵，或詳細或簡略地以「圖畫」方式表現出來，使人一見圖即可輕易得知字義的某種符號，最常利用字形的六書類別是：象形字。

象形字

象形字依「六書」的說明是「畫成其物，隨體詰詘」，簡單地說，就是用文字的線條或筆畫依照物質、物品與動物的外觀、形狀造出的字。

例如「日」字就像一個圓形，中間點上太陽黑子；「月」字像一彎明月的形狀；「龜」字像一隻龜的側面形狀，有頭、殼、帶爪的足、尾巴；「牛」字就是角上翹的牛頭；「羊」字就是角下彎的羊頭；

「馬」字就是一匹有馬鬃、四腿和尾巴的馬；「艸」（草的本字）是兩束草；「門」字就是左右兩扇門的形狀。

1.2.2 字義

「表意」文字的特點是將比較複雜、沒有形體、不能觸摸的抽象概念藉由某個字來表達字義，最常利用字義的六書類別是：指示字、會意字。

指事字

指事字在漢字中數量較少，以「六書」的說明是「視而可識，察而見意」，簡單地說，就是看見了就大概知道和某事有關，仔細思索就知道是什麼意思，主要是描述象形字無法表達的的抽象概念。通常是以既有的象徵性符號，或者在象形字加上明顯的、簡單的指示性符號，藉此凸顯要特別強調的那一部分。

許慎「六書」舉了「上」、「下」作例子。在甲骨文裏，上、下都是由一個表示指示性符號的短橫，和一個代表對於某件事物基準的長橫所組成。「上」字是上短下長，「下」字是下短上長。「本」字是在象形字「木」字的下面加上表示指示性符號的短橫，指出樹根的所在；「刃」字，則是在象形字「刀」字上加一個表示指示性符號的小點，指出刀鋒所在；「凶」字則是在陷阱處加上表示危險的交叉符號。

另外，古人還設計了另一種比較抽象但符號性質更強的指事字，例如表示數目的一、二、三，皆由「橫」來表示。

會意字

會意字依「六書」的說明是「比類合誼，以見指撝」，簡單地說，就是將數個獨體字依照某種程度的推理和思考組合起來成爲另一個有意義的字。從單純表示外形發展的象形字、指事字進步到表意。會意字通常是將代表基本元素的象形字、指事字組合起來。

例如「看」的古字是指將「手」放在「眼」上以便能看到更遠；「酒」字是以釀酒的瓦瓶「酉」和液體「水」合起來表示酒；「解」字是以「刀」把「牛」和「角」分開來表達分裂、分開的意思；「鳴」是以「口」和「鳥」組合而成來表示鳥的叫聲。

「取」是以代表手的「又」割取左「耳」，這是先民在狩獵中捕獲到野獸或戰爭中殺死敵人、俘獲戰俘時，割下左耳作爲計功的憑證。

1.2.3 字音

「表音」文字是比較進步的造字法則，其特點是將表示意義的符號和表示讀音的符號組合在一起成爲可以發音的字，利用這個組成的字直接表達字義，唯一利用字音的六書類別是：形聲字。

形聲字依「六書」的說明是「以事爲名，取譬相成」，簡單地說就是將表示意義、分類的「形旁」和表示相同或相近讀音的「聲旁」組合在一起成爲另一個意義的字。

傳統的形聲字，如「材」字，形旁是「木」，表示它是一種樹木或木製品，「才」爲聲旁，表示它的發音與「才」字一樣；「籃」的形旁是「竹」，表示它是竹製物品，聲旁是「監」，表示它的發音與「監」字相近；「齒」字的下方是形旁，畫出了牙齒的形狀，上方的「止」是聲旁，表示這個字的相近讀音。

此外，部分的漢字，例如「功」字，既可視爲以「力」和「工」的會意，亦有聲旁「工」的特點；「返」字，既可視爲以「反」和「辵」的會意，亦有聲旁「反」的特點，這類字同時兼有會意與形聲的特點，因此被歸類爲會意兼形聲字。

宋朝的學者王安石曾經寫了一本《字說》，解釋很多字的本意，但是他牽強附會把很多形聲字硬解釋成會意字鬧了笑話。他曾說：「波者水之皮」，他的朋友蘇軾就取笑他：「那麼『滑』字就是『水之骨』了？」

以「六書」來分析漢字，要按字形固有的規律來進行，不可濫用，否則就會犯類似宋人王安石「波者水之皮」的錯誤。

在六書中，形聲字的出現，具有其時代意義，因爲形聲的造字功能最強，突破了象形、會意、指事三種造字法的局限性，是可以應用無窮的簡便造字法。雖然用「形」來表示事物是一種最直接的造字方法，但當文字隨著文明的發展、時代的演進，需要仔細分工的東西愈來愈多，像是「鯉」、「鯪」、「鯇」、「鰍」等事物都是魚類，外型也非常地類似，再也難以利用表形、表意的造字方法，就將它們的特徵仔細區別表示出來。但形聲字的出現解決了這個難題，只用形旁「魚」就可以交代它們的類屬，再用相近發音的聲旁來區分這些字。

形聲字可以應付的情況更多，到了20世紀，漢字中出現了大量由外來語音譯的新辭彙，在現有字不足以準確表達其意義時，翻譯者仍然可依照「六書」的「形聲」規則另造這些漢語文化範圍內不存在、又兼具有生命力的新字。

例如「噸」、「磅」是因應外國的重量單位被造出來的字；「乒乓」是引進外國的運動後才由兵字變化出來的字；又比如各種化學元素的名稱，氣態元素的形旁用「氣」、非金屬元素用「石」、金屬元素用「金」、液態元素用「水」，再加上一些聲旁，這其中像「鑀」則是形聲兼會意字，因為「愛」既是聲旁。也因為該化學元素的外文以愛因斯坦來命名，因此被命名為「鑀」，這表示後人在翻譯時仍遵循著「六書」的造字規則。

1.2.4 引伸與借用

在這裡以「引伸與借用」作爲標題，是因爲引伸與借用的字都不是新的字，而是使用原本的字重新賦予新的意義。據文字學家的推測，「轉注」與「假借」極有可能是在文字的使用過程中誤用或寫錯，以致於在數千年後的今日回過頭去看當時的文字記錄時，已無法辨清原文究竟是文字單純的意義引伸，還是直接拿來的借用。

套用唐諾《文字的故事》的觀點：「轉注是意義的直線延伸、假借是意義的間接跳躍。」這段話能清楚、簡單地說明「轉注」與「假借」的差別。

轉注字

轉注字依「六書」的說明是「建類一首，同意相受」。《文字的故事》：「轉注是意義的直線延伸。」簡單地說，就是幾個形旁相同或同一個部首的字，可以互相解釋，繼而通用，也就是在原本的意義之上，透過引申、聯想，創造出新的意義與使用方式。因此，轉注字通常具有同一部首、聲音相近、互相解釋的牽連關係。

許慎「六書」舉了「考」、「老」作例子。兩者同爲「老」部，音ㄎㄠˇ、ㄌㄠˇ，同韻母，音相近。又例如「耄」、「耋」兩個字，兩者同爲「老」部，音ㄇㄠˋ、ㄉㄧㄝˊ，「耄」是年紀約八、九十歲，

「耋」年紀爲七十歲，這兩個字連在一起是指年紀很大的人，而它們之間沒有區別，可以通用，在曹操《對酒歌》中「耄耋皆得以壽終」就是泛指年紀很大的人。

「莫」原本是黃昏的意思，後來引伸成「不」的意思，而原本的黃昏的意思，則在原本的「莫」字下再加個「日」字，成爲現在的「暮」，而兩者（Mu4）同韻且音相同。

假借字

假借字依「六書」的説明是「本無其字，依聲托事」。《文字的故事》：「假借是意義的間接跳躍。」簡單地説，就是人們有時不知道代表某種意義的字應該怎樣寫，於是就從現有的字中找一個與這個字讀音相同或相近，或是長得有點相近，或是寫法有些類似的字代替，但原字卻和原意不一定有關係。

許愼「六書」舉了「令」、「長」作例子。發號施令的「令」和高大之意的「長」，被假借爲縣「令」、縣「長」，其意義具備關聯性，表示縣裡的最高行政首長爲「縣令」、「縣長」。

又例如：表示方位的東、南、西、北，無法以具體的形象描繪出來，也很難找出一個合適的形旁來概括。因此，古人就用一些意義毫不相關的字來表示這四個方位。「東」的甲骨文是將繩子繫住的胃袋掛在樹上；「南」字的甲骨文被有些學者認爲本來是像一種物體懸掛的樣子；「西」字甲骨文像鳥巢形；「北」字甲骨文像兩人相背來表示人的「背部」，後來被用來「指代方向後，原來的「北」反而要加上指身體一部分的「肉（月）」成爲現在看到的「背」。

如果從現在的觀點來看，這是寫「白字」（意指誤用的字），但是古代沒有規範和標準，所以人們寫白字也不以爲過。時至今日，這些「白字」反而被流傳下來，成爲習慣用法。比如表示時間「早晚」的「早」，《孟子．離婁下》：「蚤起，施從良人之所之」就寫作「蚤」，但「蚤」本是跳蚤的專用字，經過後人書寫時的誤用，於是「蚤」也就多了一個表示時間很早的意思。

《文字的故事》：「『萬』字，原本是一隻令人害怕的動物『蠍』的象形字。」上頭的艸字是牠的一對前螯演化而成，這個字在某個情形下被借用後，不但音變了，連意義也大不相同了，搞到後來原字反而得用另一個形聲字「蠍」來表達，筆者猜想「萬」以前的讀音也有可能是ㄒㄧㄝ（Shei）。

1.3 漢字形體演變

前面，我們已經討論過漢字的特性與發展演變，現在需要進一步了解我們所使用漢字形體的演變歷史。

我們現在發現的甲骨文，依照破解的內容推斷大約是西元前3000～3500年的商朝。但甲骨文卻絕不是中國最早的文字。依照《文字的故事》的觀點：「它相當成熟，不論就文字的造型、文字的記敘結構來看都是這樣，更具說服力的是，形聲字在甲骨文中所佔的比例意義——形聲字是中文字的最進步階段，讓大量的、快速的造字成爲可能。」

漢字的發展歷經甲骨文、金文、小篆、隸書、草書、行書、楷書。

在一般的情況下，甲骨文、金文裡的繁化與簡化字形，現代學者都能以六書爲主的漢字造字系統來解釋。到了戰國時代，除秦國的大篆規範性較強之外，其餘六國的文字彼此之間均存在一定的分歧，也就是「俗體字」。俗體字中有簡化的，也有繁化的，但據現代的文字學家考證當時的俗體字，絕大多數都切合六書。

本書不討論一般書寫用的草書、行書，因爲這兩種字體沒有一定的形體，因人而異、變化性強，所以不在討論範圍之內。此外，在楷書階段後，隨著印刷術的發展出現了「宋體」。在宋朝刻印的書籍中，以楷書做爲印書的字體被美術化成「宋體」；之後又有模仿「宋體」而加以變化的，叫做「仿宋體」，但由於字體已經沒有太大的變化，所以我們也不討論楷書之後的階段。

單就漢字形體的發展過程來看，一般認爲有兩種發展趨勢：繁化、簡化。會發生原因之一是爲了加強漢字的表音表意功能，因而在字形上有所繁化，又或者因爲意義的分歧而必須進行分化，但其結果反而使字形（體）繁化，使筆畫數更多了；其二則是爲了要求字體便於書寫，將原先較爲複雜的字體進行必要的簡化。

漢字的發展就是在調合這兩個條件下產生矛盾：有時會犧牲一些表音、表意功能以實現簡化；又有時是爲維護表音、表意功能允許字體有所繁化，但最終都使漢字達到能便於使用的結果。

● 本節參考書目 ●

1. 崔陟，書法，貓頭鷹。
2. 唐諾，文字的故事，聯合文學。

1.3.1 甲骨文

出現的年代：周代及周代以前。甲骨文是中國目前所發現最早的文字，和楔形文字、象形文字一樣屬於象形和表意文字，但也有不少的形聲字。

商朝人利用龜甲、獸骨占卜後把占卜時間、占卜者的名字、所占卜的事情 以刀刻在卜兆的旁邊，利用火燒金屬，以灼熱的金屬去灼燒龜甲，龜甲上便會出現裂痕，商代的人們便根據這裂痕卜斷吉凶，有的還把過若干日後的吉凶應驗也刻上去。學者稱這種記錄爲卜辭，這種文字爲甲骨文。

甲骨文又稱契文、龜甲文或龜甲獸骨文，目前發現它的書寫材料一般爲龜骨、牛肩胛骨，但也發現於牆壁、木器、石器等處，撰寫方式有刀刻的，也有朱書、墨書的。

在所有資料中，發現最完整的是關於商周王的資料，他常以甲骨占卜吉凶，內容涉及政治、經濟、軍事、氣候等許多方面，是研究當時歷史的重要資料。

甲骨文的發現由來有二：一種說法是在1898年，濰縣古董商范維卿在天津出售文物時，他告訴王襄，在河南安陽小屯村農民收花生時，偶然撿到一些帶字的「古版」。當時，正巧著名書法家孟廣慧也在場，孟廣慧判定這些「古版」可能是古代的簡策，遂敦促范維卿前往收購。第二年（1899年）秋，范維卿從小屯村買回了一批甲骨帶到天津。孟廣慧和王襄輕輕地拂去上面的灰塵，看到了甲骨上面的文字，驚嘆不已，頓覺這些龜甲和獸骨上的文字來歷非同尋常。但二人當時都不富裕，只能以甲骨上每個字一兩銀子的價格，小的則按塊兒各收購了一些，其餘甲骨，由范壽軒帶到北京，賣給了王懿榮。後來，王襄開始了甲骨文研究，並著有中國最早的甲骨文字典及《室殷契徵文》等專著。

另一種說法是在光緒二十四年（西元1898年），山東福山人王懿榮（西元1845～1900年），因患瘧疾，僕人到北京城外菜市口的達仁堂捉藥，他的好友劉鶚在檢查藥包時發現一味叫「敗龜版」的藥上刻有隱隱約約的字，兩人細看後認爲這是十分珍貴的古代文字，於是，王懿榮便把北京中藥舖中的敗龜版收購一空。

但不論何者爲眞，甲骨文的發表都是在他投井死後，由其長子王翰甫將他收藏的甲骨轉售給劉鶚，由劉鶚在1903年將收藏的5000餘片甲骨片中，精選一千多片拓印成《鐵雲藏龜》，成爲第一本的甲骨文著作，使世人大開眼界認識了商代古文字的存在。

後來投入甲骨文研究的著名學者有羅振玉、王國維、董作賓、郭沫若等人，使甲骨文成爲一門有系統的學科。

董作賓經過研究整理，將收集到的甲骨文分爲五期：盤庚武丁時代、祖庚祖甲時代、稟辛康丁時代、武乙文丁時代、帝乙帝辛時代。近代學者郭沫若在研究了甲骨文以後，認爲甲骨文從初創到成熟，起碼要經歷1500年以上。古代甲骨文存在的歷史久遠，但春秋後期漢字脫離甲骨文形態，逐漸不被使用。

甲骨文字體舉隅				
口	米	龜	雨	耳

1.3.2 金文

出現的年代：從商代早期至秦滅六國，約1200多年，是承接甲骨文的文字。

從商代後期開始流行在青銅器上鑄銘文，到周代達到高峰。先秦稱錫銅合金爲金，所以後人把古代銅器上的文字也叫做「金文」，由於刻有銘文的銅器以鐘和鼎的數目最多，所以金文也稱爲「鐘鼎文」。

金文的內容主要記錄當時貴族階層的活動，例如：典禮、祭祀、賜命等活動或事件。最具代表的是周宣王在位時期鑄造的毛公鼎，毛公鼎銘文共32行，497字。

青銅器的鑄造一般也要使用泥製模型，叫做「陶範」，金文是預先雕刻在陶範上再鑄出來的，也有少數是銅器鑄好後直接刻上的。因爲陶範質地鬆軟，雕刻比龜甲、獸骨更爲容易，所以早期金文比甲骨文的繪圖性質更強，更爲接近原始文字。

金文字體舉隅				
口	米	龜	雨	耳

1.3.3 小篆

出現的年代：商代以前。

小篆是在大篆的基礎上發展出來的。從甲骨文、金文、大篆到小篆，字體逐漸變爲以線條符號爲主，字形逐漸固定。

戰國時代，列國割據，各國文字所使用的字體沒有統一。「篆」本是小篆、大篆的合稱，因爲習慣上把籀文稱爲大篆，故後人常以「篆文」專指小篆。小篆又稱秦篆，是由大篆省略改變而來的一種字體，產生於戰國後期的秦國，通行於秦代和西漢前期。秦始皇命令李斯創立小篆。李斯以秦國的文字篆體，施行「書同文」來統一天下的文字，廢除六國文字中各種和秦國文字不同的形體，並將秦國固有的篆文形體進行省略刪改，同時吸收民間文字中一些簡體、俗字體，加以規範，成爲一種新的字體—小篆。

漢字發展到小篆階段，逐漸開始定型（輪廓、筆畫、結構定型)，象形意味消弱，使文字更加符號化，減少了書寫和認讀方面的混淆和困難，這也是我國歷史上第一次運用行政手段大規模地規範文字。

秦王朝使用經過整理的小篆統一全國文字，基本上消滅了各地文字異行的現象，也使文字異體眾多的情況有了很大的改變，在漢字發展史上有著重要的角色。除了小篆，包含甲骨文、金文，被統稱爲中國字的「古文字」；古文字學的發展，對於促進中國古代歷史、哲學、經濟、法律、文化、科學技術的研究，都具有相當重要的影響。

小篆字體舉隅				
口	米	龜	雨	耳

1.3.4 隸書

出現的年代：起源於秦朝（西元前230年），在東漢時期達到頂峰。

秦始皇命令李斯創立小篆後，也採納了程邈所整理的隸書。小篆雖然是較整齊的長方形，結構由均勻圓轉的線條組成，但是因爲字體繁複，書寫起來還是相當不方便。因此在民間很快地出現了一種爲書寫簡便而破壞和改造小篆字體的俗體，和小篆相比，是書寫更簡便的字體，將小篆的端莊工整、圓轉彎曲的線條寫成帶方折的字，這種字體據說當時在下層的小官吏、工匠、奴隸中較爲流行，所以稱爲「隸書」。

隸書很快地取代小篆成爲主要字體，漢代以後，小篆遂成爲主要用來刻印章、銘文的古字體。

隸書的形成使文字從隨物體形狀描畫的字符，變成由一些平直筆畫所組成的簡單字符，這種改變大大地提高了書寫的速度。漢字由小篆轉變爲隸書的過程叫做「隸變」，隸變是漢字發展上一個重要的轉折點，漢字的發展自此脫離古文字階段進入隸楷階段，使漢字進入更爲定型的階段。隸變之後的文字，接近現在所使用的文字，也比古文字更容易辨識了。

隸書字體舉隅				
口	米	龜	雨	耳
口	米	龜	雨	耳

1.3.5 楷書

出現的年代：東漢以後（西元230年左右）。

隸書之後，產生了楷書，又稱爲眞書、正書，說明了楷書是提供人學習和運用的正規書體。最早的楷書書法家是東漢末年的鍾繇（230年歿），其流傳下來的楷書作品中，還留著隸書的筆意，可見楷書到了隋唐之後才基本定型。一般認爲楷書是由「古隸」演變而成的，由於這種字體可以作爲「楷模」故稱爲「楷體」，但這個說法一直沒有獲得證實。

楷書是在發明紙和墨之後的字體，楷書在字體結構方面，與隸書類似，但因爲楷書不必像隸書寫在木簡上，爲節省字距寫成扁形，因此楷書的結構基本上呈現方形，即所謂的「方塊字」；此外，因爲利用墨在紙上的書寫比利用漆在木簡上書寫更流利，所以楷書將隸書筆畫的寫法改變成更適合新工具的書寫方式，不需要牽就濃稠的漆而必須加上波磔（「波磔」是指行筆時以逆鋒輕落筆，再以折鋒鋪毫緩行，至末收鋒，駐筆而後放，如水波起伏一樣），以筆畫書寫來說，楷書更爲方便書寫。

有人認爲楷書的出現代表了漢字進入了簡化爲主的時期，漢字的筆畫比過去簡單；但亦有學者在研究中指出，楷書與甲骨文、金文等相比較，雖然有些字是簡化了，亦有不少字是繁化了的，因爲形聲字的大幅增加，爲增進漢字的表音表意功能，而利用形符或聲符將原先相同的字分成兩個，各自表達更加明確的意義。

楷書字體舉隅				
口	米	龜	雨	耳
口	米	龜	雨	耳

1.4 形、音、義分家的漢字

漢字是個一直在變化的字體，雖然字體都依照「六書」的字型發展作字體變化，但有時字形部分相同的字，彼此卻不一定有關係；有時極類似的字體，「字音」卻因爲許多的原因，造成聲符接近的字讀起來卻有很大的變化；又有時「字義」在文字的發展中，因爲誤用、借用、引伸而出現其他的意思，原來的意思反而因爲不明的原因而不再繼續使用。種種的原因，造成部分漢字不符合漢字規則。

● 本節參考書目 ●

1. 佚名，《古代漢語》教案（郭錫良版）。
2. 蜀客，讀音與語音，傳統中國文學http://www.literature.idv.tw/bbs/Topic.asptopic_id=2663&cat_id=13&forum_id=65。
3. 漢語方言，維基百科，http://zh.wikipedia.org/wiki/%E6%B1%89%E8%AF%AD%E6%96%B9%E8%A8%80。
4. 國語，維基百科，http://zh.wikipedia.org/wiki/%E9%9B%85%E8%A8%80。
5. terton，平仄，耶林風情，http://bbs.ntu.edu.tw/cgi-bin/readgem.cgiboard=Chinese&dir=APVCE19&type=file。
6. 顏逸明，國語運動，中國大百科智慧藏。

1.4.1 分家的字形

在漢字中，字形類似的字，彼此間卻不一定有關係，會形成這個原因有：

1. 字體演變時改變

「赤」這個字原本是指一個正在烤火的人，象形字是「人」上「火」下，也有紅色的意思，在從小篆轉換成楷書的過程中，上面的人被換成了土，再也看不出原本的樣子，也無法從字面上看出原字所代表的意思了。

2. 由象形字改成形聲字

「莫」的甲骨文原本是指傍晚時太陽掉到草叢的意思，在莫漸漸延伸出「不要」的意思之後，以及形聲字慢慢多了以後，就在莫的下方再加個「日」的形旁，「莫」才成了聲旁，成爲現在一個字裡有兩個太陽的「暮」。

「錦」是個形聲字，原本是與帛、布類有關的，因此「帛」是形旁，「金」才是聲旁，但「金」放在左邊的結果，卻很容易與金部的針、釘、鈞混淆。

3. 由指示字改成形聲字

「視」是個形聲字，意思是與眼睛所達成的功效有關，因此有眼睛的「見」是形旁，「示」才是聲旁，但「示」放在左邊的結果，卻很容易與示部的祠、社、祂混淆。

「朱」原本是指樹幹的指示字，在形聲字慢慢多了之後，就在朱的旁邊加個「木」的形旁，「朱」變成了聲旁，成爲現在形聲字的「株」，朱原本「樹幹」的意思也漸漸被淡忘了。

4. 積非成是

例如：「肉」字的部首簡化成與「月」字非常類似的「月」。「肉」字部裡的字幾乎跟人身肉體有關，如：腦、臉、肛、肚、膽、肘、肺、脾、胰、肝、腸…；「月」字部裡的字則與月亮有關，如：朗、朔。「月」與「月」不同的是，「月」字裡頭有「兩橫」，而「月」字裡頭的是以「一點一策」來代替，但是大多數的人長期使用「月」後，因爲書寫錯誤將「月」錯寫成「月」，只有楷書內才會特別標明「月」，在其他像明體的字形中，「月」還是寫成「月」。

1.4.2 分家的字音1

現在我們所使用的漢字中，有超過90%都是「形聲字」。「形聲字」的組成方式是將表示意義、分類的「形旁」和表示讀音相同或相近的「聲旁」組合在一起成爲另一個意義的字。

「形聲字」的念法有一些慣例：聲旁本來是幫助讀音的，所以通常相同聲旁的字讀音也會相近。有些字的讀音以舊「聲旁」的讀音沿用下來，但有些字古今讀音的變化，讀音已經徹底改變出現一些特例，發生「聲旁」相同，但發音不同。

這個情形導致沒有受過訓練的人，很容易發生使用上的錯誤，導致「形聲字」很容易被讀錯。會發生這個情形的原因非常複雜，包括：誤用之後的將錯就錯、由有語音再轉聲旁加形旁的字時的疏忽。

例如：「勺」這個念字可以念ㄓㄨㄛˊ（Juo2），所以加了「形旁」後還念ㄓㄨㄛˊ（Juo2）的字：灼、酌、均、彴、汋；也可以念ㄕㄠˊ（Soa2），所以加了形旁後還念ㄕㄠˊ（Soa2）的字包括：芍、杓；但卻跑出發「一」的音的字，念「ㄉㄧˋ」（Di4）的字：的、旳、玓、蚐、馰、魡。

又如：以下的字因爲「聲旁」都是「台」ㄊㄞˊ（Tai2），所以加了形旁後還念ㄊㄞˊ（Tai2）：抬、跆、邰、炲、坮、颱、秮、苔、駘、鮐；相同的「聲旁」「台」卻跑出不是發ㄊㄞˊ（Tai2）的字：治ㄓˋ（J4）、始ㄕˇ（S3）。

又如：以下的字因爲「聲旁」都是「凡」ㄈㄢˊ（Fan2）所以加了形旁後還念ㄈㄢˊ（Fan2），包括：帆、杋、釩、汎；但相同的「聲旁」「凡」發出來的卻還有「ㄥ」的音，包括這個念法獨特的字：芃「ㄆㄥˊ」（Pon2）。

1.4.3 分家的字音2

前面說的是「聲旁」相同的字但讀音不同，但即便是同一個漢字的發音，有時也有很大的差異，因爲：「讀音」與「語音」、又讀、破音字、平仄，都會使同一個字發不同的音。

「讀音」與「語音」

根據民國二十一年教育部頒布的《國音常用字彙》說明第十二條：「有一義而讀書音與口語音有別者，則兩音兼列，讀書之音注『讀音』，口語之音注『語音』。」

因此，所謂的「讀音」就是指讀古文詩詞時專用的音，又叫「字音」或「文言音」，主要是爲了表明出處的典故、與現在用的白話文不同；「語音」就是一般說話時發的音，由於白話文是依照「語音」寫成，所以念白話文自然也依照「語音」。

例如：王之渙的〈登鸛雀樓〉中的「白日依山盡」，「白」應念ㄅㄛˊ（Bo2），而「白花花的銀子」中「白」應念ㄅㄞˊ（Bai2）。同理，當我們說「公共汽車」時，「車」應念成ㄔㄜ（Cho1）；遇到成語「安步當車」時，「車」便應念ㄐㄩ（Ju1）。「白」和「車」，念法雖有不同，但是字義並沒有變更。

又讀

「又讀」就是一個字有兩個以上的念法，隨使用者的喜愛念哪一個都可以。例如：手臂 的「臂」可以念ㄅㄟˋ（Bei4），也可以念ㄅㄧˋ（Bi4）。

脈搏的「脈」可以念ㄇㄛˋ（Mo4），也可以念ㄇㄞˋ（Mai4）。

祕密的「祕」可以念ㄇㄧˋ（Mi4），也可以念ㄅㄧˋ（Bi4）。

慷慨的「慨」可以念ㄎㄞˇ（Kai3），也可以念ㄎㄞˋ（Kai4）。

教誨的「誨」可以念ㄏㄨㄟˋ（Huei4），也可以念ㄏㄨㄟˇ（Huei3）。

破音字

破音字和讀音的不同在於「讀音」只是文言和白話中的不同念法，但字義並沒有任何改變；「破音字」歧音異義，也就是說發音不同，字義也不同。例如：

便宜的「便」念ㄆㄧㄢˊ（Pien2）、方便的「便」念ㄅㄧㄢˋ（Bien4）。

漂亮的「漂」念ㄆㄧㄠˋ（Piao4）、漂白粉的「漂」念ㄆㄧㄠˇ（Piao3）、漂浮的「漂」念ㄆㄧㄠ（Piao）。

跑得快的「得」念ㄉㄜ˙（De5）、得意的「得」念ㄉㄜˊ（De2）、還是得繼續努力的「得」念ㄉㄟˇ

（Dei3）。

平仄

平仄是詩詞格律的一個術語，古代漢語有四個聲調，就是平、上、去、入，詩人們把四聲分爲平仄兩大類，除了平聲之外，其餘上、去、入都叫仄聲。

平就是平聲，表示聲調不變沒有升降，現在使用的國語注音的第一、二聲歸平聲，平聲的字，特點是把此字的讀音聲調延長。

仄按字義解釋，就是不平的意思，包括了：上、去、入三聲，現在使用的國語注音的第三、四聲歸仄聲，其特點是音調較短，有升有降，把聲調一加延長，即出現節奏、音調的變化，由於給人不「穩重」的感覺，所以又叫「側」。

普通話是沒有入聲的，它把平上去入變成了陰陽上去，消失了入聲字，入聲字卻轉入了「陰陽上去」各聲中。廣州話仍保留大量入聲音，並按其高低抑揚細分爲「九聲」。

由於平聲是沒有升降的，較長的，而其他三聲是有升降的（入聲也可能是微升或微降），較短的，如果讓這兩類聲調在詩詞中交錯著，那就能使聲調多樣化，而不至於單調。平仄在詩詞中使用的規則如下：

（1）平仄在本句中是交替的。

（2）平仄在對句中是對立的。

每個時代有一個時代的語音特色，唐詩當時是吟給唐人聽的，所以得使用唐宋時代的中原通用讀書音來讀，倘若用現代國語的發音吟唱，就相形失色，這也是沒有辦法的事。倘若我們要學古人寫傳統詩，尤其初學者，其語音大多採用國語，那麼，當然要以國語的聲調和韻母爲準則了。例如：

花花草草，風風雨雨，零零落落，渾渾噩噩·

———＼，———＼，——＼＼，——＼＼。

（—平＼仄）

直接念，就有前輕後重的節奏感出現，當我們念到一些古詩詞時，也得改變一下念法，例如：盧綸〈塞下曲〉：

欲將輕騎逐，大雪滿弓刀

＼————，＼————（—平＼仄）

「將」是「率領」之意，本應念「ㄐㄧㄤˋ」，在此因爲平仄限制，所以讀爲平聲「ㄐㄧㄤ」。

1.4.4 分家的字音3

前面的敘述都是以現在的「官話」（官方語言）北京話（普通話、國語）的觀點來看，但再加入中國歷代「官話」不同的因素後，漢字的發音更顯複雜了。

「上古時期」周朝所用的語言一般認爲即爲《詩經》內所使用的語言「雅言」，一般認爲泛指黃河中下游一帶大片地區所使用的語言。以當時的史書記載情況來看，「雅言」尚可溝通並未達到各地方言之間不可互通的地步。

秦代所用的語言已無法考究，但漢朝的官方語言稱爲「通語」。揚雄以周、秦殘存的資料作爲基礎，利用各方人士進京的機會，進一步收集和整理各地方言，花了27年時間完成《輶軒使者絕代語釋別國方言》(簡稱《方言》)，儘管近代有學者懷疑《方言》是否眞爲揚雄所著，但《方言》的出現證明了在漢朝的「通語」之外仍存有各地的「方言」。

到了南北朝至隋唐時期稱爲「中古時期」。「中古漢語語音」的稱呼很多，有「雅音」、或「中原雅音」等稱呼。一般認爲當時的中古漢語語音是指唐代長安方言音，由於韻書發達，中古標準語留下的語音相關的資料比「上古時期」多，學者可以根據「廣韻」發出中古漢語語音，但聲調、韻尾仍存有爭議。此外，語言學家也認爲，目前中國週邊使用漢字的國家(日、韓、越南)，其漢字讀音，都是源自中古漢語語音。

現在的官方語言（官話）是京話（或北方方言），它的前身成形於宋元時期，官話在形成之後，在南北方分別發展成爲南方官話和北方官話，成爲以後中國各代的官方語言基礎。

元朝的官語爲蒙古語，但中國主流人口通用的語言仍爲「中原雅音」，以元都北京（當時稱爲北平）的北平話爲代表。

明朝時中原地區有多個北方民族相繼融入，因爲江淮地區的「中古漢語語音」相對純正，官話遂以南方官話爲基礎；後來明都由南京北遷至北京，北京城內南京移民過半，新官話即以舊北平官話與舊南方官話相融成的新北京官話爲基礎。

清朝定都北京，初期以滿語爲官話，到了清末宣統元年（1909年）設立了「國語編審委員會」，到了宣統三年（1911年）正式定北京官話爲「國語」（這是台灣稱官話爲國語的由來）。

民國成立後，1913年2月在北京召開了「讀音統一會」，確定以「京音爲主，兼顧南北」的國音爲官話，1919年9月編輯出版了《國音字典》，由於《國音字典》語音標準與北京語音標準產生矛盾，1920年爆發了「京國之爭」後，1932年政府才公布北京話成爲正式的官方語言，使用這一方言的人占中國人口的70%。

中華人民共和國成立以後，爲了對少數民族的語言文字表示尊重，避免「國語」一詞可能引起的誤解，1955年10月相繼召開的「全國文字改革會議」和「現代漢語規範問題學術會議」決定將規範的現代漢語定名爲「普通話」（這是中國稱官話爲普通話的由來）取代「國語」一詞。

此外，北京話只是中國境內七個主要方言語系之一，除了北京話之外，還有其他6種被廣泛使用的方言：閩語、粵語、客語、吳語、贛語、湘語，這些方言只要是依照對「中古漢語語音」入聲字的繼承方式不同而來，此外各方言在腔調、中古輔音韻尾、清濁對立、陰陽都有很大的差異。

例如：閩南語是保留中古漢語最完整的方言之一，也是唯一不完全與中古漢語韻書存在直接對應的方言，聲調隨著地區的差異有所不同，泉州音不含輕聲有8個聲調，漳州音、廈門音、同安音、台灣音不含輕聲有7個聲調；普通話中的中古漢語輔音韻尾現在只剩下「-n」（ㄣ）和「-ng」（ㄥ），此外還有大量的同音字及複合詞；客家方言的特點是平聲、上聲不分陰陽，但入聲、去聲分陰陽；粵語是保留中古漢語最完整的方言之一，完整包含中古漢語輔音韻尾之外，同時也是漢語中聲調最複雜的方言之一，共有9個聲調。

以上的說明敘述，表達了一個在中國存在已久的事實：同樣一個字的發音會隨著使用的時代、使用方式（讀書、說話）、使用時機（破音字、古詩）、使用區域而有所不同，不可拘泥於某個特定的規則。

1.4.5 分家的字義

在使用漢字的過程中，有些漢字的意思隨著使用的頻率高低、多寡、習慣而改變了字義，有些漢字原本的意義被遺忘了，字義的改變有四種：字義基本相同、字義迥異、字義同中有異、古用今廢的字義。

1. 字義基本相同

大部分描述自然現象、生態、動物的象形字變化較少，因爲這些字背後的現象古今皆同，只是可能會因爲字體的演變改變了部分字體。

莫：原來指「太陽即將下山的傍晚」，後來演變成形聲字的聲旁，就在「莫」的下方再加個「日」的形旁的「暮」來代替，但這個字的意義基本上不變。

2. 字義迥異

有些漢字的意思，古今使用有完全不同的意思。

舊：由甲骨文可以看出是時常站在樹枝上的貓頭鷹，但後來《詩經．豳風》：「其新孔嘉，其舊如之何？」以及《廣韻》將之解釋爲「故也」，便已經有「依舊、以前」的意思了。

改：由甲骨文可以看出是一隻手拿著棒子在打蛇，後來可能因此演變成《說文解字》「更也」的意思，但如果去查《康熙字典》就知道還有一個和「改」很像的字「巳攵」，《說文解字》：「從攴作改」，也就是說「改」和「巳攵」很有可能是異體字。

它：由甲骨文可以看出是一個腳印和蛇，可能是要小心蛇的意思，《說文解字》：「虫也，本作它，從虫而長，上古艸居，故相問無它乎。」現在我們都稱「它」爲第三人稱的無生命體，或是在「它」旁再加個人成爲「佗」，《正字通》：「與佗他同」，成爲現在專指第三人稱。

3. 字義同中有異

勤：古時可沒有這個字，但如果去查《康熙字典》就知道「勤」的古字是「瘽」。《説文解字》：「勞也」，《爾雅》：「勞力也」，古字常用義爲辛勞、勞力，與「逸」相對，現在我們都解釋成勤勞、勤快的意思。

勸：《説文解字》對此字的解釋是「勉也」，《國語．越語》：「果行，國人皆勸。父勉其子，兄勉其弟，婦勉其夫。」古字常用義爲鼓勵、勸勉，現在我們則解釋成勸説、勸解。

4. 古用今廢的字義

因爲制度的改變、生活習慣的改變、價值觀的不同，有些字義已經失去了原本的意義，成爲了隨舊事物的消亡而消失的字詞。

制度的改變：

古代官職等級：君、臣、僕、吏、奴、婢。

古代官方禮法：祠，指祭祖；礿，春分之祭；

禪，祭天；社，祭地。

生活習慣的改變

區分不同種類的牲畜：羜，五月生羔；羳，黃肚羊；犙，三歲牛；牭，四歲牛。

區分不同顏色的馬：驪，黑色的馬；騏，青黑色紋路像棋盤的馬；驃，黃色有白斑的馬。《文字的故事》中曾述及28個毛色各異的「馬」。

價値觀的差異

區分不同種類的玉：玉在甲骨文的時代還不太重要，所以在已發現的甲骨文中只能找到幾個和玉有關的字，例如：玉，用繩串起來的玉片；璞，在山裡奮力挖玉的樣子；弄，愛不釋手的賞玩玉的樣子；玨，兩串玉；黃、章：鍊狀飾物造型的玉。到了漢朝，根據《文字的故事》：「許愼的《說文解字》內總共搜集了151個和玉直接相關的篆字。」不同種類的玉、不同顏色的玉、不同形制與用途的玉、不同的聲音。玉之所以變得這麼重要，因爲玉的稀有性和獨特性，與政治權力劃上了等號，成了統治權力的象徵物。

1.5 姓與氏

我們在前面已經瞭解漢字的特性了，現在我們回過頭來瞭解「姓與氏」。

● 本節參考書目 ●

1. 王心怡，商周圖形文字—族徽，http://wwwsinica.edu.tw/~cdp/token/guide/guide_01.htm。
2. 佚名，中國古代姓氏，http://www.tl5000.com/bb/content/20051104/2005110415.htm。
3. 中國古代的姓、氏、名、字、號，http://www.zdic.net/bbs/viewthread.php?tid=103238&extra=page%3D1。
4. 姓氏合一的後果，http://www.qm888.com/yeqmw/prc2004/zhxs/items/hrxs/xsmh/xshhyhg.htm。
5. 中華姓氏起源，http://www.yeqm.com/prc2004/zhxs/zhxs_w_3.asp。
6. 姓氏來源，http://www.yeqm.com/prc2004/zhxs/zhxs_w_4.asp。
7. 中國的姓氏制度，http://www.yeqm.com/prc2004/zhxs/zhxs_w_8.asp。

1.5.1 姓的起源

中國姓氏起源的年代，現在很難確定。但「姓」的起源可能與原始氏族的圖騰崇拜有關。馬克思在《摩爾根〈古代社會〉一書摘要》：「圖騰一辭表示氏族的標誌和符號」，郭沫若《殷周青銅器銘文研究》：「凡圖形文字之作鳥獸蟲魚之形者，必係古代民族之圖騰或其孑遺，其非鳥獸蟲魚之形者，乃圖騰之轉變，蓋已有相當進展之文化，而脫去原始畛域者之族徽也。」

據說「圖騰」的印地安語是「他的親族」的意思，目前現存的民族、部落，不論東西方，都有崇拜圖騰的習慣，如雲南彝族括扒人以「蕎」爲圖騰，拉祜族以虎爲圖騰，台灣的排灣族和魯凱族都偏好象徵豐收的「甕子」圖形，崇敬天地自然景象的阿美族則尊奉星辰並做爲代表圖騰；而排灣族則以百步蛇爲吉祥物。不論這些圖騰是動物、山川，或是藉由想像所造出的符號，這些部落會在衣服、飾品、器物表現這些圖騰，做爲他們特定族群表徵功能的「族徽」，藉以區分族群並凝聚整個群的凝聚力，將它視作代表部落、族群的統一表徵。

「族徽」在文化的演進過程，可能已逐漸建構了深厚的文化內涵和功用，往往跟他們當時所流傳的神話、傳說，甚至與祭祀行爲，都有密不可分的關連性。「族徽」在沒有文字的年代，藉由口耳相傳關於部落的故事，保存了對於每個部落的名稱及其相關的記憶，這些零星的記憶就成爲傳說，但自然免不了有許多與事實脫節的部分，即便是正確的，也只能說是眾多上古部落中的一小部分，不可能是全部的部落，而這些代表部落的「族徽」，可能就是姓氏的濫觴。

例如：伏羲、伏羲氏、伏羲氏族。伏羲就是第一次叫「伏羲」後來作了「三皇」的這個人，他的後代又繼續使用這個名號繼續繁衍，最後以伏義爲名的氏族形成一個新的氏族叫伏義氏。伏義氏又繼續分支和繁衍形成一個更龐大的伏義氏族後裔，伏義作爲上古時代的氏族和部落首領，因此他的名號既是個體，也是氏族和部落群體的代稱。

姓字的古字是「人」和「生」組成的，意爲「人所生」，因生而爲姓。秦國刻石《詛楚文》中「姓」字爲「女」字和「生」字的組合字，這一組字形最後在《說文解字》中被許慎定形，成爲現在看到的會意字「姓」。從「姓」字的構造來看，它是個會意字，在《說文解字》中釋作「姓，人所生也，從女所生」，可以解釋成「由同一女性所生的後代即爲同姓」。

這些由若干族所組成的原始部落，各族雖彼此獨立存，但之間又有著密切的婚姻聯繫，考古學家認爲大約相當舊石器時代晚期，隨著生產和生活的發展和演變，當時的人漸漸發現血親所產生的後代不易生存的事實。部落內各以血統爲主的氏族爲了便於通婚與鑑別不同氏族的子孫後代，必須有一個能識別和區分氏族的特定符號。

我們現在是父系社會，所以目前的「姓」是從父，但從目前現存的中國西南少數民族的母系社會來看，女性在社會中居於支配地位，既從事生產活動也可以選擇不同的伴侶生活。在這種制度下，子女只知其母，不知其父，生的小孩由母親撫養也從母姓，因此，就可以利用母親作爲辨別血緣的依據，所以許愼在確定「姓」字是「女生姓」或「人生姓」時是考量當時的時空背景。

像中國姓氏中就有很多形旁從「女」的姓，例如：最早的神農姓姜，黃帝姓姬，少昊後人姓嬴，舜帝後裔姓姚、嬀，祝融後人姓妘等。另外，如、妁、改、妙、妊、妞、姒、姑、婀、姍、姓、委、妾、始、娀、姞、姶、姣、娩、娸、婣、婁等姓氏都是以「女」爲形旁。在目前發現的西周青銅器銘文中，確定爲姓的銘文不到三十個，而且大多數發現的「姓」都是從女旁的形聲字，這表示那時的「姓」與女性分不開，透露出至少在周朝以前有部分社會是母系氏族的資訊。

1.5.2 「姓」的出現及其代表意義

「姓」的出現，對於中華民族代表了多重的意義：

1. 智慧的提昇

「姓」出現的最主要目的是分辨「血緣」，但爲什麼需要知道「血緣」？這表示當時的人，已經知道同姓的男女生下的小孩，容易有身體的缺陷或先天的疾病容易早夭，爲了維持氏族的強盛，爲了分辨「血緣」才產生識別血緣的方法，也就是從姓就知道是由誰生的，由於姓不易改變，所以能一直追溯到祖先。這表示古人已經聰明到能從長期觀察已發生的現象中，利用實證找到問題發生的原因，領悟到近親婚配會產生不良後代的道理，並找到解決的方法，也就是在貴族女子的稱謂中加入姓的方法。

「同姓不能通婚」的傳統一直被流傳下來，在中國絕大多數的地區一直保持了這種傳統，即使到了現代，這種傳統雖被打破，但許多地方民間仍然不贊成同姓通婚。在古籍中也有同姓不婚的記載，《左傳·信公二十三年》：「男女同姓，其生不蕃」、《國語·晉語》：「同姓不婚，惡不殖也」。

2. 打破族群觀念

「姓」的出現，表示即使以同姓作爲群聚的依據，這些群聚的人，爲了避免種族的滅絕，還是得向外界張開雙手與其他的種族共存，接受非我氏族的人，這代表了每個族群必須接受其他的族群族群才得以生存。因爲「姓」可以用來「明世系」、「別婚姻」，因此，姓氏的出現也代表了當時人類的婚姻方式，由原本氏族的「內婚制」發展到氏族的「外婚制」的一個重要分水嶺。

3. 人數變多

「姓」的目的之一是要識別，這就表示同一氏族經過不斷繁衍，原本的居住地域已經容不下部落的人數，或是社會已進步到需要利用地域作分工，因此居住地域也開始分散，原本的同一氏族產生了若干個分支。當同一個地區的氏族已經多到記不清楚時，爲了區別同一地區的不同氏族，就必須利用「姓」作爲區分的特殊標誌。

4. 自我認同

不論是從父姓或是從母姓，「姓」的出現都代表了人可以藉由「姓」追溯自己的血緣，這個制度的建立可以視爲中國人「追本溯源、數典念祖」觀念的濫觴。

1.5.3 姓與氏的關係

從上一段，我們已經知道了，「姓」與女性、母系社會有關。但我們現在講到「姓」時也會提到「氏」，因爲姓、氏混淆成爲同義。但實際上，「姓」與「氏」雖有關聯卻又不相同。

宋朝劉恕《通鑒・外紀》：「姓者，統其祖考之所自出；氏者，別其子孫之所自分。」十分準確地點明了姓與氏的聯繫與區別：姓是用來知道祖先是誰，氏則是用官階、封地、字號以分辨後代是哪一支流。這時候「氏」的出現，代表了父系社會的興起，因爲男性開始有辨別自己與祖先源流稱號的需要。

在周朝以前，只有諸侯國的國君及其家族才有姓。周朝初年，爲了有效控制征服的廣大地區，周王開始大規模地分封諸侯。《左傳‧隱公八年》：「天子建德，因生以賜姓，胙之土而命之氏。諸侯以字爲謚，因以爲族；官有世功，則有官族；邑亦如之。」

周武王、周公旦和成王，先後把土地分封給兄弟、親戚及異姓功臣等。據統計，周武王有兄弟16人，同姓貴族40人，一共建立了71個封國，這些諸侯國的後人即以封國名爲氏，由周王室同姓封國得氏的有48個，由異姓封國得氏的約有60個。

以國命氏：

齊——炎帝姜姓之後，太公望姜子牙助武王滅商有功，受封於山東營丘爲齊國，子孫以國名齊爲氏。各諸侯國又以同樣的方法對國內的卿大夫進行分封，即大夫的後人即以所受封邑的名稱爲氏。

以邑命氏：

苗——苗氏是出自於春秋時代的楚國公族,，賁皇爲其始祖，以地命氏。春秋魯宣公四年，楚斗椒之子賁皇逃奔晉國，在晉國立下許多功勞，晉君封大夫，並賜之於苗邑，子孫遂以邑命苗爲氏。

此後這些諸侯國貴族除了有姓之外也有氏，所以「貴者有氏」，而一般人沒有姓，也沒有氏。這些貴族獲得「氏」的方式，按《新唐書‧宰相世系表》所記載，除了上述「以邑命氏」之外，尚有：

以官命氏：

師——商、周時，朝廷中掌管音樂的官員叫師，例如紂王時有師延，春秋時晉國有師曠都是著名樂師，子孫後代便以他們的官名師爲氏。

以字命氏：

孔——源出於子姓，微子啓封到宋國，後裔宋襄公的五世孫，名嘉，字孔父，在宋國任大司馬，動亂被殺，其子木金父逃到魯國，以父親的字孔爲氏。

以諡命氏：

丁——丁氏的其中一支源自於姜子牙一族。姜子牙是周朝的大功臣，兒子姜及死後，也被周王追諡爲丁公，子孫以諡號丁爲氏。

1.5.4 姓與氏的使用方式

前面我們已經介紹了姓、氏的起源不同，實際上姓氏在使用上亦是各異其用的。

《通志．氏族略》：「三代之前，姓氏爲二，男子稱氏，婦人稱姓，氏所以別貴賤，貴者有氏，賤者有名無氏。故姓可呼爲氏，氏可不呼爲姓。姓所以別婚姻，故有同姓、異姓、庶姓之別。」

因此，「氏」的原始目的就是「明貴賤」，區別個人身分的貴賤，以及「別婚姻」，表明父系血緣關係。周代宗法制度嚴格，即使同爲貴族，貴族有氏，但男女在使用姓氏的方法也有所不同：只有貴族男子才有資格稱氏，當時男子稱氏而不稱姓，是因爲姓與生俱來，言氏就可知姓，即可區別貴賤；女子稱姓，姓則用來區別婚姻，貴族婦女姓比名重要，平民則無姓無氏只有名。如果要加以區別當時的貴族女子，尚未成親的女子，則在姓上加孟（或伯，指排行老大）、仲（指排行老二）、叔（指排行老三）、季（指排行老四）表示排行，如：孟姜、叔隗、季姬。例如《詩經·桑中》：「雲誰之思？美孟姜兮。」翻成白話：「猜猜我在想誰？正是美麗的姜家大閨女。」

出嫁後，在姓前加上自己所自出的國名或氏，如：齊姜、秦嬴、晉姬、褒姒。

嫁給別國的國君，就在姓前加上配偶的國名，如：秦姬、孔姬、芮姜。

嫁給別國的卿大夫，就在姓前加上大夫的氏，如：孔姬（孔圉之妻）、趙姬（趙衰妻姓姬）、棠姜（棠公妻姓姜）。

死後，就在姓前加上配偶或本人的謚號，如：武姜（鄭武公妻姓姜）、文嬴（晉文公妻姓嬴）、文姜（魯桓公之妻，文是其本人謚號）。

這樣做的用意，都是爲了鑑明女姓的血緣避免同姓婚配。

此外，這些有姓氏的貴族在當時被稱爲「百姓」，如《堯典》：「平章百姓，百姓昭明。」他們掌握了當時大部分的社會資源，如：擔任政府官員、公職，所以「百姓」的原義是對有爵祿官職的人的泛稱，泛指百官，與現在的意義恰好相反，一直要到漢朝以後，百姓才指普通平民。

隨著氏族制度的瓦解、人口的增長，以及階級社會、國家制度的形成，以「字、諡、官、邑」四種方式命氏，已不能滿足社會發展的要求，後世逐漸加以擴充，出現以各種形式得氏的現象。

東漢王符《潛夫論·志氏族》：「或傳本姓，或氏號、邑、諡，或氏於官，或氏於字，或氏於事，或氏於居，或氏一於志」。除了「傳本姓」和前述的字、諡、官、邑之外，又擴充另外四種：

1. 以號為氏

劉——來源有好幾支，其中有一支源出於姬姓，春秋時，周匡王封小兒子王季於劉邑（今河南偃師縣南），號劉康公，子孫以號劉爲氏。

2. 以事為氏：

車——據《元和姓纂》所載，漢武帝詔令丞相田千秋因年老，可乘小車出入省中（朝廷），時號「車丞相」，車千秋之子爲車順，嗣侯爵，子孫因以事「車」爲氏。

3. 以居（住地特徵）為氏：

東郭——源出於姜姓，古代外城稱郭，齊桓公的子孫住在臨淄外城東門一帶，稱爲東郭大夫，子孫以住地東郭爲氏。

4. 以志為氏：

聞人——春秋時代，魯國的學者少正卯，聚徒授學，聲譽鵲起，世稱聞人，子孫以志聞人爲氏。

1.5.5 姓與氏的不同

前面已經說明了姓氏的使用方式，現在我們總結一下姓與氏的不同：

1. 關係不同

由字的原因來看，「姓」的本意是從人所生，在母系社會，同一個母親所生的子女就是同姓，在父系社會，「姓」則隨父親；但「氏」字的本意爲「木本」，是植物之根，爲一象形字，後來被轉注爲姓氏的氏，取木之根本之意，氏是從姓中派生出來的分支。所以「姓」爲氏之本，「氏」由姓所出。

2. 出現的目的不同

由產生的原因來看，《通鑒．外紀》說：「姓者，統其祖考之所出；氏者，別其子孫之所自分。」姓是用來知道祖先是誰；氏則是藉由官階、封地、字號以分辨後代是哪一支流，也就是說，姓是查祖先，氏是看後代的。

3. 出現的時間先後不同

由出現的時間點來看，「姓」起源較早，姓是同一個家族後代的共同稱號，但隨著子孫繁衍增多，這些家族往往會因爲其他原因分支散居各處，各個分支的子孫除了保留姓以外，另外爲自己取一個稱號作爲標誌，這就是「氏」，所以「氏」的出現在後。

4. 穩定程度

以穩定性來看，「姓」出現後，世代相傳較爲穩定，通常不會更改；「氏」則隨著封邑、官職的改變而變化，因此會有一個人的後代有幾個氏，或者父子兩代不同氏。《國語．周語》載：「姓者，生也，以此爲祖，令之相生，雖不及百世，而此姓不改。族者，屬也，享其子孫共相連屬，其旁支別屬，則各自爲氏。」另外，不同姓之間可能會以同樣的方式命氏，因此會出現姓不同而氏相同的現象。

5. 社會功能不同

以原始使用目的來看，《通志・氏族略》：「三代之前……氏所以別貴賤，貴者有氏，賤者有名無氏……姓所以別婚姻，故有同姓、異姓、庶姓之別。」「姓」用以區別婚姻，故有同姓、異姓、庶姓之說，主要是用來鑑別血緣；「氏」用以區別貴賤，貴族的氏則可能會隨著封邑、官職、或其他的原因而改變，所以由氏可以看出一個人的社會地位。

6. 使用對象不同

以使用對象方式來看，姓氏兩字在使用上是各異其用的。清初顧炎武《日知錄》：「氏焉者，爲男別也；姓焉者，爲女坊也。」表示當時只有男子才有資格稱氏，男子稱氏而不稱姓，即可以氏區別貴賤；女子稱姓，姓則用來鑑別血緣以區別婚姻。因此，姓氏的使用對象不同。

7. 姓氏涵括的範圍不同

從使用方法限制來看，姓的範圍很大，氏的範圍很小，一個姓裡面可以包含數個氏，不同的姓裡面也可以有相同的氏。因此，同姓的人不論同不同氏都不能成婚，但同氏的人，只要不同姓，就可以成婚。

1.5.6 姓氏的轉變

在夏商周三代，姓用於別婚姻，氏則用於明貴賤；到了秦漢，姓和氏的區別已經模糊，氏也不再象徵特權，平民不但有名有氏，且所用的氏大都因襲自周代，並開始和姓混而爲一。

清錢大昕：「戰國分爭，氏族之學久廢不講，秦滅六雄，廢封建，雖公族亦無議貴之律；匹夫編户，知有氏不知有姓久矣。漢高祖起于布衣，太史公以上名字且無可考，況能知其族姓所出耶？故項伯、婁敬，賜姓劉；娥姁爲皇后，亦不言何姓。以氏爲姓，遂爲一代之制，而後世莫能改焉。」

照錢氏的說法，姓氏合一是漢代的事了，因爲一般人根本沒有姓，這些開創漢朝的功臣，有許多根本就不是貴族，更沒有姓，因此就乾脆不再寫姓，直接就將姓氏合一稱呼了，這可以從《史記》得到證明；另外一個可能是由於漢代已經姓氏合一，因此，漢人在使用「姓」字與「氏」字時已不加區別，正如今天我們通稱姓氏一樣。

漢司馬遷作《史記》時，在《高祖本紀》有言：「高祖，沛豐邑中陽裡人，姓劉氏。」既是姓劉，又曰劉氏，顯然司馬遷已未加區別劉是「姓」還是「氏」了。清顧炎武《田知錄》：「姓氏之稱，自太史公始混而爲一，《本紀》于秦始皇則曰姓趙氏，于漢高祖則曰姓劉氏，是也。」姓與氏的意義，在文獻記載上由漢朝的《史記》開始合一通稱「姓氏」，這個制度也一直被沿用下去，平民也開始使用「姓」，「姓氏」遂成爲全民共用的公共財物，「百姓」也成爲一般民眾的通稱，這便是姓與氏合一的過程。

到了宋朝，由於姓氏的發展，上述幾種姓氏起源已不足以涵蓋當時的姓氏，鄭樵《通志．氏族略》所輯錄的命氏方式進一步劃分爲32類，即：1．以國爲氏；2．以邑爲氏；3．以鄉爲氏；4．以亭爲氏；5．以地爲氏；6．以姓爲氏；7．以字爲氏；8．以名爲氏；9．以次爲氏；10．以族爲氏；11．以官爲氏；12．以爵爲氏；13．以凶德爲氏；14．以吉德爲氏；15．以技爲氏；16．以諡爲氏；17．以爵系爲氏；18．以國系爲氏；20．以族氏爲氏；21．以名氏爲氏；22．以國爵爲氏；23．以邑系爲氏；24．以官名爲氏；25．以邑諡爲氏；26．以諡氏爲氏；27．以爵諡爲氏；28．代北複姓；29．關西複姓；30．諸方複姓；31．夷狄大姓；32．其他。

以地為氏：

秦、穀——原出自嬴姓，據《通志．氏族略》所載，秦人的先知非子，居住于秦穀（在今甘肅省天水市西南），其後分爲二支，一支爲秦氏，另一支爲穀氏，子孫以地秦、穀爲氏。

以技（職業、工作）為氏：

屠——西元前533年，晉國專職「司味」的「膳宰」（宮廷廚師）有位叫屠蒯的，子孫以技屠爲氏。

代北複姓：

元——據《魏書·官氏誌》所載，魏晉南北朝時期，北魏鮮卑族的孝文帝拓跋宏於西元493年進行漢化改革，曾下令鮮卑人改姓，如達奚氏改爲奚、獨弧氏改爲劉、步六孤改爲陸，並首先將自己的姓氏由「拓跋」改爲「元」，意爲天下第一姓，改姓數量，僅《魏書·官氏志》單獨列出的，即有114個。

1.6 名與字

我們在前面已經瞭解「姓」與「氏」了，現在我們來了解一下和「姓氏」一樣重要的「名字」。

和「姓」與「氏」一樣，「名」與「字」原本也是不同的意思，是某個時期的文化現象，它們反映了不同時代和社會的特徵，後來才開始混用，現在我們就來看看「名」與「字」有什麼不同。

● 本節參考書目 ●

1. 中古時代的姓、氏、名、字，http://www.zdic.net/bbs/viewthread.phptid=103238&extra=page%3D1。

2. 姓氏合一的後果，http://www.qm888.com/yeqmw/prc2004/zhxs/items/hrxs/xsmh/xshhyhg.htm。
3. 佚名，名─人的基本稱謂，http://www.huaxianame.com/News/2005102381425.asp。
4. 趙誠，讀《殷虛書契考釋三種》，http://www.zhbc.com.cn/shupin/shupin20060202.php。

1.6.1 名

關於「名」，「名，自命也，從口，從夕，夕者冥也，冥不相見，故以口自名。」這是《說文解字》的說明，筆者解釋成「名是代表自己的命，有口，有夕，夕是因爲夜間看不到面，所以用口稱名」。

也就是說《說文解字》點出了「名」的特點：

1. 名代表了一個人的命。
2. 名要用口稱呼。

利用這兩個名的特點，可以回想一下有誰會需要「名」呢？自己當然不需要，名是給別人稱呼的，但誰是第一個稱呼我們的「名」呢？大家可以很快想到的是「父母」。

也就是說，「名」一開始是父母爲了稱呼方便給我們取的，這也就是《周禮》所言「婚生三月而加名」的由來。嬰兒出生三個月後由父親取名，至於爲什麼是三個月？原因不難想像，當時的紡織技術不高，衣物不夠保暖，加以衛生條件不佳，所以小孩夭折的機會很高，因此爲了避免小孩取了名字夭折，就要等三個月後還能存活的，才取名字。

中國第一個在姓之外有名且被記錄下來的是黃帝。據記載黃帝本姓公孫，因生於姬水旁，所以改姓姬，名軒轅。至於他爲什麼名叫軒轅，目前還不知道；至於在黃帝同期發生火拼爭帝的炎，在史書上並沒有留下他的名，至於他的名字是否叫炎，目前也無從得知。

到了夏朝，有一則傳說故事「少康中興」。第三代夏王太康被有窮氏（今山東西部）后羿所伐，後來后羿又被寵臣寒浞發動政變所伐，而太康抑鬱而終，弟仲康繼位成第四代夏王。寒浞持續對太康一家窮追猛打，仲康逃難時死，兒子相（第五代夏王）也被殺死。相的妻子是有仍國（山東濟南）諸侯的女兒有緡氏，懷有身孕，逃回有仍國，生下了少康（第六代夏王）。

少康長大後當上負責管理畜牧的牧正，寒浞知道後仍不肯放過少康，後來逃難至有虞國（今河南省有虞縣），後來擔任有虞國掌廚的庖正，國君虞思把女兒「二桃」嫁給了少康，並協助少康厚植勢力，有田一成（方十里），有眾一旅（五百人），又得有虞國諸侯伯思相助，少康發起義師，聯絡夏朝遺臣伯靡，直攻有窮國都窮石奪回夏朝的政權。

趙誠《讀殷虛書契考釋三種》：「羅氏（振玉）

斷定《史記·殷本紀》之『天乙』實是卜辭『大乙』之訛，並確認大乙即成湯。進而考訂殷帝王名諡之見於卜辭者十有七，曰：大乙、大丁、大甲、大庚、小甲、大戊、中丁、且（祖）乙、且（祖）辛、且（祖）丁、小辛、小乙、武丁、且（祖）庚、且（祖）甲、武乙、文丁。另又指出卜辭之示壬、示癸即《史記》之主壬、主癸。到了《殷考》，羅氏又增補了五位：一是大丁後增加了蔔丙，二是中丁後增加了蔔壬，三是南庚後增加了羊甲，四是羊甲後增加了般庚，五是且（祖）甲後增加了康丁。蔔丙即外丙，爲太丁之弟；蔔壬即外壬，爲仲丁之弟；般庚即盤庚，爲陽甲之弟；康丁即庚丁，爲祖甲之子，所增均是。但所增之羊甲，實當是羌甲，羅氏誤釋羌爲羊，並誤以羊甲『即《史記》之陽甲』則非是。這一錯誤，後來又被王國維所接受，直到郭沫若才得以糾正。但總起來看，羅氏這方面的研究，爲商王世系的最後論定指明了方向。」

不過，我們從《史記》以及所發現的甲骨文中來看，商朝的國君的祭名是以其出生日之天干來命名。如：商湯（姓子名履，祭名是大乙，是商朝的創建者商湯）、哀王（姓子名勝，祭名是卜丙或外丙，商朝第二位國君），一直到紂王（姓子名受，祭名帝辛，商朝最後一個國君）都還維持以其出生日之天干來命名的習慣。

到了周朝，周朝的始祖姓姬名棄，是帝嚳的後裔，棄曾做過堯、舜的農師。但他又爲什叫棄呢？相傳周的始祖名棄，其母名姜源，一日到郊外踏青，忽見一具大腳印，踩之，不久即孕而生棄。傳說姜源不喜愛此子，將之棄於巷內，走獸繞而避之，欲將之置於森林，因無機會而作罷，將之置於冰上，有大鳥以翼護之。其母乃知其子不凡，拾回育之，這就是姬棄名字的由來。不過要被人丟掉才知道其價值，這也只能出現在傳說故事了。

《左傳·春秋魯桓公六年》：「公問名於申繻，對曰：名有五，有信，有義，有象，有假，有類，以名生爲信，以德名爲義，以類命爲象，取於物爲假，取於父爲類。不以國，不以官，不以山川，不以隱疾，不以畜牲，不以器幣，周人以諱事神、名，終將諱之，故以國則廢名，以官則廢職，以山川則廢主，以畜牲則廢祀，以器幣則廢禮。晉以僖侯廢司徒，宋以武公廢司空，先君獻武廢二山，是以大物不可以命。公曰：是其生也，與吾同物，命之曰同。」意思是魯桓公問命名應遵守的禮節時，大夫申提出「信、義、象、假、類」五條命名規則（五類），和六條不可以的命名規則（六不）「不以國、不以官、不以山川、不以隱疾、不以畜牲、不以器幣」。

秦漢以後，隨著君王專制的加強，在命名方面除了對「五類」、「六不」同樣講究之外，還對一些寓含霸王意義的字眼也同樣禁止，如：龍、天、君、王、帝、上、聖、皇等字，此外，也必須避帝王的名字。例如：秦始皇姓嬴名政，政同正，因爲是正月生的所以取名「正」，但爲了避掉「正」的音，所以就將「正月」發改成「征月」，這也就是現在仍有人將「正月」念成「征月」的由來。

1.6.2 名與字

前面已經說了，「名」是爲（養）父母等長輩所取，具有個體識別、寄託長輩期望的功用。但古人通常有「名」亦有「字」，那「字」是什麼意思呢？

所謂字，是根據本名的涵義另取的別名。《儀禮．士冠禮》：「冠而字之，敬其名也。」《禮記．檀弓上》：「幼名，冠字，五十以伯仲，死謚，周道也。」孔穎達疏：「冠字者，人年二十有爲人父之道，朋友等類不可復呼其名，故冠而加字，年至五十，耆艾轉尊，又捨其二十之字，直以伯仲別之，至死而加謚。」取字在古代一般只限於士大夫和知識分子，貧民都沒有書念了，哪還顧得這麼多，所以一般百姓有名無字。小時候父母取「名」，但男人到二十歲要加冠會取「字」，女子則在十五歲舉行笄禮時取「字」，表示他們已長大成人，可以婚嫁了，朋友、同輩不可再直呼其名，所以就替自己取一個「字」讓朋友、同輩、晚輩稱呼。到五十歲後，別人會以伯、仲來尊稱（限男性），有敬老的含義，以展現禮儀。如：

諸葛亮，自己可稱名「亮」，但朋友則要稱他的字「孔明」。

《顏氏家訓．風操》：「古者名以正體，字以表德。」所以「字」除了是自己取的以外，也有自己對「名」的解釋，因此「字」兼有「表德」之義，一般情況下，「字」大多取自《論語》、《詩經》等經典篇章，文雅而耐人尋味，所以「名」與「字」的關係通常不難看出來：

1. 是同義詞和近義詞。如：李白，字「太白」；曹操，字孟德，「操」和「德」是同義；班固，字孟堅，「固」和「堅」同義；孔丘的兒子孔鯉字子魚，鯉是魚的一種；唐寅，字伯虎，「寅」和「虎」是同義詞。
2. 反義詞。元代孔思晦（孔子五十四世孫），字明道，因爲「晦」有愚昧無知的意思，所以思晦與明道是反義詞。
3. 截取某一辭彙。如：王維，字摩詰，因爲當時盛行佛教，便截取了《維摩詰經》的名字。
4. 是名的解釋或補充。
5. 表達長幼順序。如：唐寅，字伯虎，「伯」是排行老大的意思。《三國志》中說孫堅一家，長子孫策字伯符、次子孫權字仲謀、三子孫翊字叔弼、四子孫匡字季佐。《三國志》中說夏侯淵有七子：夏侯衡，長子，字不詳；夏侯霸，次子，字仲權；夏侯稱，三子，字叔權；夏侯威，四子，字季權；夏侯榮，五子，字幼權；夏侯惠，六子，字稚權；夏侯和，七子，字意權。

當然也會有名和字的關係不太明顯的例外，取字的人還得寫一篇文章說一下名與字的關係，或取字的理由。如：蘇洵爲其兄蘇渙取字「文甫」，但字面上看不出「渙」和「文甫」的關係，於是他就寫了一篇著名的《仲兄字文甫說》。

1.6.3 名與字的不同

前面已經說明了名和字的使用，現在我們總結一下名與字的不同點：

1. 「名」是爲了識別個體、寄託長輩的期望；「字」是對「名」的內涵的補充和延伸。
2. 「名」是長輩取的；「字」是自己或朋友取的。
3. 「名」是長輩對晚輩的稱呼，是一種上對下的關係；「字」是晚輩對長輩或者在平輩之間的稱呼，是一種平行或下對上的關係。

1.7 學術上的姓名學

我們在前面已經瞭解文字（漢字）的特性，也瞭解姓氏的起源與緣由，現在我們將開始瞭解「姓名學」。

我們現在所謂的「姓名學」，其實與學術的「姓名學」不同，但由於「姓名學」的原始意義不常被一般人使用，甚至不知道有這個名詞，所以近代「姓名學」一詞現在已被認定爲是命理的「姓名學」。

學術的「姓名學」，是anthroponymy的中譯，一般翻譯成人名學，與地名學（toponymy）同屬專名學（onomastics）的下屬領域，以詞源學（etymology）爲基本工具。主要研究：人名的來源與分類、歷史演變、地理分佈、文化意涵等，可以讓我們對某個時期的歷史、人口遷徙、民俗傳統有更深刻的瞭解。

由於英文中的名（Name）和姓（Last Name）除了部分的Name只能當名之外，其餘的Name是名、姓混用的。中國的「人名學」研究由來已久，但姓與名的研究是分開的。因此，在後文中筆者將學術的「人名學」再細分，將研究「姓氏」（LastName）的稱之爲「姓氏學」；將研究「名」（Name）的稱之爲「人名學」。

● 本節參考書目 ●

1. 中國姓氏中的遺傳密碼，http://bbs.pc51.net/readhtm-tid-9159.html。
2. 4100個中國姓氏暗藏國人遺傳密碼，http://www.zynews.com/wenhua/2006-01/19/content_345496.htm。
3. 哈哈兒，姓氏百科．姓氏學著錄撮要，http://www.

fpe95.com/Article/ShowArticle.asp?ArticleID=1517。
4. 漢史遊，急就篇。
5. 張麗生，急就篇研究，台灣商務印書館。
6. 中國古代的姓、氏、名、字、號，http://www.zdic.net/bbs/viewthread.php?tid=103238&extra=page%3D1
7. 豆豆，中國一共有多少種姓氏，http://ks.cn.yahoo.com/question/?qid=1406031500649&source=ysearch_bulo_thread。
8. 濮之珍，《急就篇》和漢代的識字教育，http://www.jwc.fudan.edu.cn:8080/yayan/showArticle.php?akey=131。
9. 維基百科編者（2006），姓名學，http://zh.wikipedia.org/w/index.php?title=%E5%A7%93%E5%90%8D%E5%AD%A6&oldid=1793191。

1.7.1 姓氏學

在一般大多數的情況下，姓氏是世代繼承的，即使在秦以後姓氏合而爲一，但仍然能從歷史文獻中，從姓氏的來源和變化去追尋姓氏隨著歷史變遷的過程。

中國第一部論述和記錄姓氏的著作，當屬《世本》。據《漢書．藝文志》：「《世本》古史官明于古事者所記，錄黃帝以前帝王諸侯及卿大夫世謚名號。」《世本．氏姓篇》收錄18姓875氏，此書是從文獻中知道最早記錄華夏民族的世系源流之書籍。

東漢《漢書》的作者班固曾奉旨編撰《白虎通》，該書論述了姓、氏的起源、功能，但並未提及所錄姓氏的來源。

東漢學者王符著《潛夫論》，其中有《志氏姓》篇；東漢末年學者應劭著《風俗通義》，其中有《姓氏》一篇，兩者的主要目的都是爲了收錄、記載當時的姓氏，也同時追溯了各類姓氏的淵源。

漢元帝時黃門令史遊，爲因應文化的需求著《急就篇》，其中收錄單姓、複姓超過200個。由於這本書是按韻律編定的兒童識字課本，因此有學者認爲作者在編寫的過程中可能避棄過一些難寫或難讀無法押韻的姓氏。該書有三個特點：

一是《急就篇》是我國第一部「姓名三字經」，能朗朗上口，對後來宋朝出版的《百家姓》有很大影響。

二是除了複姓之外，大多採用了單音姓、雙音名的形式，反映了漢代民間開始流行的姓名形式。

三是在三字姓名中，第二、三個字往往也是當時的姓氏，如句首的「宋延年」，延年雖是個名字，但其實也是姓，所以《急就篇》實際所收姓氏不是坊間所說的130個，而是超過200個姓氏。

到了唐代初期，康太宗貞觀元年（西元627年），吏部尚書高士廉奉命撰寫《大唐氏族志》，該書收錄姓氏293個，作爲當時推舉賢能作官，或撮合婚姻的依據。唐憲宗元和七年（西元812年），太常博士林寶編撰《元和姓纂》，以姓、望、房三級結構條貫，收錄姓氏1232個，其內容先列皇族李氏，餘者依唐韻206部，分別排列，每韻之內以大姓爲首，記載姓氏來歷及各家譜系。

到了北宋初期，錢塘無名氏編了《百家姓》，是中國姓氏學研究中最出名且廣爲流傳的姓氏學書籍，流通於世已有一千多年之歷史，共收錄姓氏502個（其中單姓442個，複姓60個）四字一句、隨口配韻之安排，大致依國之大族，或一般習知與常見姓氏。

宋朝鄭樵著《通志．氏族略》和《姓解》，分別收錄當時的姓氏2255和2568個。（一說《通志．氏族略》中統計古代姓氏共有1745個）。

到了明朝，陳士元著《姓觿》一書，收錄姓氏3625個；明代翰林院編修吳沈等人據當時戶部所藏戶籍編成《皇明千家姓》，收錄姓氏1968個。

明朝凌迪知著《萬姓通譜》，全書以古今姓氏排列，同韻者先列常見姓，次列稀見姓，每姓注出宗族所出始，列自古至明代萬曆年爲止之人物，敘述其經歷、事蹟、史料出處。

到了清朝，康熙帝親自審定《御制百家姓》；清人張澍著《姓氏尋源》、《西夏姓氏錄》、《姓氏辨誤》，據說所記載的古姓氏有5129個。

中華人民共和國成立後，大陸學者閻福卿等曾編輯出版過《中國姓氏彙編》，共收姓氏5730個，包括：單姓3470個，雙字姓2085個，三字姓163個，四字五字姓12個。

1982年中共實施了大規模全國人口普查，王大良依據此普查資料編《當代百家姓》認爲：目前大陸常用的姓約400個，按當時人口計數，前100大姓是：李王張劉陳楊趙黃周吳，徐孫胡朱高林何郭馬羅，梁宋鄭謝韓唐馮于董蕭，程曹袁鄧許傅沈曾彭呂，蘇盧蔣蔡賈丁魏薛葉閻，余潘杜戴夏鐘汪田任姜，范方石姚譚廖周熊金陸，郝孔白崔康王丘秦江史，顧侯郎孟龍萬段雷錢湯，尹黎易常武喬賀賴龔文。這100姓占全國總人口的87%以上，其中「李王張劉陳」這5姓就有3億多人口。

以上的姓氏學的研究，著重在姓氏的起源、名人、民族，而後來的姓氏學因爲科技的進步，則有了新的研究方向。

1.7.2 姓氏學的新方向

到了近代，由於蒐集資料的方式更進步了，姓氏人口資料的調查開始朝向新的方向。開始探討各種姓氏在不同人群中分佈、不同姓氏的遺傳結構、不同群體間的親緣關係、以及人群遷移等，甚至是從時間的角度在長遠的歷史跨度中討論姓氏的變化，其中相關姓氏學研究最出名的是中國科學院遺傳研究所的群體遺傳學家袁義達。

袁氏發現姓氏學研究和遺傳學有很密切的關係，姓氏的進化過程和Y染色體的演進過程相當接近。原因在於一個人的生命長度有限，即使透過DNA檢驗，也只能進行近一百年的研究，但姓氏卻可以上溯至幾千年前；因爲Y染色體是人類遺傳過程的染色體，由於姓氏與Y染色體傳遞模式非常相似，都是由父傳子的方式遺傳，這表示Y染色體是人類遺傳過程中最穩定傳遞的染色體，所以同姓的人Y染色體序列更相似，換句話說，姓「王」的人Y染色體鹼基序列的排布和姓「陳」的人會有微小差異。

目前中國人最常用的姓氏3500個，中國人的Y染色體上大約也有3500多種和「姓氏」有關的基因，所以如果找了兩個同姓但無血緣關係的人檢測其Y染色體鹼基序列的「姓氏基因」，兩者的「姓氏基因」如果不接近表示其祖先不同，其中一支姓氏必然是在歷史中改了姓氏。

中科院遺傳所的研究人員收集了305份有關中國漢族的ABO血型的國內外文獻，計909900人的血型資料，研究得到了漢族的「當代姓氏分佈的地域親緣關係聚類圖」。該研究反映了當代中國漢族分成兩大分支，29個省市分爲南北兩大塊，以武夷山-南嶺爲界，南北兩地的漢族血緣彼此差異頗大。南方人群

（包括福建、台灣、廣東、澳門、香港、廣西和海南七省區）和北方人群（除南方七省外的區域）生物遺傳距離比人們想像的要遠得多，甚至比南北兩地與當地少數民族的差異還要大。

袁氏繼續研究其分佈規律，並進一步和姓氏的分佈區域作比較，證實了人類學、歷史學對漢族血緣的推論：「漢族只是文化上而並非血緣上的完整群體，整個漢族是在與少數民族的逐漸交融中形成的。」

袁氏作更將姓氏放入歷史中作研究，發現中國在1000年前的宋朝已經形成了南北兩大區域的人群，從姓氏遺傳上明顯地顯示出南北兩大區域人群結構的區別，表明南北兩大區域人群的不同源。研究人員繼續繪製出宋、元、明、當代四個時期的100個常見姓氏的人口分佈曲線，這四條曲線幾乎重合一致，這表示當代人群分佈的情況基本上與明朝、宋朝人群分佈具有很高相似性，但也存在細小差異，它們之間的區別點基本上反映了這1000年間人群進一步分化、遷移、混居和融合情況，如明朝七大姓氏占人口的比例比宋朝和當代都低1%以上，反映出宋朝到明朝間中國人口曾經大幅度減少過。

袁氏也將姓氏與病理一同作研究，袁氏認爲既然姓氏反映了基因的傳遞，那麼研究「姓氏基因」就有機會找出姓氏與疾病分佈、長壽因素的關係，甚至找出藥物的姓氏差異。

在英國也有科學家正在研究這個Y染色體與姓氏的研究，不過更進一步應用這種技術對取自犯罪現場的毛髮、血液的DNA進行分析，調查人員就可以很快知道DNA的所有人的姓氏。

1.7.3 人名學

人名學主要研究人名產生發展的規律、人名的結構及其社會功能和地理分佈的學科，對歷史學、民俗學、人口學和語言學有重要意義，一直到近代才開始討論人名在心理、社會層面的影響。

人名的產生和發展與各民族的社會情況和風俗習慣有著密切相關，此外各民族的人名構成方法和結構有相當大的差異。

在漢語人名系統中，屬於人的專有名稱的有姓(氏)、名、字、別號、乳名、綽號，過去還有謚號和美稱；英美人的基本人名模式是名在前，姓在後，有的有中間名（middlename)，而第一名被稱爲洗禮名或教名。

英漢姓名完全相反的排列是英漢姓名最明顯的差異，是不同文化在人名上的體現。中國人的姓代表宗族、血緣關係，姓必然在前，因爲它代表宗族；英語國家的人普遍強調個性、個體，這種觀念反映在姓名上是名在前姓在後。

1.8 命理上的姓名學

「命理上的姓名學」，是我們目前普遍對「姓名學」的認知，就是以人或物的「姓名」作爲命理推演的標的，只是手法各有不同。但與「學術上的姓名學」絕對大不相同。

根據坊間書籍的記載，在清朝編撰的《古今圖書集成．博物彙編．藝術典．星命部．彙考三十七》所附〈五音看命法〉一文，和明朝《鰲頭通書卷七》內之〈五音姓屬〉可見早期命學中已涉及「姓名音靈」之相關問題，也就是以「字音」作爲判斷姓名的方式。其實，「五音論命」在更早之前即已存在，而且還曾被奉爲主流呢！

漢朝王充《論衡．卷第二十五．詰術篇》：「宅有五音，姓有五聲。宅不宜其姓，姓與宅相賊，則疾病死亡，犯罪遇禍。」雖然〈詰術篇〉是論述家宅與姓名五音之間根本沒有關係的論述文，儘管我們目前無法得知由字音詳細判斷吉凶的手法，但仍然可知至少在漢朝，即有「姓有五聲，家宅需要配合姓的五聲來決定大門方位」的想法，只是後世一直沒有無完整成冊之姓名學論述，但利用姓名判斷吉凶的觀念卻一直流傳下來。

到了唐宋時期，「五音姓利」之說依然盛行，這個觀念甚至延伸影響到皇室的陵墓建築。這可以由宋朝的陵墓南高北低看出。「宋」朝國姓「趙」，五音爲「角」音，據說必須「東南地穹、西北地垂」，於是現在所見到的宋陵一反中國古代陵墓建築逐階由低至高之常例，而置主體建築於南邊較高位置，陵區地面由入口至陵台向北逐段下降，陵台處於最低位置。

至目前爲止，筆者仍未發現以單一命理觀點論斷姓名、討論取名方式的古籍。但以筆者在本書中所揭露出各派姓名學理論來看，每個派別的論斷姓名的方式都有一定的相似、連貫、甚至是差異。接下來，我們將依照姓名學討論漢字的不同特性，將姓名學分成幾個學派：

1. 格局學派：利用漢字的筆畫數經過不同的方式計算後的格數，分析姓名的吉凶。
2. 字數學派：利用漢字的筆畫數經過不同的方式計算後的格數，再融合不同的五術思維，分析姓名的吉凶。
3. 字形學派：利用漢字字體的組成元素，分析姓名的吉凶。
4. 字義學派：利用漢字的字義，分析姓名的吉凶。
5. 字音學派：利用漢字的讀音，分析姓名的吉凶。

但在繼續討論之前，我們得先知道一個影響現代「姓名學」發展很深遠的日本人熊崎健翁。（關於熊崎氏的相關資料，筆者是同時參考多本姓名學書籍交集的部分，倘若有先進、同好有更確切、精準的資料，在下乞請不吝提供，以利姓名學學術發展。）

● 本節參考書目 ●

1. 熊崎氏姓名學，http://www.goseikaku.com/ kumasaki/
2. 卜算子，我對81靈動數的懷疑和所做實驗，http://blog.sina.com.cn/u/4980432d0100038d

1.8.1 熊崎氏姓名學

目前的姓名學極有可能是康熙年間（1662～1722年）以後，由中國傳入日本，當時稱之爲「漢流」。

日本明治25年（1892年），日本學者佐佐木盛夫蒐集、整理了相關的資料，建立了姓名學的理論基礎。

1918年，日本易學家熊崎健翁（1881年5月5日生於日本岐阜縣惠那郡，原名熊崎健一郎）在學者佐佐木盛夫的姓名學理論基礎上，建立了更完整且更有系統的姓名學理論。

日本昭和3年（1928年），熊崎健翁創設以研究姓名學爲主的機構「五聖閣」。

日本昭和8年（1933年），台灣留日學生白玉光（後來改名白惠文）拜熊崎氏爲師學習姓名學。

廈門人楊坤明也拜熊崎氏爲師學習姓名學，但學習年代不詳。（未被證實）

1936年，白玉光回台灣後，陸續以漢文發表「熊崎氏姓名學之神祕」、「姓名之命運學」、「姓名之奧祕」等三本書（未被證實），熊崎氏姓名學在台灣地區逐漸風行起來。

依照我們所知的「熊崎氏姓名學」有幾個特徵：

1. 五格剖象法已經出現。
2. 討論三才配置的關係。
3. 討論格數的筆畫吉凶。

如果依照下述資訊，我們可以依照這些片斷的資訊，歸納以下幾個重點：

1. 姓名學極可能是康熙55年（1716年）後才傳入日本

爲什麼呢？因爲要算字的筆畫，一定得有一個共通的字筆畫數標準作爲參考依據，因此《康熙字典》的出現是個很重要的分水嶺。《康熙字典》有幾個特點：重新訂出每個字的部首與正確的筆畫數、蒐集了常用字與異體字。依照《康熙字典》的這兩個特點，筆者推論姓名學有關字數部分和《康熙字典》的出現，肯定有極度密切的關係。因爲到了清代時所使用的漢字，仍有很多異體字，同一個字並沒有統一的寫法，這將導致筆畫數的計算有誤，影響到以字數／字形爲基礎的姓名學。

那又爲什麼是是康熙55年（1716年）？筆者認爲因爲《康熙字典》是在此年才編輯完成，因此傳到日本的姓名學，只要與漢字筆畫數有關的姓名學學派，應爲經過《康熙字典》統一筆畫數後的姓名學，這樣才會有統一判斷字數的依據。

2. 姓名學不是一時一人傳至日本

這個論點是建立在如果眞的有個日本學者叫佐佐木盛夫。他在姓名學發展歷史上的角色就是搜集、整理了不同學派的姓名學資料。因爲倘若姓名學是一時、一人傳至日本，佐佐木氏發現有姓名學時，就不會發現所搜集到的資料是有歧異的，也就不需要再多花時間整理。

3. 「熊崎氏姓名學」包含「三才派」、「五格派」、「太乙派」

以我們目前找到的姓名學資料來看，「熊崎氏姓名學」應融合了「三才派」、「五格派」、「太乙派」的論命理論。換句話說，這三個派別雖出自不同的源頭，但至少在1918年日本易學家熊崎健翁開始學習姓名學時是同時存在的。

1.8.2 格局學派

所謂的「格局學派」，就是以漢字字數爲基礎，利用不同計算方式計算出的「格位」作爲論斷姓名吉凶的學派。

「格局學派」的建立前題：

「格局學派」必須有一個像《康熙字典》一樣有常用字及筆畫數的標準作爲參考依據。倘若缺少這個公認的字作爲參考標準，就會形成使用大量的異體字，字體不同，計算出來的字數自然也不同，將無法形成一致的判斷基準。

「格局學派」的原理：

透過長時間觀察、統計、或引用其他方式，發現了姓名的「格位」本身就代表了某些意義，「格位」和「格位」之間的關係有不同的命理意義，不同的「格位」所形成的「格局」又代表不同的意義，利用這些「格位」、「格局」即可推演命理判斷的結果。

「格局學派」具有以下特點：

1. 容易判斷

利用漢字字數經過計算後形成「格位」，只要計算出正確的「格位」後就非常容易依照現有的資料判斷，在操作上非常容易。

2. 標準差大

因爲「格位」考慮的條件比較少，在實際驗證許多人之後，發現因爲不明原因，在某些特定的人身上不準確的情況。

3. 易學難精

因爲判斷容易，所以很多人就繼續使用現有的方式，倘若只會使用而不懂得思考內在的原理、思維，就會停留在表象，無法再精進深入思維的內裡，從原理、原則再去創造新的格局。

「格局學派」常見的派別：

1. 三才派：利用三才（天格、人格、地格）三者之間的關係，論斷姓名吉凶。
2. 五格派：利用五格（天格、人格、地格、外格、總格）之間的關係，論斷姓名吉凶。
3. 格局派：利用漢字字數形成的格局，論斷姓名吉凶。

1.8.3 字數學派

所謂的「字數學派」，是建立在「格局學派」所計算出來「格位」的「格數」來判斷。

「字數學派」的建立前題：

「字數學派」就是以「格局學派」爲基礎，利用不同計算方式計算出的「格數」爲基礎，作爲論斷的依據，所以需要像「康熙字典」一樣有常用字及筆畫數的標準作爲參考依據，這樣才能計算出正確的「筆畫數」和「格數」。

「字數學派」的原理：

姓名的「格數」透過長時間觀察、統計、或引用其他方式，發現了特定的數能呈現特定的現象，因爲數是象轉換後的呈現；後人就利用這個原理，倒過來先選擇希望呈現的象，再回推代表象的數，希望能透過選擇不同的數改變原來的情況。

所謂的「字數學派」，就是以漢字字數爲基礎，直接論斷字數吉凶，或利用其他方式計算出「格數」作爲論斷姓名吉凶的學派。

「字數學派」只是利用「格局學派」計算後的「格數」爲基礎，但裡面的「象」卻是其他五術命理思維推演結果的展現，然後再以不同的五術思維，各自去推演姓名吉凶。簡單地說，「字數學派」就是其他五術思維藉由「格局學派」展現的結果。

「字數學派」具有以下特點：

1. 容易判斷

直接利用「格數」作判斷，在操作上非常容易。

2. 準確性較高

單以「格數」作判斷時，由於考慮條件較少，在驗證後會發現在很多人身上不準確的情況。倘若使用「格局學派」的「數」，但使用了其他五術的原理的「象」推演吉凶，交集後便能提高推演結果的準確度。

3. 不易學習

除了學習「格局學派」之外，還必須學習其他的五術思維，增加了學習的難度。

4. 易學難精

因爲判斷容易，所以很多人就直接使用現有的方式，而不去深入討論內在的原理、思維，倘若只會用而不懂得思考，就會造成難以精進的情形。

5. 欠缺驗證

在實際驗證後可以很容易發現在許多人身上不適用的情形，但卻少有人去探究背後的不明原因爲何，甚爲可惜。

「字數學派」常見的派別：

1. 六神沖剋：將「人格」與其他四格之間的關係化爲六神，來論斷姓名吉凶。
2. 九宮派：將「總格」的格數推演九宮數，來論斷姓名吉凶。
3. 十長生：將「總格」的格數推演十長生，來論斷姓名吉凶。
4. 天運派：利用「天運」與五格的關係，來論斷姓名吉凶。
5. 太乙派：利用「人格」和「總格」的「格數」，來論斷姓名吉凶。
6. 八卦派（本書未介紹）：將漢字字數化爲八卦，以不同的卦象判斷姓名吉凶。

1.8.4 字形學派

所謂的「字形學派」，就是以字體爲基礎，利用不同討論字體的方式，作爲論斷姓名吉凶的學派。

「字形學派」的原理：

從古至今，大部分的漢字都是由數個不可再被折解的元素字（部首）所構成，換句話說大部分的漢字都是可以被折解的。「字形學派」利用這個漢字的特性，利用不同獨特的折字方式（字的字形結構、將字折解重組、偏旁部首的音意、折解的時刻）討論名字內每個漢字的吉凶。

「字形學派」具有以下特點：

1. 準確度高

利用不同的獨特折字方式，準確度高。

2. 學習難度高

「字形學派」在學習前，通常都必須了解漢字造字的原理與方法，再學習過類似《說文解字》的字書，才能了解字形學派的意義。此外，「字形學派」通常並沒有一定的解釋，必須有跟隨老師學習折解漢字的實際經驗，因此「字形學派」的學習難度比較高，學習時間也拉長。

「字形學派」常見的派別：

1. 測字學（本書未介紹）：以測字方法，將名中的字進行不同變化進而推斷姓名吉凶。
2. 生肖派：利用年支所代表的十二個不同生肖的喜好，分析名字的組成元素是否符合生肖喜好，推斷姓名吉凶。。

1.8.5 字義學派

所謂的「字義學派」，就是將字回推到字的原始意義，作爲論斷姓名吉凶的學派。

「字義學派」的原理：

部分的漢字，在字體演進的過程中都會因爲某些原因改變了字的原義。「字義學派」將漢字回推到造字時的原始意義，利用漢字的原始意義來判斷姓名的吉凶；此外，還利用聯想，將字義引伸解釋，來判別姓名的吉凶。

「字義學派」的建立前題：

「字義學派」必須有深厚的國學底子，能精通可以查象形文原字意思的「說文解字」、或以今文解釋古文的「訓詁學」，才能信手拈來批姓名吉凶。

「字義學派」具有以下特點：

1. 準確度高

利用不同的獨特拆字方式，準確度高。

2. 非常不容易學習

由於要學習的古書內容不但多，且又不容易學習，所以必須有跟隨老師學習漢字字義還原的實際經驗，因此「字義學派」的學習難度比較高，學習時間也拉長，很難自修習得。

「字義學派」常見的派別：

◎六書姓名學（本書未介紹）：將漢字利用字義來論斷姓名吉凶。

1.8.6 字音學派

所謂的「字音學派」，就是以漢字的發音，依照發音部位化爲五行進行分類。

「字音學派」的原理：

姓名的漢字發音，依照發音位置、其他方式能分成不同的五行，利用這些五行之間的生剋關係，即能判斷吉凶；此外，還利用聲音的念法、感覺、諧音、近似音，將字音作引伸解釋，來判別姓名的吉凶。

「字音學派」的建立前題：

「字音學派」必須有一個共通字的發音標準，現在是以普通話（國語）作爲判斷發音的依據。

「字音學派」具有以下特點：

1. 不容易判斷

由於中國各地區口音不同，發音方式有很大的差異，因此究竟該以哪個地區的發音爲主，一直衆說紛云，莫衷一是。

2. 不容易學習

有部分的人，因爲地區腔調的關係無法說正確的普通話（國語），自然也無法轉換口音，學習「字音學派」。

「字音學派」常見的派別：

◎ 五音姓名學（本書未介紹）：利用漢字的字音五行，來論斷姓名吉凶。

1.8.7 姓名學的演進過程

從本書中所姓名學學派資料來看，每個派別都有一些相似、差異的特徵，透過這些細微的差異可以推敲出「姓名學」論斷姓名方式的演進過程，首先我們可以定出幾個時間點：

1. 西元121年（東漢建元元年）《說文解字》完成。對

「字義學派」而言，是個重要的時間點，因爲「六書姓名學」參考《説文解字》討論姓名吉凶，但確切出現的時間點尚不能確定。

2. 西元230年（魏明帝太和四年），首次使用楷書的鐘繇去世。對「字形學派」而言是個重要的時間點，因爲「生肖派」使用生肖、楷書作爲論斷姓名的依據，雖然生肖的文獻記載最早在《論衡》內，在西元97年即已記載，但生肖、楷書必須同時存在方可論斷，所以筆者定出西元230年，但確切出現的時間點尚不能確定。
3. 西元1271年（元世祖中統元年），宋朝亡元朝建立。對「字音學派」而言，是個重要的時間點。《論衡》曾出現「五音論命」的記載，筆者認爲「字音學派」與「五音論命」一脈相承，但各個朝代有各自的官話（請見「分家的字音」一節），所以「字音學派」一直沒有發展的空間，直至西元1271年元朝建立，雖然元朝的官語爲蒙古語，但中國在元朝以前，南北方有各自的官話，直到元朝以後，主流人口的以元都的北平話作爲「官話」，至此「字音學派」才得以藉由「官話」的確立，有了發展空間，但確切出現的時間點尚不能確定。
4. 康熙55年（西元1716年）《康熙字典》完成。對「格局學派」和「字數學派」而言，是個很重要的時間點。西元1716年以前，漢字使用異體字以致於筆

姓名學學派源流圖

	字音學派	字義學派	字形學派		格局學派	字數學派
121年						
230年						
1271年						
1716年				?	?	
					? 三才派 五格派 太乙派 （熊崎氏姓名學）	
1936年						
	五音姓名學	六書姓名學	生肖派	測字學	格局派	天運派、九宮派、六神沖剋、十長生

畫不一的情況很普遍，到了西元1716年以後，《康熙字典》搜羅所有曾經出現過的異體字，編排部首（雖然編排的部首頗有爭議）後重新制訂筆畫，至此漢字的字數的計算也有了依據，這是筆者將西元1716年定為重要時間指標的原因。

5. 對「測字學」而言，依筆者目前搜集到的測字故事而言，至少在西元1716年前即已出現過測字的故事，但確切出現的時間點尚不能確定。

6. 對「三才派」而言，筆者認為「三才」的觀念至少在西元1716年前即已出現，但《康熙字典》的出現，確定了漢字的筆畫。此外，依照筆者搜集關於「熊崎姓名學」的資料，有一說「姓名學」是在康熙年間傳至日本。筆者更進一步認為傳至日本的「三才派」應為經過康熙字典「校正」後的版本，且和《康熙字典》同時傳至日本，否則日本人不會懂得該如何依照那個為範本，計算出正確的漢字筆畫數。

7. 對「五格派」而言，筆者認為「五格派」是「三才派」演變而來。雖然可能在西元1928年（昭和三年）熊崎健翁創設「五聖閣」時「五格派」即已出現，但一直要到西元1936年白玉光回台灣發表書籍後，「五格」的觀念才傳至台灣，因而出現其他建立在「五格」之上的「字數學派」。

1.9 姓名學的未來

經由上述的介紹，大家已經能了解到姓名學過去的發展軌跡與現在的情況。那姓名學的未來會成爲什麼樣子？筆者就以自己對於趨勢的觀察提出見解。

筆者認爲有二件事會影響到姓名學，一是姓名學的電腦化、網路化；二是簡體漢字的出現。就影響程度而言，後者將大於前者。

1.9.1 姓名學電腦網路化

姓名學的電腦化，是已經在進行的事，影響的層面有三個，一個是論述姓名；二是學習姓名學；三是驗證姓名學。

坊間有許多軟體已在幫人論述姓名的吉凶，透過網路化，任何一個人只要在網路上輸入「姓名學」，就能找到數百個幫人算姓名的網站，算姓名更不受時空的限制，不同的姓名學派別也可以躍上網路舞台與其他的派別，甚至與其他五術一較長短。

網路化對學習姓名學的影響更大，透過搜尋引擎能找到成千上萬與姓名學有關的資料，姑且不論其內容的正確性，但至少學習姓名學的途徑不再只限拜師、看書學習。透過網路，即使不用出門一樣可以學到部分的姓名學，有興趣的人可以在瞭解之後再繼續拜師、買書持續學習。

在撰寫本書的同時，筆者即利用網路作爲搜集資料的途徑之一，就可以感受到網路的威力。只要用對方法，鍵入正確的關鍵字，就能找到相關的資料。但是辨別與選擇搜尋資料內容正確與否的能力也得一併提高，否則找到的資料將永遠是資料，而不是已經整理有用的資訊。

姓名學的派別之多、手法之廣在五術中算是一個特例。但這麼多的邏輯要如何驗證呢？透過電腦化、網路化也許能解決這個問題，這也是筆者正在研究的方向。

以廣義的來看，姓名學的派別、手法可以當成是程式的邏輯，每個邏輯的產生，都是透過先人長時間的觀察結果，但這些邏輯卻有可能因爲長時間的口耳相傳、藏私的心態、學習的誤解、或其他原因，因而造成邏輯傳遞的偏差。

因此，如何回過頭來驗證這些邏輯，以確定他們是有效的，就是一個很重要的工作了，但透過電腦化、與網路化，將有機會去驗證這些邏輯，回頭去修正這些邏輯，提昇這些邏輯的準確度。

1.9.2 簡體漢字的出現

我們在前面的章節，已經討論過歷朝代使用的主要文字類型。以歷史的角度來看，改朝換代後改換另一種文字其實並非首見，但因爲漢字已經越來越符合需要，所以已經近1700多年沒有再大幅度變過，漢字的改變幅度也趨於平緩。

中共在1950年代開始推行、使用簡體字已經有50多年的歷史了，但因爲書畫、古籍、以及古蹟上的題字還是使用繁體字，因此目前仍是以「識繁應簡」的方式因應，也就是說一般的使用上仍使用簡體字，但仍然認識繁體字以避免文化的斷層，也就是說目前仍是簡繁併用。

筆者近年也已經開始著手研究簡體字對姓名學的影響，目前是使用「化簡爲繁」的方法，也就是將簡體字化爲繁體字來論斷。

以字形學派、格局學派、字數學派來說，通常皆以楷書作爲字體基礎，因此字形、字數也以楷書爲準，驗證論斷的結果後發現這三個學派只要將簡體化爲繁體論斷，就與直接論斷繁體結果無異。

但筆者認爲，因爲姓名學是建立在字體之上的五術，經過數百年來的演變才演變成今日建立在楷書之上的模樣。由於今時是簡繁共用，所以還能將簡體字回推楷書，計算字數、論斷字形。但隨著簡體字使用的時間越來越久，當一般人都不學繁體字時，屆時可能只有中文系、書法家、命理師還記得繁體字，那時繁體字就會被忘得越多，影響力也會更低，就很難再透過現有的邏輯論斷姓名，屆時，又會再繼續演變出簡體字邏輯的姓名學。

1.10 小結

前面我們已經知道了漢字演變到現在，字形、字音、字義都會隨著政治、使用習慣而有所變更。漢字字體每幾個朝代，就會隨著執政者的要求轉變，這種情況即使到現在仍然持續；此外，我們也瞭解了姓名學的眾多學派，卻皆建立在這些屢經變更的字形、字音、字義之上。

筆者在學習姓名學之後，越覺姓名學的派別眾多、內容繁雜、論述矛盾的特色。因此在數年間特地拜多門老師學藝，就是想要在了解各門派的特長後，能夠找出一種能兼顧各派別的取名方法。因爲筆者以爲每個姓名學派別，皆有其特長，也有其缺點，重點在於能否針對取名對象的特性，運用各個派別。因爲沒有一個派別是完美、沒有缺陷的，能運用不同派別的方式取長補短、互補不足，讓取名對象的名字，不論是從漢字的形、音、義都能有一定的水準，而不是只偏重於特定的派別，這也是筆者撰寫本書的原因。

此外，有許多人也對姓名學多所批評，有的人認爲姓名學不合理、或是不準確；有的人則認爲某些姓名派別不合理、不準確，但筆者卻始終認同「存在就是合理」的觀念，因爲一件事情能長久存在必定有其道理。因此當我們去評斷前，一定得先進入後去瞭解整件事情的前因後果、來龍去脈，之後再去評斷、取捨，否則都是以已知的經驗去評斷未知的事物。

有句閩南諺語「別人吃麵、我在喊燒」，這句話有很多層意義，有件類似的趣事：李鴻章是清朝末年對外交涉的官員，因此他和西洋人之間的來往應酬很頻繁。某個夏天英國商人請他吃冰，他看見放在盤中的冰一直冒煙以爲很燙，便用嘴巴去吹它。英國人看了覺得很好笑，對他說：「冰很冷，不用吹氣。」他一吃果然如此，頓時覺得很不好意思。但爲了「回報」那個英國人給他出的洋相，過沒幾日，李鴻章便回請那英國人到家裡吃飯，他吩咐廚師作了紅豆泥。當紅豆泥端上桌後雖然很燙，但因爲紅豆磨成泥之後加入糖和豬油，所以根本不冒煙，英國人當然以爲紅豆泥不燙，便像吃冰淇淋一樣舀了一大匙再大口吃下去，頓時被燙得哇哇大叫。

旁觀者以過去的經驗去評斷一件他們有過去類似經驗，但不一定相同的事物。就像上述的小故事一樣，有些事情、有些時候用同一個方法可行的，但有些事情、有些時候卻不行，因爲長得像，卻不一定相同，一定得自己去瞭解後驗證後，再去評斷。

接下來的幾個派別介紹，筆者扼要地介紹經筆者長時間研究驗證後的各個姓名學派別，讓同好、讀者瞭解。

2 三才派

「三才」一詞出自《繫辭下》：「《易》之爲書也，廣大悉備，有天道焉，有人道焉，有地道焉。兼三材而兩之，故六。六者，非它也，三材之道也。」這句話是在解釋《易經》的卦象。《易經》的卦象是由「—」和「- -」兩種符號六層相疊而成的。六層符號分成三個部分：最上的兩層象徵天；中間的兩層象徵人；最下的兩層象徵地。

所以，所謂的「三才」，在《周易》中是指「天」、「地」、「人」三者。所謂「三才之道」，在《周易》中是專指「天道」、「地道」、「人道」三者。「才」又作「材」，二者通用。

三才派的觀點

承上所述，姓名學中的三才，借用了《易經》內天、人、地的觀念，創造了姓名學中三才——天格、人格、地格。因爲論斷的對象是「三才」，所以這個派別被稱之爲三才派。

三才派在目前常見的姓名學派中，屬於比較早期的派別，如此推斷的原因如下：

1. 論斷對象。三才派之所以稱爲三才派，除了論斷的對象是三才之外，另一個因素是論斷時皆需同時論斷「三才」，無法單獨論斷其中某兩個元素的關係。換句話說，以理→象→數的推論來看，三才只進步到「象」，還沒有到「數」，這表示三才派還沒有辦法釐清影響的變數。

2. 論斷方式原始。三才派直接應用「五行原理」觀察在「三才」的配置及其結果，以現存的資料來看，並沒有更深一層的原理，這種推論方式相較於其他派別而言相對的原始。
3. 天格的出現。三才派的特徵之一，是姓上加「一」後形成天格。如果是複姓，兩字的合計數字就是天格。這個特徵在現存的其他派別中非常易見。包括本書介紹的「五格」、「十長生」、「六神沖剋」。
4. 三才生五格。三才派的特徵之二，是出現了天格、人格、地格。他們的出現，使姓名脫離了字數，進一步有了自己的方向，而後進一步成爲其他派別的濫觴。例如本書後面章節會介紹到的五格派，即使三才派和五格派的論斷原理大不相同，但論斷的部分內容卻重覆，只是五格派的推論更進步也更有技巧，但卻不能因此推說五格派是獨創的。

三才派的論命邏輯

「三才派」認爲：

1. 不同的人取了不同的名字，產生了三才，三才是

「天人合一」觀念的具體呈現，人無法自絕於天、地之外獨立存在。

2. 三才之間的關係代表著一個人與其他人、週遭事物環境關係、以及一生運勢的縮影。
3. 利用五行生剋的原理，比擬三才和大自然之間的意象，推演三才之間的關係，即可推演這個人與外在環境的關係。

三才派的論命方式

「三才派」的推論方式，即利用五行的生剋關係去推演三才的關係。所以對三才派而言，所謂的「好名」是指天格、地格「生」人格的名字；反之，所謂的「壞名」是指天格、地格「剋」人格的名字。

三才派的獨特主張

「三才派」相較於其他派別而言，有一些不同的主張，分述如下：

1. 同時論斷三才特性，而非單看天格對人格、地格對人格。
2. 比擬大自然的關係，例如：人格木、地格土不作木剋土論，因爲三才派認爲「木賴土生」，人格之「木」能穩固立於地格「土」之上，乃順應天地之自然。
3. 不單論三才單獨之特性、吉凶，還必須同時論斷三才。

三才派的缺點

三才派的取名法所注重的是漢字筆畫的五行而不是漢字本身。常用的漢字大約三千個，但筆畫被簡化成只有字數計算後的五行，而不是字的本身，這凸顯了三才派重字數不重字義的缺點。

此外，三才派注重與父母長上的關係、家庭的和樂，並沒有考慮到外在環境的影響以及自身的事業與貴人。

三才派判斷流程

三才派姓名學判斷的流程如下：

1. 確定筆畫。
2. 確定三才格局。
3. 判斷三才的五行。
4. 三才格局判斷吉凶。

確定筆畫

對「三才派」而言，筆畫是論命的依據，因此，必須正確計算筆畫數，筆畫數的計算是採用《康熙字典》上的楷書標準字筆畫數，可直接參考本書所附的常見字筆畫數。

確定三才格局

將姓名的筆畫數依照下列方式填入：

單姓雙名	單姓單名
1 姓一 名一 名二 [天格] [人格] [地格]	1 姓一 名一 1 [天格] [人格] [地格]
複姓雙名	**複姓單名**
姓一 姓二 名一 名二 [天格] [人格] [地格]	姓一 姓二 名一 1 [天格] [人格] [地格]

筆畫數確定後，就可以依照筆畫數判斷格局，判斷的方式依照此表計算。

三才的計算方式	
三才	計算方式
天格	1＋姓筆畫數
人格	姓筆畫數＋名1筆畫數
地格	名1筆畫數＋名2筆畫數

判斷三才的五行

「三才」的「五行」判斷是以數字的個位數來進行判別：

1、2屬「木」

3、4屬「火」

5、6屬「土」

7、8屬「金」

9、0屬「水」

三才格局判斷吉凶

三才格局的吉凶說明如下，以下列出判斷吉凶的符號說明：

☆：大吉

○：吉中帶凶

□：不吉不凶

△：凶中帶吉

X：大凶

三才格局——天格木

三才格局——天格木之運勢靈意		
三才	吉凶	説　　明
木木木	☆	希望能順利達成，基礎安定，家門隆昌，身心能健全發展，長壽大吉的配置。若連珠更佳。但木過多，爲參天巨木或大森林之象，恐怕樹大招風，須提防他人之嫉妒而多招風波，或背後中傷。
木木火	☆	身心健康，聰明機靈，頗得人緣，作事能順利成功，有向上發達的機會，基礎穩固，保得長壽幸福。
木木土	☆	人格之木立於地格之土上，順應自然之妙配，基礎必堅實穩固，如坐磐石之上，逐步成功，順利發展，名利雙收。對待下屬晚輩須寬大，不可過嚴，且切記戒貪污，否則招凶以受瀆職犯法之罪懲。
木木金	X	雖因苦心奮鬥而有成功運，但基礎運不佳導致伸張無力，多受環境影響，常受迫害，一生難得平安。在職場中易受下屬威脅，或屢遭部下連累而致損失、勞煩、失敗等，以致心情苦悶。必須特別注意腦或胸部疾病。
木木水	○	成功運很不錯，能成功順利發展，倘若不知節制恐招失敗，失意中形成煩悶、鬱悶、病弱，或招置流動不安之徵兆。必須特別注意腎、耳、骨骼方面的疾病。
木火木	☆	基礎穩固，能獲長上、後輩之扶助，使事業、工作能順利發展，身心健康，幸福長壽。
木火火	○	自信心旺盛，難免過於急進，且缺乏持久耐力，以致失敗，而陷入失意、病弱。火氣旺盛，處事宜三思而後行方可成功。起初難免有孤軍奮鬥之感，但鬥志激昂，最終難排除萬難，而能順利發展，若能獲得長上之幫助將更能發展。須愼防火災或燙傷之災。
木火土	☆	基礎堅實，身心健康，個性溫和親切，能獲眾望，若能得上司或長輩之提拔，將能順利成功發展，得享幸福、長壽。

三才格局——天格木之運勢靈意		
三才	吉凶	說明
木火金	X	基礎不穩，雖因勤奮工作而有一時的順利成功，表面安穩，內在不安，家庭不幸，事業難成，且受部下之迫害，徒勞無功，逐漸崩潰以致失敗。必須特別注意腦部與呼吸器官疾病。
木火水	X	雖有一時成功，但基礎不安定，水火相剋，極其危險。恐遇意外災禍、急難、意外不測，甚至喪失生命、財產，危機四伏之徵兆。
木土木	X	命運被壓制難以成功，無法伸展，際遇不安易生變動，環境不安定，住居多移，職業受挫，成爲孤獨之命。必須特別注意嚴重消化器官、呼吸器官疾病。
木土火	○	人緣好基礎運佳，但因成功運受到壓制，能達之成就有限，故成功之後便難再伸展，容易有不平不滿的念頭。倘能涵養雅量，並獲得下屬之扶助，即可趨吉避凶而得平安。必須特別注意消化器官、呼吸器官疾病。
木土土	○	基礎運安定，大體平順幸福，成功運被抑壓，故成功之後恐難再伸展，致生不平之念，招致家庭不和或不幸的事件發生。倘能排除困難，涵養雅量，亦有成功的希望，而有相當之成就。必須特別注意消化器官、呼吸器官疾病。
木土金	□	基礎運佳而成功運劣，雖無大發展，但亦安定，溫飽無慮。雖成功運被壓迫以致難以發展，因此有好發牢騷的跡象。倘能涵養雅量，困境雖難免，但不致成爲大災禍，若有努力邁進亦能成功。必須特別注意胃、腦疾。
木土水	X	基礎運崩解，成功運被壓迫以致難以發展，甚至危機四伏，容易遭遇不測之災禍、急難，有短壽之徵兆。必須特別注意腹部疾病。

三才格局——天格木之運勢靈意		
三才	吉凶	說　　明
木金木	X	外表似安定，內在則不然，困難重重而來，境遇困苦，身心過勞，必須特別注意腦和神經系統。成功的可能性低，即便短暫成功，也難以持久，甚至會有思想偏激的情況，易惹禍端而短壽，或遭遇不測的危險，家庭亦多不幸的災難。
木金火	X	成功運不佳，基礎不穩固，多遇小人之暗算，身心過勞，即使勉強成功亦旋即再敗。必須特別注意神經衰弱、呼吸器官疾病、精神疾病，甚至會有思想偏激的情況。易惹禍端而短壽，或遭遇不測的危險，家庭亦多不幸的災難。
木金土	□	因肯努力而小有成就，境遇雖安定，但成功運不佳，身心過勞，精神亦多折磨勞苦。必須特別注意神經衰弱，倘若能持續努力，亦小有成就。
木金金	△	成功運不佳，容易因個性頑固過強而被人排斥。易與他人產生爭執，以致陷於非難、遭難、孤獨，要愼防思想過於偏激，家庭易生離散破亂。必須特別注意腦部疾病。除非意志堅忍不拔終可成功，否則難以伸展事業，易惹禍端而變爲短壽。
木金水	X	成功運不佳，雖然努力勤奮，而有一時之安定成功，但爲時不久，服致徒勞少得。常有煩惱不安，終因身心過勞而一再失敗，易遭遇急變沒落之悲運，而有急死之慮，陷於急變、沒落、遭難、變死之悲運。必須特別注意腦溢血，有急死之慮。
木水木	☆	成功運佳，境運安定，樂於幫助他人，能逃災厄，事業順利成功發展。愼防家庭因爲諸多不幸，而導致失敗。
木水火	X	雖可得一時之發展，但因水火急變，基礎不固，易生急變、病難、剋妻、不幸之慮。

三才格局——天格木之運勢靈意		
三才	吉凶	說　　明
木水土	X	表面安定，暗藏急禍，基礎不穩固。雖可得一時成功，但會逐漸崩潰而導至失敗，以致心情煩悶不安，容易生突變、災難、病難、不如意之災禍。
木水金	☆	基礎安定，成功運佳，財利名譽俱得，並有大發展之勢，健康、長壽、幸福之兆。必須特別注意腦部疾病。
木水水	○	雖可得一時之成功，但易生破亂，造成變動、病難或家庭不幸。但是前運雖苦而後運甘甜，有順利成功並大發展之可能。

三才格局——天格火

三才格局——天格火之運勢靈意		
三才	吉凶	說　　明
火木木	☆	基礎穩固，有貴人相助，向上發展容易成功，有長壽享福之兆。
火木火	☆	成功運佳，基礎穩固，有向上發展之機會。身心健康，是長壽享福之兆。但因火力過大，須提防火災或燙傷。
火木土	☆	基礎堅固猶如立於盤石之上，向上發展努力，容易成功，身心健康。
火木金	X	雖可一時成功，但缺乏耐力，境遇不安定，多變動以致身心過勞，易受下屬牽連，多變化終於轉敗。須慎防交通事故、急病而失去生命財產，此外也須提防被武器殺傷。必須特別注意腦部或胸部疾病。
火木水	○	因勤勉而能發展成功，能名成利就。可以成功於一時，但必須慎防失敗，家庭易生亂象，恐有急變而失去生命財產。

三才格局——天格火之運勢靈意		
三才	吉凶	說　　明
火火木	☆	身心健全，基礎運穩固且安定，成功運旺盛，襄助者或共事者亦能一帆風順而成功。
火火火	○	雖有突然竄起的成功運而能成功發展，但因基礎薄弱，孤軍奮鬥，缺乏耐久力以致好景不長。倘若輕浮焦躁將導致失敗。因火多成災，故須提防火災或燙傷。另外身體低抗力差，必須妥善保養。
火火土	□	外表是成功發展之吉兆，因缺乏忍耐力，倘過於急迫，易生分離作用，倘若能多多忍耐將保吉祥順遂。須愼防失敗短命。
火火金	X	雙火剋一金，一生雖能得一時之成功，但外現安穩而內實不然，內心常處於不安狀況。爲人過分風流好淫，又常受下屬牽連，以致身心過勞，終至失敗。要特別注意勿與人結怨，可能因此發生禍端殺人或被殺。必須特別注意腦或呼吸器官等疾病。
火火水	X	非常不穩定之命運，易生意外之災，即使因一時僥倖而成功，但亦無法持久，終陷於危禍，恐因意外災難而喪生，是突生不測致死之兆。有因突發事故失財之慮。必須特別注意腦溢血、心臟麻痺、心肌梗塞。
火土木	□	雖能得長上之愛護提拔，或受祖先之餘蔭，而能成功發展。但因基礎運木剋土，故境遇多凶變，財帛易散，變動繁多而崩敗。必須特別注意消化道疾病。
火土火	☆	能得長上之愛護提拔，與下屬之通力合作，而能成功發展。身心健康，平生少災少難，得享長壽。
火土土	☆	身心健全，能得長輩的栽培，或父母的照顧，易向上發展。即使無驚人成績，仍可平順伸展，得享長壽。
火土金	○	能得部下擁載，及長輩提拔，雖可成功發展，惟因有消極之傾向，易生疲勞，但能平安吉祥。易得財利、名譽、事業隆昌，平生少病之兆。

三才格局——天格火之運勢靈意		
三才	吉凶	說　　明
火土水	X	雖能得長輩的愛護提拔，而可於中年或壯年成功，但因基礎運不佳，須愼防青年或晚年期之突變，或因色情事件以致沒落、病苦、破財、失敗，甚至被殺，是凶運頻來之兆。
火金木	X	命運被壓抑，基礎運亦劣，努力卻常常徒勞無功，發展不易成功。易遭失意、殘廢之禍患，必須特別注意呼吸器官，或精神方面的疾病。此乃短壽凶死、遭遇不測之兆矣。
火金火	X	非常不穩定之命運，基礎不穩，命運被壓制而無法伸展，以致難以成功。必須特別注意精神疾病、腦或呼吸器官的疾病。此乃短壽凶死、遭遇不測之兆矣。
火金土	○	境遇雖安定，受一時之福蔭而獲安定之生活，但因成功運被壓制，不能有所伸張。常有煩惱與困難，身心過勞，易生腦疾、肺疾或遭難之慮，晚年不佳之兆。
火金金	□	個性過於堅決頑強，以致遭受他人批難而陷於孤獨。成功運被壓抑而無法伸展，易生不平、不滿、怨嘆等。必須特別注意腦或呼吸器官的疾病。
火金水	X	成功運被壓制，非但不能成功，還有急變沒落之兆。破亂凶禍極多，因而易陷於懷才不遇，平生意志無法伸張，也容易因爲被人連累而遭難，突生不測凶變而喪生。必須特別注意腦溢血，心臟麻痺。
火水木	X	雖有一時之成功，但因成功運被壓制，意志無法伸張。易生困苦、亂雜、窮困，且有招致急禍或遭難之慮，偶有異常成功者。隱含急變不祥之兆。
火水火	X	三才皆破，非但身體越虛弱，無形之心病甚重，更容易因感情或愛情之事而遭難。非常不安定，如風中殘燭隨時可滅之兆。可能會因爲發生不測之突變，而喪失求生意志或罹患精神疾病，乃短壽之兆。

三才格局——天格火之運勢靈意		
三才	吉凶	說　　明
火水土	X	三才皆破，表面安定內藏不安，基礎運崩敗，成功運又被壓抑無法伸展，內心時常苦悶、煩惱、困惑。不但招致沒落，非病弱短命，即遭難變死之兆，乃短壽之兆。
火水金	○	雖有一時之成功，但因成功運被壓制而不能伸張，時常有不平、不滿、苦悶煩惱。易生病、遭難，難享平安，須謹慎行事，否則會有突然之急禍凶變。
火水水	□	不能伸張，難以成功，易陷於困苦、病難、孤獨、急禍、命危之慮。有因一時投機以致異常成功之可能。

三才格局——天格土

三才格局——天格土之運勢靈意		
三才	吉凶	說　　明
土木木	○	乍見似乎運氣良好，基礎安泰，得貴人助力，能在困難之中得平安發展，但成功運配置不佳，難以伸張，只是外強中乾，且煩悶苦惱甚多。雖然成功較遲，但大致可得平安，身體健康少病，衣食無虞，幸福長壽。是終獲成功之吉兆。
土木火	○	外表運氣似佳，但成功較遲。倘若做事勤勉，將可逐步改善環境，雖然過程中遇有不少困苦煩惱，是終獲成功之吉兆。
土木土	X	雖基礎堅定穩固，但成功運不佳難以伸展，有成功較遲之兆，常因懷才不遇而有困苦煩惱，若能轉念活用智慧，終可成功。須提防交通、和操作器械方面的傷害，必須特別注意神經衰弱。

三才格局——天格土之運勢靈意		
三才	吉凶	說　　明
土木金	X	三才皆破，境遇多變，凶運頻來，不知所止，少有成功之希望。苦心徒勞，下屬反逆，遭受迫害，常感受不安。須提防操作器械方面的傷害，必須特別注意神經衰弱，呼吸器官等疾病。
土木水	□	雖有一時之成功順利，但外見吉祥，內實不然。難以伸張發展，有許多苦惱，易招致病難，甚至有急變之災禍而失命之慮。
土火木	☆	三才甚佳，基礎穩固，心身平安，能得下屬之助力，希望能順利達成。易成功發展，幸福長壽之兆。必須特別注意腦疾。
土火火	○	富有才能，揚名得意，一鼓作氣，但缺乏忍耐力；勇猛奮鬥，但基礎薄弱，易招致失意失敗的配置。
土火土	☆	三才配置佳，身心健康，基礎堅實，能夠得長上器用，並受下屬所擁護。所謀容易達成，成功後之發展如飛黃騰達。
土火金	△	成功運雖佳，財富名譽均可達成，唯因基礎運不佳，將招致家庭內之苦惱或不幸。且身心過勞，可能將導致生病。會因下屬之事而苦不堪言。
土火水	X	雖可獲得一時之成功，但因基礎運不佳，而易生突發之不測災變，而受害喪失財產或生命。尤其水火相剋最爲激烈，乃不安定之短壽兆。
土土木	X	雖可獲得成功發展，但因基礎不穩，而易生變化移動，且成功較遲，必須特別注意腹部胃腸病症與神經衰弱。
土土火	☆	基礎穩固安泰，能逃過災害免於禍患，又可排除萬難及得享名利雙收之隆昌運，並可獲意外的成功發展，乃可得幸福長壽的吉兆。

三才格局——天格土之運勢靈意		
三才	吉凶	說明
土土土	☆	氣運、財運皆穩固，成功運佳，大體平順幸福，障礙少而且均能處理解決，雖成功較遲，但可達到希望目的。能得平安之境遇，並可續漸伸張發展。
土土金	☆	身心健康，境遇安泰，希望能順利達成，可逃過災害而免於禍患。安定成功，乃可得幸福長壽的吉兆。
土土水	X	青年運多勞苦，於中年雖可成功於一時，但因基礎運不穩，需要小心錢財或急變凶禍，恐將再招致崩潰失敗之命運。
土金木	X	基礎不穩，外見安定，內實不然。勞心不絕，須提防意外之遭難或惹禍端。雖可得長者或上位之提拔或澤惠，而成功發展於一時，但一不小心，則恐怕將有意外之災難、顛覆之慮。必須特別注意腦疾。
土金火	X	雖有長輩或上司之栽培，而可獲得一時之成功，但因基礎運甚劣，境遇不安定，家庭多破象，尤其交通上容易遭難。容易因得罪人而遭受傷害。必須特別注意肺疾、腦疾。
土金土	☆	基礎運堅固，身心健康，境遇安泰，能得下屬忠心扶助，與長輩或上司之重用，努力奮鬥，可獲得成功，及伸張發展，乃可得幸福長壽的吉兆。
土金金	☆	基礎運雖平平，但成功運卻甚佳，能得上司或長輩之提拔而得大發展，但要切記勤勉，切莫得罪人，不可孤高、自大、剛硬、好勝。若得罪人須誠心道歉，處事及說話力求和平穩健，方能得大成功及發展。
土金水	○	雖有成功運可期，但有意外之災害，或陷於急變沒落之悲運。能得上司重用及下屬之協助，只要戒除驕傲自恃，必能成功發展，終有過人之成就。

三才格局——天格土之運勢靈意		
三才	吉凶	說　　　明
土水木	□	成功運被壓抑，不能伸張，即使有實力，亦難被承認及欣賞，徒勞無功身心過勞心力交瘁而病弱。常陷於突發之災禍或家庭之不幸，或交通災變。乃短壽之兆。
土水火	X	三才配置凶惡，成功運欠佳，壓抑難伸，懷才不遇。多生破亂變動或突變之難，家庭難有恩愛幸福，有失財之慮。極不安定之兆。
土水土	X	人格被上下雙夾攻，境遇不安定，成功運被壓抑不能伸張。多有變動之兆，徒勞而無功，易受連累，以致陷於不安中，不能成功亦無法伸展。乃短壽之兆，必須特別注意腦溢血、心臟麻痹等疾病。
土水金	○	基礎運吉，因勤勉而有一時之成功，但成功運不佳，以致不能有所伸張發展，而不滿現實，有病難或家庭之生死離別。惟境遇可稍微安定，但有急變之慮，且有再敗之兆。
土水水	□	雖有勉強的短暫小成，但成功運被壓抑，無法伸張發展，即便暫時成功，也容易再陷失敗。流離失所，本性不誠實，喜好詐騙財色，以致犯了刑罰，又有水災病難，家庭之困苦不幸等，因急變大災而陷於孤立貧悲。

三才格局——天格金

三才格局——天格金之運勢靈意		
三才	吉凶	說　　　明
金木木	□	基礎安泰，得人相助，而達成功安逸，但成功運被壓抑，難以再向上伸張發展，只能勉強維持原狀。不平不滿之事多，恐有家庭不幸之遭遇。在中、壯年期間，須提防交通事故，車禍或被金屬物所傷致危。必須特別注意神經衰弱。

三才格局——天格金之運勢靈意		
三才	吉凶	說　　明
金木火	○	基礎運之境遇，無事安泰而可成功於一時，但成功運被壓制，無法伸展。 在中、壯年期間，須提防交通事故，車禍或被金屬物所傷致危。必須特別注意腦病、精神疾病或肺病。
金木土	X	木向下生長而避免與金相抗交戰而可獲平安，力求和平而少災遇。基礎運安泰無事，可得短暫成功，但難於伸張發展。必須特別注意身心過勞、神經衰弱，或陷於懷才不遇之逆境。
金木金	X	雙金如鉗形而斬斷弱木，孤立無援，迫害殊多，容易發生交通事故或受金器所傷。境遇橫逆多變，精神不安，迫害多，常感不平、不滿之事或有常受欺壓之苦。有突發不測之短壽兆。必須特別注意腦疾、肺疾。
金木水	○	因一時之成就而博得好名，但因成功運被壓制，無法伸展，恐易陷落流亡、失敗、逆境、流浪，或遭電擊、武器所傷，須慎防車禍。
金火木	□	因人格剋傷天格，以致難有伸展，徒勞無功。能得下屬之助，基礎安定，地位及財產皆穩固，但因成功運被壓制難於伸張，而生出不滿、不平之結果。必須特別注意腦或呼吸器官。
金火火	X	因勤勉多聞而在中年或壯年得以成功，成功運被壓抑，除非毅力堅強、耐力持久，難有向上伸展的空間，尤須注意言語。必須特別注意腦部、肺部疾病。
金火土	△	基礎堅實，成功運被壓抑，不能有所伸張，境遇雖可稍得安定，而有一時之成功，因不滿現狀以致失敗，除非毅力堅強耐久，否則難於有很大之伸展，身心勞苦。必須特別注意腦、肺疾病。

三才格局——天格金之運勢靈意		
三才	吉凶	說　明
金火金	X	基礎運及成功運皆不佳，家庭及下屬之間多爭執，多關注婚姻家庭生活。事業難以成功，更談不上發展，易導致皮肉傷、身心過勞、神經衰弱及病難、短壽等凶兆。在青年、中年要慎防斷肢殘體之意外。必須特別注意肺病和精神疾病。
金火水	X	成功運被壓抑，上下交相迫害，基礎崩敗，孤立無援，上伸困難，難以成功，異常凶險之配置。須提防意外、或遭觸電、或遭火災、溺水諸災。必須特別注意腦溢血、精神疾病。
金土木	X	雖可順利容易發展達到目的，亦能成富、成貴，因基礎不穩，在幼年少年時期之境遇不穩易生變化，且有家庭不和之可能。須提防崩塌或墜落物所傷。必須特別注意胃腸疾病。
金土火	○	可獲得意外的成功發展，名利雙收，境遇安泰，順利成功得大發展。必須特別注意腦溢血疾病。
金土土	☆	成功運順利發展，易達目的，名利雙收。境遇安泰，免於災禍，身心健全，可享長壽吉祥。
金土金	☆	基礎穩固，身心健康，希望易達成，能順利成功發展，名譽與福份俱備，是長壽、幸福之兆。
金土水	X	雖可得成功發展，並收名利，但因基礎不穩，終使成功運受牽制，有突發災難之損耗。青年多勞，切莫悲觀，辛苦付出終有收穫。與人合夥須妥善處理，更勝獨營。中壯年可得成功，名利雙收，並得大發展之慶。
金金木	X	雖因勤奮可得一時之成功發展，但際遇不安定，若不慎則有顛覆之險。個性過於剛硬，與人易生不和，是非爭論。須提防交通事故以致殘廢。

三才格局——天格金之運勢靈意		
三才	吉凶	說　　明
金金木	X	雖有成功發達之運數，因勤奮努力可得一時之成功發展，但際遇不安定，災禍變動多，易身心過勞。須提防不測之危禍或遭意外、交通事故，或被人殺害，以致短壽。必須特別注意腦溢血，肺病或精神疾病。
金金土	☆	容易成功達成目的，境遇穩固，身心健康。但個性過於剛硬，如能謹慎，和氣待人，必獲成功，名利雙收。須提防意外之災難。
金金金	□	雖有發展的機會，但因金過多，個性頑固剛硬，以致過於剛硬，易發生口舌之爭端或自陷孤獨、遭難之不祥，不和之爭，家庭變亂多。切莫輕用之。
金金水	○	有成功運，基礎似穩固，惟因過剛而易陷於不和、孤獨、急變之境遇而遭遇危險。倘以堅強毅力，克服艱難，能達成功擴展，身心健康。
金水木	□	境遇安全，承受父祖之餘德，得長輩、前輩之提拔，可獲得意外之成功發達。須提防家庭陷於不幸，或病弱短命。
金水火	X	因有父祖之餘德，或長輩或上司意外之助，而可獲得一時之成功發展，惟因基礎不穩，但勝敗浮沉多，難以安穩。須提防突發急變之凶災。
金水土	△	得長輩或上司之惠助，再加上自身之勤勉，雖可於中年或壯年獲得相當成功之發展，但因基礎運不佳，於成功之後，逐漸陷入艱難辛苦，接連有很多次之成敗，生涯多勞，難亨安逸。幸而水在土上，池塘之家，亦順應天然之景，即便相剋，凶意則微。
金水金	○	基礎穩固，有父祖餘蔭助益及上司提拔，易得意外之助力，以致發展成功。威權、名望皆興隆之配置。
金水水	○	承父祖之餘德，長者之栽培，或用人得當，可向上發展，有異常之成功，惟因水過旺，多陷於離亂變動，難免飄流異鄉。須提防不幸災變。

三才格局——天格水

三才格局——天格水之運勢靈意		
三才	吉凶	說　　明
水木木	☆	基礎安穩，人際關係良好，身心健全。能得長輩提拔，順利發展成功，得長壽幸福。
水木火	○	有成功運和發達運，能受父祖財力支持，獲致成功與發展，但過程恐伏有許多艱難，故有家庭離亂之兆。
水木土	☆	基礎運乃木在上而土在下，猶若立於磐石之上，相得益彰而毫無凶變。境遇安全而順利，能得長輩的提拔，順利成功發展。
水木金	X	雖可獲得成功及一時之發展，享受短暫富貴，但因基礎運劣，以致境遇不穩，易生變動，身心過勞，若忍耐力不足，恐遭急難及破財，終至失敗。恐有受他人連累以致破財及受傷流血之虞。
水木水	○	青年時期甚勞苦，因勤奮求上進，故而在中年可很順利成功，並發展昌隆。但一生飄流不定，易生病難，心勞災危。有變動、病難、短命之慮。
水火木	○	以木解消水火之相剋，境遇堅固安泰，倘能得下屬之助力，地位、財產均安全，可致成功。但成功後，恐難以伸展，且有突發之災禍、遭難等。必須特別注意腦溢血、心臟疾病等。
水火火	△	一時盛運如曇花一現，短暫而缺乏耐久力，容易樹敵惹禍而自陷於孤立苦鬥。成功運不佳，多成多敗，縱使成功，旋即再敗難以伸展。易有火災、水災等凶變。
水火土	△	基礎運堅實而可成功於一時，但因成功運被壓抑以致難以伸展，財來財去，力不從心。生涯諸多艱難、不幸、不滿、哀怨，中年後又有突發急變之不測災禍以致危及生命。

三才格局——天格水之運勢靈意		
三才	吉凶	說　　明
水火金	X	惡劣之三才配置，基礎不穩，難以成功亦不能伸展，常受上司壓迫又屢受下屬陷害，極不安定，內外不和，進退兩難，身心過勞。作事極端偏激，以致招災難、變死或失配偶之兆。必須特別注意精神疾病。
水火水	X	極度惡劣之三才配置，百般阻礙與迫害，無形之心病甚重，基礎不穩，成功運被抑制不能伸張，難以成功，亦難以伸展。易有意外不測之急禍凶變，以致喪失生命或財產。必須特別注意精神疾病、腦溢血，以及心臟麻痺的疾病。
水土木	X	木在下而土在上，基礎運差，境遇不安定，以致變死或移動，障害多端，境遇不安定，困難及苦楚殊多。成功困難，無法發展，失意一世，遭崩物傷或意外不測災危以致短壽變死。必須特別注意腸胃、肺部之疾病。
水土火	△	基礎安定，成功運雖佳，能排除障礙達到成功，但困苦多難，身體病弱，難以將天賦才能完全發揮，使其成就打折。有陷於短命之慮。
水土土	△	生活安逸，平順幸福，能排除困難，廣得人助，而得到名利雙收。可惜因成功運不理想，是以向上伸展障礙多端，常有困難苦悶，只能維持原有舊日之成就現狀而已，境遇雖稍微安定，但易生變之災。必須特別注意腹部的疾病。
水土金	□	基礎運佳，故而可以安定發展，排除萬難而成功，但因成功運不吉，是以難於再伸展，頗爲消極，或而心身過勞而病弱，或陷於不測之災。
水土水	X	三才配置極差，基礎不穩有急變之災，厄運交相來襲，無法向上發展。生涯不安定，有孤獨、遭難、病死等兆，須提防遭墜物所傷或跌落之災。
水金木	X	雖可順利成功發展，但因基礎運不佳，常有變動之凶，風波不息，易變成剋妻子或遭難外傷、流血等厄之慮。

三才格局——天格水之運勢靈意		
三才	吉凶	說　　明
水金火	X	雖因勤奮爭進而有成功運，能達成目的，但因基礎運不穩，多成多敗，易受迫害，常又陷於不安之境遇。須提防遭難、凶變，須特別注意因身心過勞而招致肺疾。
水金土	○	基礎平穩，身心健全，學業有成，順利成功，達成目的。名利雙收，長壽幸福之兆。
水金金	○	個性頑強，堅志如鐵，成功運佳，勤苦有成，可向上發展。不肯屈服於人，具有深厚之才華，能以之創造輝煌之前程，功成名就。但因個性過於固執剛強，與人相處不大融洽，易生不和爭論，甚至招致非難。
水金水	○	基礎運及成功運皆佳，身心健全，有成功發展的運氣，但基礎不穩，易生意外災禍，又陷於急變沒落悲運之慮。可穩健發展致富或揚名美譽。
水水木	○	基礎運佳，境遇安全，成功運不錯，向上伸展發達，有出乎異常之大成功，但恐過於放蕩不羈，有破亂、變動、病弱短命之兆。
水水火	X	行爲不修，放蕩成性，任性隨便，偶而有成，但因心性不定易招失敗。有急變之災，生涯不安定，顛沛流離，風浪不息，落魄天涯。每因色情而生禍端災遇，否則常遭突發不測之災禍或變死短命。
水水土	X	表面雖得一時之發展，得到小成之名利與成就，無奈境遇不穩，終生苦勞。常遭不測之災難，或有賊人加害，或病難，或家庭不幸，或破財倒霉多端，或不測喪生等慮。
水水金	☆	基礎穩固，境遇安然，能博得財利名譽以及名利雙收，獲得成功，但若品行不修，不守正道，便會淪陷於罰刑牢獄之災。若多性強傲慢不知節制，則與人不和，以致失敗多病弱。

三才格局——天格水之運勢靈意		
三才	吉凶	說　　　明
水水水	○	有一時之大發展而得名利，倘若品行不端，行爲不修，勝敗均極端而短暫，終至荒蕪離散、流離失所，如泡沫夢幻，而終成病弱、短命、孤獨。亦有出於此格局之異常豪富。

三才配置病源表

三才配置病源表			
天格	人格	地格	一　般　疾　病　表
木	火	水	神經衰弱、血液循環、血臟疾病
木	土	木	長期胃病、精神疾病、神經衰弱、肺病
木	土	水	胃病、腎臟、膀胱、泌尿系統
火	土	水	胃病、腦溢血、心臟疾病
火	金	火	精神疾病、神經衰弱、呼吸系統、肺、大腸
火	金	水	負傷、流血、呼吸系統、肺、大腸
火	金	木	外傷、吐血、筋骨、肝臟、呼吸系統
火	水	火	腦溢血、心臟疾病、自殺、腎臟、膀胱、泌尿系統
土	火	水	腦溢血、心臟疾病、自殺、心臟疾病、血液循環
土	土	水	胃腸病、腎臟、膀胱、泌尿系統
土	水	土	腦溢血、心臟疾病、腎臟、膀胱、泌尿系統
土	水	水	婦女病、腎臟、膀胱、泌尿系統
金	木	金	難治久病、神經衰弱、筋骨痛、腦病、肺病、精神疾病
金	火	金	難治久病、神經衰弱、精神疾病、呼吸病
金	火	水	被殺、外傷、血液循環、腦溢血
金	土	水	流血、外傷、胃腸病
金	金	水	流血、外傷、肺、大腸
水	火	土	眼病、心臟疾病、腦溢血
水	火	水	心臟疾病、自殺、腦溢血
水	土	水	循環器急症、急性胃炎、腦病、眼病
水	水	火	流血、外傷、腎臟、膀胱、泌尿系統
水	水	土	自殺、胃腸病、婦女病、膀胱、泌尿系統

3 格局派

格局派的觀點

「格局派」和姓名學中的其他派別比較，「格局派」最是與眾不同，不同的原因在於——發展方式。

「格局派」非常類似「手相學」，是非常原始的姓名學，直接利用長時間觀察不同格局的人士的發展途徑，及其結局是成功、失敗？原因是什麼？最後再形成推論的規則，因此，「格局派」可以說是所有派系之中，最具科學實證精神者。

由於「格局派」需要長時間觀察、記錄大量個案並進行驗證，甚至時間長到被觀察的對象都還沒有死，但觀察者已經死亡，使得觀察、記錄可能因此中斷。種種的條件限制了「格局派」的發展。因此坊間知道格局派的人並不多，甚至有人因此將「格局派」誤以爲是「五格派」。

格局派的理論邏輯

「格局派」是中國自古以來「筆畫數」觀念的延伸，這個觀念認爲：

1. 每個字都有其代表意義：

姓（A）：精神、名聲、名氣、長上、公司

名一（B）：自己、能力、專長、技術

名二（C）：部下、員工、金錢、物質、下線

2. 每個筆畫數不能單論，必須配合其他的筆畫數。
3. 最多的筆畫數，通常代表發展方向。
4. 由不同的筆畫數形成不同的格局決定每個人的大方向走勢。

格局派的論命方式

「格局派」是直接利用姓名的筆畫數，討論筆畫數之間關係作爲論斷姓名的依據。

對「格局派」而言，並沒有那一種格局特別好或特別不好，因爲不同的格局決定每個人生涯發展的大方向。倘若能事先知道每個人適合的方向與發展的方式，就能夠減少到達目標的無謂路徑，並降低失敗的可能性。所以能善用不同格局的走勢，調整生涯發展方式就是好名（格局）。

格局派的獨特主張

「格局派」和其他派別而言，有以下不同的主張：

1. 各個數理不單論特性、吉凶。
2. 看遠不看近，是從一生的生涯發展的大方向看發展策略。
3. 沒有特別的好或不好格局，能善用不同格局的走勢

調整生涯發展方式才是好名。

格局派判斷流程

格局派姓名學判斷的流程如下：

1. 確定筆畫。
2. 判斷格局。
3. 決定格局的發展方式。

確定筆畫

對「格局派」而言，筆畫是論命的依據，因此，必須正確的計算筆畫數，筆畫數的計算是採用《康熙字典》上的楷書標準字筆畫數。

判斷格局

筆畫數確定後，就可以依照筆畫數判斷格局，判斷時依照：A（姓）、B（名一）、C（名二）三者，先「比較AB」，再「比較BC」或「比較ABC」，即可輕易的判斷格局。

決定格局的發展方式

格局確定後，依照本章內的〈格局特徵〉來決定生涯的發展成功要訣。

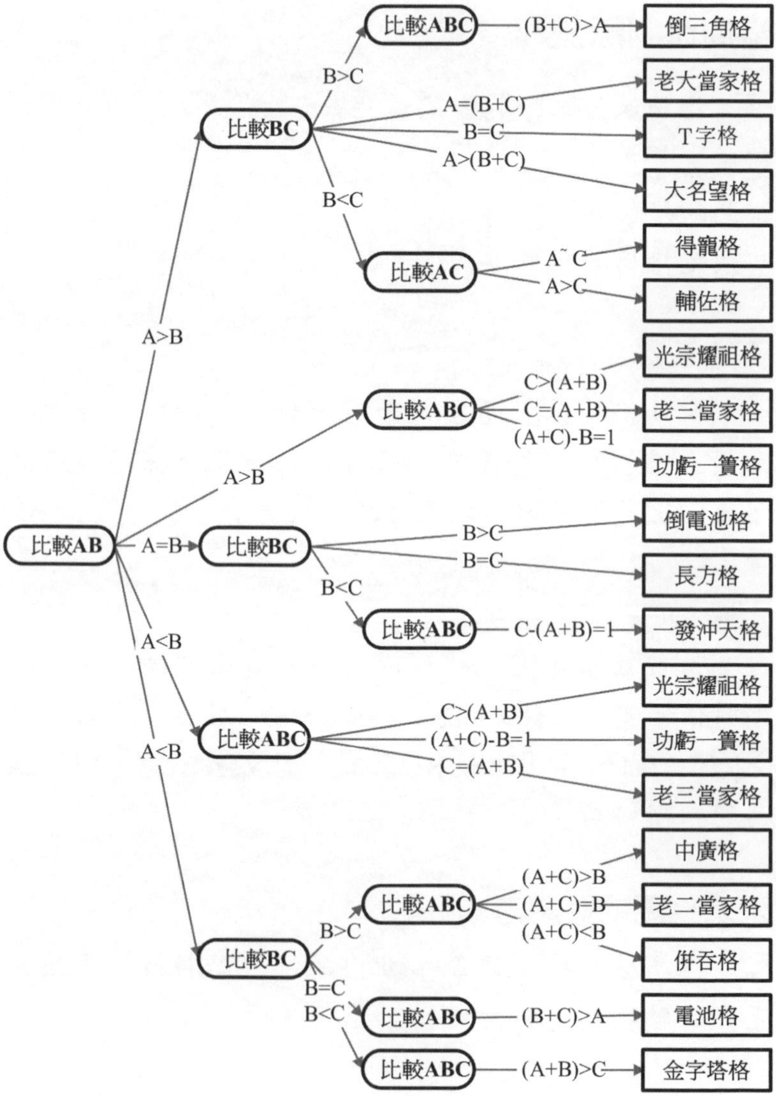

- 比較AB
  - A>B → 比較BC
    - B>C → 比較ABC
      - (B+C)>A → 倒三角格
    - A=(B+C) → 老大當家格
    - B=C → T字格
    - A>(B+C) → 大名望格
    - B<C → 比較AC
      - A˜C → 得寵格
      - A>C → 輔佐格
  - A>B → 比較ABC
    - C>(A+B) → 光宗耀祖格
    - C=(A+B) → 老三當家格
    - (A+C)-B=1 → 功虧一簣格
  - A=B → 比較BC
    - B>C → 倒電池格
    - B=C → 長方格
    - B<C → 比較ABC
      - C-(A+B)=1 → 一發沖天格
  - A<B → 比較ABC
    - C>(A+B) → 光宗耀祖格
    - (A+C)-B=1 → 功虧一簣格
    - C=(A+B) → 老三當家格
  - A<B → 比較BC
    - B>C → 比較ABC
      - (A+C)>B → 中廣格
      - (A+C)=B → 老二當家格
      - (A+C)<B → 併吞格
    - B=C → 比較ABC
      - (B+C)>A → 電池格
    - B<C → 比較ABC
      - (A+B)>C → 金字塔格

格局特徵

判斷格局的流程請參照前圖。「順位格」、「跳二格」可能同時又符合其他格局，因此未列於其中，必須另行判斷。

倒三角格

格局特色：A＞B＞C且（B＋C）＞A

成功要訣：

a. 不能動貪念，絕不能玩金錢遊戲，不借貸，或做投機生意。

b. 往名聲發展較易成功。

c. 部下容易叛變。

d. 可開公司，但建議最好是一人公司。若不是一人公司，公司最好不要借貸。

名人範例：

1. 葉15啓11田5——理應往名氣發展，攀住老闆（上司）才會成功；但其卻去選立法委員走人脈路線，反易失敗。而葉啓田開故鄉魯肉飯、歌廳使他經商失敗，短短數年間倒債數億元。
2. 陳16港12生5——以成龍爲藝名，以武打動作片揚名世界，先求名而後求利才能成功。
3. 余7光6中5——同爲順位格，是中國名詩人、作家。

4. 郝14伯9村7——官運亨通，官至行政院長，參選總統失利。

金字塔格

格局特色：C＞B＞A且（A＋B）＞C

成功要訣：

a. 必須非常吃苦並培養人脈。

b. 須長期努力奮鬥才會成功，且愈來愈好。

c. 兄弟宮是指C－B＝1，與下屬相處得像兄弟一樣。

名人範例：

1. 施9毓14龍16——63年以3萬元開創電子公司，4年賠了1000萬，歷經15年之後，每年回收15億。
2. 李7登12輝15——台大教授，光努力是不會成功的，故需要長時間培養人脈，愈老愈成功，最後當上台灣總統。
3. 李7國11琛12（星雲法師）——人脈多又爲兄弟格，是著名的宗教大師。

大名望格

格局特色：A＞（B＋C）

成功要訣：

a. 會追求知名度、地位，要選大格局才會成功。

b. 喜歡當老大，喜歡指揮人。

c. 盡量不要從商，要選大格局才會成功。

d. 從事與專長相關的行業才較易成功。

e. 最害怕「併吞格」的人。

名人範例：

1. 楊13日4松8——台灣最有權威之法醫，從事法醫長達40年。
2. 陳16水4扁9——全國最年輕之律師，要選大格局的地方較易成功，後競選總統成功。
3. 羅20本5立5——同樣是雙胞胎格，曾任三軍參謀總長。
4. 孫10中4山3——大名望格，中華民國國父。
5. 蔣17中4正5——大名望格，中華民國總統。
6. 鄧19小3平5——大名望格，中華人民共和國的國家領導人。

併吞格

格局特色：B＞A，B＞C且B＞（A＋C）

成功要訣：

a. 喜歡掌權。

b. 非常樂觀。

c. 具備鋼鐵般的意志。

d. 野心要大。

e. 博大精深的謀略。

f. 不要把錢當做目的，如此挫折感會很多，而是要把錢當作工具。

名人範例：

1. 王4羲16之4——書法大家、書聖。一生喜愛「養鵝」而出名，酷愛書法，曾經於夜間睡覺時以手指爲筆在太太背後練字，而妻子就問他說：爲什麼一直寫我的體，爲什麼不寫自己的體？王羲之從此開始寫自己風格的字體。
2. 毛4澤17東8——單憑一支老弱殘兵就把蔣中正打敗。其格言：「團結一切可以團結的人」、「聯合次要敵人打擊主要敵人」。
3. 王4寶20玉5——32歲時連續兩任當選市民代表。
4. 何7壽14山3——永豐餘董事長，全台最大之紙廠。
5. 林8豐17正4——民選臺北縣長，後被選拔爲內政部長，現爲國民黨重要幹部。

光宗耀祖格

格局特色：C＞（A＋B）

成功要訣：

a. 須培養人脈，屬下較會支持你。

b. 可借錢做生意。

c. 良禽則木而棲，另謀新主才易成功。

d. 較有偏財運。

e. 倍數力量過大容易觸犯法律或遊走法律邊緣。

f. 在製造業養員工即可成功。

名人範例：

1. 朱6宗8慶15——台灣最有名的打擊樂團之團長。
2. 王4永5慶15——台塑大王，主張「走自己的路」、「吃苦才有希望」，採取食物放在騾子前吸引騾子前進的管理模式。薪水給得多，但要求更嚴格。
3. 張11小3燕16——配合「得寵型」格數，自己當經紀人籌組「小燕家族」，成爲全台最知名的女藝人之一。
4. 李7小3龍16——華人世界中最出名的動作名星。
5. 朱6元4璋15——41歲當皇帝，不但殺軍師劉伯溫、宰相胡惟庸，連二兒子、三兒子也一起殺掉。
6. 吳7火4獅14——新光集團創始人，專制霸道而成功。
7. 李7光6耀20——霸氣十足之人，新加坡前任總理。
8. 李7元4簇17——因無野心，故而只能成爲副總統。

9. 許11文4龍16——奇美關係企業董事長。
10. 任7立4渝17——在台視年薪200萬，跳槽中視年薪千萬。
11. 翁10大3銘14——老三當皇帝格，又是葫蘆型，故可以從事投機生意。
12. 周8人2參11——「姓」爲「名一」之四倍，「名二」爲「名一」之五倍半，曾爲全國最大之賭博型電玩業者，最高紀錄曾日進七千萬，遊走法律邊緣。
13. 周8成7爐20——野心太大，結果因買空賣空而失敗。

中廣格

格局特色：B＞A，B＞C且（A＋C）＞B

成功要訣：

a. 著重能力、才能、專業、名望、表現、技術。
b. 絕對不能賭博。
c. 因無人脈，故最好不要從事與人有大量互動的工作。

名人範例：

1. 張11德15培11——中廣型再加上上下雙胞胎能放光芒，財運會起伏較大，球賽比贏就賺很多，打輸則什麼也沒有。
2. 周8恩10來8——曾擔任中共國務院總理，憑的就是表現能力而成功。

3. 游12錫16堃11——筆畫數之中廣，但第三字基礎穩固，適合向政治界發展。
4. 張11榮14發12——長榮海運前董事長，重視能力而不重視學歷。

得寵格

格局特色：B＜A且B＜C，且A接近C

成功要訣：

a. 不適合做領袖，適合作上班族。
b. 職業選擇能受上、下照顧的最好。
c. 要常常巴結你的上司與長輩，和長輩培養好關係。

名人範例：

1. 洪10冬5桂10——曾任立法委員。
2. 廖14正5豪14——曾任法務部長。
3. 陳16瑞14蓮18——舉重國手，因失戀故舉重能多次破紀錄。

輔佐格

格局特色：A＞B，C＞B且A＞C

成功要訣：

a. 野心不可太大。
b. 絕對不可叛變。

c. 等首領死後即可順理成章成為首領。

d. 吸住上司就能成功。

名人範例：

1. 嚴18家10淦11——曾任中華民國總統。
2. 謝17東8閔12——曾任中華民國副總統。
3. 趙14少4康11——曾任立法委員。

老大當家格

格局特色：A＝（B＋C）

成功要訣：

a. 與「大名望格」相同，但格局沒有「大名望格」強勢。

b. 會追求知名度、地位，要選大格局才會成功。

c. 喜歡當老大，喜歡指揮人。

d. 盡量不要從商，要選大格局才會成功。

e. 從事與專長相關的行業才較易成功。

名人範例：

1. 宋7子3文4——宋美玲的哥哥，是個富豪，學習猶太人利益均分的方式賺錢。
2. 蔣17仲6苓11——前國防部長，可享高名位又得寵。
3. 陳16秀7美9——桃園法官。
4. 劉15邦11友4——曾任桃園縣長。

老二當家格

格局特色：B＝（A＋C）

成功要訣：

a. 與「併吞格」相同，但是格局沒有「併吞格」強勢。

b. 必須以專業能力來得名。

c. 喜歡掌權。

d. 非常樂觀。

e. 具備鋼鐵般的意志。

f. 野心要大。

g. 博大精深的謀略。

h. 不要把錢當做目的，如此挫折感會很重，而是要把錢當作工具。

名人範例：

◎ 李7遠17哲10——諾貝爾獎得主，曾任中研院院長。

老三當家格

格局特色：（A＋B）＝C

成功要訣：

a. 與「光宗耀祖格」相同，但格局沒有「光宗耀祖格」強勢。

b. 須培養人脈，屬下較會支持你。

c. 可借錢做生意。

d. 良禽則木而棲，另謀新主才易成功。

e. 較有偏財運。

f. 倍數力量過大，容易觸犯法律或遊走法律邊緣。

g. 在製造業養員工即可成功。

h. 在專業能力上可以有很高的成就，然而卻不能從政。

i. 老三當家型必須和成功之人合夥才能成功。

名人範例：

1. 王4建9煊13——任1990年財政部長，是公認的「最清廉的官」，也是一位虔誠的基督徒，因爲連一般不帶賄賂性質的禮物都不收，所以在社會上還有另一個綽號叫「王聖人」。
2. 李7政9道16——用實驗證明了「宇稱守恆定律」不是一條普遍的自然定律，在弱相互作用中它並不成立，而獲得諾貝爾物理學獎。
3. 呂7明8賜15——棒球國手、全壘打王。
4. 許11水4德15——曾任考試院長。
5. 童12子3賢15——華碩四人創業團隊之一，曾任華碩第一任的總經理。個性沉默，且鋒芒不外露。

長方形格

格局特色：A＝B＝C

成功要訣：

a. 宜往財富、高名位、生意、地位發展。

b. 不管上司或下屬，皆處於對等狀態，不分長上下屬。

c. 人敬三分，你亦回報三分。

名人範例：

◎ 黃12朝12貴12——臺南地檢署主任檢察官。

T字格

格局特色：A＞B且B＝C且B＋C≧A

成功要訣：

a. 易聽人建言。

b. 能和周遭朋友大家打成一片，且受上司提拔。

名人範例：

1. 李7世5民5——唐代開國君主。
2. 楊13尚8昆8——楊尚昆，前中華人民共和國主席（1988年至1993年）及前中共中央政治局委員（1982年至1992年），亦被視爲中共八大元老之一。在六四天安門中，因與當局理念不同，從此被視爲異議份子，被遠離決策核心。
3. 傅12培11梅11——名聞中外的烹調大師，能和大家打成一片。

倒T字格

格局特色：A＝B且C＞B且C－（A＋B）≧1

成功要訣：

a. 宜往事業發展，積極培養人脈，養員工。

b. 喜歡掌權。

c. 非常樂觀。

d. 具備鋼鐵般的意志。

e. 野心要大。

f. 博大精深的謀略

g. 不要把錢當做目的，如此挫折感會很重，而是要把錢當作工具。

名人範例：

1. 林8青8霞17——電影明星。
2. 呂7秀7蓮17——副總統，一舉成名天下知。
3. 田5正5德15——薑母鴨開店170家，大賺錢。

電池格

格局特色：A〈B且B＝C且（B＋C）＞A

成功要訣：

a. 宜往事業、財富發展。

b. 有朝一日等待機會就能成功。

名人範例：

1. 王4貞9治9——旅日棒球選手，以「稻草人式打擊法」聞名，在球員生涯當中共擊出868支全壘打，成爲世界紀錄保持者。

2. 張11博12雅12——曾任衛生署署長，以及嘉義市市長。

3. 李7嘉14誠14——香港企業家，創立長江集團，跨足了房地產、能源業、網路業、電信業、媒體。是香港及亞洲首富，也是世界上最富有的華人企業家。

倒電池格

格局特色：A＝B且C〈B且（A＋B）＞C

成功要訣：

a. 宜往高地位、高名聲發展。

b. 從事生意易失敗。

名人範例：

◎ 高10凌10風9——宜往名譽、地位發展，做生意容易失敗。

功虧一簣格

格局特色：

a.（A＋C）－B＝1

b.（B＋C）－A＝1

c.（A＋B）－C＝1

成功要訣：

a. 在名聲、事業、地位達到最高點時要懂得居安思危，不可一味地繼續埋頭向前衝，否則將遭逢失敗。

b. 須學著愛惜羽毛、保持現況。

名人範例：

1. 朱6高10正5——前立法委員，民進黨創黨元老之一，卻又是最激進地支持兩岸統一的台灣政治人物之一。1995年，接受新黨提名參選高雄市北區立委以最高票當選。1998年立委選舉落選後，退出政壇。2001年，再度競選高雄市立委失利。
2. 趙14少4康11——1992年參選台北縣立委選舉一舉拿下24萬票的全島最高票，1993年脫離國民黨自組新黨，1994年參選台北市長輸給陳水扁後，逐漸淡出政壇。
3. 黃12大3洲10——原為台北市長，因選市長失利而失敗。
4. 林8清12玄5——著書一直很成功，但不知居安思危，因誹聞事件而失敗。

順位格

格局特色：

a. A－B＝1且B－C＝1

b. A－C＝1且C－B＝1

c. C－A＝1且A－B＝1

d. C－B＝1且B－A＝1

e. B－C＝1且C－A＝1

f. B－A＝1且A－C＝1

成功要訣：

◎ 爭取職位很有辦法。

名人範例：

1. 蔡17萬15霖16——霖園集團創辦人，曾是台灣首富。

2. 王4永5在6——台塑集團副董事長，是王永慶的弟弟。

跳二格

格局特色：

a. A－B＝2且B－C＝2

b. A－C＝2且C－B＝2

c. C－A＝2且A－B＝2

d. C－B＝2且B－A＝2

e. B－C＝2且C－A＝2

f. B－A＝2且A－C＝2

成功要訣：

a. 宜往名氣發展較佳。

b. 宜往事業、錢財發展，培養人脈就可成功。

c. 宜往專業能力，發揮自己的專長就可成功。

名人範例：

1. 許11信9良7——早期推動台灣民主運動，曾擔任民進黨主席。
2. 楊13英11風9——是台灣著名雕塑大師，早期作品有人文主義的風格，後期則以不銹鋼材質，利用現代主義的抽象組合造型表現中國式的藝術思維而聞名於世。
3. 高10清12愿14——台灣企業家，他創立的統一集團，跨足了物流業、百貨業、食品業。
4. 施9啓11揚13——曾任監察院長、司法部長。

4 五格派

五格派的觀點

所謂的五格由三才演變而來，在：天格、人格、地格之外，多加了外格和總格。由於其論斷的對象和方式是「五格」，所以這個派別被稱之爲五格派。

「五格」是可以說是目前常見的姓名學派中普遍被採用的論斷基礎。五格的出現，具有其特殊意義：

1. 論斷對象擴大。五格派的論斷對象除了三才之外，還增加了另外兩個元素：外格、總格。
2. 論斷方式更進步。五格派除了直接觀察「三才」配置，還應用「五行原理」觀察「五格」之間的關係，這表示五格派的論斷方式較三才派更細膩。

五格派的論命邏輯

「五格派」認爲：

1. 不同的人取了不同的名字，產生了不同的五格，在「五格派」中五格各自代表不同的意義。其中代表「自己」的是「人格」，所以其他的四格代表的就是不同的人與外在環境。
2. 五格之間的關係代表著一個人與週遭事物的關係，

以及一生運勢的縮影。

3. 天格、地格輔助人格，組成天、人、地三才局，涵蓋人生大半光陰，基礎運（地格）若不佳，則主運（人格）難旺。
4. 倘若主運不旺則需要副運（外格）輔佐。副運若未能有起色，老運（總格）亨通則亦無福消受。

五格派的論命方式

「五格派」的推論方式，利用五行生剋的原理，去推演五格之間的關係，即可推演這個人與外在環境的關係。因此，對五格派而言，所謂的「好名」是指：天格、地格、外格、總格「生」人格的名字；反之，所謂的「壞名」是指天格、地格、外格、總格「剋」人格的名字。

五格派的論點

「五格派」相較於其他派別而言，有一些不同的主張，分述如下：

1. 以五格中的「人格」爲中心代表「自己」最爲主要。
2. 「天格」之外的「四格」皆有其意義，可以獨立論斷；唯獨「天格」的數理與五行本身無任何意義，這是因爲「五行派」認爲所有同姓的人，「天格」皆相同，無法看出同姓者間彼此的差異性，但「天格」之五行、數與其他「四格」之間的關係卻對該姓名所代表的人產生一生的影響作用。

五格派的缺陷

五格派的取名法所注重的是漢字筆畫而不是漢字本身。常用的漢字大約三千個，但筆畫被簡化成只有一至十，結果五格被當成了一種數字的拼湊，而不是字本身。這凸顯了五格派重字數不重字義的缺點。

此外，五格派貪「生」怕「剋」，只許生不許剋：天格受剋就是冒犯上司不獲提拔、人格受剋就是有病或有兇險、地格受剋就是早年運不好，只要見到「剋」就斷言不佳，沒有更深層的思維，進一步的說明「生」爲何好？剋一定不好？是哪裡不好？

五格派判斷流程

五格派姓名學判斷的流程如下：

1. 確定筆畫數。
2. 製作五格表。
3. 確定五格格局。
4. 判斷五格的五行。
5. 單論五格判斷吉凶。
6. 五格格局判斷吉凶。

確定筆畫數

對「五行派」而言，筆畫數是論命的依據，因此，必須正確計算姓名的筆畫數，筆畫數的認定是採用《康熙字典》上的楷書標準字筆畫數。

確定五格格局

將姓名的筆畫數依照下列不同組成方式填入：

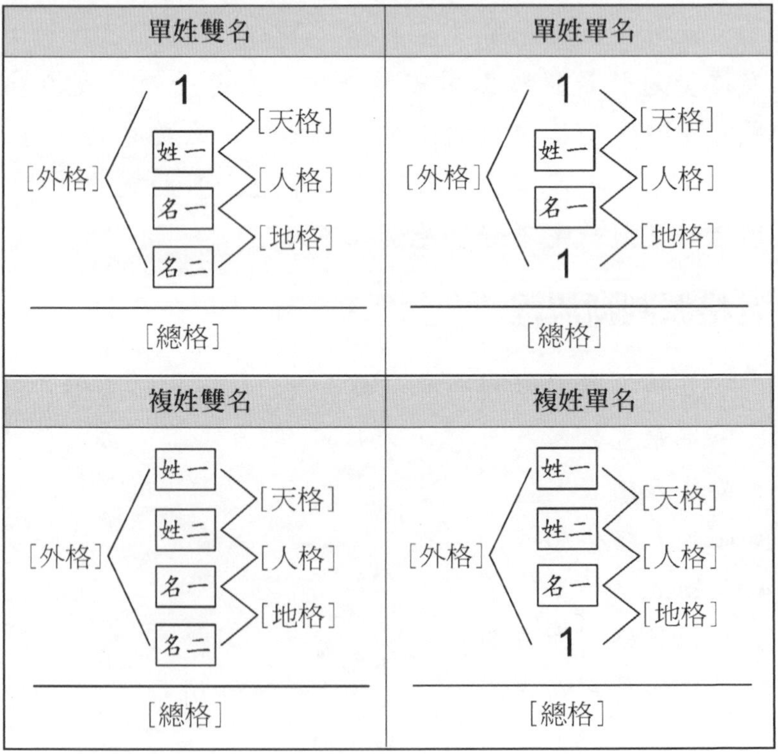

單姓雙名	單姓單名
1 姓一 名一 名二 [外格]　[天格]　[人格]　[地格] [總格]	1 姓一 名一 1 [外格]　[天格]　[人格]　[地格] [總格]
複姓雙名	**複姓單名**
姓一 姓二 名一 名二 [外格]　[天格]　[人格]　[地格] [總格]	姓一 姓二 名一 1 [外格]　[天格]　[人格]　[地格] [總格]

筆畫數確定後，就可以依照下表計算五格。

五格的計算方式	
格	計算方式
天格	1＋姓筆畫數
人格	姓筆畫數＋名1筆畫數
地格	名1筆畫數＋名2筆畫數
總格	姓＋名1筆畫數＋名2筆畫數
外格	1＋名2筆畫數

五格派五格的意義

由於坊間流傳五格派對五格的意義有兩種說法，內容大多一致，除了以下三點有差異：

1. 與妻妾、丈夫的關係。
2. 年紀。
3. 總格代表的人物。

因此，筆者在此列出經過整理後的意義。本章的內容大多採「說法一」的邏輯判斷。

※表格中的（女）是指針對於女性而言。

判斷五格的五行

「五格」的「五行」判斷，是以數字的個位數來進行判別：

1、2屬木。

3、4屬火。

5、6屬土。

7、8屬金。

9、0屬水。

<table>
<tr><th colspan="9">五格派五格意義說明</th></tr>
<tr><th>五格</th><th>說法</th><th colspan="2">名稱意義</th><th colspan="2">人物</th><th colspan="2">事物</th><th>年紀</th></tr>
<tr><td rowspan="2">天格</td><td>一</td><td rowspan="2">先天運、祖德宮、長上宮</td><td>夫緣宮(女)、財帛宮</td><td rowspan="2">祖先、雙親、長輩、老師</td><td>丈夫(女)</td><td rowspan="2">事業、名譽、財運、氣質、頭腦、思想、疾病、工廠、辦公室</td><td>和父母的互動、和公婆的互動、和岳父母的互動、和妻舅妯娌的互動</td><td>—</td></tr>
<tr><td>二</td><td>事業宮、少年運</td><td></td><td>工作屬性、工作狀態</td><td>1-12</td></tr>
<tr><td rowspan="2">人格</td><td>一</td><td colspan="2" rowspan="2">主運、命主</td><td colspan="2" rowspan="2">自己</td><td colspan="2" rowspan="2">興趣、嗜好、意向、表現、能力、才華、境遇</td><td>25-36</td></tr>
<tr><td>二</td><td>17-32</td></tr>
<tr><td rowspan="2">地格</td><td>一</td><td rowspan="2">前運</td><td>妻妾宮(男)、少年運</td><td rowspan="2">晚輩、子女、部屬、員工、兄弟、姐妹</td><td>妻妾(男)</td><td colspan="2" rowspan="2">本人之根基、個性、自我意識、人生觀念、內在心態、感受、家庭及夫妻關係關係、與子女的互動、住宅、內在、性生活、和兄弟、姊妹的緣份</td><td>1-24
61-72</td></tr>
<tr><td>二</td><td></td><td>妻妾(男)、丈夫(女)</td><td>13-24</td></tr>
<tr><td rowspan="2">外格</td><td>一</td><td colspan="2" rowspan="2">副運、遷移宮、社交運、奴僕宮</td><td rowspan="2">朋友、平輩、貴人、對手、同事、合夥人、兄弟、姐妹</td><td></td><td colspan="2" rowspan="2">社交能力，和同儕、平輩、朋友的人際關係，搬家遷移，在環境、和兄弟、姊妹的緣份</td><td>37-48</td></tr>
<tr><td>二</td><td>丈夫(女)、妻妾(男)</td><td>33-45</td></tr>
<tr><td rowspan="2">總格</td><td>一</td><td rowspan="2">後運、晚年運、老運</td><td>事業宮</td><td colspan="2">貴人、自己</td><td rowspan="2">事業成就大小、金錢收入多寡、地位名望高低、晚運福祿之興衰</td><td>工作屬性、工作狀態</td><td>49-60</td></tr>
<tr><td>二</td><td>財帛宮、財庫</td><td colspan="2">長輩、老師</td><td>和父母的互動、和公婆的互動、和岳父母的互動、和妻舅妯娌的互動</td><td>49～</td></tr>
</table>

五格生剋關係的意義

五格生剋關係的意義如下：

生我：得到關照、扶持、庇蔭、約束、對我有助力的地方，但較被動、懶散，然可享成，接受福蔭多。

我生：代表辛苦、責任、勞心勞力的付出、愛恨交加、不得體諒，也代表我虧欠的地方、我關心或憂心的地方、我賺錢的方式，積極、主動、勤奮、人緣好。

比合：同時具有我生、生我的現象，個性搖擺不定，像個水平，人敬我三分，我也回敬三分，人際關係好，彼此既合作也競爭。

剋我：被控制、受限制、遭阻擋、被加害、受約束、遭拖累、被破壞、受磨練、被要求，是我負債的地方，也是我最好的地方，屬被動控制。

我剋：強勢要求、主導、影響別人的行爲，是我得力的地方，也是左右我命運的地方，代表我想要的東西、或終身的依靠，屬主動控制。

單論五格判斷吉凶

單論天格五行

「天格」單論時：

屬木，理財需要有計畫性的投資。

屬火，對於投資常常憑感覺。

屬土，投資房地產容易賺錢發財。

屬金，喜歡賺錢，喜歡投機（如：玩股票），投資房地產容易賺錢發財。

屬水，不喜歡把錢固定在同一個地方，喜歡到處投資。

單論人格五行判斷個性

「人格」單論時可以判斷一個人的個性：

1. 屬木，主仁，個性正直，樂觀開朗，仁慈有愛心。做事情積極，不喜歡受到拘束，很注重家庭觀念。
2. 屬火，主禮、性急，個性光明磊落，熱情主動。做人有禮貌，做事情行動迅速，有上進心，守規矩按部就班。但比較急功好利、愛面子。
3. 屬土，主信、性嚴而穩，個性沉穩內斂、主觀固執，但有寬恕心。多學多能並多才多藝，交友廣闊，包容性強。
4. 屬金，主義、個性易衝動，堅硬鋒銳。爲人講信用重義氣，重視對與錯、講求是與非，外表比較秀麗絢爛、光彩奪目。
5. 屬水，主智、個性多疑，聰明，且智慧高。天生活力充沛，反應快，應變能力強，隨遇而安，但偶爾也有任性的特質，平常個性很溫和，但發起脾氣來就嚇死人。

單論人格判斷愛情模式

利用人格尾數，可以判斷愛情模式：

1. 人格筆畫數：1、11、21、31、41

性情好靜、溫厚，富於理智，具有不屈的精神。表面上看好像名不見經傳，其實內在蘊藏相當的實力。屬於漸進發展型，最後終可成爲領導。受人敬重，並且家庭美滿。但其人有嫉妒心，好名利。

2. 人格筆畫數：2、12、22、32、42

性格堅定，忍耐力強。雖然表面很溫和，其實內含怒氣，如涵養不足也有固執者。善於與異性相處，但是有猜疑心，嫉妒心強，有損健康，應注意。

3. 人格筆畫數：3、13、23、33、43

性情急進，聰明，智謀出人，手腕靈活，富有活動力，名利心重。因屬火，感情猛烈，豪爽氣魄。大多富有成就，名噪一時。但也有不如意者。

4. 人格筆畫數：4、14、24、34、44

內在具有暴發性的品質，往往有抑制思想不敢告訴他人的性格，表裡矛盾，徒費精力。命運多曲折，家屬緣薄，總之是不幸者多。但是24除外，德、智、勇兼備，可得名利權利。

5. 人格筆畫數：5、15、25、35、45

溫和沉著，內有正義心腸，卻不顯示於外表。容易親近，有雅量，對人有同情心。能享受家庭幸福。

6. 人格筆畫數：6、16、26、36、46

內心剛毅，表面溫和厚道，富有義氣俠情，能得相當的成功。但也有病弱者，此數多情好色者居多。

7. 人格筆畫數：7、17、27、37、47

意志堅定，果斷，能吃苦耐勞，好爭辯，缺乏同化力。遇事不會通融，多爲強雄的氣魄，喜好權勢，自我意識強烈。

8. 人格筆畫數：8、18、28、38、48

剛愎自用，毅力堅定富於持久力，好打抱不平，要善加修養。此數不適合女性，有頑固不化之嫌。

9. 人格筆畫數：9、19、29、39、49

活動力強，社交廣，生性好動，有智慧，富理性，大都好名利。但是四處奔波，徒勞無功，易陷於放縱荒淫，貪財好權是其特性。

10. 人格筆畫數：10、20、30、40、50

性情緩滯不動，欠缺活動力，有才智，不忘功名利祿但是易衝動，有家破人散的可能。

五格格局判斷吉凶

判斷天格

可推斷自己和長輩的關係、事業是否成功、財庫是否豐盈、以及與丈夫的關係（女性）。

天格的生剋關係		
關係	五格	意　　義
生	人格	祖上有德，大多有祖業可繼承。受父母疼愛與父母相處感情融洽，深受上司、主管重用，時有貴人的援助。善於思考，但有時過於憂慮，當工作、事業不順利時，會尋求宗教寄托。對子女管教有驕縱之虞。典型的「財多身強」，有錢身體就好，沒錢身體就差。
	人格	女性：備受丈夫的寵愛、照顧，夫妻感情好，異性緣好，但感情較被動。
	地格	長輩的期望比較高，也會要求言行舉止。家庭觀念強，會盡心力照顧家庭，並重視小孩的教育。對工作抱有使命感，會全心全力投入工作。
	地格	男性：錢財都花到妻子、子女身上。
	外格	意志力不足，有虛榮心、愛表現，對朋友、同儕慷慨，喜歡幫助人，錢都花在朋友、客户、兄弟、姐妹身上，有朋友就沒錢，容易當冤大頭。有時覺得難有知己。有愛心，通常是社會上的義工或是慈善團體的成員。
	總格	意志比較堅定，有財運，也很會存錢，長輩緣佳，易承接長輩的餘蔭。講排場愛面子，名聲重於財利，對於事業，總是很捨得先花錢投資再說的命格。
同	人格	典型的「財多身強」，有錢身體就好，沒錢身體就差。與長輩父母及配偶的關係對等，互相牽引，彼此互動與關心。與上司、主管之關係不錯，對子女管教則有驕縱之虞。
	地格	能得長上澤被，與長輩、上司有良好之交流、互動。
	地格	男性：部屬、妻子、子女也能對財庫有助力。通常結婚之後才開始有財運。
	外格	與朋友、兄弟、姐妹及外在的客户在錢財上能互相幫助，在錢財上人敬我一分，我也回敬一分，能得貴人的相助。

<table>
<tr><th colspan="3">天格的生剋關係</th></tr>
<tr><th>關係</th><th>五格</th><th>意　　義</th></tr>
<tr><td rowspan="2"></td><td>總格</td><td>工作越忙碌、財庫越興旺，付出一分就能回收一分，事業、名聲與財庫多寡成正比。</td></tr>
<tr><td>總格</td><td>女性：在有了事業後，異性緣會增加。</td></tr>
<tr><td rowspan="5">剋</td><td>人格</td><td>長輩、父母的管教比較嚴厲，雙方的溝通狀況較差，關係容易緊張。個性較保守內斂、神經質、不善長與人互動，作事一板一眼，但有擔當與責任感，抗壓性強，很能忍耐，願意接受別人的建議，容易成爲主管或老闆的命格。屬於「財多身弱」的特質，有錢身體就差，沒錢長命百歲，無福消受錢財。</td></tr>
<tr><td>人格</td><td>女性：丈夫的要求多，夫妻之間的相處容易發生衝突，感情生活不理想，除非修養好，包容力強，否則容易走上離婚之途。</td></tr>
<tr><td>地格</td><td>作事保守，腳踏實地，給人信賴感，比較重視金錢，有錢也捨不得給妻子，是典型的小氣老闆。內心時常有苦悶，沒有地方訴。</td></tr>
<tr><td>外格</td><td>與同儕、朋友能互相幫助，能得貴人相助或提拔。因爲一有錢就容易看不起朋友，所以時常有錢之後就沒朋友往來。</td></tr>
<tr><td>總格</td><td>意志薄弱，易見異思遷，但往往流於孤芳自賞。有錢就不想再作事，心情不好時就想要花錢，會提供父母物質享受。</td></tr>
<tr><td rowspan="2">特殊</td><td colspan="2">四格都沒有生天格，錢財不旺，錢財經常留不住。</td></tr>
<tr><td colspan="2">女性：四格都沒有生天格，丈夫的運勢不強。</td></tr>
</table>

判斷人格

「人格」—在判斷時表示自己，或代表內心的想法、感情，也主25至36歲的運程。

人格的生剋關係		
關係	五格	意　　義
生	天格	口才便給，善於應對，人際關係圓滑。對長輩、父母恭敬。服從上司、主管的命令，能盡忠職守。但追逐金錢的欲望強烈。
	天格	女性：喜愛打扮，對感情主動付出，對丈夫溫柔體貼，和丈夫關係親密，有幫夫運，凡事以夫爲貴。
	地格	拙於言詞，不善表達自己，大多時會默默付出，不求回報。家庭向心力強，能充分照顧家人，對愛情積極主動，對子女比較寵愛，和家人的緣份極深。對部屬也能給予照顧及關心。
	外格	個性活潑外向，熱心公益，對待朋友比較寬宏大量，會主動爲人付出，所以人緣佳，但40歲以前多爲別人打天下。有時受人囑託，但不懂得推辭，而受他人連累。
	總格	個性主觀，做事謹愼，工作認眞，腳踏實地，有始有終，會存錢不亂花費，因此能在社會上成功。適合當老闆、主管，會努力追求名望、地位及事業的成就感。
同	天格	典型的「財多身強」，有錢身體就好，沒錢身體就差。與長輩父母上司、主管之關係對等，無輩分之分，平起平坐，互相牽引，有如同輩之互動與關心，對子女管教有驕縱之虞。
	天格	女性：夫妻相敬如賓，與丈夫的相處就像與手足一樣，認爲男女平等，必須一同負擔家庭責任。
	地格	對子女關係如同朋友一般，家庭生活和樂，對部屬不會端架子，可以和晚輩、屬下稱兄道弟，部屬緣份好。

人格的生剋關係		
關係	五格	意　　義
	地格	男性：夫妻相敬如賓，與妻子的相處就像與手足一樣，認爲男女平等，必須一同負擔家庭責任。
	外格	人際關係良好，處處得貴人相助，兄弟姐妹緣份良好。
	總格	是個表裡如一之人，對工作敬業負責，付出多少也回收多少，能認眞踏達成目標。
剋	天格	個性較爲獨立自主、不服輸、好勝，有自己的想法，不喜歡服從命令，不易接受長輩的管教，因此常與長上的想法有出入，容易產生反抗心理，而與長官、父母產生對立，因此要當此人的上司可得有眞才實學。有開創性格，遇到困難寧願自己解決，也絕不低頭找人幫忙，或走後門，通常不會在一個地方待太久，大多爲離開原本的公司，自行創業白手成家。有正義感，不畏強權，有冒險心。屬於「財多身弱」，有錢身體就差，沒錢長命百歲，無福消受錢財。花錢通常很大方，只要一稍微有錢，就會很想花錢。
	天格	女性：喜歡約束丈夫，對丈夫的要求多，有剋夫之嫌，夫妻之間的相處易生衝突。除非丈夫本身運勢及命格都強，否則易離異。
	地格	有自己的想法，喜歡高談闊論。有時自以爲是，喜愛指揮別人作事，因此對子女的管教較爲嚴格，子女的身體不好，家庭生活多是非、較不融洽，對家庭要求多且嚴格。在工作中對部屬的要求也較爲嚴格，比較不會體恤部屬。
	地格	男性：常是大男人，對妻子要求多，尤其愛面子。
	地格	女性：多爲女強人，且爲企圖心強，對子女及部屬的要求很多，子女緣差。

人格的生剋關係		
關係	五格	意義
	外格	個性積極主動，會主動爭取。對外界的朋友、客戶、兄弟、姐妹關心。有研究心，想到什麼就做什麼，但不好相處容易得罪人，所以人際關係稍差，較無知心的朋友，但卻自認人緣好。比較不會遇到小人。喜歡居領導地位，指揮他人。能欣賞有才華之人、和有才幹之部屬，部屬雖然能幹，但因爲不重視人際關係，所以不能長久爲自己所用。屬於功利主義，會精打細算，將錢花在刀口上，就怕自己吃虧。
	外格	女性：事業心強，易成爲職業婦女，而不利婚姻。
	總格	愛享受，物質欲望強。雖能成大事，但投機心強，宜謹慎投資與花費。一生運途較勞碌，容易遭逢感情上或精神上的打擊。
	總格	女性：適合作家庭主婦。

判斷地格

「地格」—主1至24歲的運程，代表性格。人格與地格的生剋關係可推算人與其子女、部下、朋友和同事的關係。由此可推斷人的基礎穩妥與否。

地格的生剋關係		
關係	五格	意義
生	天格	工作比較穩定，不易變更職業。
	天格	男性：容易娶一個能幹的妻子，也會協助孝順父母。部屬員工或子女能夠對事業財運有幫助。
	天格	女性：容易嫁給一個「福氣」的丈夫。

地格的生剋關係		
關係	五格	意　　義
	人格	依賴心重，能得到配偶及子女的幫助，受到子女的孝順及尊敬、與部屬之盡忠及援助，家庭生活幸福美滿。
	人格	男性：有異性緣，有時會自以爲是，有大男人的傾向，因爲妻子對他太好，所以有時不知珍惜。
	人格	女性：各方面的能力都比較強，在工作上的表現易使丈夫嫉妒。不喜歡開伙。
	外格	個性外向，喜歡與朋友交際，隨和好客，對朋友有求必應，所以有時幫助人還吃力不討好。
	外格	男性：妻子能認同朋友，並樂意與他們交往。
	總格	子女、部屬對事業發展有助益。
	總格	男性：會比較想理財，妻子亦會協助理財、照顧家庭。
同	天格	能得長上澤被，與長輩、上司有良好之交流、互動。
	人格	男性：對妻子、子女關係如朋友一般，家庭生活普通。對部屬不會端架子，可以和晚輩、屬下稱兄道弟，部屬緣份好。
	外格	子女、下屬能與客户、朋友互動良好、相處融洽。
	總格	員工、子女對事業有助益，能相輔相成。
	總格	男性：在事業有成後，異性緣也會隨之增加。
剋	天格	好勝心強而有耐力，不怕上司或周遭環境的壓力，只願意追隨有眞才實學的上司，因此貴人運不佳。重視精神面的發展，不重視物質面的享受。要小心頭部的傷害。
	天格	男性：無祖業可繼承，易娶一個「破家」的妻子，要小心因妻子、子女而敗財，倘若天地爲水火相剋，則必變爲凶兆。

地格的生剋關係		
關係	五格	意　　義
	人格	會爲家庭多付出，甚至爲家庭犧牲自己。個性內向，疑心病重，能力強自尊心也強，作事認眞，愛面子，常有自己當老闆的念頭，但容易遭受部屬的陷害拖累。常因爲子女的反抗心理比較強烈，而感覺家庭生活不美滿。
	人格	男性：妻子比較有主見，愛挑剔又愛嘮叨，常感覺受妻子的剋制，恐有離異的跡象。
	人格	女性：婚後常受娘家的拖累，或是因爲丈夫的事業而心生憂煩。
	外格	行事穩重有遠見，有耐性，個性溫和，不易發脾氣。但自我意識比較強烈，城府比較深，即使有意見也不會明說，更不容易被說服。喜歡結交志趣相投的朋友，不容易放下身段，所以認同的人也不多，自然貴人少。
	外格	男性：妻子不喜歡周遭的朋友或客户。
	總格	會因爲家人、配偶而破財，有時和家人、配偶的相處會有衝突。配偶、家人對你的事業較無助力。

判斷外格

「外格」—主37至48歲的運程，代表外在表現行爲。人格與外格的生剋關係可推斷人生的性格，以及人的家族親緣厚薄及本人社交狀況的優劣。

外格的生剋關係		
關係	五格	意　　義
生	天格	有遠大的計畫，夢想多，但想得多行動反而少。貴人運很旺，財運佳，容易因爲外在朋友的相助而得財。不喜歡與人計較，對某些事情會睜一隻眼、閉一隻眼地盲目付出。
	人格	個性沉穩，節儉保守，做事有分寸，行爲端莊不隨便，講究生活品味，但耐力差。一生多得朋友、同儕之幫助，而能得良好的名聲，受人尊敬。偏財運較佳。但比較被動、個性比較懶散。
	地格	外在忠厚老實，不善表達，但個性平和，人緣好，會主動替人想，以致於想要而又不好意思說，給人「濫好人」的印象。會爲了事業、前途學習進修。
	總格	爲人節儉，個性樸實，錢只用在刀口上。事業上的貴人多，遇有困難時，容易獲得外界、朋友的金援而渡過危機。與朋友合夥，事業順暢，容易成功。
同	天格	與朋友、兄弟、姐妹及外在的客户在錢財上能互相幫助，在錢財上人敬我一分，我也回敬一分，能得貴人的相助。
	人格	人際關係良好，處處得貴人相助，兄弟姐妹緣份良好。
	地格	子女、下屬能與客户、朋友互動良好、相處融洽。
	總格	事業能成功，貴人多，事業旺，和朋友能互相幫忙。
剋	天格	意志力強，個性獨立自主，遇強則強，會因爲不喜歡向人低頭，而力爭上游，突破逆境。不適合太安逸的環境，適合需競爭的環境。樂於助人，是天生的破財運，因爲朋友只會在有錢的時候出現，所以只要有朋友就會沒錢，一輩子難以累積財富。

外格的生剋關係		
關係	五格	意　　義
	人格	理財觀念差，個性自閉、自我封閉，不喜外出。喜怒形於色，不善交際，人際關係差，容易和朋友有意見衝突。但人緣不錯，但因爲容易被別人佔便宜，一生多爲同事、朋友受累，易發生法律上的糾紛，因而造成金錢損失。
	地格	愛面子，犯了錯也不願意承認，愛吹噓，而面不改色。容易因爲拉不下臉拒絕同事、朋友的請託，受拖累而影響工作、事業。
	總格	個性吃軟不吃硬，加以一輩子犯小人，容易錯把小人當貴人，受人吹捧，就替朋友作保或是受人欺騙而被倒債或破財。只要語氣溫和，態度大方，就能與之溝通。事業運不順暢，難有貴人相助，只能靠自己奮鬥。建議不要跟會，除非克服這些缺點，否則難有大成就。
	總格	女性：適合作家庭主婦。

判斷總格

「總格」—在判斷時表示自己的外在行爲表現，也主49歲至終老的運勢。

總格的生剋關係		
關係	五格	意　　義
生	天格	喜歡賺錢，而且有許多賺錢的管道，是要靠創業才能發財的命格。會以物質孝順父母。典型的工作發財致富的命格。
	人格	言行一致，不會忤逆長輩的意見，天生財運佳，多有不勞而獲的好運，比較不會爲了錢的事而煩心。知道能捨才有得，所以比較願意花錢享受。

總格的生剋關係		
關係	五格	意　　義
	地格	男人：發財後異性緣增加，會有桃花的命格。
	地格	女人：發財後會福蔭子女。
	外格	喜好表現或打扮來吸引眾人的目光。喜歡賺輕鬆財，人際交往的手腕靈活，善於支配人以達成目的，具有領導人知人善任的特質。
同	天格	工作越忙碌、財庫越興旺，付出一分就能回收一分，事業、名聲與財庫多寡成正比。
	人格	是個表裡如一之人，對工作敬業負責，付出多少也回收多少，能認眞踏實達成目標。
	地格	員工、子女對事業有助益，能相輔相成。
	地格	男性：在事業有成後，異性緣也會隨之增加。
	外格	合夥事業能成功，貴人多，事業旺，和朋友能互相幫忙。
剋	天格	個性獨立，有自己的想法，不易服從上司主管的認同，因此難獲重用。父母賺錢比較辛苦，少年經濟情況比較吃緊，但易有遺產可繼承。
	人格	思想悲觀，以賺錢爲人生的第一目標，永遠嫌錢財不夠用，因此會不計辛勞、風險的賺錢，所以常給人守財奴、節儉、小氣的印象。雖能成大事，但一生運途較勞碌。
	地格	常會爲了家裡的經濟問題而煩心，子女長大後會提供物質支援。
	外格	唯利是圖，絕不放過任何賺錢的機會，所有的精力全放在增加財富上，花錢時也斤斤精較，絕對花在刀口上。對朋友的索求比付出多，常給人精明的印象，而使朋友遠離。事業最終還是無法長久持續經營。

天格和人格的關係（成功運）

天格與人格之數理關係爲「成功運」，由此可推斷人的事業成功率的高低，女性則可以論斷與丈夫或異性的關係。

天格和人格的關係		
天格	人格	意　　義
木	木	與上司、主管相互扶持，希望能順利達成。
	火	受上司、主管之照顧。女性則是異性緣旺盛，備受男性青睞。
	土	易生不平、不滿的情緒，宜有德量方吉，宜男不宜女，男性可獨立創業。易罹胃腸或腹部之病症。
	金	雖然有困難，若努力邁進，亦能成功，但多陷身心過勞，易生不平、不滿的情緒。女性則需要特別注意丈夫的身體。
	水	個性盡責，順從上司、長上，爲人孝順，溫恭謙讓。女性有幫夫運。
火	木	爲人正直，對上孝敬忠實，向上發展，事事如意。女性有幫夫運。
	火	脾氣躁進，個性熱情無心機，與長輩、上司相處互動直接無礙，忌急進。
	土	擅於思考，有前輩、上司、主管之照顧，或得祖先之餘德，有很多貴人相助。典型財多身強，有錢長命百歲。女性則利於婚姻。
	金	個性過於剛毅，青少年時期不順遂，以致個性抑鬱，易有不平、不滿之情緒，易罹腦症肺患、精神疾病。
	水	意志堅固者可得成功，不然易陷於逆境，禍亂混雜。要愼防刑剋長上。女性須愼防刑剋丈夫。

天格和人格的關係		
天格	人格	意　義
土	木	外觀吉祥，但成功困難，雖用盡苦心，但希望之成果到達較遲，財庫難守。易罹胃腸病、肝病。女性則是婚姻辛苦多波折，要特別丈夫的身體。
	火	希望如意，目的容易達成。孝敬父母，與上司互動良好，賺錢欲望強烈。女性有幫夫運。
	土	個性沉穩，但個性固執，屬大器晚成，但終能享受幸福，同長輩平起平坐，和樂相處。
	金	萬事皆如意，凡事皆可大事化小、小事化無，克臻僥倖。個性愛表現，愛說話，很會察顏觀色。小時嘴巴很甜，深受長輩喜愛，長大後受上司、主管之照顧，身心健全，努力發展。女性的異性緣旺盛，備受男性青睞。
	水	個性略爲急躁，抗壓性強，若能忍辱負重，堅忍多時，終能成功，受到肯定；但有時徒勞無功，反受災難，又遭人嘲笑。但對長輩則能容忍。宜男不宜女。
金	木	力絀勢屈，命運被壓抑，易生不平、不滿的情緒。易罹肝膽、筋骨疾病。男性能自行創業，白手起家；女性則不利於婚姻。
	火	身心勞頓，內心易生不平、不滿的情緒，向上發展困難。要特別注意支出花費。易罹神經衰弱、精神疾病。女性需要特別注意丈夫的身體。
	土	個性固執，觀念比較傳統，能靠實力向上發展。女性有幫夫運。
	金	固性頑固，易與人發生口角事端，引致不測。要注意夫妻之間的口角引起事端。
	水	個性隨和，易得父祖澤惠，得意外之援助，希望能順利達成。女性的異性緣旺盛，備受男性青睞。

天格和人格的關係		
天格	人格	意　　義
水	木	能得長上、上司疼愛，心想事成。女性的異性緣旺盛，備受男性青睞。
	火	脾氣急躁，成功運被壓抑，有急變災難，需修身養性，否則夫妻易離異。易罹心臟麻痺、腦溢血、自殘。
	土	成功之路頻見困難，障礙屢現，但盡心努力，可達其意圖。要謹慎花錢消費。宜男不宜女。
	金	個性剛毅果斷，萬事順利，容易達成，精神和暢。女性有幫夫運。
	水	素行不修，縱有破天荒之成功，亦容易成爲泡影。女性要特別注意異性緣旺盛，以免影響婚姻。

天格和地格的關係（家庭運）

天格與地格之數理關係爲「家庭運」，由此可推斷人的家庭狀況。

天格和地格的關係		
天格	地格	意　　義
木	木	有安祥之家園，順利生長。運勢平穩踏實，可卜康寧。
	火	具有父祖惠澤，家庭美滿。運勢少有變動，大致安祥。
	土	家庭雖非富裕，安定其所。運勢多端不安，防患胃腸。
	金	家境多有變遷，易生事端。運勢受阻剋制，防遭外傷。
	水	貴人輔佐襄助，逐漸繁榮。運境安祥活潑，尚稱美滿。
火	木	家境逐漸繁榮，事業發展。運境指日良好，瘦小之兆。
	火	家境振興到極，似逐下坡。運勢活潑進展，好動平安。
	土	有父祖之惠澤，經濟安定。運境庸碌平常，發育遲鈍。

天格和人格的關係		
	金	家境變化多端，不安之兆。運境多遭疾厄，外傷之患。
	水	家遭意外打擊，陷落之象。運境急變萬端，災厄頻臨。
土	木	家境貧寒複雜，時生事端。發育不良身弱，運途不良。
	火	家境欣欣向榮，氣象更新。運途一帆風順，安然無恙。
	土	家境庸碌平淡，無甚發展。力求安貧樂道，無憂自在。
	金	家庭老幼和睦，相處融洽。運境繁榮順調，吉祥之運。
	水	縱有良好家庭，將成變化。運境複雜多端，病弱之兆。
金	木	長祖六親無靠，難得進展。運境變遷多端，外傷病患。
	火	家境常有困擾，變幻莫測。運途多端難伸，急獘災厄。
	土	家庭幸福安祥，長幼有序。身心健全順調，吉慶安寧。
	金	家庭不和複雜，易生事端。爲人孤高背世，留心外傷。
	水	家境富裕良好，人才並蒂。運勢一帆風順，吉祥之兆。
水	木	草木逢春霑露，欣欣向榮。家庭經濟安定，運境順展。
	火	家境突遭變化，陷入困途。運勢不佳多乖，病厄之災。
	土	家庭風波不息，阻礙重重。涵養言行品德，力求平安。
	金	家境逢貴人助，日趨安定。事業安然自在，無風無波。
	水	家境陷入歧途，實難收拾。事業住所易變，運境難安。

地格和人格的關係（基礎運）

地格與人格的關係可推算人的「基礎運」穩妥與否，與其子女、部下、朋友和同事的關係是否良好，男性則可以論斷與妻子或異性的關係。

地格和人格的關係		
地格	人格	意　義
木	木	個性循規蹈矩，基礎安全，能得部屬、員工相互扶持。
	火	能得部屬、員工支持，境遇鞏固，社會地位、財產能得發展。男性：異性緣好，但恐有大男人傾向。
	土	境遇不安，心慌意亂，住所易動，部下不爲所用，易罹胃腸疾患。男性：婚姻緣差，易受妻子嫌棄。
	金	少年運勢不佳，外觀基礎安定，內實變化不安，若不愼則倒臺。對下屬、子女要求嚴格，易罹神經衰弱、肺疾。男性：要特別注意婚姻。
	水	對下屬、子女比較包容，環境順遂。男性：異性緣好。
火	木	能照顧下屬、子女，環境順遂，晚景運勢穩健平安。男性：異性緣好。
	火	個性急躁，缺乏耐力，倘能特別注意脾氣，運勢可得順利發展。
	土	得下屬、子女之充分支援，逐漸發展，得意外之順境。男性：異性緣好，但恐有大男人傾向。
	金	受下屬之壓迫，有急變顚覆之虞。易患肺、腦症、神經衰弱。男性：要特別注意婚姻多波折。
	水	絕對不安定，有突發之困厄、急禍、急變來襲。要特別注意心臟之疾病。男性：要特別注意婚姻多波折。
土	木	個性正直，不易變動，如根深蒂固，受眾人尊重。注意對下屬、子女要求勿過於嚴格。
	火	能關心、照顧下屬與子女，環境頗爲順遂。男性：異性緣好。
	土	同性相和，大抵平安幸福，能得部屬、員工相互扶持。
	金	境遇安固，身心安定，德性堅實，得下屬、子女之充分支援。

地格和人格的關係		
地格	人格	意　　義
金	水	表面似良好，精神實不安，易被捲入失意、逆境。男性：要特別注意婚姻多波折。
	木	運勢穩健，平安無事，成功順調，晚景結實達成目的。男性：要特別注意婚姻不順利。
	火	基礎稍弱，缺乏耐久力，精神過勞，在工作上對部屬嚴格，有時令人感到專制，易發生磨擦。男性：要特別注意婚姻上的意見不合、衝突。
	土	能關心、照顧下屬、子女，得下屬之充分支援，逐漸發展，得意外之順境。男性：異性緣好。
	金	個性過於剛強，宜修身養性。受下屬之壓迫，有急變顛覆之虞。易患肺、腦症、神經衰弱。
	水	能得子女、員工支持，但愼防處事過於堅持己見，以致判斷錯誤。
水	木	境遇變轉移動，難免迫害，能得下屬、子女之支持。
	火	外見安穩，內實勞力，家庭或部下之中易生紛爭，宜避免精神過勞，易罹患呼吸器病等症。男性：要特別注意婚姻多波折。
	土	在工作上對自己和別人要求都很嚴格，力求完美，仍可發展成功。很重視子女的教育。男性：要特別注意婚姻多波折。
	金	過於堅剛，缺乏同理心，能主動關心、照顧下屬、子女。男性：異性緣好，疼愛妻子。
	水	基礎堅固，夫妻與家庭之間將能團結、和睦。有財運，向上發展之運勢旺盛，能給予子女相當大的發展空間。男性：異性緣好。

總格和人格的關係

總格與人格的關係可推斷晚景運勢。

總格和人格的關係		
總格	人格	意　　義
木	木	貴人輔佐，老境安然自在。身心愉悅，可享晚年清福。
	火	心神多煩，但境遇尚安定。可娛晚景，安祥吉慶之運。
	土	雖勞碌且功少，悶鬱不樂。容易患胃腸病，晚景堪憂。
	金	運逢千嶺萬山，勞碌艱苦。安貧樂道行善，晚景尚平。
	水	雖如草木逢春，難免有苦。晚景可享清福，長壽之兆。
火	木	平生勞苦，終獲良好結果。晚景吉祥，豐衣足食無礙。
	火	心境憂煩，生性急躁固執。晚景雖裕，但缺天倫之樂。
	土	事暢心神愉快，萬事如意。晚景安樂無憂，大有餘慶。
	金	事多常遇迫害，難有進展。晚年似乎孤獨，易患疾病。
	水	運逢天羅地網，事難如願。提防急變災難，晚景淒涼。
土	木	平生勤勞，施展才能器華。安貧樂道，克服人生難關。
	火	運境安寧，諸事一帆風順。享樂晚景，福祿壽長綿綿。
	土	雖無顯著進展，溫和平安。運境大致良佳，晚景安樂。
	金	運逢貴人輔助，事事如意。晚景身心健壯，福祿壽長。
	水	腎臟功能衰退，身多病弱。晚境鬱不得志，心身不安。
金	木	一生勞碌，雖有豐富收穫。運途多端，老境難得安祥。
	火	心性剛毅，多遇風波不息。事難如願，晚景力不從心。
	土	運逢五福臨門，裔孫萬堂。福祿壽如松柏，貽娛晚年。
	金	頑性不知自制，終招失敗。雖得一時成功，晚景仍苦。
	水	晚來老當益壯，元辰光彩。福祿綿遠佳境，事事呈祥。
水	木	晚景呈祥，生活安定無憂。身心健壯，福祿壽長綿綿。
	火	是非纏身，難免突變災禍。晚景淒涼，易患心臟麻痺。
	土	諸事易生阻撓，勞碌不息。晚境雖保安靜，然不得意。
	金	運如松柏長春，精神豪爽。老景安然無憂，事事如意。
	水	生性放蕩不羈，難免災厄。事業住所易變，老境不安。

外格和人格的關係（社交運）

外格與人格的生剋關係可推斷家族親緣厚薄及個人社交狀況的優劣。

地格和人格的關係		
外格	人格	意　義
木	木	性格率直少言多行。依努力發展。忍耐心強。但有猜疑心之不利。好安靜。
	火	外表樂觀，內裡勞苦，常得朋友、同事協助，做事有膽識。易與異性接近，喜出風頭。
	土	男子多苦心；女子富魅力。脾氣好，但與朋友之間缺少互動，所以人際關係不佳，容易封閉自己造成自怨自艾，致生不平不滿。有成人之美，願意照顧他人。
	金	言行不檢討，處事不顧利害，容易對所見之人事物不滿，有惹火燒身之厄。對長輩雙親多有刺激不敬之兆，知心朋友少。
	水	言行一致，守其信用，成人之美。凡事三省而行，絕不著急，安泰平祥。肯爲人付出，對人關心，人關係好，朋友多。
火	木	個性好勝，內心多苦。外表樂觀爲人多勞，助他人之光景，終爲勞而無功，若他格有助者方可得大成功。
	火	性急，內外不和，易受批評攻擊，常強力主張自己意見。容易和異性接近。除命中欠火者可補救、及天命爲木火者適用外，其餘不宜。
	土	性格開朗，富有吸引力，個性合群社交能力強，易受眾人扶持而成功或成名，但放任心強。容易接近異性，可得成功發達。
	金	個性不受歡迎，無法與人和平相處，以致人際關係差，爲眾所棄。恐有腦病症者，或者急變遭難沒落。數吉稍平安。

地格和人格的關係		
外格	人格	意　　義
	水	路途難免多少有困難，但能打破萬難，獲得成功與發達。利己之心強，缺乏利他心，容易有爲達目的不擇手段的傾向。
土	木	智謀卓著，膽略過人，自大得意，易被誤會。若能身先士卒，少言多行，終可獲得成功。
	火	爲人誠實、率直，雖容易被人誤會，終見水清魚現，已往相扶成功。
	土	智慧超群而奸施要領。但缺乏決斷心。意志薄弱。若他格數理強與三才配合吉兆者，可能成功。
	金	不妥協，不馬虎，堅實，沉默，樸素，活動力強。認眞行事，大發達。
	水	膽量小，步步守身，思慮固密，富理智且勤勉，受朋友信任，但常遭朋友牽累，自己吃虧。
金	木	對待朋友、同事誠懇，謙虛有禮，且寬宏大量，不記仇，爲他人犧牲而不顧自己，終受人器用而發達成功。
	火	爲人主觀、固執、膽大，有反抗的心態，凡事不辨情理，不受旁人左右，容易得罪人。虛榮心強，衝破極爲困難的重圍，向外發展爭取權利，雖得一時成功，終因短慮而失敗。
	土	待人誠懇，具親和力，肯爲人付出，多散財，容易受人欺騙。
	金	爲人風流，奮鬥心強，重義氣承諾，易與人衝突，被眾人所棄，且家庭緣薄，終於孤獨。有金之連局者，先甘後苦。
	水	善於舌戰，長於辯論，只認同自己的主張，不願認輸，喜歡占上風不易服人。貴人運旺盛。

地格和人格的關係		
外格	人格	意　　義
水	木	技藝超群，多受意料之外的相助，貴人運旺盛，步步發展，終有成就。
	火	個性內向，不易與人融洽相處，以致困苦自愁，要特別注意婚姻關係。血液循環差，易患頭部疾病，有染暗疾之憂。
	土	個性偏狹與人不和，好出風頭容易得罪人。應多養心守其和平，免受人暗害。家庭緣薄。
	金	爲人風流，應留心色難，有爲人付出的犧牲精神。對外強顏歡笑，但內心空虛不已，忌逞強否則終將失敗。
	水	個性保守內向，有智慧，善謀略，思想常隨著環境刺激而變化。但利己心稍強，容易變成守財奴。

判斷感情

1. 判斷夫妻和睦。不論夫或妻，只要人格與地格相生者夫妻較和睦，人格與地格相剋者夫妻較不和，尤其以陰數剋陰數最嚴重，如：16（陰土）剋20（陰水）：

   甲、先生人格地格相生、太太天格人格相剋。

   乙、先生人格地格相生、太太人格地格相剋。

   丙、先生人格地格相剋、太太天格人格相剋。

   丁、先生人格地格相剋、太太天格人格相生。

2. 判斷晚婚：

   甲、不論男女，人格與地格同爲陰數，且五行相同者較晚婚。

乙、女性四格多陽，男性四格多陰也較晚婚。

3. 判斷結識方式：

甲、人格對地格相生或比合多爲自由戀愛。

乙、人格對地格相剋則交友較難，結婚多爲朋友介紹或媒妁之言或媒人、婚友社介紹。

4. 判斷婚姻是否幸福。以夫妻雙方之五格判斷：

甲、判斷婚姻幸福

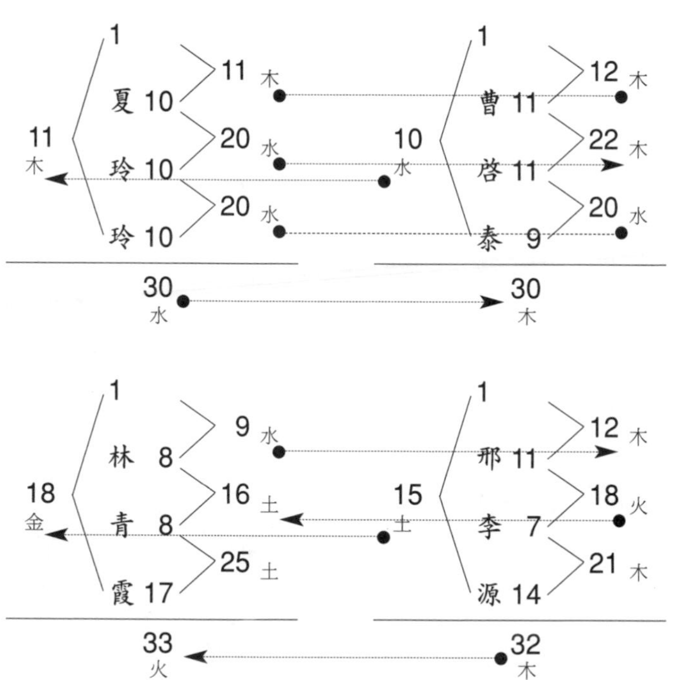

乙、判斷婚姻不幸福：

例：民國83年的社會事件，夫妻結婚十餘年，只因爲一句話而反目成仇，丈夫揮刀，妻子當場死亡。

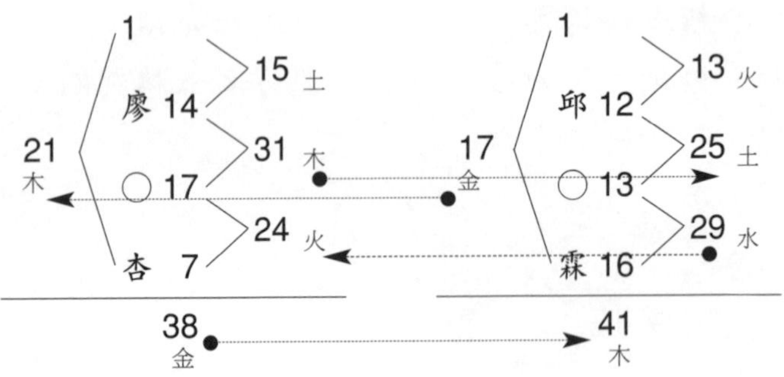

五格論斷健康

每個人的天干、地支皆代表了身體某些器官，而每個人的姓名中也隱藏了某些五行，是以姓名學來論斷人身體的好壞有一定的準則。

五格與疾病的關係

一般姓名學中大多利用「三才配置病源表」去觀察三才的五行配置，三才五行之配置不當，即很可能因此造成不可避免的疾病。但這裡提供另一個論斷方式，大家可以照此原則驗證，判斷方式有二：

一是利用三才配置，配合外格。假設三才爲【木、金、火】，外格又爲火時，因爲金被火剋，比較容易罹患五行屬金之身體、器官病症。

二是直接利用外格推論。假設三才爲【木、木、火】，外格爲金時，因爲人格木被金剋，比較容易罹患五行屬木之身體、器官病症。

五格與疾病的關係			
五行	數字	身體	內臟
木	1	頭、兩手	膽
	2	頸、十指	肝
火	3	肩、咽、面、齒	小腸
	4	胸、眼、舌	心
土	5	脅、背	胃
	6	腹、腕	脾
金	7	臍	大腸、大腦、肋膜
	8	股	肺、小腦
水	9	脛	膀胱
	0	足、耳、陰部	腎、尿道、膀胱、子宮

五行對應身體之部位

五行對應之身體部位				
	全身	上	中	下
水		腦溢血、近視、耳	腎	婦人病、遺精、膀胱
火	心神不定	腦溢血	心臟	關節炎、腳氣
木	黃疸	神經衰弱	眼、肝	疝氣
土		腦溢血、齒痛	脾、胃	
金	支氣管		大腸、鼻、肺炎、肺	

天干對應身體之部位

歌訣一

甲頭乙項丙肩求、丁心戊脅己屬腹、
庚是臍輪辛爲股、壬脛癸足一身覆。

歌訣二

甲膽乙肝丙小腸、丁心戊胃己脾鄉、
庚是大腸辛屬肺、壬係膀胱癸腎藏、
三焦亦向壬中寄、包絡同歸入癸方。

天干對應身體之器官表	
甲	膽、頭
乙	肝、項（脖子）
丙	小腸、肩、眼睛
丁	心、眼睛
戊	胃、脅（兩膀）
己	脾、腹
庚	大腸、臍輪
辛	肺、股
壬	膀胱、三焦（神經）、脛（小腿）
癸	腎、心包絡、足

地支對應身體之部位

歌訣三（地支所主身體歌訣）

子屬膀胱水道耳、丑爲胞肚及脾鄉、
寅膽發脈並兩手、卯本十指內肝方、

辰土爲脾肩胸類、巳面齒咽下尻肛、
午火精神司眼目、未上胃脘膈脊樑、
申金大腸經絡肺、酉中精血小腸藏、
戌土命門腿踝足、亥水爲頭及腎囊、
若依此法推人命、岐伯雷公也播楊。

地支對應身體之器官表	
子	膀胱、尿道、耳朵
丑	脾、肚
寅	膽、兩手
卯	肝、十指
辰	脾、胸肩
巳	面、齒、尻肛、咽喉
午	眼睛、精神
未	胃、脊骨、膈
申	大腸、肺
酉	精血、小腸
戌	命門、腿、踝、足
亥	頭、腎、囊

姓名學斷身體之方法

1. 以五行論身體之疾病：

水剋火，火受傷，有心臟、血液、小腸、眼睛之疾。

火剋金，金受傷，有呼吸系統、神經系統、大腸、皮膚之疾。

金剋木，木受傷，有肝膽、筋骨之疾。

木剋土，土受傷，易發脾胃之疾。

土剋水，水受傷，泌尿系統較差。

2. 以生年之天干地支與姓名做比較，若生年之天干或地支受剋，及表其所屬之天干或地支所主之器官容易發病。

例：乙卯年生之「○金○」，代表其30至40之大運爲金剋木之格局，肝、項較容易發病，但由於「接氣」之關係，其病灶在26歲起即開始醞釀。

3. 以生年之天干地支，對照姓名之剋出，即表示受剋之器官出了毛病。

例：乙卯年生之「○堅○」，卯（木）剋堅（土），土所代表之身體器官爲戊巳（脾胃），而堅又在「名一」之位置，代表「咽喉以下、肚臍以上」，脾胃剛好又符合，故「脾胃」較易發病。

5 六神沖剋

「八字學」是由唐代李虛中所創，再由明代徐子平進一步改良成爲現在大家看到的「子平八字」，「六神沖剋」的論斷方式應是從「八字學」的「十神」觀念而來，再應用於姓名「五格派」五格之間的關係論斷，所以「六神沖剋」必定在「八字學」與「五格派」之後，而「五格」是近幾數十年出現論斷姓名的方式，那麼「六神沖剋」應該也是這幾十年才出現的姓名論斷方式。

「六神沖剋」的論斷方式應是從「八字學」的「六神」，再進一步應用到姓名推演上。六神是陰陽、五行觀念在應用時的擬人化，包括：我剋、剋我、同我（同陰陽）、同我（不同陰陽）、生我、我生。

爲了讓使用上更方便，在本章內除稱呼「六神沖剋」之外，皆稱「十神」，而不稱「六神」。

六神沖剋的觀點

「六神沖剋」與五格派的五行相比，因爲在判斷與操作上加入陰陽的條件，所以判斷時更細膩，也更準確與多變。

此外，「十神」本神在原本的「八字學」內即有意義，彼此之間就有特殊關係，這些關係也一併被納入「六神沖剋」內一併考量。

六神沖剋的理論邏輯

「六神沖剋」認為：

1. 不同的人取了不同的名字，產生了不同的五格，五格各自代表不同的意義，其中代表「自己」的是「人格」，所以其他的四格各自代表不同的人與外在環境。
2. 利用十神的生剋關係去推演其他的四格的十神，五格之間的十神關係代表著一個人與週遭事物關係，以及一生運勢的縮影。

六神沖剋的論命方式

「六神沖剋」的推論方式，利用五行、陰陽生剋的原理，去推演五格之間的十神關係，即可推演命主與外在環境的關係。因此，對「六神沖剋」而言，所謂的「好名」是指：天格、地格、外格、總格與人格之間是「吉神」的名字；反之，所謂的「壞名」是指天格、地格、外格、總格與人格之間都是「凶神」的名字。

六神沖剋的獨特主張

「六神沖剋」相較於其他派別而言，有一些獨特的主張，分別敘述如下：

1. 與「五格派」相同，以「人格」爲中心，代表「自己」最爲主要。
2. 與「八字學」不相同，並非以日主爲「我」作爲判斷的依據。

六神沖剋的缺陷

「六神沖剋」是承襲八字、與姓名五格派的取名法，和五格派相同重視的是漢字筆畫而不是漢字本身，結果也和「姓名五格派」相同被簡化成只有一至十的數字，被當成了一種數字的拼湊，而不是字本身，這和五格派重字數不重字義的缺點相同。

此外，「六神沖剋」目前也尚未考慮與命主之間的關係，逕以人格來比擬命主，其代表意義與眞實性，尚待進一步的確認；再者，姓名五格的「六神沖剋」與命主八字內的「十神」關係也尚待進一步探究，因爲二者的十神基礎不同，逕自比較，其意義也還需要再進一步求證。

六神沖剋判斷流程

「六神沖剋」判斷姓名的流程如下：

1. 確定筆畫數。
2. 確定五格格局。
3. 判斷十神。

確定筆畫數

對「六神沖剋」而言，筆畫數是論命的依據，因此，必須正確計算姓名的筆畫數，筆畫數的認定是採用《康熙字典》上的楷書標準字筆畫數。

確定五格格局

將姓名的筆畫數依照下列不同組成方式填入：

單姓雙名	單姓單名
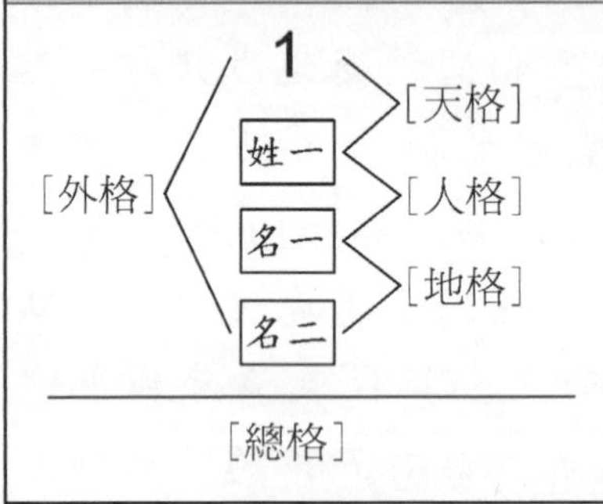 1 姓一 名一 名二 [外格] [天格] [人格] [地格] [總格]	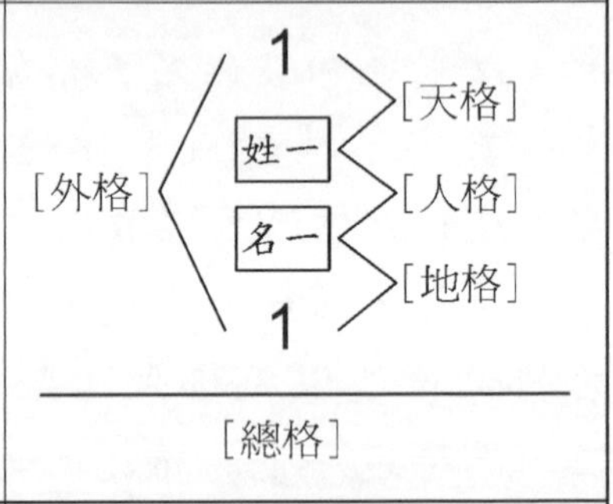 1 姓一 名一 1 [外格] [天格] [人格] [地格] [總格]
複姓雙名	**複姓單名**
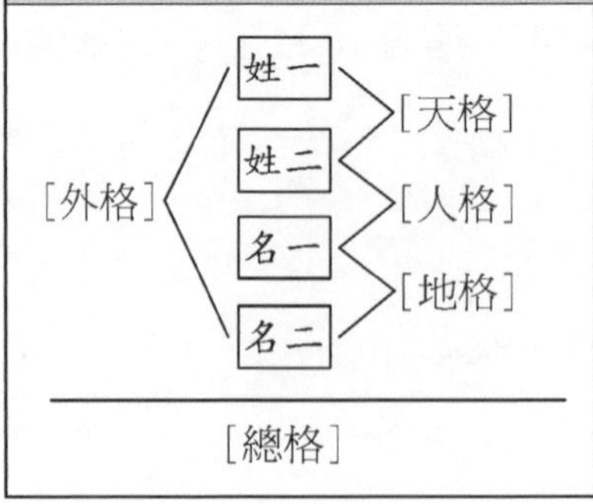 姓一 姓二 名一 名二 [外格] [天格] [人格] [地格] [總格]	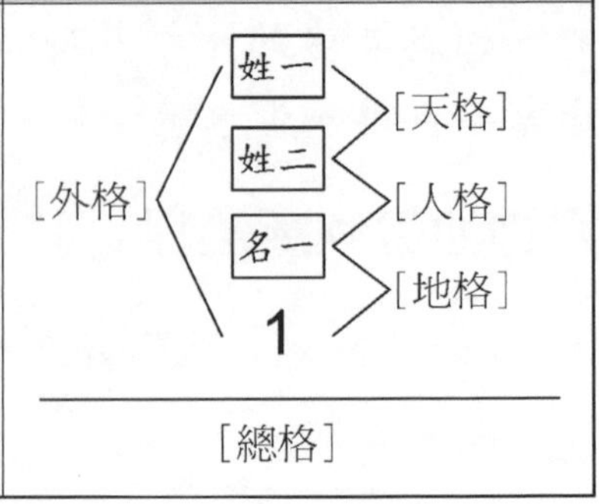 姓一 姓二 名一 1 [外格] [天格] [人格] [地格] [總格]

筆畫數確定後，就可以依照下表計算五格。

五格的計算	
格	計算方式
天格	1＋姓筆畫數
人格	姓筆畫數＋名1筆畫數
地格	名1筆畫數＋名2筆畫數
總格	姓＋名1筆畫數＋名2筆畫數
外格	1＋名2筆畫數

六神沖剋的五格意義

六神沖剋五格意義說明	
五格	意　　義
天格	名：先天運、少年運、事業宮、長上宮（男）、夫緣宮（女）。 人：祖先、雙親、長輩、丈夫（女）。 事：事業、名譽、職業、財運、氣質、頭腦。
人格	名：主運、命主。 人：本人。 事：本人個性、自我意識、人生觀念、心態、興趣、意向、表現、能力、性格、才華、境遇、夫妻之情。 時：17至32歲。
地格	名：前運、副婚姻宮。 人：晚輩、子女、妻妾（男）。 事：本人之根基及夫妻關係、家庭關係、與子女的互動、住宅、內在、性生活。 時：1至16歲。
總格	名：後運、晚年運、財帛宮、財庫位、老運。 人：貴人。 事：事業成就大小、金錢收入多寡、地位名望高低、晚運福祿之興衰。 時：46歲以後。

六神沖剋五格意義說明	
五格	意　　義
外格	名：副運、遷移宮、社交運、外緣、婚姻宮。 人：朋友、平輩、貴人、對手、同事、合夥人。 事：社交能力，和同儕、外界、平輩、朋友的人際關係，和兄弟、姊妹的家族緣份、搬家。 時：33至45歲。

判斷五格的十神

「十神」是以人格和其他四格的個位數來判別，判定的方式參考下表：

五格十神判斷表											
		人格個位數									
		1	2	3	4	5	6	7	8	9	0
其他四格個位數	1	比肩	劫財	偏印	正印	七殺	正官	偏財	正財	食神	傷官
	2	劫財	比肩	正印	偏印	正官	七殺	正財	偏財	傷官	食神
	3	食神	傷官	比肩	劫財	偏印	正印	七殺	正官	偏財	正財
	4	傷官	食神	劫財	比肩	正印	偏印	正官	七殺	正財	偏財
	5	偏財	正財	食神	傷官	比肩	劫財	偏印	正印	七殺	正官
	6	正財	偏財	傷官	食神	劫財	比肩	正印	偏印	正官	七殺
	7	七殺	正官	偏財	正財	食神	傷官	比肩	劫財	偏印	正印
	8	正官	七殺	正財	偏財	傷官	食神	劫財	比肩	正印	偏印
	9	偏印	正印	七殺	正官	偏財	正財	食神	傷官	比肩	劫財
	0	正印	偏印	正官	七殺	正財	偏財	傷官	食神	劫財	比肩

十神的意義

十神包含的現象

十神包含的現象			
五行	陰陽	十神	現　　象
剋我	同陰陽	七殺	破壞、血光、脾氣剛強、車禍，個性積極進取、豪邁直爽、倔強剛烈之現象。 女性多七殺爲多夫命，若有正官又帶七煞，就是妾命或事二夫。
	不同陰陽	正官	名聲佳、名氣響亮，個性好面子，喜愛打扮。個性做事實在公私分明。 男性表子女，較體面、好面子、器宇軒昂。 女性表夫星，女性正官多、愛打扮，嬌媚多情、異性緣佳。
生我	不同陰陽	正印	首權、主管、老闆、貴人。屬學術之星、印又屬母，其性仁慈樂善、穩重踏實，平生少病、一生多貴人，人氣旺盛，但印過多易耍小聰明。 女性身強且正印多，有剋夫之象（丈夫體弱或早喪）。
	同陰陽	偏印	主觀意識強、謀職上班。主事業上之權位，個性怪異、主觀、固執、獨裁，也代表演藝、藝術、自由業。 男性逢偏印：多才多藝、個性風流。 女性逢偏印：多半爲職業婦女。
我剋	不同陰陽	正財	漏財。 財多剋印、對母不利，財多身弱、帶病而亡。 男性表妻星，正財爲妻、偏財爲妾。 女性多正財：婆媳易失和、宜搬外居住、多非貞婦、易有偷情事。

十神包含的現象			
五行	陰陽	十神	現　　象
	同陰陽	偏財	爲妾、橫發、財利運轉頻繁、爲人慷慨、風流、喜金屋藏嬌。 女性則偏財爲父、女緣佳、有財運、外出遠方得利。
同我	同陰陽	比肩	主朋友、手足、同輩、又主合作、共有、桃花。 男性多比肩：剋妻、剋父、爭利奪財、豪邁義氣、倔強固執、衝動、夫妻不睦。 女性多比肩：家庭失和、有桃色糾紛。
	不同陰陽	劫財	剋父、熱誠坦直、投機取巧、一生多勞碌、煩惱、憂鬱。 男性多劫財：剋妻。
我生	同陰陽	食神	表文昌、學習、食祿，個性隨和、厚道、食色慾強、好逸惡勞。 亦爲女性之子息星。女多食神：易發胖、好色、妾命、尼姑、風塵、寡婦。
	不同陰陽	傷官	孤單、孤獨。主免退職、落選、好出風頭。又主技術、藝術、宗教、才藝、師格、演藝事業，年老有宗教緣。 男性傷官損子，外表俊秀、叛逆，有投機心賭性堅強。 女性傷官多則是剋夫，有宗教緣。

十神的六親關係

十神的六親關係		
十神	男	女
食神	晚輩、部屬、學業、功名、才華	晚輩、部屬、女兒、才華
傷官	晚輩、部屬、祖母、才華、智慧	晚輩、部屬、兒子、才華、智慧
比肩	兄弟、朋友、同輩	姐妹
劫財	姐妹	兄弟
偏印	繼母、養父、祖父	母親
正印	長輩、貴人、母親	長輩、貴人、祖父
七殺	女兒	
正官	兒子、上司、師長、長官、事業、名氣	丈夫、上司、師長、長官、學業、功名
偏財	父親、妾	婆婆、事業
正財	妻子	父親

十神的生剋關係

十神之間彼此之間的生剋關係如下所述：

財生官、官生印、印生比劫、比劫生食傷、食傷生財。

財壞印、印剋食傷、食傷制官殺、官殺剋比劫、比劫奪財。

十神的吉凶

在「六神沖剋」中，將十神分成：吉神、凶神、不吉不凶。

吉神：正印、正官、偏財、食神。

凶神：七殺、傷官、劫財。

不吉不凶：偏印、比肩、正財。

六神沖剋論流年

六神沖剋論流年的邏輯

六神沖剋可以論斷流年的運勢，這個觀念認爲：

1. 姓名的總格個數代表「主體」，歲數的個位數代表了外在環境「客體」。
2. 「主體」和「客體」之間的「十神」變化決定了命主流年的運勢發展。
3. 「主體」會依照「十神」的嬗遞每年推演各有不同的表現，每十年會重覆一次變化，因此可以推估每年主體的運勢發展。

六神沖剋論流年的步驟

操作以下步驟可以利用六神沖剋論斷流年：

1. 將姓名總格的個位數化成天干爲「主體」。
2. 將歲數（虛歲）之個位數化成天干爲「客體」。
3. 判斷「主體」和「客體」之間的關係。
4. 最好的發揮時間是從「偏印」開始，經正印、比肩、劫財、食神，在傷官、偏財、正財、七殺停止，到了正官就會雨過天青，重新又開始。例：

吳佩青，西元1958年生

- 1996年38+1=39（壬水）。壬對丙，走七殺運：個性強奪、好勝、欠考慮。容易發脾氣，主災難、是非多。因爲壓力大，所以容易有工作倦怠，環境會來壓迫我們，心煩、貴人少、工作量減少，此年忌動土，否則會招來災禍。
- 1997年40歲（癸水）癸對丙，走正官運：個性趨於保守，會有很多想法出來，以抵抗外在的壓迫。責任感強，重視效率。
- 1998年41歲（甲木）甲對丙，走偏印運：主貴人多，且多人找你合夥，且適合創業。此年的想法創意多，但容易主觀、偏執，應多聽聽別人的意見。
- 1999年42歲（乙木）乙對丙，走正印運：貴人更多，有宗教緣。此年會懶一點，需要更積極一點。
- 2000年43歲（丙火）丙對丙，走比肩運：自己會獨立展現實力，但此年剋太歲，犯白虎，要注意身體，吃藥頻繁。此年一定要出名才有好運，否則須慎防自己被劫財。
- 2001年44歲（丁火）丁對丙，走劫財運：兄弟幫助，主格局擴大，做任何事會很大膽。八面玲瓏，朋友一下變多，應變能力變好，但外表雖然樂觀，內心卻想不開。

- 2002年45歲（戊土）戊對丙，走食神運：才華會發揮到極點，適合鑽研學問，工作很忙碌，會犯上，又主五鬼運，諸事不順。此年樂觀進取，有口福，但要小心腸胃方面的疾病。
- 2003年46歲（己土）己對丙，走傷官運：身體疲勞，想換工作，力量弱，會掙扎。讓員工做比較好，主驛馬食傷運則不宜投資。對事物的標準變高，內心情緒起伏不定，容易自負，特異獨行。
- 2004年47歲（庚金）庚對丙，走偏財運：亦主犯太歲，也主感情打擊婚姻不順，或身體不順。此年很愛投資，主大筆錢財出入，很會花錢。男性的異性緣變好。
- 2005年48歲（辛金）辛對丙，走正財運：可求名，但求財較小。此年比較會滿足現狀，錢財保守，重視家庭，生活趨於單純固定。此年建議要多冒險，還要多注意母親的身體健康。

六神沖剋判斷規則

六神沖剋利用「十神」判斷人格與其他格之間的關係。不同的格有不同的代表人、事、物，以十神來中的四吉神、和三凶神，即可判斷彼此之間的關係。

更簡單的判斷是利用十神化成的數，來判斷彼此之間的關係。其中最明顯的是「差六四」的規則，因爲「七殺」爲三凶神之首，只要人格數小於5時，即適用「差六」的規則；人格數大於5時即適用「差四」的規則。

此外，一般而言，六神沖剋仍然延用八字學內部分十神的規則，但由於六神沖剋出現的時間仍然不夠長久，因此，確定適用於姓名的規則不多，以下是經過驗證後的規則：

- 外格
  - 有正官，易交到壞朋友。外表樂觀，但內心起伏很大。
  - 有正印，則表示有財產，朋友的評價好。
  - 有七殺，表示知心朋友少，但不會交到壞朋友。貴人運旺。
- 女性
  - 盡量不用傷官，因爲正官代表丈夫，傷官會破壞夫妻之間的感情。
  - 忌傷官和正官同現。
  - 忌逢兩個七殺。
  - 忌偏印和食神同現。

外格對人格判斷婚姻

外格爲主要婚姻宮，因此可以利用外格、人格之間的關係判斷婚姻狀況，倘若人格和外格的關係爲「七殺」則婚姻不順利，但配偶有病則不會離婚。

例如：

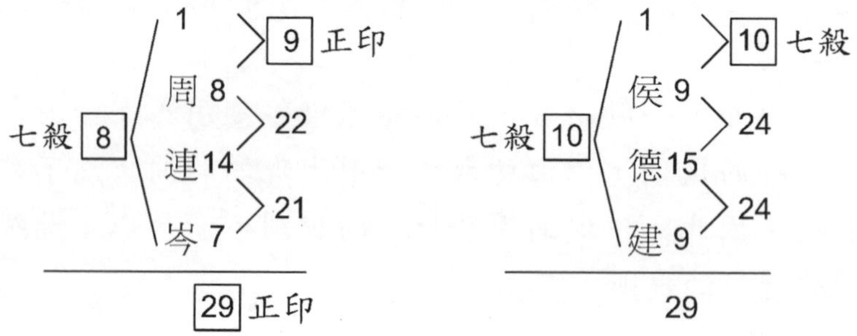

外格對地格判斷男性婚姻

男性外格爲主要婚姻宮，地格爲副婚姻宮。可以直接利用外格、地格之間的關係判斷男性的婚姻狀況，倘若外格、地格與人格的關係爲「七殺」則婚姻不順利。例如：「曾增棋」，由於地格和人格同五行，外格也沖地格，所以主婚姻不睦。

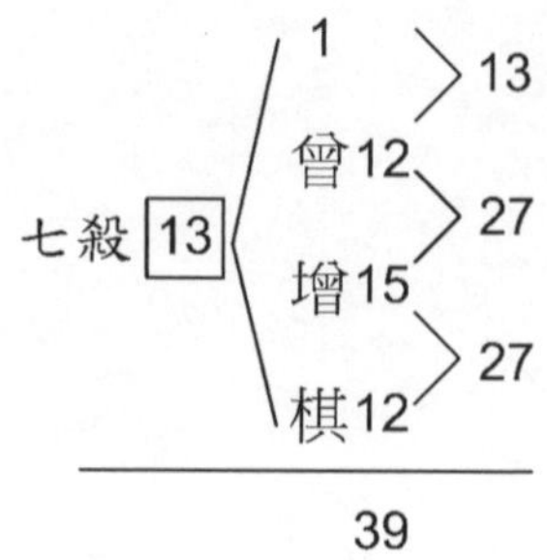

外格對地格判斷女性婚姻

女性外格爲主要婚姻宮，天格爲副婚姻宮。可以直接利用外格、天格之間的關係判斷女性的婚姻狀況，倘若外格、天格與人格的關係爲「七殺」則婚姻不順利。例如：「陳玉如」，由於天格和外格皆剋人格爲「七殺」，不利婚姻。

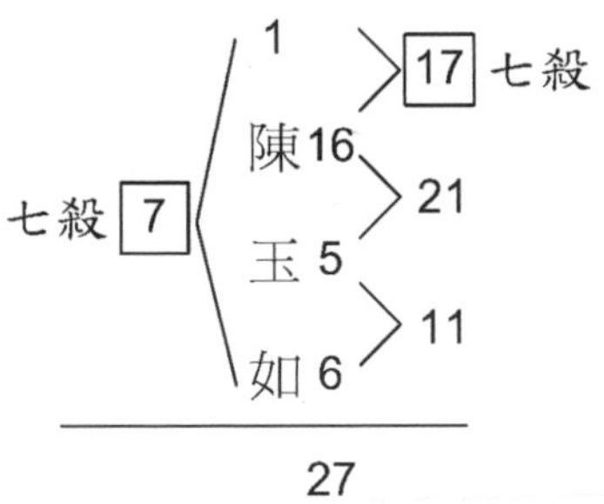

總格對人格主一生運勢

- 正印：表主管、老闆運、貴人多。
- 正官：主名氣響亮、外表亮麗。
- 偏財：一生財運旺，但花心。
- 食神：一生文昌運旺盛，但注意發胖。

例如：

台灣富翁黃任中　　　　台灣富翁唐日榮

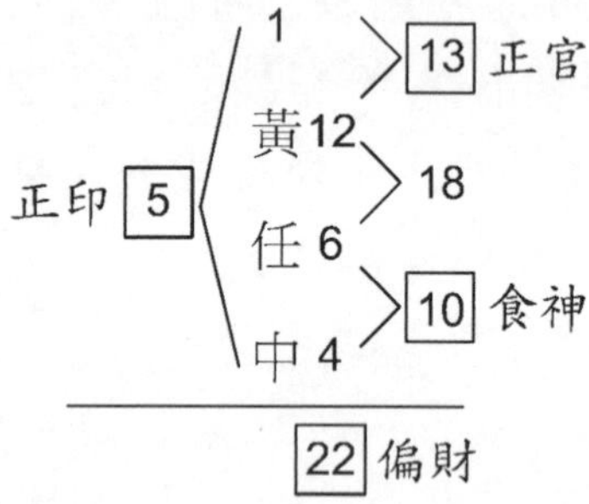

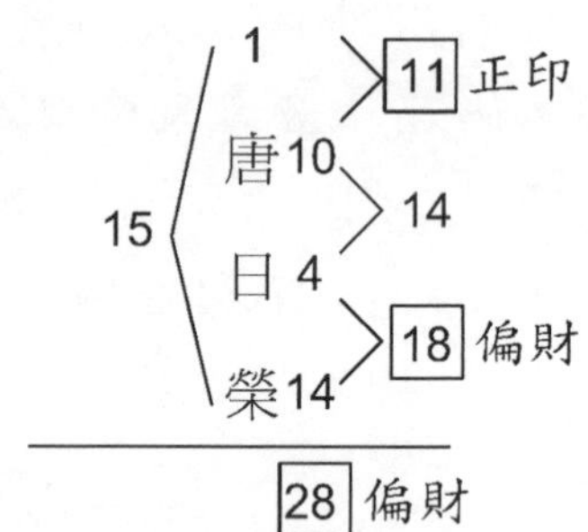

梟印奪食

八字學內的「梟印奪食」，主一輩子犯小人被人扯後腿遭陷害、而導致身敗名裂、或突遭意外，命喪身亡。例如：社會新聞陳正明，五格中不但有七殺，而且有2個偏印和1個食神，此人離婚後還將妻子殺掉。

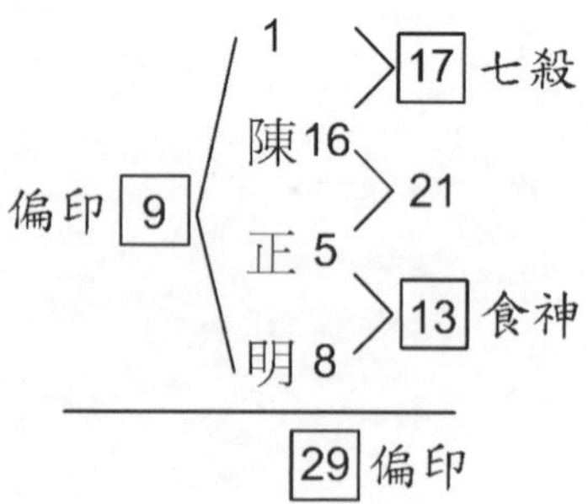

傷官見官

八字學內有「傷官見官，爲禍百端」的歌訣，意思是傷官和正官同現是非常不吉利的。以下兩個例子的「夫星」「正官」都被自己的副婚姻宮的凶星傷官沖剋，所以不利婚姻。

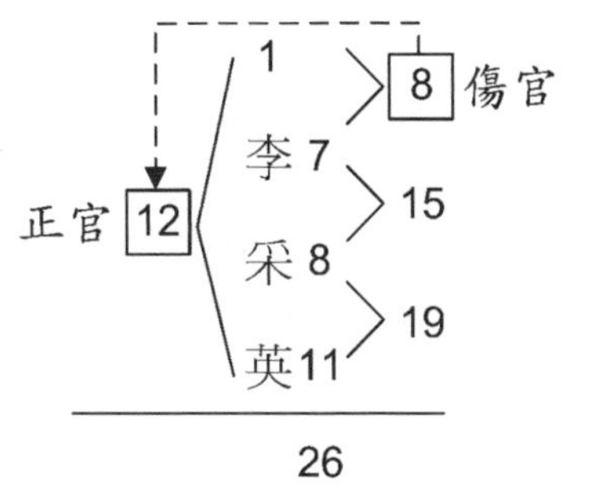

夫星在外格，夫星又被自己的天格傷官剋。

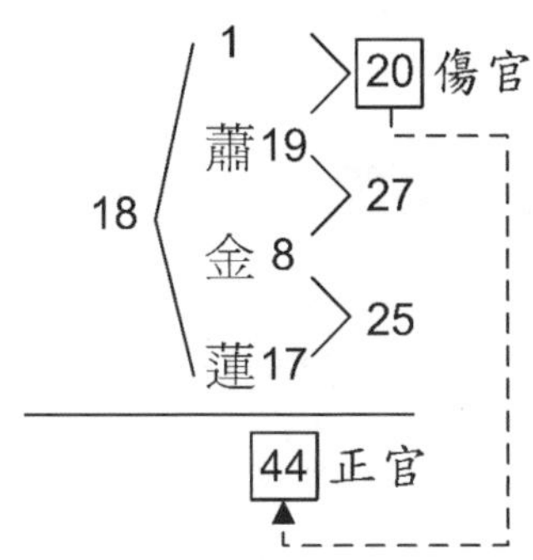

夫星在總格，夫星又被自己的天格傷官剋。

女性與正官七殺

對女性而言「正官」代表「丈夫」，「七殺」代表「情夫」。同時有兩個以上的正官或七殺，意謂著會有不只一個丈夫或情夫，會嚴重影響婚姻，也有再婚的可能。例：

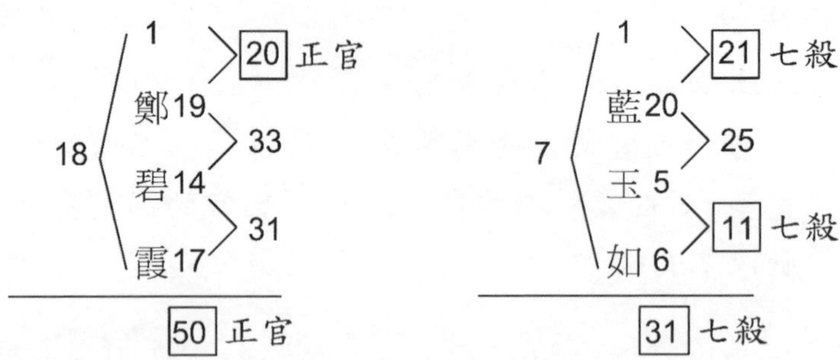

男性有兩個以上的財

對男性而言，「財」代表「妻妾」。同時有兩個以上的正財或偏財，意謂著不只有一個妻子，有再婚的可能。例：

1
11
洪10
15
13
大 3
17 偏財
財14
27 偏財

1
5 偏財
王 4
偏財 15
11
志 7
21
華14
25 偏財

剋子女斷法

正官、七殺對男性而言代表兒子（七殺）、女兒（正官）；傷官、食神對女性而言代表兒子（傷官）、女兒（食神）。所以男性有食神、傷官剋正官、七殺，難有子嗣；女性無食神、傷官難有子嗣，但食傷多，又會剋正官、七殺，沒夫緣。例：

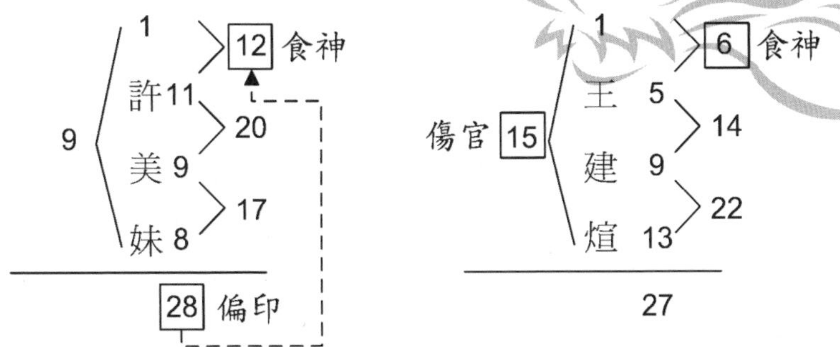

總格的偏印「梟印奪食」剋表示子女的食神，難有子息。

6 太乙派

太乙派的觀點

太乙派的理論邏輯

「太乙」又稱「太乙神數」，是術數的一種，爲「古三式」(即太乙、奇門、六壬同稱「三式」) 之首，是一門高深的命理學。相傳太乙產生於黃帝戰蚩尤時。《奇門五總龜》曰：「昔黃帝命風後作太乙，雷公或九宮法，以靈龜洛書之數……」仿易理所作，屬易經象數之學。

「太乙神數」，主要是預測天運變異（例如：大自然的變異、災害)，其預測的範圍爲天體、地與、和人有關的大事件上，反映整個趨勢，並以特殊的數反映事物運轉的軌跡，由不同組合的數，針對於事物的發展演變，以特定的方法及規律在所得之數的狀態下得到預測，這是一種利用「宇宙之數」來推算天體在「未來運行之數」的影響結果。

「數」也反映了宇宙在不斷演變的過程中各種構成物的量之累積。在累積的過程中，只要達到特定的程度，就會以不同的顯象方式表露各種構成物的特性，並形成了一個特定的規律，也就是「太乙神數」中所稱的「數」。只要掌握了宇宙之中構成物的「數」在不同時空中的作用與結果，以及所達成的途徑、目的，就等於掌握了宇宙變化的規律。

姓名學中的太乙派就是從「太乙神數」的「數」簡化而來，藉由格數所呈現的「數」推估一個人的特性和週遭事物的關係。

太乙派的論命方式

「太乙派」是「太乙神數」中「太乙陰陽數」在姓名上的推演：姓名中的「格數」是代表一個人一生的特性和與週遭事物的關係，也代表運勢發展的趨勢。

所以，對太乙派而言，格數是陽數、或是陽數多的數字，就被認爲是「好名」。

太乙派的獨特主張

太乙派和其他的派最大的不同之處，在於：

1. 太乙派主要論斷姓名內的「總格」，次判斷姓名的「人格」。
2. 太乙派只依據格數判斷運勢。
3. 太乙派只計算到八十一畫，超出八十一畫者再減八十畫。

太乙派的缺陷

在太乙派八十一數之中，到底有多少吉數可用呢？依本書作者的統計爲：

凶數共有32個（其中全凶者有28個，凶中帶吉者有4個）。

吉數共有49個（其中全吉者有34個，吉中帶凶者有15個）。

倘若再扣除前後過大或過小不易採用的數，眞正能被用到的「吉數」，也不過二十多個，這其中還有些是女性禁用的數，如果想要運用姓名學來取個無懈可擊的名字，並不是件容易的事。

此外，在實際驗證成功人士的「凶數」、或失敗人士的「吉數」時，卻不全然成功，這凸顯出只以八十一數的吉凶數取名是沒有用的。除了因爲缺少大量重覆檢驗，也必須知道姓名是隨著人、環境變動。人變了吉凶的數也會改變；環境變了吉凶的數一樣也隨之改變。

太乙派判斷流程

太乙派判斷的流程如下：

1. 確定筆畫數。
2. 確定五格格局。
3. 判斷太乙吉凶數。

確定筆畫數

對「太乙派」而言，筆畫是論命的依據，因此，必須正確計算筆畫數，筆畫數的計算是採用《康熙字典》上的楷書標準字筆畫數計算總格。

確定五格格局

將姓名的筆畫數依照下列不同組成方式填入：

單姓雙名	單姓單名
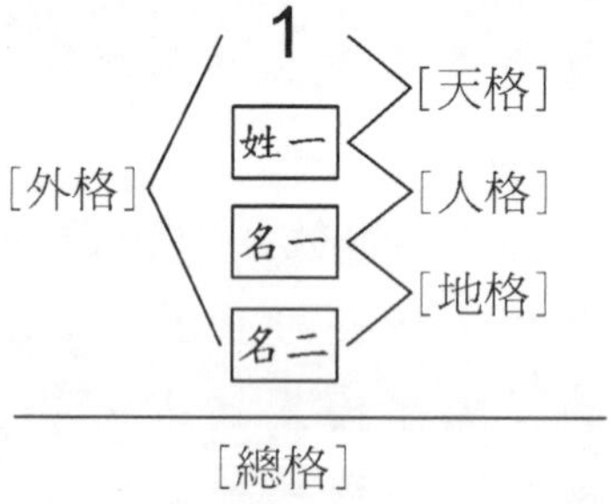 1 姓一 名一 名二 [外格] [天格] [人格] [地格] [總格]	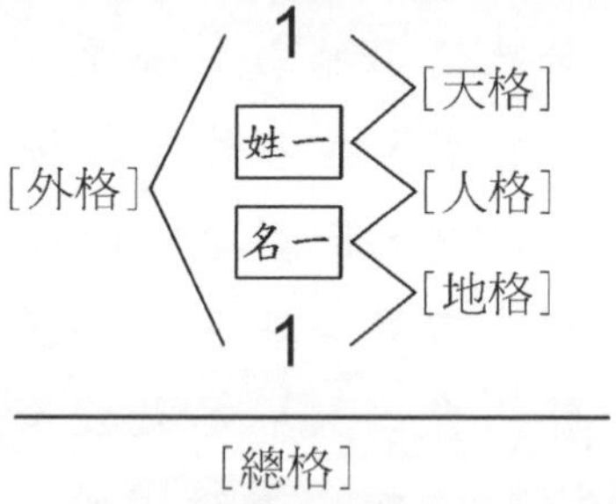 1 姓一 名一 1 [外格] [天格] [人格] [地格] [總格]
複姓雙名	**複姓單名**
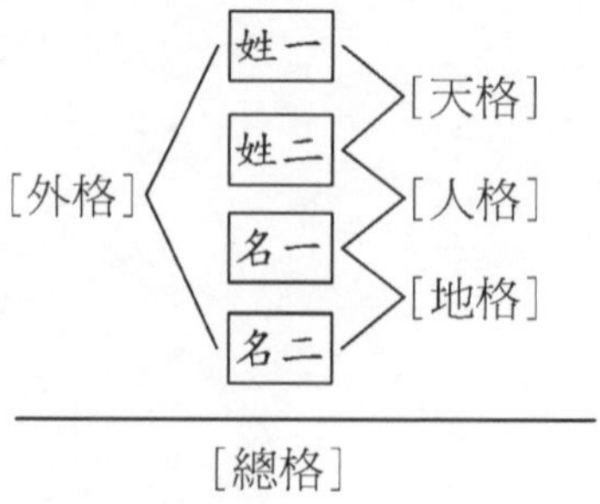 姓一 姓二 名一 名二 [外格] [天格] [人格] [地格] [總格]	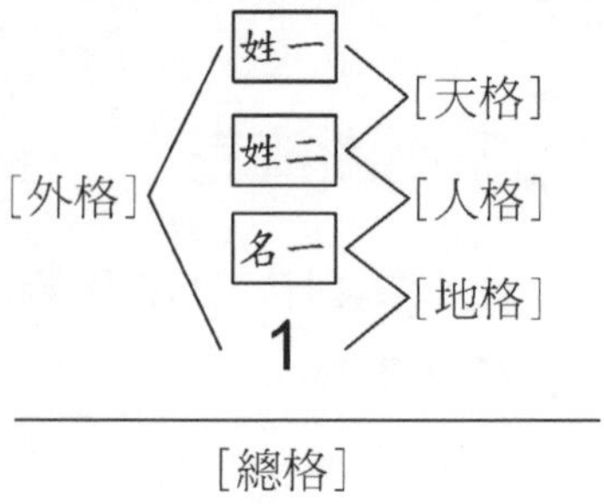 姓一 姓二 名一 1 [外格] [天格] [人格] [地格] [總格]

筆畫數確定後，就可以依照下表計算五格。

太乙派五格的計算方式	
格	計算方式
天格	1＋姓筆畫數
人格	姓筆畫數＋名1筆畫數
地格	名1筆畫數＋名2筆畫數
總格	姓＋名1筆畫數＋名2筆畫數
外格	1＋名2筆畫數

判斷太乙吉凶數

太乙數判斷吉凶的方式

「太乙派」的論命邏輯是利用太乙陰陽數來推論。

太乙派認：「數有奇偶，宮有陰陽」。所以將1~9的數按以下方式分類：（一、三、五、七、九爲奇數；二、四、六、八爲偶數；以八、三、四、九爲陽宮，一、二、六、七爲陰宮，五宮不論）

	陽宮（正宮）	不陰不陽	陰宮（間神）
陽數（奇數）	三、九	五	一、七
陰數（偶數）	四、八	—	二、六

爲了更方便理解，不計不陰不陽的部分，將上表分成四類，以A、B、C、D四個象限表示四種交集。

	陽宮（正宮）	陰宮（間神）
陽數（奇數）	A	C
陰數（偶數）	D	B

以A、B、C、D四種交集就可以表現出太乙數的陰陽規律，組合可以互相交換，例如：

A＋B＝B＋A。

重陽數

重陽數＝A＋A

包括：33、39

重陰數

重陰數＝B＋B

包括：22、26、66、62

陰中重陽數

陰中重陽數＝C＋C

包括：11、17、71、77

陽中重陰數

陽中重陰數＝D＋D

包括：44、48

雜重陽數

雜重陽數＝A＋C＝C＋A

包括：13、19、73、79、31、37

雜重陰數

雜重陰數＝B＋D＝D＋B

包括：24、28、64、68、42、46

上和數

上和數＝C＋D＝D＋C

包括：14、18

次和數

次和數＝A＋B＝B＋A

包括：23、29、32、36

下和數

下和數＝A＋D＝D＋A＝B＋C＝C＋B

包括：12、16、21、27、34、38

杜塞之算

尾數爲5的數字，包括：5、15、25、35

五數爲最吉數。

八十一靈動數吉凶表

八十一靈動數，僅看人格、總格，但僅作參考，不可僅以此即作爲命名的依據。以下列出判斷吉凶的符號說明：

☆：大吉

○：吉中帶凶

□：不吉不凶

△：凶中帶吉

X：大凶

八十一靈動數吉凶表			
筆畫	吉凶	靈動	說　　明
1	☆	天地開泰 太極首領	此爲萬事萬物的基本數。象徵成功、健康、富貴、名譽、幸福。受其誘導，宜靜不宜動，靜可得良機，如旭日東昇，以溫和步驟，可獲得成功，享福終世。倘八字配合，則可以縱橫一世，無往不利，八字不能配合者，恐無福消受。

八十一靈動數吉凶表			
筆畫	吉凶	靈動	說　　明
2	X	混沌未定 進退失據	此爲混沌未定數。受其誘導，往往意志薄弱，無力自主，遇事則瞻前顧後，常陷於進退失據、痛苦不安的境遇，縱令有心向上，也很難振拔而出。其人一生辛苦，事與願違，志願難成。尤其不幸者，或患病、遭難、甚至殘疾，人生遭逢，殊難逆料。倘有其他吉數相伴則不致夭折，可獲一生平安。
3	☆	進取如意 增進繁榮	此爲之數。此爲龍鳳呈祥、成功發達之象。受其誘導，其天資聰敏，意志果決，生而具備擔當重責大任之條件，倘先天後天配合，則人事和睦，上有貴人提攜，下得部屬擁護，自然功成業就，名利雙收，能成大事大業。女性有此數者，溫和且賢淑，益子之運勢。
4	X	朔體凶變 放蕩不羈	此爲朔體凶變之數。此數之破壞力極強，譬如利刃，銳不可當。受其誘導，往往內懷冰炭，外生波瀾，多歷凶險，飽受熬煎，難得有片刻之平安。若再與其他噩運配合，更加狂風巨濤，或發狂橫死，或摧折夭殤。但也有許多節婦、孝子、梟雄、怪傑經百難而砥礪心志，出於此數也。
5	☆	福祿壽長 福德集門	此爲陰陽完壁之數。受其誘導，必身體健康，心智敏捷，精神敏達，身體健全，以之追求人生幸福，福祿長壽，富貴繁榮，無所不至。倘出身清寒，可爲創業之祖，中興之祖，白手成家，光耀門戶，振興家業；或離鄉遠遊，另創基業，亦必能有求輒遂、圓通無阻。女性有此數者，有榮夫益子之運勢。

八十一靈動數吉凶表			
筆畫	吉凶	靈動	說　明
6	☆	安穩餘慶 吉人天相	此爲天德地祥之數。此乃「萬寶朝宗」之運格。受其誘導，天德地祥俱備，一生福澤豐厚。若其他運格未配合，亦難免有滿極招損，盈極則虧之虞。惟其既具有上天賦予之才德，一有警覺，必能及時綢繆，排除困阻，克服橫逆，仍可轉虧爲盈，再生清輝。若其他運配合不佳者，恐意志不固，但不致于大敗，終身得安穩餘慶。
7	☆	剛毅果斷 全般整理	此爲獨立單行之數。此數具有獨立特行、秉權玄威之象。受其誘導，切勿過於剛強，以免鋒芒太露，而減弱同儕力量。雖然己身精力充沛，有足夠之條件排除障礙，擊退強敵，終不若涵養雅量，擴大格局，增進氣度，以和爲貴，人際關係自然有所改善。女性之有此數者，不免流於男性化，難免有男性的惰性，尤須注意修養身心，增添溫柔氣質，如此才會吉利而無過失，不失大家風範。
8	☆	意志堅剛 勤勉發展	此爲進取氣概之數。受其誘導，意志如鐵石，忍耐力強，富於進取的氣概，能在工作中排除萬難，不達目的，絕不休止，中間或有波折，更能激發鬥志，堅忍克己，最後稱心如意，終成大業。但如其他運格不能配合，亦不免有遭難之厄，故須訓練自己忍耐堅持，朝惕夕勵，自強不息，必有一番大作爲。
9	X	興盡凶始 窮乏困苦	此爲利去功空之數。受其誘導，往往動輒得咎，受災惹禍，有不測的厄運，縱令己身僥倖，從重重危難中脫逃而出，亦難免禍延親族，窮迫潦倒，失陷殘缺，或幼失怙恃，或中年喪偶，或乏嗣絕後，而陷於窮困愁苦。但也有怪傑、富豪等出自此數者。

八十一靈動數吉凶表			
筆畫	吉凶	靈動	說　　明
10	X	萬事終局 充滿損耗	此為萬事乏力之數。此數之凶惡，尤甚於九數。以數字言，十即零也，主運有此數者，多非業短命，虛無飄渺，四顧茫茫，黑暗陰冷，如同日沒，乃神哭鬼號之象。受其誘導，一生臨深履薄，雖處處設防，步步為營，仍不免落入陷阱，心勞力絀，而無可如何；或纏綿床榻，病痛不絕；或躓踣路途，窮苦潦倒；或無辜遭難，飛災橫禍；或家屬緣薄，孤獨無靠。倘若三才之配合不佳，更如火上加油，風中攪雪，短命早夭，大多中年早逝，但例外者可絕處逢生，能成功者非無矣。
11	☆	挽回家運 外緣殊勝	此為陰陽復新之數，有再興家業的暗示。萬事順序發達，穩健著實，平靜和順，次得富貴繁榮，是挽回家運的最吉數。
12	X	意志薄弱 家庭寂寞	此為無理伸張之數。不顧薄弱無力，企圖做無力做的事將招致失敗。家庭緣薄、孤獨、遭難、逆境，病弱、失意、困難等。倘若三才配合不當者，將導致意外甚至不能完壽的悲運。
13	☆	智略超群 技能成功	此為智慧超群藝之數。此數乃秉賦特異、充滿智慧之象。受其誘導，必聰明好學，喜爭新鬥巧，富藝術才能，有智謀韜略，強於忍耐。有天生的好運，任何困難，皆因善用智慧，處置得宜而獲致成功。用之於正途，自然是識廣才高，將不負眾望，受人仰慕；最怕流於邪侈，則自作聰明，未必能有作為。女性有此數者，助夫興家，子孫繁榮。
14	X	淚落天涯 失意煩悶	此為多破兆之數。家屬緣薄、喪親、亡子、兄弟姊妹分離、孤獨、失意、煩悶、危難、遭厄、浮沉不定，為人慷慨、施恩招怨、徒勞無功，倘若三才配合不當者，易損夭壽。

八十一靈動數吉凶表			
筆畫	吉凶	靈動	說　明
15	☆	福壽拱照 立身興家	此爲繁榮興家之數。受其誘導，則一生好運無限，財子壽全備，溫和恭謙，對上，可享父母蔭庇，並得長上賞識；對下，可受兒孫孝養，並獲部屬愛戴。寬宏大量，慈祥有德，富貴尊榮，福壽全歸。
16	☆	貴人得助 名利聚身	此爲宅心仁厚之數。此數有逢凶化吉、福澤綿長之象。受其誘導，以其本身修養，有容人服眾之量，在群體之中，足智多謀，善於協調自然取得領導地位，由此而向上竄起，功業富貴，指日可期。是富貴發達的吉數。
17	☆	突破萬難 剛柔兼備	此爲權威剛強之數。有己無人，以至與人不和。意志堅定，具有突破排除萬難、立志勇往直前的意志，必能成就大業是此數其最大的優點；倘若過於任性、剛烈，必招厄害，反致失敗。
18	☆	有志竟成 內外有運	此爲鐵石心腸之數。有權力智謀，志現一方，必排除萬難，最終功成名就；但因自信心強，缺乏包容力，宜養柔德，勿驕矜，忌堅剛過頑，誘發非難。
19	X	風雲蔽月 災苦重來	此爲萬事挫折非命至極之數。其人雖足智多謀、善活動，有博得好名的實力，但易發生意外，致使內外不和，困難苦慘不絕。如果缺乏其他吉數相助，多陷病弱、殘疾、刑罰、殺傷、孤寡甚至夭折、妻死子別等災殃。也叫短命數，倘先天有金水者，可成巨富、怪傑、偉人。
20	X	非業破運 災禍不安	此爲萬事不成進退維谷之數。受短命非業的誘導，一生不得平安，陷於逆境，災難迭至，凶禍頻臨；或導致病弱、短命，或者幼時別親，或者失其配偶而陷困苦。

八十一靈動數吉凶表			
筆畫	吉凶	靈動	說　　明
21	☆	明月光照 質實剛健	此爲光風霽月之數。萬物形成自立之勢。獨立權威，受人尊敬，過程中雖難免遭遇挫折，倘能排除困難，則興家立業，博得名利。
22	X	秋草逢霜 憂愁怨苦	此爲凋零蕭條之數。百事不如意，志向半途挫折，多屬懦弱、困難、病弱、乏氣力，陷孤獨、逆境不平等，但也有偉人、豪傑出此數者，但一生多波折。
23	☆	旭日東昇 發育茂盛	此爲偉人昌隆之數，威勢沖天之象。出身卑微，有雄心壯志，做事有衝勁，逐漸權勢旺盛。制勝事物，功名榮達，終成首領，成就大事業，實屬有理想抱負的貴重運格。
24	☆	家門餘慶 收實豐饒	此爲路途崎嶇之數。才略智謀出眾，可白手成家之格。雖少年時期，不免要遭受一些磨鍊，中年以後，則漸入佳境，財源廣進，到老愈豐，是子孫繼承餘慶的吉祥數。有參謀才能及新發明智力，老當益壯。
25	☆	資性英敏 口言剛毅	此爲天資聰穎之數。有奇特的才能，但性情不平衡；或者有怪脾氣，與人交往欠缺謙虛，言語帶稜角，柔中帶硬。倘涵養不足者，多成怪人。以英俊文才，自能完成大業；倘意氣用事，傲慢無禮，恐弄吉反凶。
26	△	變異奇怪 艱難苦悶	此爲波瀾重疊之數，是變怪的英雄運格。富有俠義情懷，但變動頗多、風波不平。此數中有人面臨萬難、跨越死線、終成大業者有之；但也有因他格的不當，陷安逸、淫亂、短命、或喪配偶，或喪子息，大都屬逆境的凶運。不少怪傑、烈士、偉人則有出其格者。

八十一靈動數吉凶表			
筆畫	吉凶	靈動	說　　明
27	○	欲望無止 盛衰爭衡	此爲半途中挫之數。自信心過強，易因誹謗運以致失敗。始以共智謀，奮力努力，博得名利，過中年後，勢漸趨下，內外不和，難以發達到老，即便自身溫順富有，也難免背後是非不息。倘若他格配合不當者，則身陷刑罰、孤獨、變死逆難等。
28	X	自豪生離 分離破壞	此爲波瀾變發之數。有一種豪傑氣概，多波瀾變發，或遭非難誹謗，或厄運襲來以致傷害，或喪失配偶，也可能自幼別親，或爭論不和、逆難、刑罰等災禍臨接，終世勞苦。女性有此數者，多陷於孤寡或難成家的運格。
29	☆	欲望難足 才智奏功	此爲才智奏功之數。才智兼具、財力活動力具備，成就大業之象。但是不足的念頭不絕、欲望無止盡，易弄巧成拙。女性有此數者切忌猜疑。
30	○	吉凶相伴 浮沉多端	此爲浮沉不定之數。吉凶難分，或因其他運的配合成大功，或沉於失敗，乘吉運者，成功自至；數理不良者，不知不覺間陷於失敗。另外也有孤獨、喪失妻子、短命者。
31	☆	智勇得志 安全第一	此爲智仁兼具之數。意志堅固，仁德兼具，沉穩務實，百折不撓，衝破難關，可成大業之運格，亦可統率眾人，博得好名聲。屬溫良平靜、威力強大的首領運。女性有此數，能助夫興家，子孫鼎盛。
32	☆	困龍待機 意外惠澤	此爲困龍待機之數。品性溫良，且有愛護他人之德行，若能得貴人提拔、長輩提攜、同儕信賴，則成功立業，有如順水行舟，但切勿違背眷顧之德，方能順利發達，家門隆昌。若他格不能配合，亦難免貪多嚼不爛，過速則易覆。是至上的吉數。

八十一靈動數吉凶表			
筆畫	吉凶	靈動	說　　明
33	☆	家門隆昌 威震天下	此爲鸞鳳相會之數。有如旭日東昇，旺盛隆昌至極，屬名聞天下的吉祥運，但過於貴重，常人恐不堪承受。具智謀，剛毅果斷，但物極必反，倘若過於剛毅，反致誤事。女性斷不可用，用之則孤。
34	X	家破亡身 財命危險	此爲離亂破壞之數。外表盛大，但內在空虛，禍象頗強，爲破家、亡身的最大凶數。倘若凶煞臨到，容易一敗塗地，禍事接踵而來，致生大凶、內外破亂、衰敗。六親緣薄，老年寂寞，常人不堪用之。女性有此數者，在藝術、文學方面有奇才，但用之則孤。
35	☆	溫和平安 優雅發展	此爲溫良和順之數。在文藝、技術方面發展，若全力以赴，則成就大事業。本數缺少膽略氣魄，故此數實爲保守平安的吉數，適合女性，男性用之則傾向保守消極。
36	X	窮困厄難 倒霉多端	此爲爲波瀾重疊之數。是浮沉萬壯的英雄運。具有俠義胸襟，個性敦厚、舍己成仁之格。一生難得平安，辛苦困難亦多。遇事袖手旁觀則不致大害，若愈活動即致生波瀾、變動、衰敗。他運配合不善者，病弱、短命、孤寡、危難無所不至。
37	☆	權威顯達 德望成功	此爲獨立權威之數。個性忠實熱誠、慈祥有德，和善通達、眾望所歸，倘若能發揮領導才能，終能突破萬難而成就大事業，終身福榮之極。但因權威獨行，恐有孤獨之憾，宜涵養心性。
38	△	技藝成名 特有意義	此爲薄弱平凡之數。缺乏統率的威望、首領的才幹，難得眾信，易陷於不幸失意而難以成功。倘向文學、技藝方面發展，則有較大的發展空間，故此數爲「藝術成功數」。

八十一靈動數吉凶表			
筆畫	吉凶	靈動	說　　明
39	☆	富貴榮華 三士同盟	此爲幸福貴重之數。但暗藏悲慘凶象。權威、長壽、財帛豐富，德澤四方，財富盈身，富貴至極，但所謂物極必反，切勿輕用之。女性斷不可用，用之必陷孤寡。
40	○	謹愼保安 盛衰不定	此爲浮沉吉凶之數。富智謀，具膽識，好冒險，爲追求名利，好冒險投機，性情桀驁不馴，道德修養不足，易受誹謗攻擊而徘徊歧路，彷徨無主。他運配合不善者，有釀刑傷犯罪，或陷病弱，宜保守以保全的運數。
41	☆	德望高大 忠愛堅實	此爲純陽獨秀之數。膽智才謀具備、秉性和順、動靜皆宜，倘能持續努力，必能成就大事業，博得好名聲。倘能其他運配合，更如錦上添花，雲霞映彩。
42	○	意志薄弱 缺少專心	此爲博識多能之數。熱情洋溢，對各種學問、知識與技藝充滿興趣，雖有技藝，但旋即放棄，一藝難成。倘能自我警惕、專心進取，或者可以成功。此數中也有孤獨病弱者。
43	○	外祥內苦 誇大妄想	此爲薄弱散漫之數。雖有才智知識，但毅力不堅，諸事不能遂行，因循姑息，有如夜雨之花。表面儼然成事，內裡不堪設想。女性有此數，倘無他運配合，易陷荒淫而不得善終。
44	X	愁眉難展 悲哀續出	此爲亂離之數。萬事不能如意、逆境、煩悶、勞苦、病患、殘疾、破壞、遭難、家屬則生離死別，破家亡身的最惡數，或因其他運的關係而發狂、短命。此數中也有偉人、烈士、孝子、大發明家等。
45	☆	難關衝破 新生泰運	此爲順風揚帆之數。經緯深，智謀大，可遂大志業，克服萬難而成功，富貴繁榮至極。但若與其他運的凶數結合，便如浪中失舵之船，容易遭逢災難。

八十一靈動數吉凶表			
筆畫	吉凶	靈動	說　　　明
46	X	羅網繫身 離祖成家	此爲載寶沉舟之數。詭譎多變之運格，本身條件極爲優越，但受此凶數之誘導，乏力，薄弱，風狂浪湧，舵碎帆破，寶物盡付洪濤。悲哀困難辛苦，破壞失敗者多，有艱難嘗盡後又成功，倘有其他吉運配合，或可稍稍補救，亦有歷盡艱難而成大功者。
47	☆	永顯名聲 最大權威	此爲禎祥吉慶之數。可得上天庇佑，妻賢子孝，享盡一生清福；與朋友合作，興家立業，而爲巨富。此數乃繼往開來、光前裕後之最大吉數也。
48	☆	有德且智 顧問尊敬	此爲財壽齊全之數。有此數者，道德高尚，學識淵博，才能謀略齊備，堪爲人之師表，爲功利榮達的吉數，宜爲顧問。受其誘導，從事其他職業，亦能領袖群倫，成爲表率人物，受人欽慕。
49	X	先吉後凶 不斷苦勞	此爲吉凶不定之數。臨吉則吉，近凶則凶，成敗變化劇烈，幸福與否，端看三才及其他運之配合，但多陷於災禍。他數配合不佳，再受此數之誘導，則遭遇慘不忍睹。壯年至中年之間遇吉則吉中生吉，但在此吉之重來中，可能含有凶之預兆。
50	○	一成一敗 吉凶參半	此爲成敗參半之數。有一成一敗之象，先得「五」字的數理庇蔭，而成大業，享受富裕生活，後由盈數（凡十謂之盈數）的暗示誘導而傾家蕩產，徹底失敗，甚至亡身破家。因興旺在前，衰敗於後，在興盛時如不戒心，老年境遇必極爲愁苦。若其他運又有凶數者，則是慘上加慘。殺傷、離悉、孤寡瀕臨，甚至刑罰加身。

八十一靈動數吉凶表			
筆畫	吉凶	靈動	說　明
51	○	盛衰交加 天運享受	此爲盛衰相伴之數。早年得享天賦福分，必能因緣攀附，可得一時名利，及至晚年數中之自然之凶兆顯現，陷入落魄困苦之境遇，挫折、困苦、遂至失敗。如其他運格配合良好，加以內心覺悟，兢兢業業，小心從事，平素切記「謙受益，滿招損」，自重可保平安，或可稍作補救。
52	☆	雨過天晴 先見實現	此爲一躍將神之數。此數有捷足先得、一擊而中之象。可以先見之明，無中生有，遠見卓識，意志堅固，計畫不誤，白手成家，眼能察時世，富投機心，有謀略，他人之難不爲難，實現大志大業而名利雙收，因爲有眼光而功成名就。女性有此數，則富貴清雅，賢良溫和，夫榮子貴。
53	○	先吉後凶 好景不長	此爲盛衰參半之數。此爲外觀儼然吉慶禎祥，內實障害禍患甚多，若非少時貧賤老來小康，就是前半生富裕後半生窮苦。一旦陷入凶煞，大多破家亡身，必將既得之幸福破壞無餘，即便其他運相救，也僅保稍安而已。故在得意之際，便須未雨綢繆，早作防備。
54	X	多難非運 橫災變死	此爲大凶煞之數。有此數者，上下交迫，內外煎熬，悲慘不絕，不和、損傷、憂悶頻來，或患廢疾、刑罰、短命、孤獨等，一生災難不絕，遂致傾家蕩產。如其他運格配合不佳，難作匡濟，則更如破船當風，屋漏逢雨，天災人禍，紛來沓至，退無可退，避無可避，必至於土崩瓦解、家破人亡而後止。倘有其他吉運，亦是前半世生活粗安而已。

八十一靈動數吉凶表			
筆畫	吉凶	靈動	說　　明
55	○	先苦後甘 信心成事	此爲吉凶參半之數。此爲五數爲最吉數，五上添五，二吉生疊，過於厚重，行動遲滯，反成凶相，故表面雖頗齊整，內部卻矛盾分裂，衝突層出不窮。倘有不屈不撓之堅固意志，能破除萬難，篤行不懈，晚年或有克服難關出運成功之日；意志軟弱畏縮，則受其誘導，病患、災難、生離、死別，無所不至也，難有成就，絕無立身之地。
56	X	暮日淒涼 周圍障害	此爲晚景悽慘之數。缺乏實行的勇氣，進取之精神。一生之中也有數次求取功名之良機，奈何意志薄弱，無心進取，以致錯失良機，後悔難及。俟年歲虛長，精力衰退，怨天恨地，更缺乏苦戰纏鬥之勇氣，耗損、災厄、亡身。乃晚景最凶的運格。
57	△	寒雪青松 取大榮運	此爲否極泰來之數，乃寒梅吐蕊、冰泮春來之運格。資性剛毅，持志堅貞，譬如磐石不移，松柏長青。由此天賦條件，加上後天歷練，必能獲取富貴，永保福祉。然其一生之中，必有一次大難，倘可有驚無險安然度過，經此事件，可享吉祥如意，歲歲平安。
58	△	先苦後甘 寬宏揚名	此爲禍福無常之數。此數有浮沉不定、禍福無常之象。受此數誘導，往往先難後獲，費力較多，要追求成功非得付出代價，甚至必須經歷敗家破產，而後始能振興家業，光大門楣。如其他運格配合不妥，則費力更大而收益更少，幾乎是徒勞無獲。

八十一靈動數吉凶表			
筆畫	吉凶	靈動	說　　明
59	X	得亦再失 車輪無轂	此爲軟弱無力之數。此數一如駑馬柴車，難耐長途跋涉。既無耐性毅力，又乏決心勇氣，讀書少成，才智低劣，意志衰退，幾乎完全沒有成功立業之條件，一生居於下位，卻不甘貧賤，偶有非分之想，行事不能貫徹，做事猶疑不決，無成事之才能。以致破產亡家，使境遇更加艱難，終於愁苦一生。
60	X	黑暗無光 福祿自失	此爲動盪不安之數。此乃陰冷黑暗、動盪不安之凶兆，破船無舵、隨波逐流之運格。渾渾噩噩，一任時光蹉跎，難免失敗苦惱或遭刑罰、殺傷、疾患、短命等。如再受其他凶運之誘導，驚濤裂岸，則欲求平庸生活亦不可得，困頓、病弱、刑傷、憂苦，甚至短命夭壽，一波接著一波，無盡無休。
61	○	名利雙收 修練積德	此爲名利雙收之數。有名利雙收、福祿並臻之象。無奈傲慢不遜，吉中有凶，才高氣傲，不得人和，受其誘導，甚至兄弟鬩牆，夫妻反目。表面裝飾堂皇，裡面空虛。如能涵養雅量，修德慎行，克己容人，化傲慢爲謙和，自可防凶于未然，享天賦的幸福，一生禎祥，確保一世幸福。
62	X	志操薄弱 怠廢苦困	此爲内外不和之數。有矛盾衝突，内外不和之象。受其誘導，往往言行不符，缺乏信用，不受重用，空有滿腹才情，孤立無援，志望難達。中年後，漸入衰敗之境，小過失即招來嚴重禍害，身體病弱，家道不振，每況愈下，沉淪破落，意外災害頻來，屬身弱家廢，步步凶慘之數。

八十一靈動數吉凶表			
筆畫	吉凶	靈動	說　明
63	☆	富貴榮達共同親和	此爲欣欣向榮之數。有春風化雨、欣欣向榮之象。受其誘導，不費心力，諸事如意，各方面都能有良好之發展，財產由少而多，職位由低而高，而且災難遠離，有得無失，圓滿無缺。若能憐憫貧困，並且施以救濟，則能延年益壽，福祿無窮也。
64	X	鴻運已逝家運不幸	此爲破壞別離之數。有破壞、別離、沉滯、毀棄的凶兆。受其誘導，意外災害，骨肉離散，疾病殘廢，非業短命，紛至沓來，一生難得安心。注意修身養性，可獲一生平安。
65	☆	富貴長壽公百正大	此爲長壽圓滿之數。家庭隆昌，美滿無缺，有天長地久之象。一生平安無恙，家運隆昌，福壽綿長，此乃大吉之數。如再得其他吉數配合，更是錦上添花。女性有此數，忠誠溫厚，助夫興家。
66	X	內外不和多慾失信	此爲進退失據之數。此數處處受拘束，進退失自由，進退維谷，有身家破滅之象。受其誘導，爲人陰沉，性硬，氣高，好語人是非，致內外失和，影響信用，舉步維艱，無處騰挪，困頓不堪，煩惱多多，無所伸展，損害災厄交至，祿位越高則越有危險。如其他運格配合不佳，更有家破身滅之慘禍。
67	☆	利路享通萬商雲集	此爲物事通達之數。受其誘導，秉賦優異，智慧奇高，身心安泰，得天獨厚，上得長官提攜，下受部屬擁護，萬事無障礙而達目的。乘天賦之幸運，能克遂志望，家道繁昌，榮華富貴。女性有此數，賢能有美德，榮夫益子。

八十一靈動數吉凶表			
筆畫	吉凶	靈動	說　　明
68	☆	不失先機 興家立業	此爲發展奮進之數。此數有舉翅高飛、上摩青空之象。受其誘導，心思靈巧，富於幻想，有發明創造之才智，亦有志向堅定，勤勉力行，信用厚重，篤行踐履之美德，兩相配合，有發明的機能，常能使夢想成眞，受人仰慕，獲得眾望，集令名財富於一身，於人群亦可大有貢獻也。是名實兩全的吉運數。
69	X	坐立不安 處世多難	此爲擺動不安之數。此數有日暮途窮、滯塞不通之象。受其誘導，終其一生，常在逆境，災害交至，且缺乏掙扎反抗之意志，欠缺堅定信心與奮鬥向上之精神，任憑命運擺布，一切逆來順受，內心痛苦無比，經過長期折磨，陷於短命、傷殘，或嘗盡痛苦，或神志錯亂，或疾病殘廢，或短命而死。注重身體變化，調節生活規律，以求平安。
70	X	廢物滅亡 家運衰退	此爲險惡亡滅之數。受其誘導，一生慘澹，憂愁不絕，空虛寂寞，各類不幸事件，接踵而來。如其他運格配合稍好，尚可在愁苦中艱困生活，否則，難免發生殺傷、廢疾、刑罰、破產，甚至家庭破碎、妻離子散、短命夭殤，各種災禍，如影隨形，躲無可躲。倘能獲得親朋好友的幫助，可獲一生平安。
71	○	養神耐勞 正氣堂堂	此爲吉中藏凶之數。原有先甜後苦之吉兆，得幸福安泰之運，無奈內心勞苦甚多，缺乏實行貫徹精神。進取的勇氣不足，不足以產生有利之誘導，以致時光蹉跎，故難以成就事業，多陷於無謂辛苦，倘能涵養忍耐與勇氣，尚可成就。

八十一靈動數吉凶表			
筆畫	吉凶	靈動	說明
72	X	先吉後凶 一敗塗地	此爲陰雲蔽月之數。此數有暫明還暗，烏雲遮月之象。受其誘導，其前半生幸福，少小時期，受祖宗蔭庇，父母呵護，生活原甚幸福；後半生悲慘，俟成人之後，自己支撐門户，即漸漸失時倒運，陷於愁苦。如其他運格配合不妥，加強凶數之誘導，即生前孤獨，身後蕭條，晚年或不免會發生破家亡身之慘禍。平素戒貪心，常記得福禍相依的道理，可免陷困苦。
73	☆	高志幸運 正義奮鬥	此爲盛衰交加之數。此數有坐食美祿之象。受其誘導，賴祖宗餘蔭，溫飽無虞，雖然幼承家教，也自有一番抱負，無奈讀書少成，能力不夠，只堪紙上談兵，卻沒有決心去推動實行，徒有高志而無成事之能，最後偃旗息鼓。然而天生幸福澤豐厚，不必爲衣食奔走，大都終世平安。若能振奮勇往之精神，亦能順遂。
74	X	沉淪逆境 秋葉落寞	此爲庸夫之數。受其誘導，無勇無謀，無能無智，耗衣損食，乃世間百無一用之庸夫也。每當心生妄念，有所希冀，即因己身之過錯，而生意外之阻撓，不但願望難遂，美夢成空，且由此而牽蔓引藤，惹出許多惡果，終至沉淪逆境，怨天尤人。
75	○	守則可安 利害分明	此爲退守保吉之數。此數雖帶有自然成長之吉象，倘若心性急躁，未及詳細策畫便輕舉妄動，一意孤行，將致遭失敗頓挫，欲想重整旗鼓，已是有氣無力，難以成事。有此數者，應以此爲戒，退守可保吉祥，進取必陷於失意的災厄。

八十一靈動數吉凶表			
筆畫	吉凶	靈動	說　　明
76	X	傾覆離散 財破人亡	此爲內外失和之數。此數有內外失和、分崩離析之象。受其誘導，不但自身命運險惡，且親屬緣分淡薄，骨肉至親，聚少離多。或幼遭喪亂，或永辭鄉邦，漂泊流浪，孤獨寂寞，以致心境蕭索，身體病弱。必須時時注重身體健康，調整飲食生活習慣，並注意親朋關係，可獲平安。
77	○	樂極生悲 多勞哀嘆	此爲吉凶相俟之數。此數有吉凶相參、禍福各半之運格。受其誘導，多生性聰敏，或得父母寵愛，或長上提攜，一生之中，必有一段坦途順境。中年過後，忽然轉福爲禍，陷落不平，原先倚爲奧援者，至此墻倒屋傾。亦有前半生動盪，後半生卻反得吉祥。
78	○	先吉後凶 壯年漸敗	此爲禍福參半之數。受其誘導，天生智慧齊備，靠自身之條件，兢兢業業，勤勉不懈，中年以前，亦能發展出一番事業；及至中年以後，好運衰退，漸漸拘手束腳，施展不開，錢財耗盡，陷於貧困。如其他運格配合得宜者，尚可保持身心安泰。
79	X	受人壓制 挽回乏力	此爲窮迫不解之數。此數有作繭自縛、窮困迫蹙之象。受其誘導，精神不甚健全，並無眞正才智，缺少實行的能力，而貪求功利，營謀甚急，以至於爲達目的，不擇手段，德行不修，信用不立，一時或可得意，久之即受人唾棄，爲世所棄。只有一事可喜：心理雖不甚健康，生理上卻頗爲頑強，甚少疾病。
80	○	一生皆苦 孤獨空虛	此爲隱遁得福之數。性情孤僻，不易與人相處，因此而發生種種齟齬，孤立無助，一生困苦。如能及早覺悟，修行善德，生活簡樸，自給自足，胸懷淡泊，不忮不求，安貧樂道，尚可保小康，安心立命，化凶轉吉。

八十一靈動數吉凶表			
筆畫	吉凶	靈動	說　　明
81	☆	積極盛大 隆昌尊貴	此爲還本歸元之數。有健全美滿，萬事如意之象。此乃最極之數，其數理等同於基數1。倘配合其他吉祥運格，則靜如山岳，動如江河，一生體力旺盛，慶幸萬多。但吉凶相倚，在大吉中常伴大凶，如非謹愼從事，恐招至大凶之運氣，宜謹愼。

太乙派吉凶數個性

以下列出判斷吉凶的符號說明：

☆：大吉

◯：吉中帶凶

□：不吉不凶

△：凶中帶吉

X：大凶

太乙派吉凶數個性			
筆畫	吉凶	靈動	徵　　兆
1	☆	健全	◎運勢特佳，凡事順利
2	X	破滅	1. 易得罪人 2. 口才不好 3. 白手生財，無親朋好友助力 4. 婚姻不足 5. 與人合夥比獨自經營好，若獨自營商易中途受挫

太乙派吉凶數個性			
筆畫	吉凶	靈動	徵　兆
3	☆	吉祥	1. 有貴人幫忙 2. 口才一流 3. 人緣特佳，易得人助、予人好印象 4. 領導能力佳
4	X	凶變	1. 易發無名火 2. 帶血光、刑傷 3. 情緒化 4. 有早婚徵兆 5. 經商者獨自經營較佳
5	☆	祿壽	1. 忠厚老實、腳踏實地 2. 做事不積極 3. 口才不佳 4. 重承諾 5. 財運特佳金錢有餘，離出生之地發展越遠越發達
6	☆	安穩	1. 忠厚老實、腳踏實地 2. 個性土直、帶剛性 3. 名聲信譽良好，發展步步高升
7	☆	精悍	1. 個性強 2. 事業心強，適合有挑戰性的工作 3. 口才佳 4. 賺錢辛苦 5. 勤勉上進，有耐力 6. 少有朋友相助，略感孤獨
8	☆	堅剛	1. 個性較強 2. 做事穩重 3. 口才一流 4. 勤勉上進，有耐力 5. 少有朋友相助，略感孤獨

太乙派吉凶數個性			
筆畫	吉凶	靈動	徵　　　兆
9	△	凶惡	1. 聰明靈巧 2. 財來財去錢不留身 3. 短命數 4. 和異性有感情上之糾紛困擾 5. 一生常遇逆境之折磨 6. 喜好投機，或愛好賭博
10	△	晦暗	1. 事業多波折，惡運特強，並容易累及家人 2. 婚姻有問題 3. 口才不好，易得罪人 4. 有浪費金錢之傾向 5. 能變成品行不端正之人，因犯罪受罰 6. 喜好投機，或愛好賭博
11	☆	挽回	1. 心地善良 2. 口才好 3. 人緣特佳，易得人助、予人好印象 4. 能力佳 5 運勢特佳，凡事順利
12	X	不足	1. 不能腳踏實地（愛面子） 2. 喜好投機，或愛好賭博 3. 自私心重 4. 婚姻不美 5. 與人合夥比獨自經營好，若獨自經營易中途受挫
13	☆	智略	1. 個性正直，易被激怒 2. 聰明有智略 3. 人緣特佳，易得人助、予人好印象 4. 外格數爲13帶桃花，有異性緣 5. 男命勇敢果決，女命則美貌如仙，有風流好淫之傾向，若自制力不夠，往往有異性的困擾事發生

太乙派吉凶數個性			
筆畫	吉凶	靈動	徵　　兆
14	X	破兆	1. 個性強、較情緒化 2. 交通意外、血光、刑傷 3. 無貴人、短命數 4. 婚姻不美 5. 悶騷 6. 女命外格數爲14，表示先生能力佳 7. 有早婚徵兆 8. 經商者獨自經營較佳
15	☆	福壽	1. 忠厚老實，腳踏實地 2. 做事不積極 3. 口才不好 4. 重承諾 5. 女命美麗 6. 財運特佳金錢有餘，離出生之地越遠發展越發達 7. 人緣特佳，易得人助、予人好印象
16	☆	厚重	1. 個性強、正直、不認輸 2. 有領導能力、重承諾 3. 鐵齒、吃虧在朋友 4. 名聲信譽良好，發展步步高升 5. 人緣特佳，易得人助、予人好印象
17	☆	過剛	1. 個性強、愛面子、不認輸 2. 勞碌賺大錢 3. 鐵齒 4. 小桃花 5. 格數爲17是勞碌財 6. 勤勉上進，有耐力 7. 少有朋友相助，略感孤獨 8. 女命待人宜常存溫和，福祿自然隨之；但先天條件弱的女性，反用此數爲妥

太乙派吉凶數個性			
筆畫	吉凶	靈動	徵　　兆
18	☆	成功	1. 個性強、自尊心強、愛面子 2. 財祿旺 3. 鐵齒，不聽別人的勸告 4. 地格數18很會讀書 5. 勤勉上進，有耐力 6. 少有朋友相助，略感孤獨
19	△	多難	1. 先成後敗一生常遇逆境之折磨 2. 能力強 3. 財來財去錢不留身 4. 藝人之數 5. 帶血光、刑傷 6. 欠缺朋友相助，反受朋友拖累 7. 和異性有感情上之糾紛困擾 8. 好投機，或愛好賭博
20	○	破運	1. 自尊心重、死要面子 2. 婚姻不美，婚後可能會成爲怨偶 3. 殘疾之數 4. 文職 5. 漏財，有浪費金錢之傾向 6. 惡運特強，並容易累及家人 7. 可能變成品行不端正之人，因犯罪受罰 8. 喜好投機，或愛好賭博
21	☆	明月	1. 首領數 2. 仁慈心、心腸軟 3. 男命節制力不夠，會因異性關係而困擾 4. 女性凡主運以及他格有此數者，可能因事業心太強而遲婚；即便結婚，夫妻難免時常反目

太乙派吉凶數個性			
筆畫	吉凶	靈動	徵兆
22	□	秋草	1. 壞軍師 2. 財多身弱 3. 應血光、車禍、開刀之數 4. 注意肝、胃腸、腰、腹部 5. 與人合夥比獨自經營好，若獨自經營易中途受挫 6. 不耐寂寞喜歡有人陪伴 7. 喜好投機，或愛好賭博
23	□	壯麗	1. 脾氣倔強 2. 情緒化、易被激將 3. 吃軟不吃硬 4. 喜領導別人 5. 男命勇敢果決，女命則美貌如仙，有風流好淫之傾向，若自制力不夠，往往有異性的困擾 6. 女性凡主運以及他格有此數者，難免香閨零落而秀榻悲寒也
24	☆	餘慶	1. 完美、喜羅曼蒂克氣氛 2. 做事認眞 3. 節儉勞祿 4. 個性不弱 5. 完美數 6. 有早婚徵兆 7. 經商者獨自經營較佳
25	□	英俊	1. 個性土直 2. 聰明（讀書不認眞） 3. 婚姻、身體、錢財必敗其一 4. 易受人誤解（講話易傷人） 5. 在人格表示才華顯著，靈性高 6. 他格再現13、23、19、20、26、30、33、42、43，好淫多情

太乙派吉凶數個性			
筆畫	吉凶	靈動	徵　　兆
26	△	變怪	1. 壞軍師（標新立異） 2. 個性強、情緒化 3. 六親緣薄 4. 婚姻不美（早婚更驗） 5. 女眼光高 6. 有特別好色之傾向 7. 萬丈雄心志氣高，有名揚八方之可能，但也可能奇慘無比
27	X	刑傷	1. 女命無公婆及讀書緣 2. 暗桃花 3. 個性主觀、自私心 4. 遇挫折時易想不開 5. 婚姻、感情易遭挫折 6. 精明反應好 7. 善於與異性交際，是個調情專家 8. 喜好投機，或愛好賭博
28	X	別離	1. 六親緣薄 2. 個性強 3. 愛情不專 4. 講話太直接、易得罪人 5. 事業先成後敗 6. 女命無公婆緣 7. 愛情不專 8. 五鬼運金 9. 易受傷害或遇到危險事故之暗示 10. 有與配偶分居之凶力暗示

太乙派吉凶數個性			
筆畫	吉凶	靈動	徵　兆
29	☆	不平	1. 完美主義、易挑剔 2. 神經質（疑心病） 3. 智慧超乎常人 4. 易有牢騷及貪心、欲望太多而不知足 5. 不適合女性之首領數 6. 喜好投機，或愛好賭博
30	○	非運	1. 個性主觀 2. 鐵齒 3. 有宗教、五術緣 4. 才能佳 5. 泌尿系統易有毛病 6. 喜好投機，或愛好賭博
31	☆	智勇	1. 好軍師 2. 鐵齒 3. 仁慈、道德 4. 運勢特佳，凡事順利
32	☆	僥倖	1. 大桃花（女防失身） 2. 勞祿、好管事 3. 仁慈、道德 4. 有危險先落跑（自動閃避數） 5. 與人合夥比獨自經營好，若獨自經營易中途受挫
33	☆	昇天	1. 主觀、情緒化 2. 在人格主桃花 3. 名利雙收 4. 男命勇敢果決，女命則美貌如仙

太乙派吉凶數個性			
筆畫	吉凶	靈動	徵　　兆
34	X	破家	1. 勞碌命 2. 孤獨、刑傷 3. 女命婚姻不美 4. 男命是老闆或領導格，經商者獨自經營較佳 5. 有早婚徵兆 6. 未到5歲即病多體弱，健康情形每況愈下，將因病而減其壽
35	☆	平安	1. 白手生財 2. 計畫多、實踐少
36	X	波瀾	1. 能力強、但有志難伸 2. 適合小投資（賺錢） 3. 喜出風頭、受人重視 4. 萬丈雄心志氣高，有名揚八方之可能，但也可能奇慘無比
37	☆	權威	1. 個性強較主觀 2. 有才能及威嚴 3. 講話太直、易受人誤解 4. 自私
38	□	薄弱	1. 做事虎頭蛇尾 2. 有文藝才能 3. 學習能力佳
39	○	富貴	1. 大首領數亦為孤寡數 2. 早年勞碌、中年發達 3. 智慧超乎常人 4. 易有牢騷及貪心、欲望太多而不知足 5. 和異性有感情上之糾紛困擾 6. 一生常遇逆境之折磨

太乙派吉凶數個性			
筆畫	吉凶	靈動	徵　　　兆
40	X	退安	1. 個性情緒化 2. 事業成敗不定 3. 聰明有膽識 4. 遇事退讓則安
41	☆	有德	1. 善良慈愛，有宗教緣 2. 聰明有膽識 3. 注意感情問題
42	☆	多能	1. 聰明多才多藝 2. 通才而不專 3. 對愛情不專一，可能導致婚姻不睦
43	X	散財	1. 愛面子，喜湊熱鬧 2. 玩弄權勢 3. 財來財去錢不留身 4. 易墮落而荒淫多情
44	X	煩悶	1. 悲觀、消極 2. 說話不實在 3. 諸事不順 4. 破財 5. 好投機，或愛好賭博
45	☆	順風	1. 順利成功 2. 三才配置不當，則無主見任人擺佈
46	X	變怪	1. 要特別注意意外凶災 2. 喜好投機，或愛好賭博
47	☆	開花	三才配置得當，則能順利感功
48	☆	德智	德才具備，作事有始有終，事業容易成功
49	X	變轉	1. 和異性有感情上之糾紛困擾 2. 一生常遇逆境之折磨

太乙派企業、產品命名靈動數暗示誘導

以下列出判斷吉凶的符號說明：

☆：大吉

◯：吉中帶凶

□：不吉不凶

△：凶中帶吉

X：大凶

太乙派企業、產品命名靈動數暗示誘導		
筆畫	吉凶	徵　兆
1	☆	繁榮發達，信用得固，萬人仰望，可獲成功
2	X	動搖不安，一榮一枯，一盛一衰，勞而無功
3	☆	立身處世，有貴人助，天賜吉祥，四海名揚
4	X	日被雲遮，苦難折磨，非有毅力，難望成功
5	☆	陰陽和合，精神愉快，榮譽達利，一門興隆
6	☆	萬寶集門，天降幸運，立志奮發，得成大功
7	☆	精力旺盛，頭腦明敏，排除萬難，必獲成功
8	☆	努力發達，貫徹志望，不忘進退，可期成功
9	X	雖抱奇才，有才無命，獨營無力，財力難望
10	X	烏雲遮月，暗淡無光，空費心力，徒勞無功
11	☆	草木逢春，枝葉沾露，穩健著實，必得人望
12	X	薄弱無力，孤立無援，外祥內苦，謀事難成
13	☆	天賦吉運，能得人望，善用智慧，必獲成功
14	X	忍得苦難，必有後福，是成是敗，惟靠堅毅
15	☆	謙恭做事，外得人和，大事成就，一門興隆
16	☆	能獲眾望，成就大業，名利雙收，盟主四方
17	☆	排除萬難，有貴人助，把握時機，可得成功

太乙派企業、產品命名靈動數暗示誘導		
18	☆	經商做事，順利昌隆，如能慎始，百事亨通
19	X	成功雖早，慎防虧空，內外不和，障礙重重
20	X	智高志大，歷盡艱難，焦心憂勞，進退兩難
21	☆	先歷困苦，後得幸福，霜雪梅花，春來怒放
22	X	秋草逢霜，懷才不遇，憂愁怨苦，事不如意
23	☆	旭日昇天，名顯四方，漸次進展，終成大事
24	☆	錦繡前程，須靠自力，多用智謀，能奏大功
25	☆	天時地利，只欠人和，講信修睦，即可成功
26	△	波瀾起伏，千變萬化，凌駕萬難，必可成功
27	◯	一成一敗，一盛一衰，惟靠謹慎，可守成功
28	X	魚臨旱地，難逃惡運，此數大凶，不如更名
29	☆	如龍得雲，青雲直上，智謀奮發，才略奏功
30	◯	吉凶參半，得失相伴，投機取巧，如賭一樣
31	☆	此數大吉，名利雙收，漸進向上，大業成就
32	☆	池中之龍，風雲際會，一躍上天，成功可望
33	☆	意氣用事，人和必失，如能慎始，必可昌隆
34	X	災難不絕，難望成功，此數大凶，不如更名
35	☆	處事嚴謹，進退保守，學知兼具，成就非凡
36	X	波瀾重疊，常陷窮困，動不如靜，有才無命
37	☆	逢凶化吉，吉人天相，以聽取眾，必成大功
38	△	名雖可得，利則難獲，藝界發展，可望成功
39	☆	雲開見月，雖有勞碌，光明坦途，指日可期
40	◯	一盛一衰，浮沉不定，知難而退，自獲天佑
41	☆	天賦吉運，德望兼備，繼續努力，前途無限
42	◯	事業不專，一九不成，專心不移，可望成功
43	◯	雨夜之花，外祥內和，忍耐自重，轉凶爲吉

太乙派企業、產品命名靈動數暗示誘導		
44	X	難用心計，事難遂願，貪功好進，必招失敗
45	☆	楊柳遇春，綠葉發枝，沖破難關，一舉成功
46	X	坎坷不平，艱難重重，若無耐心，難忘有成
47	☆	有貴人助，可成大業，雖遇不幸，浮沉不大
48	☆	美花豐實，鶴立雞群，名利俱全，榮華富貴
49	X	遇吉則吉，遇凶則凶，惟靠謹慎，逢凶化吉
50	○	吉凶互見，一成一敗，凶中自吉，吉中有凶
51	○	一盛一衰，浮沉不常，自重而處，可保平安
52	☆	草木逢春，雨過天晴，度過難關，即獲成功
53	○	盛衰參半，外祥內苦，先吉後凶，先凶後吉
54	X	雖傾全力，難望成功，此數大凶，最好更名
55	○	外觀隆昌，內隱福患，克服難關，開出泰運
56	X	事與願違，終難成功，欲速不達，有始無終
57	△	雖有困難，時來運轉，曠野枯草，春來花開
58	△	半凶半吉，浮吉多端，始凶終吉，能保成功
59	X	遇事猶疑，難望成事，大刀闊斧，始可有成
60	X	黑暗無吉，心迷意亂，出爾反爾，難定方針
61	○	雲遮半月，內隱風波，應自謹慎，始保平安
62	X	煩悶懊惱，事業難展，自防災禍，始免困境
63	☆	萬物化育，繁榮之數，專心一意，必能成功
64	X	見異思遷，一九不成，徒勞無功，不如更名
65	☆	吉運自來，能享盛名，把握機會，必獲成功
66	X	黑夜逝長，進退維谷，內外不和，信用缺乏
67	☆	獨營事業，事事如意，功成名就，富貴自來
68	☆	思慮周詳，計畫力行，不失先機，可望成功
69	X	動搖不安，常陷逆境，不得時運，難得利潤
70	X	慘淡經營，難免貧困，此數不吉，最好改名

太乙派企業、產品命名靈動數暗示誘導		
71	○	吉凶參半，惟賴勇氣，貫徹力行，始可成功
72	X	利害混集，凶多吉少，得而復失，難以安順
73	☆	安樂自來，自然吉祥，力行不懈，必能成功
74	X	利不及費，坐食山空，如無智謀，難望成功
75	○	吉中帶凶，欲速不達，進不如守，可保安祥
76	X	此數大凶，破產之數，宜速改名，以避厄運
77	○	先苦後甘，先甘後苦，如能守成，不致失敗
78	○	有得有失，華而不實，須防劫財，始保安順
79	X	如走夜路，前途無光，希望不大，勞而無功
80	○	得而復失，枉費心機，守成無貪，可保安穩
81	☆	最極之數，還本歸元，能得繁榮，發達成功

各派靈動吉凶數比較

此處列出筆者目前搜集到和太乙派有關，也是81數的判斷。太乙派主要以人格爲主，總格爲輔，餘格不計。「其他」是指坊間常用，但出處已不可考的說法，爲避免混淆，筆者逕以「其他」爲標題。

其中要特別說明的是表示方式。

尾數表示法。例：「尾數7」就以「X7」表示。

特別指某個格。例：「總格15、18」就以「總(15、18)」表示。

各派靈動吉凶數比較			
靈動	太乙派	熊崎氏姓名學	其他
鐵齒	16、17、18、26、28、30、31	7、8、17、18、27、28、37、47	
女德數		5、6、11、13、15、16、24、31、32、35	5、6、15、16、32、35
性情溫和數		5、6、11、15、16、24、25、31、32、35、45	5、6、11、15、16、24、31、32、35
才藝格		13、14、26、29、33、36、38、42	
女性撒嬌數		15、19、24、25、26、28、32	人（15、19、24、25）總（32）
個性剛強數	X7、X8	17、18	7、8、17、18
軍師數	22、26、28、31		
公婆無緣	27、28		
宗教數	15、16、25、26、30、41	15、25、35	
完美數	24、29		
辛苦財	X7		
豐財數		15、16、24、29、31、33、41、52	24（祖上留財）、29（摑取之財）、32、33（意外之財）

各派靈動吉凶數比較			
靈動	太乙派	熊崎氏姓名學	其他
蔭家格		3、5、6、11、13、15、16、24、31、32、35	
敗家格		2、4、9、10、12、14、19、20、22、26、36	
桃花數	13（外桃花）、17（小桃花）、26（變怪桃花）、27（暗桃花）、28（怪桃花）、32（大桃花）		14、26、32
自動閃避數	31、32		
短命數	9、14、22、26、27、28、34、44、46、49、50	9、10、19、20、34、44	
女美數（空亡數）	X5、24	12、14、22、32	4、14、12、22
首領數	21、23、33、39（女人最忌39）	3、16、21、23、33	3、16、21、23、29、31、33
大哥數	17、18、19、20、26、27、28、34、36	5、11、15、16、24、25、31、32、35、45	
好色數		17、23、26、27、33、43、52、62	17、26、27、43、52

各派靈動吉凶數比較			
靈動	太乙派	熊崎氏姓名學	其他
風流格		4、12、14、15、16、24、26、28、35、37、45	
病弱格		2、4、9、10、12、14、19、20、32、34、36、46	
遭難離別數		10、19、20、27、28、34、39、44	
藝術數		13、14、26、29、33、38	13、14、16、26、29、33
流血破壞數		10、17、19、20、34、36、40、44、47	34（女性外地生產時易大量出血）
婚姻辛苦	外（X9）		
爲情所困			23、33
雙妻（雙夫）數		5、6、15、16、32、39、41	
寡婦數		21、23、31、33	
獨身數		9、10、19、20、21、23、26、27、28、29、30、34、42、43	
女易失婚			人格（21、23、33）

各派靈動吉凶數比較			
靈動	太乙派	熊崎氏姓名學	其他
喪偶格		9、10、17、19、20、21、23、26、27、28、29、30、34、42、43	
晚婚數		9、10、12、17、22、28、34、35、38、43	
身體殘缺數		7、8、17、18、27、28、37、47	
自殺數		10、27、34	
養子數		11、13、39、41	
神經數		4、34、44、54	
劫難數			27、28尾數金、性剛強、人格28入獄機會高
破壞力		20、28、36、40、50	20、36、40易有品行不良傾向

總格和人格格數吉凶關係判斷

總格、人格格數均吉者，比較容易在社會上功成名就。

總格格數、人格格數均凶者，思想偏激，容易遭逢災難與失敗之運。

總格格數吉、人格格數均凶者，物質生活華麗，精神生活苦悶而空虛。

總格格數凶、人格格數吉者，比較注重精神方面的修養。

行號適合數之選配

行號適合數之選配						
十位數 / 行業別	1X	2X	3X	4X	5X	6X
店	15、16	21、24	32、33、35	41	45	
行	18	21、24	31、37	45、47	52	
號		24	31、37	45、47	52	
廠				47	52	61、63、67、68
公司					52	63、65、67、68
珠寶			31、35、37	47、48	52、57	65
銀樓			37、39	47	52	
旅社		24	31	41	52	63

職業適合數之選配

職業適合數之選配								
十位數 職業	0X	1X	2X	3X	4X	5X	6X	7X
製造業	7、8		23	33	48	52	63、65	73
技藝業		13		33、35	41、47	52		
美術業		15、16		35	45		63、65	
興行業		16	21、23	33、39	47	52		
花麗業		13	23、24	33、39	41、47		67	
包辦業	3、7	13、17	23	33、37、39	48			
服務仲介業		13	23、25	33、39	41、47			
古品業	8	15、18	24	35、39	41	52		
醫藥業		15、16		32、37	41、47	52	63	
食品業			29	33、39	41、47	52	63、67	
交通業		16	21、23	39		52	65、68	
教育業		13、17		35	47、48	52	63	
化工業	3	13		31	41、47	52、57	65	
鐵工業	7	17、18	29	33、37、39	47、48	52		
事務業		11	24	31、32、33、35、37	47	52		
園藝業		15、16	24	35	41、48	52	63、68	
加工業		11	24	32、35、37	48		63、67	
文藝業		13	23、24	33、37	47	52	63、68	

相關典籍節錄

太乙金鏡式經—卷一

【推陰遁和不和】

張良《經》曰：陰陽和不和者，渭太乙及上、下二目就算數以相配。下目立正宮，爲陽；立間神，爲陰。立陽，算得奇爲重陽；立陰，算得偶爲重陰，則不和。上目所臨陽宮，算得重陽，爲重臨正二宮，算得奇也。臨陰宮，算得陰爲重陰，爲臨間神，算得偶也。若在陽，算得偶陰，算得奇爲陰陽和，和則吉，算十一、十三、十七、十九、三十一、三十三、三十七、三十九爲陽數。目臨爲重陽，算中陰陽。若算得二十二、二十四、二十六、二十八爲陰，皆不和也。太乙在陽宮，算得奇者爲重陽之數，八、三、四、九爲陽宮。太乙陰宮，算得偶者爲重陰之數，二、七、六、一爲陰宮，皆不和。若太乙在陰宮陽奇，算得偶數者，爲陰陽和也。王希明曰：三、九寅辰爲純陽；二、八巳丑爲雜陽；二十六未亥爲純陰，七、一戌申爲雜陰；三十三、三十九爲重陽，二十二、二十六爲重陰；二十四、二十八爲雜陰；十三、十九、二十一、三十七爲雜陽。皆以次凶尤甚。太乙、天日在陰位，算得純陰在陽位，算得純陽爲內外有謀，在純者勝。太乙、天目在陰位，算得重陽爲內有謀。若算得

十四、十八、三十三爲上和，二十三、二十九、三十二爲次和，十二、十六、二十七、三十四、三十八爲下和，若太乙、天目立陰陽位，而算陽多者，利爲客；陰多者，利爲主。更須考其深淺，以明勝負也。

八字派姓名學

前面的章節，已經大略提過「八字」傳說是黃帝時代，大撓氏創天干、地支以表達時空的陰陽五行，天干、地支的配合產生了六十甲子，四柱皆依六十甲子運行。

但利用四柱排命理，相傳由戰國鬼谷子以《前定命數》取年干、時干爲人論命，經唐朝李虛中的改良整理成《李虛中命書》改以年柱爲主爲人推命，再經宋朝徐子平《子平眞詮》結合節氣後改以日柱爲人推命依據。自徐子平以後，八字論命的方式大略抵定。

但《子平眞詮》的內容立論縱橫，卻承襲密書的積習，言語飄渺，後學之士難以明白。所幸有明朝劉基（字伯溫）著《滴天髓》加以闡微，由清朝任鐵樵《滴天髓徵義》補註及近代先賢徐樂吾《滴天髓補註》，因而成爲現代的八字命理，在本書中，稱八字爲「子平八字」。

「八字派姓名學」的目的是希望藉由沿用「子平八字」的論命方式，以獲得在命名上的命理支持依據，因此命稱上仍沿用「八字」一名，以「八字派姓名學」爲名稱。

八字派姓名學的觀點

「八字派姓名學」認爲只學「子平八字」是不夠的，因爲了解八字後，只了解了命、運後，但對實際上的生活並沒有改善，但「八字派姓名學」解決了此一問題。

八字派姓名學的理論邏輯

「八字派姓名學」沿用「子平八字」的觀念：

1. 八字是人出生時的年、月、日、時。隱含著一個人一生的運勢、與外在環境的關係。
2. 「用神是命局的藥」，可以將八字比擬成身體，由各種組織、器官所構成，當組織、器官運作不良時，身體就會產生不同症狀，因此必須要查明發生的原因，然後採取相對應的「用神」治療，對八字產生正向的影響，才可以減輕、消除症狀。
3. 「八字派姓名學」更進一步認爲「用神」也是取名的關鍵。因爲姓名之所以對人具有影響力，正是因爲姓名中所包含的「用神」能直接對命主的八字產生影響，這也是「姓名會影響人」的理論能成立的重要關鍵。

八字派姓名學的論命方式

「八字派姓名學」沿用「子平八字」的觀點，認爲

「用神」會影響一個人的一生，因此，直接以「用神」來取名，達成扶助命主的目的。另外在讀音的選用，則利用「神煞」來搭配讀起來有不同想像、感覺的字。

所以，對「八字派姓名學」而言，所謂的「好名」就是指能利用正確的「用神」來命名，並且利用神煞來選讀音的名字。

八字派姓名學的獨特主張

「八字派姓名學」沿用了「子平八字」的觀念，有以下不同的主張：

1. 時間的判定以節氣「立春」爲主，每一年要過了「立春」才能使用次一年之年干支，否則仍使用前一年之年干支。與「生肖派」過了正月初一的論法不同。
2. 有早子時和夜子時的分別。
3. 以出生當地的時間爲主（但需要扣除日光節約時間），不用再換算成中原標準時間。
4. 因爲需要考慮「節氣」，因爲節氣需要準確至「小時和分鐘」，爲了避免有誤差所以需要準確的出生時、分。

八字派姓名學的缺點

八字派姓名學的特點在沿用「子平八字」取用

神，但是缺點也是取用神。

子平八字取用神的方式，立論繁雜，需要考慮的因素頗多，非得有許多論命的實務經驗後，才能正確地取用神，這個因素自然也影響到取出來的名字的好壞。

八字派姓名學判斷流程

八字派姓名學判斷的流程如下：

1. 確定出生的年月日時。
2. 排四柱。
3. 排八字行運（大運）。
4. 判斷身強、身弱。
5. 取用神。
6. 神煞各論。

排四柱

四柱的格式與意義

推算四柱時，以出生時區的時間推算，不用換算成中原時間。

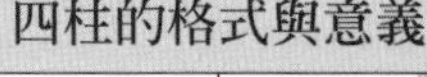

四柱的格式與意義	
（時柱）（日柱）（月柱）（年柱） 時干 日干 月干 年干 時支 日支 月支 年支	四柱之格式爲直式，由右向左排，最右方爲年柱，繼而月柱、日柱、時柱。 a.「年柱」：（根）主祖父母輩、家族、事業。 b.「月柱」：（苗）主父母、交友環境，和內在心性。 c.「日柱」：（花）主配偶，外在顯露的個性。 d.「時柱」：（果）主子女也主事業。

排年柱

排年柱的第一個方法是查「萬年曆」，就可以得知年的干支。

八字是以節氣來決定年，而不以陰曆的正月初一作爲一年之始，過了「立春」才算新年的開始，在「立春」前出生的，皆以前一年之干支論。至於「立春」的日期，通常在每年陽曆的二月二至二月五日。

以1957年1957年2月2日（陰曆正月初三）爲例，雖然已過了陰曆初一，但該年立春爲正月初五早上9時55分，所以此人年柱仍爲「丙申」，但因爲已經過了正月初一，生肖派以陰曆來論，所以生肖仍爲「雞」來論。

排年柱的速算法有兩個：一個是用民國年計算，一個是用西元年計算。

1. 計算民國年。以民國93年爲例：先將93減12等於81（因民國十三年爲干支年之首年——甲子年，所以減12就是干支年之最後一年癸亥）；再將81除以10等於8餘1，餘數就是天干的順序，所以第一個天干年爲「甲」；81除以12等於6餘9，餘數就是地支的順序，所以地支年爲第九個地支爲「申」。由以上之計算可知民國93年的干支爲「甲申」年。
2. 計算西元年。將西元年份除以60，再將餘數減3（如果得數小於或等於零則再加60），再去查「六十甲子組合表」的順序即可求得年干支。例如西元1998年，除以60得餘數爲18，18－3＝15，查「六十甲子組合表」即可推算爲「戊寅」年。

排月柱

排月柱的第一個方法是查「萬年曆」，就可以得知該月的干支。

排月柱的第二個方法是參考「五虎遁月表」排出該月之天干。以五虎遁稱，因爲全以「寅」月加天干順排，「寅」爲虎，故稱五虎遁月，「五虎遁年起月歌訣」如下：

甲己之年丙作首，
乙庚之歲戊爲頭，
丙辛歲首尋庚起，
丁壬壬位順行流，

若言戊癸何方發，

甲寅之上好追求。

這歌訣的意思是：如年干是甲、己，則該年正月的天干爲「丙」，二月天干爲「丁」；其他月份則依序排列。倘若年干是乙、庚，則正月的天干爲「戊」，二月天干爲「己」；其他則依序排列。

五虎遁月表（年上起月表）						
月　干		年　干				
		甲、己	乙、庚	丙、辛	丁、壬	戊、癸
月支	寅（陰曆正月）	丙	戊	庚	壬	甲
	卯（陰曆二月）	丁	己	辛	癸	乙
	辰（陰曆三月）	戊	庚	壬	甲	丙
	巳（陰曆四月）	己	辛	癸	乙	丁
	午（陰曆五月）	庚	壬	甲	丙	戊
	未（陰曆六月）	辛	癸	乙	丁	己
	申（陰曆七月）	壬	甲	丙	戊	庚
	酉（陰曆八月）	癸	乙	丁	己	辛
	戌（陰曆九月）	甲	丙	戊	庚	壬
	亥（陰曆十月）	乙	丁	己	辛	癸
	子（陰曆十一月）	丙	戊	庚	壬	甲
	丑（陰曆十二月）	丁	己	辛	癸	乙

以民國五十四年三月二十八日（陰曆二月二十六日）未時生之男性爲例，得月干支爲：己卯。

排日柱

日柱的干支的排列並沒有規則，所以排日柱的唯一方法是利用陽曆日期查「萬年曆」，就可以得知該日的干支。以民國五十四年三月二十八日（陰曆二月二十六日）未時生之男性爲例，得日干支爲：辛巳。

排時柱

一日之內分爲十二個時辰，每個時辰有兩個小時，十二個時辰共二十四小時，要查詢一般的時辰和小時的換算，可以參考「十二時辰和現今時間對應表」如下：

十二時辰和現今時間對應表	
時辰	現今時間
子時	23:00～01:00
丑時	01:00～03:00
寅時	03:00～05:00
卯時	05:00～07:00
辰時	07:00～09:00
巳時	09:00～11:00
午時	11:00～13:00
未時	13:00～15:00
申時	15:00～17:00
酉時	17:00～19:00
戌時	19:00～21:00
亥時	21:00～23:00

八字的時辰換算與一般的時辰略有不同，差別在於子時的分野，八字又將子時分成：早子時及夜子時。作同一天計算，例如：有一人在乙丑日的零時四十分出生，爲早子時，時柱即爲：丙子。倘若另一人在同一日的二十三時二十分出生，這是夜子時，日柱仍作乙丑，時柱即爲：戊子。

排時柱的第一個方法是查「五鼠遁日起時訣」，就可以得知該時的干支。這個可以參考「五鼠遁日起時訣」，這個歌訣因爲全以「子」時加天干順排，「子」爲鼠，故稱五鼠遁時，「五鼠遁日起時訣」如下：

五鼠遁日起時訣	
天干	歌訣
甲、己	甲己還加甲
乙、庚	乙庚丙作初
丙、辛	丙辛從戊起
丁、壬	丁壬庚子屬
戊、癸	戊癸何方發
	壬子是眞途

從口訣排時干，第一句甲己還加甲，指甲己日的子時以甲來配，每一時辰進一位，所以丑時以乙來配，寅時以丙來配，其他時辰以此類推。乙庚日的子時以丙來配，順排下去，丑時以丁來配。

排時柱的第二個方法是直接參考「五鼠遁時表」，按表推算出該日之干支。

五鼠遁時表（日上起時表）						
時干		日干				
		甲、巳	乙、庚	丙、辛	丁、壬	戊、癸
起訖時間	早子00:00～01:00	甲子	丙子	戊子	庚子	壬子
	丑時01:00～03:00	乙丑	丁丑	己丑	辛丑	癸丑
	寅時03:00～05:00	丙寅	戊寅	庚寅	壬寅	甲寅
	卯時05:00～07:00	丁卯	己卯	辛卯	癸卯	乙卯
	辰時07:00～09:00	戊辰	庚辰	壬辰	甲辰	丙辰
	巳時09:00～11:00	己巳	辛巳	癸巳	乙巳	丁巳
	午時11:00～13:00	庚午	壬午	甲午	丙午	戊午
	未時13:00～15:00	辛未	癸未	乙未	丁未	己未
	申時15:00～17:00	壬申	甲申	丙申	戊申	庚申
	酉時17:00～19:00	癸酉	乙酉	丁酉	己酉	辛酉
	戌時19:00～21:00	甲戌	丙戌	戊戌	庚戌	壬戌
	亥時21:00～23:00	乙亥	丁亥	己亥	辛亥	癸亥
	夜子時23:00～00:00	丙子	戊子	庚子	壬子	甲子

例：以民國五十四年三月二十八日（陰曆二月二十六日）未時生之男性爲例，得時干支爲：乙。

地支藏干

標出地支藏干的個方法是直接參考「地支藏干口訣」，按口訣推算出該支藏干。

地支藏干口訣			
地支	藏干	歌訣一	歌訣二
子	癸	「子」宮癸水在其中	子鬼水
丑	己、辛、癸	「丑」癸辛金己上同	醜鬼心機
寅	甲、丙、戊	「寅」中甲木兼丙戊	銀甲餅五
卯	乙	「卯」宮乙木獨相逢	貓一目
辰	乙、戊、癸	「辰」藏乙戊三分癸	成五一鬼
巳	庚、丙、戊	「巳」内庚金丙戊重	四根冰霧
午	丁、己	「午」宮丁火並己木	五雞丁
未	乙、己、丁	「未」宮乙木與己丁	胃一雞丁
申	戊、庚、壬	「申」位庚金壬水戊	深內五羹人
酉	辛	「酉」宮辛金獨豐隆	有藏心
戌	辛、丁、戊	「戌」宮辛金及丁戊	虛心五釘
亥	壬、甲	「亥」藏壬甲是眞宗	海上人家

以民國五十四年三月二十八日（陰曆二月二十六日）未時生之男性爲例：

日
主

乙　丁　壬　癸
己　酉　戌　卯

己丁乙　庚戊丙　乙　庚戊丙

標當令

標出當令之步驟：

1. 依照出生的陰曆月份，確定該月「中氣」確定的日期與時間。

2. 將出生的日期、時間減去「中氣」的日期、時間，得出的日數無條件進位。

3. 查看「地支藏干日數表」中該「中氣」內各藏干的日數，以確定當令座落的天干。

以民國五十四年三月二十八日（陰曆二月二十六日）未時（以14:00計算）生之男性爲例：

	日主		
乙	辛	己	乙
未	巳	卯	巳
己丁乙	庚戊丙	乙	庚戊丙

1. 該年二月「驚蟄」的日期、時間爲2月4日03:01。

2. 以2月26日14:00減去2月4日03:01，大約是二十二日。

3. 查看「地支藏干日數示意圖」中該「中氣」內各藏干的日數（22－10＝12），得知座落在「乙」，所以「乙」是當令。

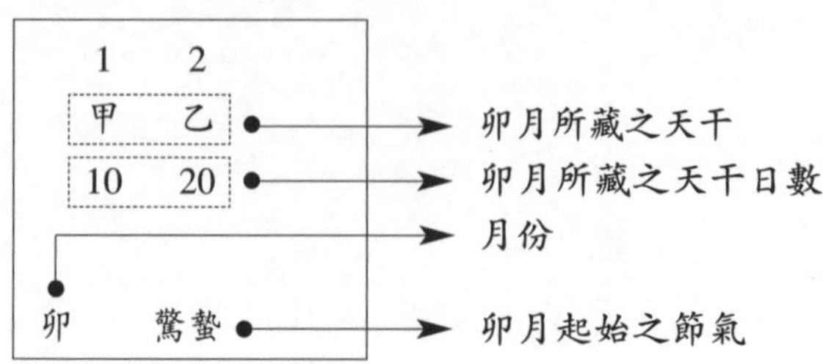

地支藏干日數示意圖			
1 2 3 戊 庚 丙 5 9 16 巳 立夏	1 2 3 丙 己 丁 10 9 11 午 芒種	1 2 3 丁 乙 己 9 3 18 未 小暑	1 2 3 4 己 戊 壬 庚 7 3 3 17 申 立秋
1 2 3 癸 乙 戊 5 10 15 辰 清明			1 2 庚 辛 10 20 酉 白露
1 2 甲 乙 10 20 卯 驚蟄			1 2 3 辛 丁 戊 9 3 18 戌 寒露
1 2 3 戊 丙 甲 7 7 16 寅 立春	1 2 3 癸 辛 己 9 3 18 丑 小寒	1 2 壬 癸 10 20 子 大雪	1 2 2 戊 甲 壬 7 5 18 亥 立冬

配六神

將年干、月干、時干與地支藏干，依照下列「十神表」內的日主，依照天干反推出十神。

再以民國五十四年三月二十八日（陰曆二月二十六日）未時生之男性爲例：

偏財	日主	偏印	偏財
乙	辛	己	乙
未	巳	卯	巳
己 丁 乙	庚 戊 丙	乙	庚 戊 丙
偏印 七殺 偏財	劫財 正印 正官	偏財	劫財 正印 正官

十神表										
日主	比肩	劫財	食神	傷官	偏財	正財	七殺	正官	偏印	正印
甲	甲	乙	丙	丁	戊	己	庚	辛	壬	癸
乙	乙	甲	丁	丙	己	戊	辛	庚	癸	壬
丙	丙	丁	戊	己	庚	辛	壬	癸	甲	乙
丁	丁	丙	己	戊	辛	庚	癸	壬	乙	甲
戊	戊	己	庚	辛	壬	癸	甲	乙	丙	丁
己	己	戊	辛	庚	癸	壬	乙	甲	丁	丙
庚	庚	辛	壬	癸	甲	乙	丙	丁	戊	己
辛	辛	庚	癸	壬	乙	甲	丁	丙	己	戊
壬	壬	癸	甲	乙	丙	丁	戊	己	庚	辛
癸	癸	壬	乙	甲	丁	丙	己	戊	辛	庚

排八字行運（大運）

八字行運理論

《三命通會》說：「古人以大運一辰（一組干支）應十歲（管十年運氣好壞），折除三日爲一年者（由出生日數到交節令日，超過三日做一歲起運計，超過九日則以三日計，於此類推)，何也？蓋一月之終，晦朔周而有三十日；一日之終，晝夜周而有十二時，總十年之運氣，而有一百二十月，即古人生百二十歲爲周天之象。細按之，凡三日得三十六時，應三百六十日爲一歲之數，一月得三百六十時，正應三千六百日爲一辰十歲之數。論折除法，必用生者實曆日時（出生日期時間)，數其節氣之數。」

《三命通會》說：「陽男陰女，大運之生日後未來節氣日時爲數，順而行之；陰男陽女，大運之生日前過去節氣日時爲數，逆而行之。」

大運的干支是從四柱中的月柱干支排演出來，而分成兩類：

a. 年干屬陽的男性（陽男）與年干屬陰的女性(陰女)，其大運干支由月柱干支「順排」。

b. 年干屬陰的男性（陰男）與年干屬陽的女性(陽女)，其大運干支由月柱干支「逆排」。

八字行運實際操作

實際操作時的習慣：

1. 安排大運時，因爲一般人的平均壽命大約爲八十歲，一柱大運管十年行運，因此，一般皆從上運後往後排後七步或八步大運。
2. 行內俗語云「大運上下分五年」，是指天干管五年運程，地支管五年運程。如第一年大運爲甲子，且四歲起大運，則「甲」爲四至八歲之運程，「子」則爲九至十三歲之運程，而第一組運四歲才交運，而一至三歲也可以第一步大運來配合，所以甲子運便是主一至十三歲了。

3. 至於八字算命的歲數，以足齡加一歲便可，因爲母體懷胎超過大半年，這段期間做一歲論，所以剛出生的嬰兒已做一歲論，在未來的生日作兩歲論，足兩歲便是八字算命的三歲了。
4. 大運的「菁華區」是20至50歲，通常會以這段期間的大運爲主要加強的時段。

排大運的步驟

排大運之步驟如下：

1. 確定命主八字。
2. 依照命主性別，確定年干之陰陽，以決定順排、逆排。
3. 將月干依照順排、逆排，依照六十甲子排出八步大運。
4. 依照順排、逆排以及出生月份，查萬年曆確定該月／下月「節氣」(中氣不取)的日期、時間。
5. 將該月「節氣」的日期、時間減去出生的日期、時間，得出的確定日數、時數。
6. 將得出的確定日數、時數，依照下列規則換算：3日折合一歲、一日折四月、一時爲十天。

7. 將大運歲填入排好的大運天干內。

陽男陰女順排大運

以民國65年4月11日（陰曆3月12日）酉時（以18:00計算）生之男性爲例：

1. 確定命主八字爲：丙辰、壬辰、癸巳、辛酉。
2. 命主爲男性，該年爲丙辰年，丙爲陽，決定順排。
3. 將月干依照順排，排出八步大運：癸巳、甲午、乙未、丙申、丁酉、戊戌、己亥、庚子。
4. 下月節氣「立夏」的日期、時間爲：5月5日17:15。
5. 以5月5日17:15減去4月11日18:00大約是24日。
6. 以24日換算後，是8歲（虛歲9歲）起大運。
7. 將大運歲填入排好的大運天干內，即成爲：9癸巳、19甲午、29乙未、39丙申、49丁酉、59戊戌、69己亥、79庚子。

偏印	日主	劫財	正財
辛	癸	壬	丙
酉	巳	辰	辰
庚辛	庚戊丙	乙癸戊	乙癸戊
正印 偏印	正印 正官 正財	食神 比肩 正官	食神 比肩 正官

79	69	59	49	39	29	19	9	大運
庚	己	戊	丁	丙	乙	甲	癸	
子	亥	戌	酉	申	未	午	巳	

陰男陽女逆排大運

以民國54年3月28日（陰曆2月26日）未時（以14:00計算）生之「陰男」爲例：

1. 確定命主八字爲：乙巳、己卯、辛巳、乙未。
2. 命主爲男性，該年爲乙巳年，乙爲陰，決定逆排。
3. 將月干依照逆排，排出八步大運：戊寅、丁丑、丙子、乙亥、甲戌、癸酉、壬申、辛未。
4. 本月節氣「驚蟄」的日期、時間爲：3月6日03:01。
5. 以3月28日14:00減去3月6日03:01，大約是22日11時。
6. 以22日11時換算後，是7歲7月20日（虛歲8歲）起大運。
7. 將大運歲塡入排好的大運天干內，即成爲：8戊寅、18丁丑、28丙子、38乙亥、48甲戌、58癸酉、68壬申、78辛未。

偏財	日主	偏印	偏財
乙未	辛巳	己卯	乙巳
己丁乙	庚戊丙	乙	庚戊丙
偏印 七殺 偏財	劫財 正印 正官	偏財	劫財 正印 正官

78	68	58	48	38	28	18	8	
辛	壬	癸	甲	乙	丙	丁	戊	大運
未	申	酉	戌	亥	子	丑	寅	

判斷身強、身弱

所謂的「身強」是指：「月令」同「日主」；或是「月令」生「日主」。利用「身強」喜遇洩剋煞、「身弱」喜遇同印生助的特點，可以排定用神。詳細判斷身強的方式，請參考「身強身弱判斷表」。

取用神

身強身弱判斷表												
日干	月支											
	寅	卯	辰	巳	午	未	申	酉	戌	亥	子	丑
甲、乙	強	強	弱	弱	弱	弱	弱	弱	弱	強	強	弱
丙、丁	強	強	弱	強	強	弱	弱	弱	弱	弱	弱	弱
戊、己	弱	弱	強	強	強	強	弱	弱	強	弱	弱	強
更、辛	弱	弱	強	弱	弱	強	強	強	強	弱	弱	強
壬、癸	弱	弱	弱	弱	弱	弱	強	強	弱	強	強	弱

取「用神」在八字中是非常重要的，依照先賢的說法「用神是命局的藥」。因爲人的八字就代表了一個人的身體，由各種組織、器官所構成，當器官運作不良時，身體就會產生不同症狀，因此必須要查明原因，然後採取相對應的治療方法，才可以消除、減輕症狀。

「用神」也是取姓名的關鍵。因爲姓名之所以對人有影響力，正是因爲用神能直接對命主的八字產生影響，這也是「姓名能改運」的理論能成立的重要關鍵。

八字代表的是人的先天五行之氣，這些五行的旺衰狀況不一，力量大小不等，相互間存在著相互依存又相互剋制的作用關係，取用神的目的就是要維持五行力量的平衡關係。五行力量如果不平衡時，大部分會有兩種情形：一是某種五行過旺，二是某種五行過弱。

針對於第一種情形，會依照不同的體質，採用「剋」或「洩」的方法。所謂的「剋」是指用相剋的五行制衡的策略，例如火多用水剋；「洩」則是指另一種策略，用相生五行洩走過多的五行，例如木多，因爲木生火，所以用火洩。

針對於第二種情形，則會採用「生」的方法。所謂的「生」是指用相生的五行生助孱弱的五行，例如木弱，因爲水生木，所以用水生。

當然這裡說的只是通案，也會有特例，但因爲這不是專論八字的書籍，所以不多作討論。

此外，在取「用神」時要特別注意用神並非固定的，而是會隨環境的轉變而變化。就以人的身體爲例，看起來我們的身體是不變的，但是環境卻會隨著四季改變，所以身體自然也要隨著環境變化作改變。用神就像是衣服、食物，夏天燥熱，自然不能穿太厚的衣服，也不能吃太燥熱的食物，而是得穿輕薄涼爽的衣物，吃清淡的食物是一樣的道理，不可拘泥一格；倘若拘泥於書籍、理論，硬是要在夏天燥熱時穿厚重的衣物、吃油膩的食物，就會引起身體的不適。

要想取一個準確的「用神」並非易事，必須要能夠準確地掌握五行之間的力量、大小、對比關係，透過生剋制化、刑沖合害的作用，才能找出合適的用神，這裡是舉出常用取用神的方式。

日干之喜忌

利用日干之喜忌取用神時，可以預先知道取用神所產生之影響。

日干喜忌表				
天干	喜	所喜天干產生之影響	忌	所忌天干產生之影響
甲	丙火 癸水	逮到機會賺大錢	壬水	風流、官司、訴訟、口舌
乙	丙火 癸水		甲木	會有宗教緣
丙	壬水		己土	投機、好高騖遠
丁	甲木		丙火	不知恩情、反覆無情
戊	甲木		辛金	命硬（剋人）
己	辛金		戊土	個性貪婪（什麼都想要）
庚	丁火		癸水	孤單、孤獨
辛	壬水		甲木	病破
壬	丙火		戊土	浪子
癸	庚金 辛金		己土	血光、殘障

當令

倘若當令的天干，顯現在年柱、月柱、時柱的天干（透出）一定不是用神。

以凶神排用神

倘若八字內顯現的凶神（七殺、傷官、劫財）超過兩個以上時，可以考慮利用其他十神制、化的方式，排出可以考慮的候選用神名單。

食神制七殺；七殺生偏印

正印制傷官；傷官生正財

正官奪劫財；劫財生傷官

以大運排用神

利用「天干吉凶數表」，可以利用大運排出可以考慮的候選用神名單。

天干吉凶數表							
天干	吉數				凶數		
	正印	正官	偏財	食神	七殺	傷官	劫財
甲	0	8	5	3	7	4	2
乙	9	7	6	4	8	3	1
丙	2	0	7	5	9	6	4
丁	1	9	8	6	0	5	3
戊	4	2	9	7	1	8	6
己	3	1	0	8	2	7	5
庚	6	4	1	9	3	0	8
辛	5	3	2	0	4	9	7
壬	8	6	3	1	5	2	0
癸	7	5	4	2	6	1	9

以民國54年3月28日（陰曆2月26日）未時（以14:00計算）生之「陰男」爲例：

偏財	日主	偏印	偏財
乙	辛	己	乙
未	巳	卯	巳
己 丁 乙	庚 戊 丙	乙	庚 戊 丙
偏印 七殺 偏財	劫財 正印 正官	偏財	劫財 正印 正官

78	68	58	48	38	28	18	8	
辛	壬	癸	甲	乙	丙	丁	戊	大運
未	申	酉	戌	亥	子	丑	寅	
5	8	7	0	9	2	1	4	吉數
3	6	5	8	7	0	9	2	
2	3	4	5	6	7	8	9	
0	1	2	3	4	5	6	7	
4	5	6	7	8	9	0	1	凶數
9	2	1	4	3	6	5	8	
7	0	9	2	1	4	3	6	

神煞各論

八字派姓名學利用神煞來決定取名的讀音，不同的神煞對於讀音有不同的要求。

天德貴人、月德貴人

八字中有天德、月德貴人，主人心地善良，做事公道，化險爲吉，以日干見，力量最大。

起名宜採用吉祥字，如：祥、瑞、順，更是逢凶化吉，萬事如意。

凡命中帶兇煞，得此二德扶化，兇不爲甚。須要日上見，時上不犯剋衝刑破，方吉。

凡人得之，一生安逸，不犯刑，不逢盜，縱遇兇禍，自然消散。與三奇天乙貴同併，尤爲吉慶。或財官印綬食神變德，各隨所變，更加一倍之福。入貴格，主登科甲，德君寵任，或承祖蔭，亦得顯達。入賤格，一身溫飽，福壽兩全，縱有蹇滯，亦能守分固窮，不失爲君子。女命得之，多爲貴人之妻，三命鈴云：「天德者，五行福德之辰，若人遇之，主登臺輔之位」，更有月子平賦曰：「印綬得同天德，官刑不犯，至老無殃，是天得勝月德也。」

天德貴人歌訣：「正丁二申中，三壬四辛同，五亥六甲上，七癸八艮同，九丙十歸乙，子巽丑庚中。」

天德貴人

天德貴人												
月令	寅	卯	辰	巳	午	未	申	酉	戌	亥	子	丑
命局干支	丁	申	壬	辛	亥	甲	癸	寅	丙	乙	巳	庚

月德貴人

月德貴人												
月令	寅	午	戌	亥	卯	未	申	子	辰	巳	酉	丑
命局干支	丙			甲			壬			庚		

天乙貴人

天乙貴人主聰明智慧，多得人扶助，能逢凶化吉。

天乙貴人歌訣：「甲戊庚牛羊，乙己鼠猴鄉，丙丁豬雞位，壬癸兔蛇藏，六辛逢馬虎，此是貴人方，命中如遇此，定作紫衣郎。」

天乙貴人										
年干、日干	甲	乙	丙	丁	戊	己	庚	辛	壬	癸
命局地支	丑未	子申	亥酉	亥酉	丑未	子申	丑未	午寅	卯巳	卯巳

由上表可得知此人命中所帶之貴人生肖爲何，而且在這幾個命局生肖年內，易得貴人相助。

文昌貴人

文昌貴人主天資聰敏，亦主逢凶化吉，男有內涵，女有儀容。

起名宜取文雅、清奇，忌粗俗或過剛的字：如財、富、虎。

文昌貴人歌訣：「甲乙巳午報君知，丙戊申宮丁己雞，庚豬辛鼠壬逢虎，癸人見卯入雲梯。」

文昌貴人										
年干	甲	乙	丙	丁	戊	己	庚	辛	壬	癸
命局地支	巳	午	申	酉	申	酉	亥	子	寅	卯

三奇

三奇，以日爲主，依序排列者是，次序亂者不是。主其人博學多能，心胸寬大，精神異於常人。主性格與眾不同，且在某行業有特殊發展。

起名宜取特殊的字配合。

三奇貴人歌訣：「天上三奇甲戊癸（最佳），地下三奇乙丙丁（次佳），人中三奇壬癸辛（三佳），命中若得三奇貴，狀元及第冠群英。」

魁罡

日柱爲戊辰、戊戌、庚辰、庚戌、壬辰、壬戌者爲魁罡，命帶魁罡，主權威、領導力、智高、富攻擊性、脾氣差、宜男不宜女。

起名宜中庸、平和的字爲吉。

將星

寅午戌見午、申子辰見子、亥卯未見卯、巳酉丑見酉，以年支或日支查其餘各支，見者即爲「將星」。

起名宜抑揚頓挫、富有魄力之名。如：國泰。

歌云：「將星文武兩相宜、祿重權高足可知。」將星逢七殺或羊刃，可掌握他人生死大權，如：法官、檢察官……等。將星和財星同柱，可在金融界大放異彩。

華蓋

命中有華蓋，婚姻常錯過好姻緣，而成爲高齡單身男女。

起名可選用具文藝氣息之字。

壺中子云：「華蓋爲藝術星。」

歌云：「華蓋星辰兄弟寡，天上孤高之宿也，生來若在時與胎，便是過房庶出者。」

林開云：「印墓同乞品格清，重重臨印即公卿，若還空破臨其位，便是悠閒藝術人。」

燭神經云：「華蓋爲庇蔭清神，主人曠達，神清性靈，恬淡寡欲，一生不利財物，惟與夾貴併，則爲福，清貴特達。」

華蓋												
年支、日支	寅	午	戌	亥	卯	未	申	子	辰	巳	酉	丑
命局地支	申			巳			寅			亥		

驛馬

由年支、日支見四柱其他地支，命中有驛馬，離家發展可得貴人助。驛馬主奔波流動，會吉星則增其吉，遇喜神（用神）或四吉神財官印綬（食神），皆主速發；若遇兇星則兇。

起名可用「馬」或「⼀」字旁的字，可助離鄉發展的命運。

「申子辰馬居寅，寅午戌馬居申，巳酉丑馬居亥，亥卯未馬居巳」。

驛馬												
日支、年支	寅	午	戌	亥	卯	未	申	子	辰	巳	酉	丑
命局地支	申			巳			寅			亥		

祿神

八字中有祿神，一生財富無憂多得意。祿神位置也表示錢財來源，祿在年支：長輩；祿在月支：自己；祿在日支：配偶；祿在時支：子女、晚輩。

歌訣：「甲祿在寅，乙祿在卯，丙戊祿在巳，丁己祿在午，庚祿在申，辛祿在酉，壬祿在亥，癸祿在子。」

祿神										
日干	甲	乙	丙	丁	戊	己	庚	辛	壬	癸
祿神	寅	卯	巳	午	巳	午	申	酉	亥	子

陽刃、飛刃

陽者，陽剛也；刃者，刑也。陽刃者，極盛之處也。延期至剛至堅，臨於危險邊緣也。日元弱者喜刃，旺者忌任。

經云：「煞刃兩停，位至王侯。」

又云：「身強遇刃，災禍勃然。」

歌訣：「甲刃在卯，乙刃在寅，丙午刃在午，丁己刃在巳，庚刃在酉，辛刃在申，壬刃在子，癸刃在亥。」

飛刃：衝陽刃之地支爲飛刃。

陽刃、飛刃										
日干	甲	乙	丙	丁	戊	己	庚	辛	壬	癸
陽刃	卯	寅	午	巳	午	巳	酉	申	子	亥
飛刃	酉	申	子	亥	子	亥	卯	寅	午	巳

劫煞、亡神、桃花

劫煞又名大煞，爲喜用則才智過人，爲仇忌則災害難免。

亡神又名官符，主刑剋妻子，官災是非，遇喜用主謀略深算。

桃花在年或月支見之，爲牆內桃花，主夫妻恩愛，但在時支見者，爲牆外桃花，主人人可採，不過若爲喜用，則主多異性追求，自己未必人盡可夫。

劫財、亡神、桃花												
日支	子	丑	寅	卯	辰	巳	午	未	申	酉	戌	亥
劫財	巳	寅	亥	申	巳	寅	亥	申	巳	寅	亥	申
亡神	亥	申	巳	寅	亥	申	巳	寅	亥	申	巳	寅
桃花	酉	午	卯	子	酉	午	卯	子	酉	午	卯	子

紅豔煞

日干對日支，逢「紅豔煞」，婚姻不順、桃花多。

歌訣：「多情多慾少人知，六丙逢寅辛見雞，癸臨申上丁見未，眉開眼笑樂嘻嘻，甲乙見午庚見戌，世間只是眾人妻，戊己怕辰壬怕子，祿馬相逢作路妓，任是世家官宦女，花前月下也偷情。」

紅豔煞										
日干	甲	乙	丙	丁	戊	己	庚	辛	壬	癸
日支	午	午	寅	未	辰	辰	戌	酉	子	申

孤辰、寡宿、大耗

孤辰：表示孤單。

寡宿：表示配偶易先去世。

大耗：易賠錢。

孤辰、寡宿、大耗												
年支	子	丑	寅	卯	辰	巳	午	未	申	酉	戌	亥
孤辰	寅	寅	巳	巳	巳	申	申	申	亥	亥	亥	寅
寡宿	戌	戌	丑	丑	丑	辰	辰	辰	未	未	未	戌
大耗	未	申	酉	戌	亥	子	丑	寅	卯	辰	巳	午
	巳	午	未	申	酉	戌	未	子	丑	寅	卯	辰

陰錯陽差

陰錯陽差是戴孝結婚之意。

丙午、丁未、戊申、丙子、丁丑、戊寅、辛卯、壬辰、癸巳、辛酉、壬戌、癸亥等十二組干支，以日柱最嚴重，月、時柱次之，年柱最輕微。

金神

在日柱、時柱見：己巳、癸酉、乙丑等三組干支算金神。

口訣：「金神入火鄉、財發如猛虎。」

又曰：「金神入火鄉、富貴天下響。原局無火力、遇火運顯達。」

遇水則破敗。

8 九宮流年

九宮流年的觀點

九宮流年的論命方式

4	9	2
3	5	7
8	1	6

「九宮流年」的前身是《洛書》排出的九宮，甄鸞《數術記遺》：「九宮者，即二四爲肩，六八爲足，左三右七，戴九履一，五居中央。」縱橫相加皆爲十五。

「九宮流年」的論斷方式由現存的資料可以顯示，和《易經》所論及「理象數」有密切關係。可能是由某位研究《易經》和《洛書》的先賢，發現藉由《洛書》中九宮的變化可展現易經「象」：名、財、官、利、交、敗、衰、煞、絕，並更進一步簡化成更容易理解的「數」，這是發展的第一步。

第二步是「洛書」和姓名學的「五格」混合。「五格」的出現可能和熊崎氏有關，姑且不論「五格」的邏輯是否合理、正確，假設五格眞爲熊崎氏所作，我們可以推測將《易經》的「象數」和「五格」的數混合論斷，也應是「五格」出現以後的事。

「九宮流年」利用五格的數，去推演一個人和周遭事物的關係，進而可以知道這些關係變化的趨勢，達到趨吉避凶的目的。

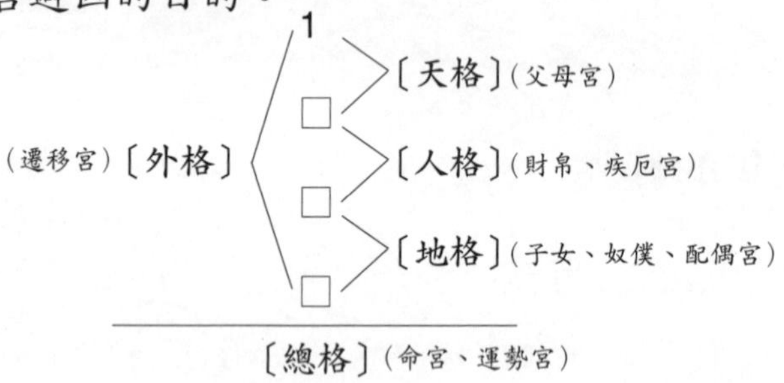

九宮流年的論命邏輯

「九宮流年」是中國「九宮」觀念在姓名上的推演，這個觀念認爲：

1. 姓名的五格代表「主體」，五格的「數」代表了一個人和外在環境之間的關係。
2. 「主體」會依照「九氣」的嬗遞每年推演各有不同的表現，每九年會重覆一次固定的九氣變化。
3. 依照「九氣」的嬗遞，可以推估每年主體的運勢發展。

九宮流年所謂的好名

對「九宮流年」而言，並沒有哪一種五格的「數」格特別好或特別不好，因爲格數只是決定了「九氣」

出現時間點不同，但「九氣」的變化表現是隨著時間推演每年嬗遞的，九年會重覆一次。

「九氣」決定了每個人生命運會遇到的可能事件，若是能事先知道每個人每年的發展方向，就能夠事先注意，以降低壞運所造成的可能影響，所以，能善用不同「九氣」的走勢調整生涯發展方式才是好名（格局)。

九宮流年的論點

「九宮流年」和其他派最大的不同，在於：

1. 主要論斷的對象是主體的運勢變化，而不像其他派系是論斷主體本身。
2. 論斷的方式已有先人寫出固定的白話邏輯，容易自行推演。

九宮流年判斷流程

九宮流年判斷的流程如下：

1. 確定筆畫數。
2. 確定五格格局。
3. 排五格化氣。
4. 排九宮。
5. 判斷九宮吉凶。

確定筆畫數

對「九宮流年」而言，筆畫是論命的依據，因此，必須正確的計算筆畫數，筆畫數的計算是採用《康熙字典》上的楷書標準字筆畫數。

確定五格格局

將姓名的筆畫數依照下列不同組成方式填入：

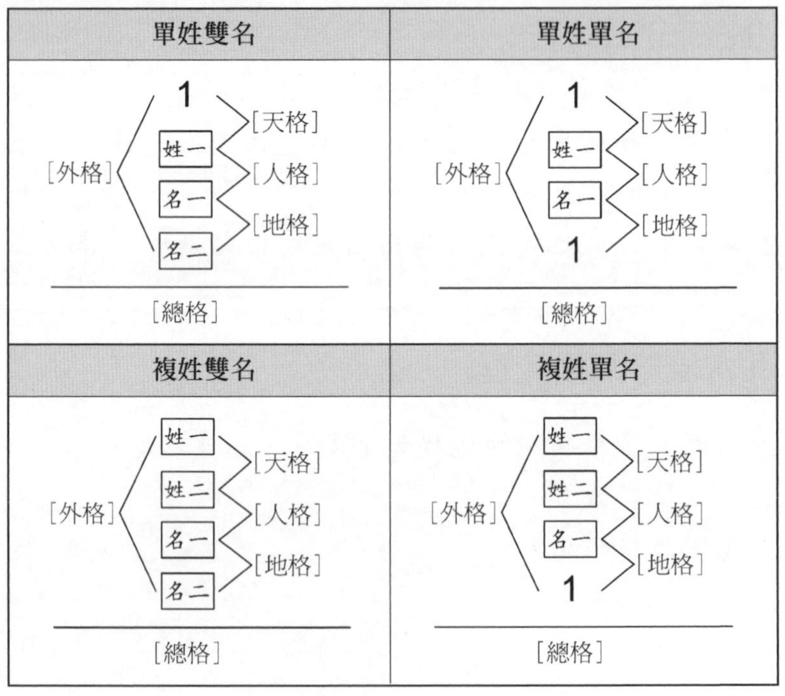

筆畫數確定後，就可以依照下表計算五格。

九宮五格的計算方式	
格	計算方式
天格	1＋姓筆畫數
人格	姓筆畫數＋名1筆畫數
地格	名1筆畫數＋名2筆畫數
總格	姓＋名1筆畫數＋名2筆畫數
外格	1＋名2筆畫數

排五格化氣

排出姓名五格後，將天格、人格、地格、總格的位數「化氣」至個位數。化氣的方式如下：

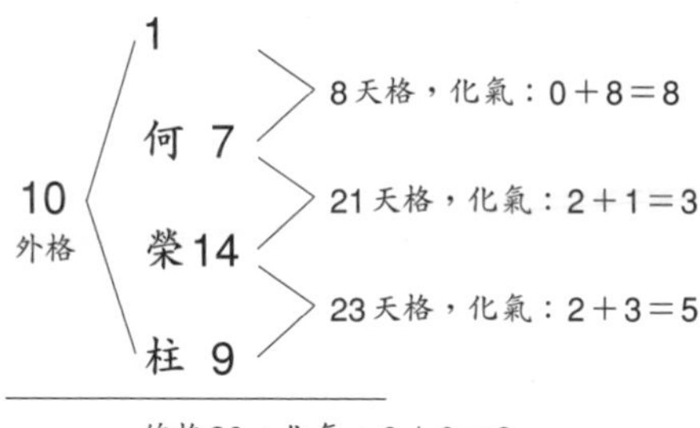

排九宮

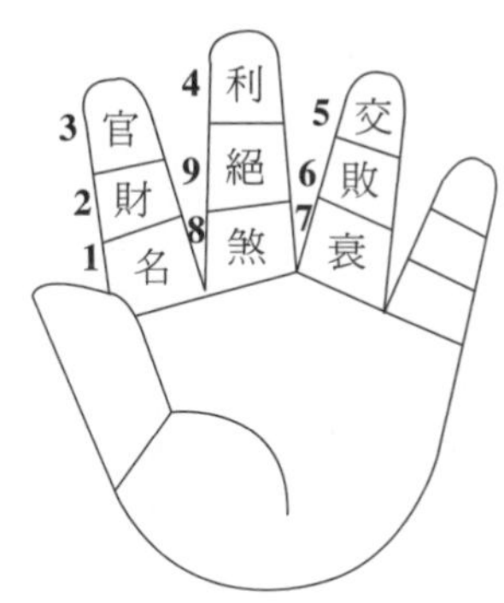

1. 將五格「化氣」後之數字自「名」起順數至9：

　天格：由8自「名」起算至9「財」。

　人格：由3自「名」起算至9「衰」。

地格：由5自「名」起算至9「交」。

總格：由3自「名」起算至9「衰」。

2. 計算之民國年除以九之餘數，如：

民國87年87÷9＝9…6（餘數）

民國88年88÷9＝9…7（餘數）

民國89年89÷9＝9…8（餘數）

民國90年90÷9＝9…0（餘數）

3. 將「化氣」後數至9之位置再加上欲算之年份餘數，如欲算民國95年「何榮柱」之流年：

天格：再由「財」的下一位「官」起加95年之餘數5，至「衰」結束。

人格：再由「衰」的下一位「煞」起加95年之餘數5，至「官」結束。

地格：再由「交」的下一位「敗」起加95年之餘數5，至「名」結束。

總格：再由「衰」的下一位「煞」起加95年之餘數5，至「官」結束。

4. 求出各宮之流年位置後，再翻至後面「九宮流年對照表」查看該年運勢。

民國95至98年九宮流年運勢				
	民國95年	民國96年	民國97年	民國98年
天格（父母宮）	衰	煞	絕	名
人格（財帛宮、疾厄宮）	官	利	交	敗
地格（子女宮、配偶宮）	名	財	官	利
總格（命宮、運勢宮）	官	利	交	敗

判斷九宮吉凶

九宮各位置之意義

（名、財、官、利：是正財也就是明財、血汗錢，敗、衰、煞：是暗財也就是我無法控制之財，如房地產增值偏財：大起大落之財，如投資股票。）

父母宮「財」年適合賣房子，「絕」年則適合買房子。

命宮「煞」年業務部門升官或破格晉升，「官」年資歷夠即可升官。

正位求功名，如：「煞」、「交」、「官」。偏位求利祿，如：「絕」、「利」付出的少，而「衰」、「財」易得財。

父母宮走「財」爲得財；財宮與子女宮走「財」爲破財、洩財；財帛宮走「財」爲自己花錢；子女宮走「財」花在別人身上。

＜名＞

主成名或空亡

時節屬四季

象徵：複雜、變化、易合易散

此年到哪裡都出名

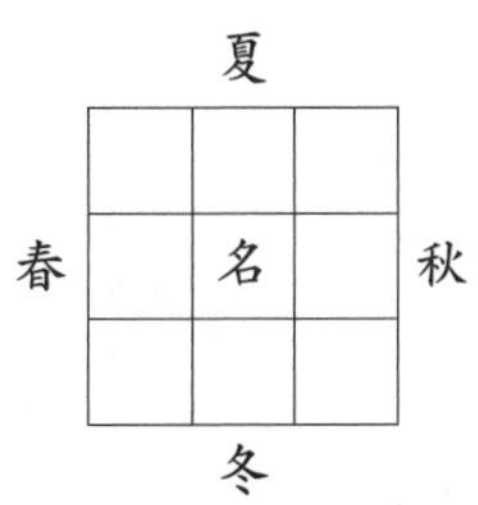

＜財＞

主守成、等待（庫）

時節：屬秋

象徵：秋末宜收成入庫，只進不出

孤獨、易失機會、凋零

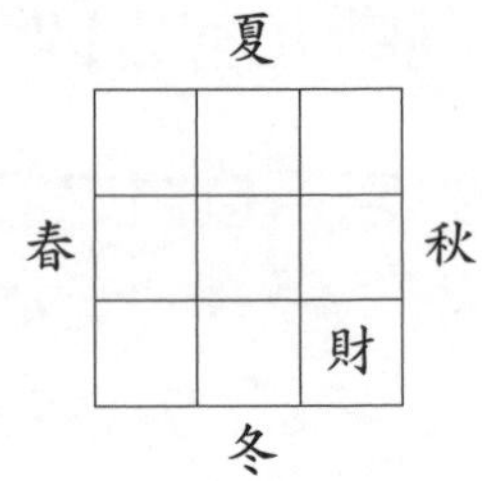

＜官＞

主升官、承接（成）

時節：屬秋

象徵：收成

權威、承接、收成

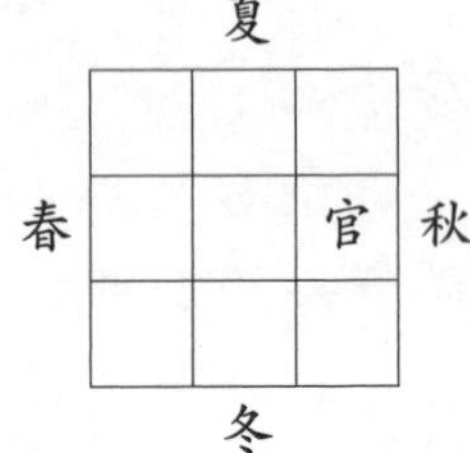

＜利＞

主突破、掙扎

時節：春、冬交接

象徵：開發突破

走前端之象

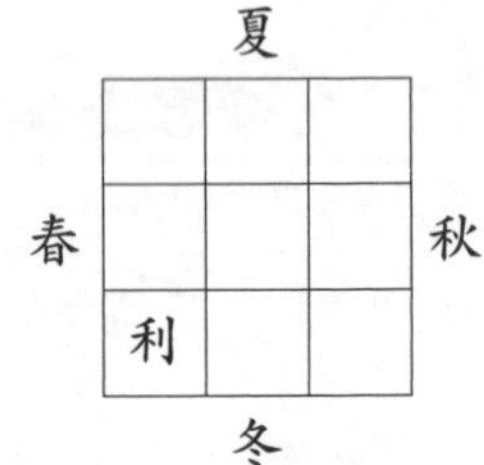

＜交＞

主表現、轉變

時節：屬夏

象徵：光芒四射

獨霸的權威

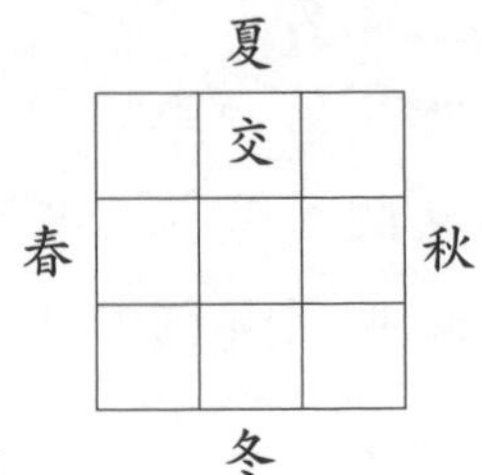

＜敗＞

主隱藏破壞

時節：屬冬

象徵：侵犯與霸性

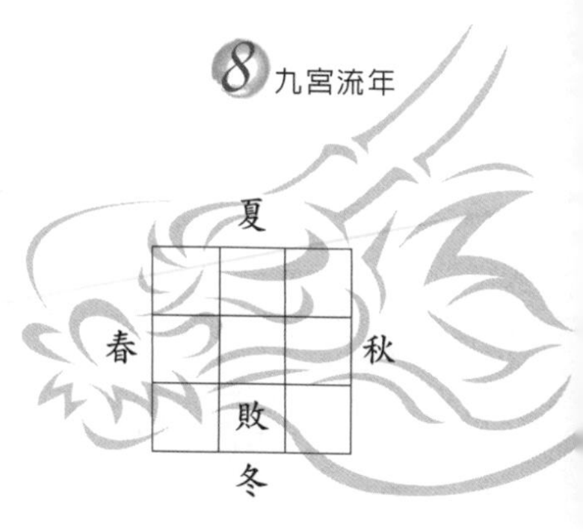

＜衰＞

主福德、享成

時節：屬夏、秋交接

象徵：由動轉靜、被動

懶散享成、天官賜福

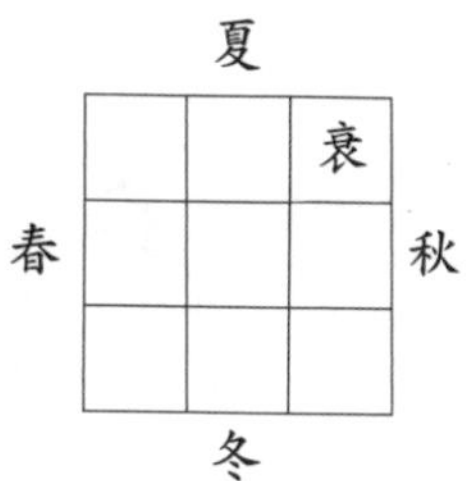

＜煞＞

主競爭、夾殺

時節：屬春

象徵：辛苦成長

須與人競爭

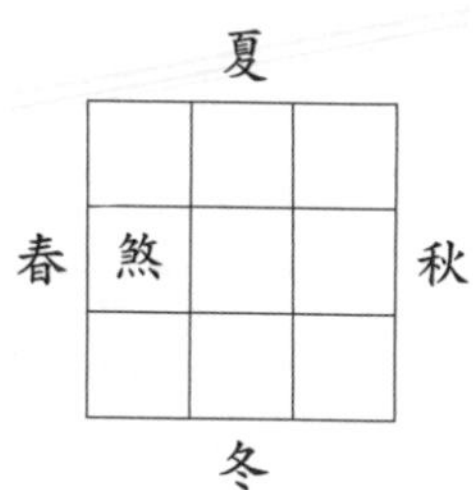

＜絕＞

主付出、迎合

時節：屬春、夏交接

象徵：活躍

親和力、異性緣

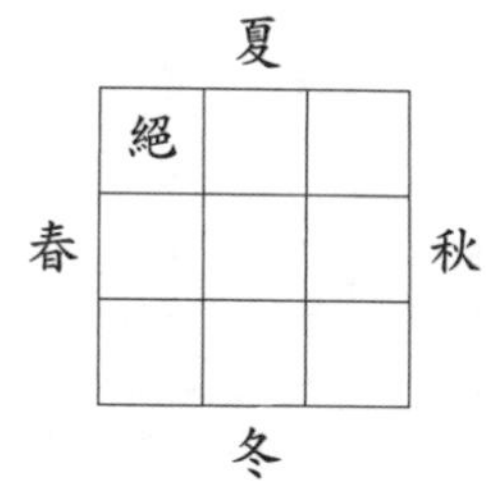

總格（命宮、運勢宮）流年對照

命宮、運勢宮流年對照	
九宮	表　　現
名	漸入佳境叫「名望」、漸入低潮叫「空亡」(即有名無利)。 1. 主動、磁場好、機運佳，全力表現，知名度易高，聲名大發，出風頭，貴人多易受提拔，尤以9至12月最強。 2. 個人的魅力凸顯，需在「名」之前就準備好，「名」運來才可大顯身手。 3. 桃花年異性緣多，容易吸引異性。 4. 競選、考試、比賽會有較佳成績。 5. 專業、專才的人此年走紅，尤其是民代、律師、自由業、才可得名又得財，其他行業不一定，上班族此年易升官。 6. 此年容易出名，易上報紙，如「林滴娟」，會在此年遇害就是因爲總格走名。 7. 此年結婚生子懷孕好，故又爲結婚年，但若是年老則易亡故。
財	順「名望年」而得實際財。 1. 靜、保守、宜守成等待，屬被動性之機運。 2. 穩當做事，保留實力，以退爲進，宜在原單位自耕、深耕、自省，以加強內部爲主，上班族則不宜求表現，會造成反效果，等隔年「官」再表現。 3. 走名是在外發揮，走財則是在內發揮，只進不出，勿投資、以入袋爲安。 4. 有被財困或遭受財物困境的可能。
官	主升官、承接（資歷夠的升官）。 1. 視野打開，格局放大，可能有第二重事業出現的現象。 2. 屬於別人給機會成長、突破、受提拔、升職之現象，上班族此年易升官、承接，如以前管三至四人，此年管十幾人。 3. 生意人可以多角化經營、開分店、分公司，但負債者不可開分店，賺錢可擴大，但只可小擴不可大擴。 4.「名財年」(即去年、前年) 有盈餘，此年則盈餘將更多，但若「名財年」(即去年、前年) 有負債，小心此年負債可能更多。

命宮、運勢宮流年對照	
九宮	表　　　現
利	主突破、掙扎、利屬小財。 1. 暗藏、保守、靠別人照顧，若流年運好有突破的機會，若流年運壞有被壓抑的可能。 2. 在自我範圍內有短暫性的突破，但付出無法獲得肯定，易有倦怠相，或放棄該得到的而使機會流失。 3. 做官者本年易有無力感而想辭職；做生意者此年反而可能是突破點。 4. 此年不宜投資，凡事不做考慮。
交	十交九變（但運逢病年不可變）。 主表現、轉變、光芒四射、獨霸的權威。 1. 交的磁力僅次於名，想換工作，想轉變，一定要表現才能提昇。 2. 整個思想、心態、環境要開始轉變，注意機會之掌握，否則其後運勢易弱，很多人由「交年」後變得更好，而旺超過十年，最強的運勢是在7月。 3. 身分有重大轉變：由文變武、內職變外職、單身變結婚。 4. 有改行、換工作而增加另一份收入的機會。 5. 徵部下、員工，部下走交運最容易轉換職業。
敗	暗藏侵犯力、霸性強、又主隱藏、破壞。 1. 凡事謹愼應對爲宜、容易因不好的事吸引入陷阱而入敗名，較會受到批評與指責而出現醜態，甚至傷害名節，不可違法亂紀，應謹愼行事。 2. 生意人不怕敗名，但需防投資錯誤及投資陷阱，此年經營吃、喝、嫖、賭的五鬼特種行業反而更賺錢。 3. 當官者及上班當主管者怕敗名，小心名節或錯誤決定，要隱藏、少管事。 4. 檢察官與演員遇敗名（緋聞）反而出名。 5. 易受小人陷害，需防被綁票。

<table>
<tr><th colspan="2">命宮、運勢宮流年對照</th></tr>
<tr><th>九宮</th><th>表　　現</th></tr>
<tr><td>衰</td><td>主天官賜福，此年最輕鬆但成就少。
1. 由動轉靜，主：福德享成、懶散、被動。
2. 此年勿太懶散，需好好培養人際關係尤其是對上的關係，以免錯失良機，喪失升官機會。
3. 在打擊的過程中顯現絕處逢生之機會，若掌握機運，要名得名、要利得利。
4. 有人在此年享成（得到退休金、收成）、天官賜福（升官、當官）、財入（從商賺錢）。</td></tr>
<tr><td>煞</td><td>主與人競爭或遭人夾殺，若流年好則不用怕。
1. 保守，勿投資、做保，合夥易有是非而付出代價，有官司文書訴訟是非，躲開爲宜。
2. 有波折，爭奪、競爭之相，努力中求生存則有生機。
3. 上班族須防同儕的惡意中傷，倘若競爭實力夠，可破格晉升。
4. 開業需防來自同業的競爭引起之糾紛，或法律訴訟。
5. 走「煞」被告則麻煩多，告人則不必害怕，一告一叫競爭（易成功），一告多叫夾殺（易失敗）。
6. 從官者流年不怕走「官、煞」，但怕走「敗、名」。
7. 從商者流年怕走「官、煞」，但不怕走「敗、名」。小心意外，天災人禍。</td></tr>
<tr><td>絕</td><td>主付出，迎合、活躍、親合力、異性緣。
1. 付出多、得到少、入不敷出、需加倍耕耘，不問收穫。
2. 工作半年內不穩定，主退職、降級，易失業，宜靜勿動，長官上司會施壓力找麻煩，凡事不求有功，但求無過。
3. 盡量不要換工作或做改變，常會應得而未得，不應失而失掉。
4. 運勢過了下半年才會比較好。
5. 財運不好，套牢機會高，也不要投資。
6. 宜充電，可買金子或置田宅。</td></tr>
</table>

天格（父母宮）流年對照

父母宮流年對照表	
九宮	表　　　　現
名	1. 組織成長、升格、突破、機運佳。 2. 買賣房地產最易成交。 3. 主公司的名聲好，並可藉著知名度創造財富，但是個人名聲則未必好。 4. 此年可換工作或有機會被挖角，好機會多。 5. 主動不好，易出名。 6. 可買賣田宅，中意的、適合的多，但未必便宜及賺錢。 7. 老人小心死亡。
財	1. 只進不出，不宜換工作。 2. 屬承接之財，才有財運，不動產宜賣不宜買，而且可以賣比別人更好價錢。 3. 可投資創業但要保守，女人的暗財比男人多。 4. 公司名聲凋零、冷清，公司廣告無效，不易凸顯。 5. 老闆與父母得，你亦可從中獲得。 6. 上班族公司賺錢而自己未必賺錢。
官	1. 組織擴大、膨脹，由偏遠至市區發展。 2. 公司格局加大、成立分公司或開分店，老闆升官，自己也有升職機會。 3. 可承接事業，或被挖角至更大間的公司，或繼續進修。 4. 上班族有兼差、升等考試或負責兩種業務的機會，換工作以換大組織的公司較佳，婦女有出去工作的機會。 5. 可買田宅、有遷移之相，買與賣須看整個大環境。
利	1. 保守、少利、勿動、無力感、充電期、宜守成，在原環境中求進步。 2. 利爲眞空狀態，機會難掌握，求職時常石沉大海不被錄取。 3. 上班族的公司或老闆面臨工作瓶頸，自己亦無機會。 4. 自已開業者則公司容易有危機、或受壓抑，無法創造商業口碑，運差則宜穩定求發展以度過難關。 5. 不動產不好賣，交年（即明年）則較好賣。

父母宮流年對照表	
九宮	表　現
交	1. 上班族自己會隨主管調動而被調動，如換公司、地點、搬家、買賣房屋等。 2. 公司會有機會調整、變動、轉型。 3. 招牌或內部東西會變動。 4. 適合買賣田宅、可能會重新布置換裝潢。
敗	1. 劫財、洩財、匆換工作或被挖角。 2. 父母不和、家族、上司或公司內部的暗鬥不和、婆媳不和、內憂外患。 3. 多事之年、公司被抹黑亦被侵佔。 4. 房地產多阻礙、如買錯房子或租錯房子（如漏水、沒冷氣）、房子易遭小偷或東西被破壞、賣房子廣告無效且不好賣。 5. 經營事業易有帳務錯誤、買賣糾紛，防代理權被搶，此年打廣告效果有限，須多加注意。 6. 自行開店者，客人多挑剔。 7. 上班族須小心背後遭人中傷，小人出賣。 8. 小心投資錯誤、徒勞無功。
衰	1. 衰表「天官賜福」、機運佳、福氣好、須以退爲進。 2. 公司、上司受到老天庇蔭，公司知名度可慢慢恢復，天官賜福，自己亦受庇護。 3. 如自己開店，絕處逢生，谷底翻身，有機會拿到代理權。 4. 適宜買賣房地產。 5. 可買賣田宅，看到理想的店要馬上訂下，因機會稍縱即逝，賣屋也要馬上答應賣出掌握商機，否則機會不再有。 6. 上班族找工作或換工作自然可找自己喜歡的公司。

父母宮流年對照表	
九宮	表　　現
煞	1. 主是非多，勿合夥、多波折，壓力大，麻煩多，小心天災人禍。 2. 上班族辛苦年，上司你爭我奪，我亦辛苦，換工作不好，武官較有升官機會。 3. 換工作易在違法公司上班。 4. 如自己當老闆，會面臨來自鄰居甚至是好朋友的競爭壓力，甚至是正面搶生意與你競爭。 5. 買賣合夥文書常有糾紛，房子有機會買賣，最怕時機錯過。 6. 公司或房子會有法律糾紛。 7. 主內憂外患，夫妻口角。
絕	1. 主搬家或換工作地點。 2. 付出迎合上司、主管，付出辛苦。 3. 劫財、勿動、宜守成、休息、停頓、目前無突破。 4. 上班族不宜換工作，怕換到空殼公司或將倒之公司。 5. 危機要倒不倒且回收更少，只出不進，賺少出多，要到隔年（名）才有收穫。 6. 此年最適合買屋，可買到便宜貨；賣屋只求脫手，必賣到超低價。 7. 爲來年不斷付出、不求利潤。 8. 家庭主婦、無地位者會很累。 9. 自己當老闆，不易賺錢，賺少花費多。

人格（財帛、疾厄宮）流年對照

財帛、疾厄宮流年對照表	
九宮	表　現
名	1. 正財多，暗財少（靠勞力，規距所得之財），只要腳踏實地，勤勞努力，即可賺到錢，選擇自己熟悉的工作領域，收入會隨努力增加。 2. 開業者賺錢機會多，一分努力有一分收穫，生意可因多拜訪客户而得財。 3. 上班族工作取得容易，易有賺錢機運，可靠知名度凸顯自我特色後獲得錢財。覺得自己很行，但不一定能勝任。 4. 注意健康。
財	1. 劫財、勿投資，錢露白曝光易遭劫財，故錢財只宜進不宜出。 2. 易損失不該損失的錢財，以錢賺錢投資或玩股票有套牢跡象，守財最佳。 3. 勿借錢出去，借人錢財有破財跡象。 4. 花錢過於衝動，會後悔買了不該買的東西。 5. 大型企業或公司在此年有重大投資。
官	1. 收入增加，事業多增，但無暗財，可投資副業，但易有投資錯誤可能，忌借錢投資。 2. 開業者會有投資機會，此年投資三年後（到敗年）才會有收成。 3. 沒事業的人也有投資機會，但所得報酬不多。 4. 上班族此年事業不如意，想再爭取，此年有兼職機會。 5. 此年可置田產。 6. 感情失意，想再換另一段情。
利	1. 破財、正財少，屬於眞空動態。 2. 想休息，不想做事，忌創業。 3. 短期投資有陷阱，長期投資則是較佳之起點。 4. 收入進不來，守不住，有去無回，故勿投資。
交	1. 主賺錢來源有變動，收入型態轉變，由正財轉暗財。 2. 此年爲投資年。 3. 內心會改變，由辛苦轉輕鬆，有彈性。

財帛、疾厄宮流年對照表	
九宮	表　　現
敗	1. 財不曝光且旺，小心貪念或欲念。 2. 暗錢增加，最有賺暗財或本業以外之財。 3. 在此年前有耕耘者，此年必有橫財或暴利可圖。 4. 上班族此年加薪可以加得更多。 5. 若能掌握機會可得錢、暗財或奇蹟出現。
衰	1. 得暗財、懶散、想被照顧的心態，此年比敗年更輕鬆悠閒。 2. 天官賜福，開業者生意會自動送上門，恐因財旺而因貪念而洩財，宜保守投資。 3. 上班族多勤勞則財多，懶則財少。 4. 機會不多，稍縱即逝。
煞	1. 防官司、訴訟，防財之失和，爭奪之相，合夥者會因爲價值觀不同而有拆夥的可能。 2. 看好不好，看不好反而好，會有跌破眼鏡的可能。 3. 收入起伏很大，切忌超過實力投資或投資錯誤，否則易招致無謂的損失。 4. 開業者易有金錢的競爭或生意的夾殺。 5. 上班族宜守成，努力工作。 6. 是非自找，可能有病急亂投醫之可能。 7. 小心意外之災。
絕	1. 收入少，支出多，錢財流失，捉襟見肘，有財務壓力。 2. 會有失財可能，該賺而賺不到，不該虧的虧很多。 3. 會有人投資生意、買房子、買車子、住院傷亡、被倒錢絕財。 4. 上班族有退休或被裁員的可能。 5. 可買賣田宅或金子。 6. 要多多照顧別人，否則高處不勝寒，多爲別人付出才有後路，爲來年努力。

地格（子女、奴僕、配偶宮）流年對照

子女、奴僕、配偶宮流年對照表	
九宮	表　　　現
名	命宮與配偶宮走名皆主桃花（結婚年）。 1. 創業有好的合夥人慕名而來，有兄弟、貴人、新朋友之助力，有合夥之機會。 2. 自己配偶出名，子女風光。 3. 未婚者易有桃花氣出現，也有滿意的對象，有結婚、再婚之兆。此年易懷孕而有生子機會，易生男孩，不孕者可在此年懷孕。 4. 徵員工最強的年，可招聘合意之屬下，部下有名望，員工易被肯定，老闆亦受利，運好把老闆拱起來，否則留不住人才，部下易往別處發揮。 5. 此年易借到錢。 6. 老人小心死亡。 7. 命宮與子女宮的名皆主「桃花」，有結婚的可能。
財	1. 劫財，勿投資，勿做保，保守爲宜，不適宜合夥。 2. 自己劫財、妻子得財、子女病劫財，會爲部下、子女、配偶而破財，如子女、配偶住院破財，部下會要求加薪。 3. 可以買房子，須小心倒會、借錢或投資使財一瀉千里，環境劫你的財。 4. 經營生意，客户不上門，合夥人你失他得。可與子女宮走財的人做生意，流年不利則有損財受累之相。 5. 小心意外災害。
官	須防員工朋友背叛。 1. 此年合股、折夥，易被員工牽連拖下水，勿合夥，靠自己。 2. 本命多波折，合夥易因自己能力不夠或流年不好生變。 3. 屬下成長，流年運好，可借屬下之力突破成長，可得屬下之助力被拱上去，但若流年運不好易折夥，則被屬下上來頂你走或被幹掉，使事業有變動。（處理法：讓員工獨當一面或授權給員工，則我可得利，或可讓配偶升官）。 4. 妻或夫病亡或客户不理你。 5. 配偶會想再讀書或是升等考試。 6. 運氣好可水漲船高，若運不吉反使本命易受遺棄。

子女、奴僕、配偶宮流年對照表	
九宮	表　　現
利	1. 自己有所成長，勿投資，流年不利易洩財。 2. 主配偶或部下遇到工作瓶頸，配偶有暗財。 3. 貴人少、客户少、投資不宜，凡事靠自己。 4. 部下較不肯爲公司老闆盡力，員工無發揮機會，幫不上主管。
交	1. 主部下、子女或配偶想改變（工作或心態）。 2. 合夥關係換人、合作關係解散。 3. 交友狀況改變（例如：結識新朋友或與情人分開），恐交錯朋友，失戀年，男女雙方易斷緣或有第三者介入。 4. 部下想改行，可趁此年留住好員工，開除差員工。 5. 暗藏不穩，反覆多變（屬下、朋友、貴人、小人），夫妻間多有爭執，易變換環境如在家、上班或做生意。 6. 本年勿投資。
敗	1. 付出多得到少。（本命發揮功能）。 2. 主員工內鬥無心工作（上司要適時開導）或被員工拖累、部下造反或辭職。 3. 易受環境誤導而損失受累，合夥人易拆夥。 4. 易有第三者介入，使夫妻反目、小孩爭吵或教壞朋友，配偶、小孩易有意外傷害。 5. 此年情人易分手、貴人少、親友反目。 6. 貴人易變成落井下石的小人，是非多。
衰	1. 部下或配偶工作輕鬆，部下、子女配合穩定，獲得也較容易，自己也安逸。 2. 平輩貴人幫助多，部下欠缺動力，助力有限。 3. 配偶有暗財，順運可得（但凝聚力強）。 4. 環境有新氣象可得（尤以服務業有新人或新客到）。

子女、奴僕、配偶宮流年對照表	
九宮	表現
煞	1. 此年環境不穩，多變化，多意外之災，辛苦但機會多，但有好的也有壞的。 2. 主管、內部員工會正面搶生意競爭。 3. 員工爭鬥明顯，需小心拆夥、間接性的連累。 4. 官司機會增加，麻煩也多，小心別人傷害你、檢舉你、中傷你。 5. 流年好助力多、流年不好助力少。 6. 小孩易惹事生非。
絕	1. 周邊貴人少，合作、合夥關係化散、爲零。 2. 可訓練部下員工，但部下無心工作，流失多，不易應徵進來。 3. 夫或妻傷亡或工作變動，配偶付出辛苦、財弱（亦有另一股新氣象在成長）。 4. 有兄弟鬩牆、妯娌不和之可能。 5. 上半年勿突破，下半年有新象，放下身段與你層次低的人接觸，本命隱藏實力。

九宮數理斷「五宮兇運發動年」

「發動」是指一定時間內的變化轉變。「發動」是變動時所散發出來的一股強大磁場，這個磁場包含著突變、轉換、排斥、破壞、引誘、衝擊等各種力量。

「五宮兇運發動年」之意義：

a. 發動歲數以實歲論，不以虛歲論。

b. 各宮宮數＋9即爲歲數發動年。

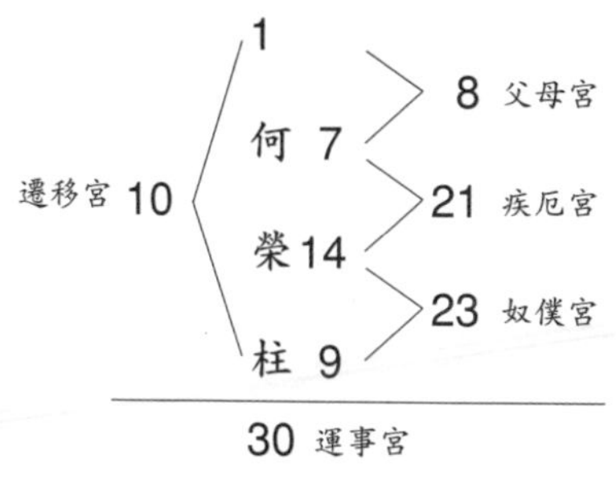

父母宮之兇運（官司、訴訟）

發動年：8＋9＝17＋9＝26＋9＝35...

疾厄宮之兇運（身體健康）

發動年：21＋9＝30＋9＝39...

奴僕宮之兇運（婚姻、合夥子女、朋友）

發動年：23＋9＝32＋9＝41...

運勢宮之兇運（財運破財）

發動年：30＋9＝39＋9＝48...

遷移宮之兇運（交易宮）

發動年：10＋9＝19＋9＝28

9 十長生論流年

「十長生」的論斷方式應是從「八字學」的「十二長生」觀念，再進一步簡化成利用姓名作推演。原來的十二長生是：長生、沐浴、冠帶、臨官、帝旺、衰、病、死、墓、絕、胎、養；而十長生不計「沐浴」與「絕」。

十長生的觀點

十長生的理論邏輯

「十長生」是由象簡化成數，利用數字來進行推演，所以被簡化成1－10的「數」是隱含背後的「象」。所以想要進一步了解十長生論流年，必須再進一步探究八字中的十二長生的「理」，才能知道十二長生的含意。

十長生的論命方式

「十長生」是八字學中「十二長生」在姓名上的推演，這個觀念認爲：

1. 姓名總格的「數」爲代表個人的「主體」。
2. 「十長生」變化決定了每個人生命發展的過程。

3.「主體」會依照「十長生」的嬗遞每年推演各有不同的表現，每十年會重覆一次變化。
4. 隨著「十長生」的嬗遞，可以推估每年主體的運勢發展。

對「十長生」而言所謂的好名，並不是因爲哪一種總格的「數」特別好或特別不好，因爲格數只是決定「十長生」出現時間點不同，但「十長生」的變化表現是隨著時間推演每年嬗遞的，十年即重覆一次，若是能事先知道每個人每年運勢的趨勢，就能夠事先注意，以降低壞運所可能造成的影響，進而達到趨吉避凶的目的。所以能善用每年不同的「十長生」，進而調整因應的措施就是好名（格局）。

十長生的獨特主張

「十長生」和其他派最大的不同，在於：主要論斷的對象是主體運勢的變化，而不像其他派系是論斷主體本身。

十長生判斷流程

「十長生」判斷的流程如下：
1. 確定總格筆畫數。
2. 確定十長生起歲點。
3. 判斷十二長生吉凶。

確定總格筆畫數

對「十長生」而言，筆畫是論命的依據，因此，必須正確地計算各字的筆畫數，再進一步將所有姓名的字數，加總成總格的筆畫。筆畫數的計算是採用《康熙字典》上的楷書標準字筆畫數。

確定十長生起歲點

十長生論流年的方式，是將姓名「總格」之個位數作爲起歲點，由「冠帶」爲起點順時針依序將歲數代入排列。

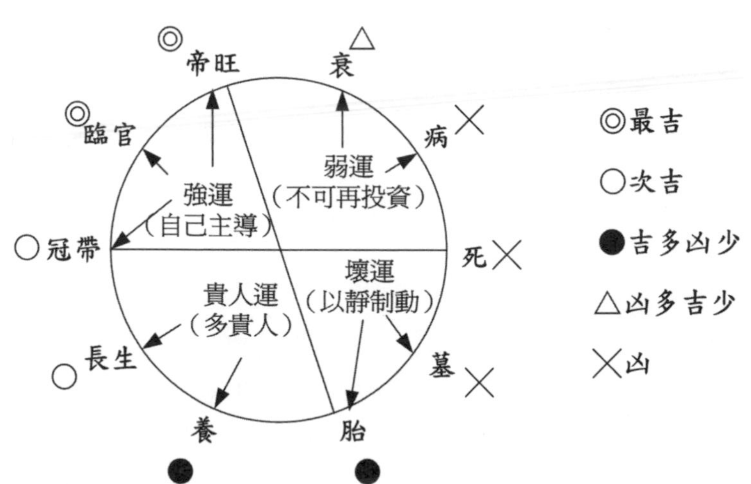

以筆畫尾數3的起歲點為例：

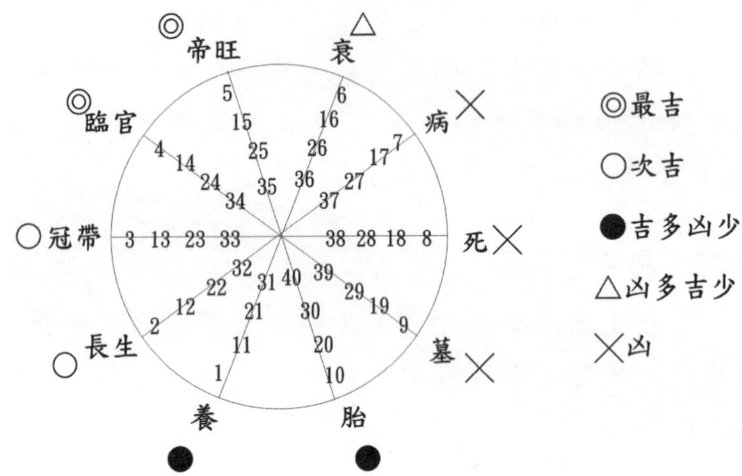

判斷十二長生吉凶

十長生是由十二長生簡化而來，是將生命的發展過程抽象成爲十二個過程，所以我們必須更進一步地對十二長生進行了解。

長生

《子平眞詮》：「長生者，猶人之初生也。」

意義：人剛出生，或植物剛出芽。就像剛剛出生的嬰兒，或剛剛開始成長的幼苗，發了幼芽開始成長，一片欣欣向榮的景象。

象徵：身體健康、快活、重新開始、標新立異、出生、生長、來源、起點、依靠、靠山、哺育、泉源、根、原始、甦醒、獲救、救助、產生、尋找、吃飯、創業、幫助、得到、發生等意涵。在工作、生活和事業上將有新的轉折和變革。

沐浴

《子平眞詮》：「沐浴者，猶人既生之後，而沐浴以去垢；如果核既爲苗，則前之青殼，洗而去之矣。」

意義：嬰兒出生之後沐浴去垢，果芽脫去曲端青殼，此後即沐浴在雙親或主人家的百般疼愛、呵護、不知愁。

象徵：含有洗澡、入水、裸體、淫亂、淫褻、脫衣、恩澤、好處、有利、暴露、光禿禿、光溜、光滑、享受、坦誠、大小便、睡覺、破敗、難看、無恥、滋潤、照顧等意涵。因沐浴之地，爲衰敗之地，沐浴亦稱桃花，多酒色是非，以及易遭弱水等災厄。

冠帶

《子平眞詮》：「冠帶者，形氣漸長，猶人之年長而冠帶也。」

意義：如人漸長大，至十六歲行成人儀、頂冠、帶禮，衣冠楚楚。

象徵：含有穿衣、整裝、和衣、打扮、包裝、裝飾、衣服、升級、榮譽、戴帽、入伍、遮蓋、外表、高貴等意涵。運行冠帶雖較平常，有虛華落魄、風流、沉迷酒色、懶散、嫖賭之運，但總的來說是向好的發展。

臨官

《子平眞詮》：「臨官者，由長而壯，猶人之可以出仕也。」

意義：比喻人成年後就業有了工作職位，可以出仕做官。

象徵：含有公家的、當官、官府、有病、災禍、有男人在身邊、離死不遠、巴結當官、阿諛逢迎、出仕、拍馬屁、有官運、有地位、國營、公務員、自力更生、自我努力、成長、快要成功、危險、事將安定、穩定、由動轉靜、由亂化齊等意涵。運行臨冠，主心情愉快，親臨管理，興旺發達，有功名利祿。

帝旺

《子平眞詮》：「帝旺者，壯盛之極，猶人之可以輔帝而大有爲也。」

意義：如人屆壯年、體力、智力，各項成就達於顚峰，可以輔佐皇帝出將入相而大有作爲。

象徵：含有榮發、發達、得意、精神、興奮、神氣、有力、雄壯、高大、擅長、強大、輝煌、欣欣向榮、騰達、有權、極限、高潮、頂點、健壯、登峰造極，最好富貴之境、升官、得子、得財、功成名就等意涵。運行帝旺，主人精力充沛，事業興旺，家庭幸福，即使有不順遂之事，遇帝旺災難也會減弱。

衰

《子平眞詮》：「衰者，盛極而衰，物之初變也。」

意義：如人老體力漸衰，走下坡。

象徵：含有無力、軟弱、衰弱、弱小、膽小、虛弱、矮小、不景氣、弱智、敗落、力小、倒楣、退縮、不敢反抗、沒靠山、弱點、無能、沒本事、不學無術、高不成低不就等意涵。如潮水高漲之後，必然湧退之意，亦人老退休之意。

病

《子平眞詮》：「病者，衰之甚也。」

意義：如人老身體不適有病。人老了陰陽失調毛病也多了，體力大不如前，百病叢生。

象徵：破財、疾病、敗亡、不順利、病灶、瘟神、討厭、憎恨、仇人、仇視、不足之處、缺點、欠缺、毛病、弱點、漏洞、把柄、要害、心病、腐敗、問題等意涵。運行病地，多主病災，運氣不佳。

死

《子平眞詮》：「死者，氣之盡而無餘也。」

意義：人病了無法治癒，壽盡而亡。人之死亡，萬物之毀滅，蓋棺論定氣極衰。

象徵：含有死亡、鑽牛角尖、災厄、傾家蕩產、不靈活、不能變通、滯留、終結、完蛋、沒有餘地、不景氣、無生氣、無活力、呆板、笨拙、想不開、心胸狹窄、無退路、寂靜、安靜、可怕、骨肉離散等意涵。運行死地，主多有災難，如刑傷、官非等，有人離財散之兆。

墓

《子平眞詮》：「墓者，造化收藏，猶人之埋於土者也。」

意義：人死入墓，入土爲安、造物收藏、萬物功成而載入庫，或人之終而歸墓也。

象徵：含有包容、收藏、埋藏、關閉、收拾、存放、管理、管制、屬於、控制、操縱、指揮、包含、囊括、陷阱、不自由、入迷、受管束、隱藏、保護、護衛、圍攔、倉庫、許可權、昏沉、糊塗、黑暗、不流暢、不暢通、結束、阻力、堵塞等意涵。運行墓地，多有錢財積蓄仍能庇蔭子孫。

絕

《子平眞詮》：「絕者，前之氣已絕，後之氣將續也。」

意義：如人體入墓後腐壞滅絕。

象徵：包含無退路、危險、絕地、絕境、災厄、骨肉離、死喪、重病、懸崖、分手、斷絕、背水一戰、失望、心灰意冷、死心、無可救藥、無能爲力、無情、冷酷、不通融、停止、消失、無影無蹤等意涵。

胎

《子平眞詮》：「胎者，後之氣續而結聚成胎也。」

意義：如人因父母結合而成胎。萬事萬物絕滅後，又重新萌芽投胎轉生。

象徵：含有懷胎、醞釀、初步打算、計畫、形成、先天的、與生俱來的、天生的、本性難移、初級、勾連、牽掛、操心、想法、幼稚、弱小、年齡小、起步階段等意涵。運行胎地，雖較柔弱，但具生命力，或有新的發展。

養

《子平眞詮》：「養者，如人養母腹也。」

意義：如人在母親腹胎中接受給養。結胎後必須不斷供給養份，使之成形。

象徵：含有出生、生長、寄託、收養、休養、療養、休息、依靠、營養、滋養、扶助、懷疑、不放心、不踏實、心虛、操心、不安、過繼、培養、養育、弱小、扶持等意涵。運行養地，猶人已脫胎換骨出生，降臨人間。

10 天運派

天運派的觀點

「天運派」依循中國自古以來「天人合一」觀點的體現，認爲宇宙是個大周天，依照六十甲子的順序運行，人生活在其中自然會受到六十甲子的影響，因此主張利用六十甲子納音五形作爲判斷姓名的依據，故又稱此種爲「納音姓名學」或「納音五行姓名學」。

天運派的理論邏輯

「天運派」認爲：

1. 外在環境會隨著時間推演而轉變成不同的五行，人在不同納音五行的年份出生，一生下來自然就帶有不同五行。
2. 不同五行的人取了不同名字，產生了不同的五格，在「天運派」的五格中代表「自己」的是「人格」，所以其他的四格代表的就是與不同人的相處，以及與外在環境關係的縮影。
3. 不同五行的人生活在這個會隨著時間轉變五行的環境內，自然就會受這個環境不同的影響，這是「天運派」也能推演流年行運的原因。

4. 不同的五格，自然也同樣會隨著時間的轉變而受到不同程度的影響，自然會對人與外在環境的相處造成影響。

天運派的論命方式

「天運派」，主要是利用出生年六十甲子納音的「納音天運五行」對應姓名人格所屬之五形來討論個人吉凶。因此對天運派而言，所謂的「好名」是指出生年之納音天運五行「生」或「同」姓名五格所屬五行的名字；反之，所謂的「壞名」是指姓名五格五行反生納音天運五行，或被納音天運五行剋的名字。

天運派的獨特主張

「天運派」相較於其他派別而言，有一些不同的主張，分述如下：

1. 時間的判定以農曆正月爲主，與八字派以「立春」的節氣論生肖之方法不同。
2. 以五格中的「人格」代表「自己」。
3. 除了「天格」之外的「四格」皆有其意義，唯獨「天格」的數理與五行本身無任何意義，這是因爲「天運派」認爲所有同姓的人，「天格」皆相同，無法看出每個人的差異性，但「天格」之五行、數與其他「四格」之間的關係，卻對該姓名所代表的人產生一生的影響作用。

4. 推演流年運勢的方式採用六十甲子之「納音五行」，與「八字派」直接使用「甲子」不同。

天運五行判斷流程

天運五行判斷的流程如下：

1. 確定筆畫數。
2. 製作五格表。
3. 確定五格格局。
4. 判斷五格的五行。
5. 判斷納音天運五行。
6. 天運五行判斷吉凶。

確定筆畫數

對「天運派」而言，筆畫數是論命的依據，因此，必須正確地計算姓名的筆畫數，筆畫數的認定是採用《康熙字典》上的楷書標準字筆畫數，可直接參考本書所附的常見字筆畫數。

確定五格格局

將姓名的筆畫數依照下列不同組成方式填入：

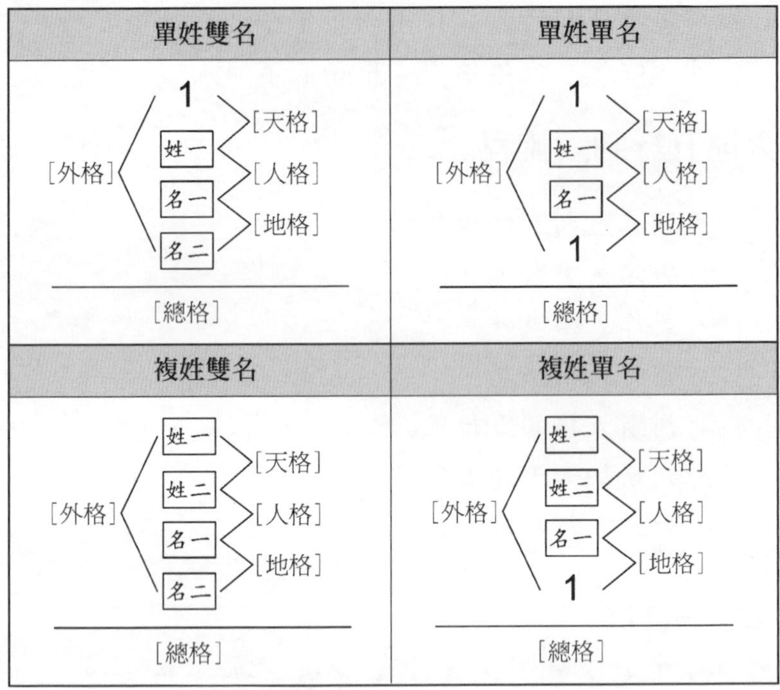

筆畫數確定後，就可以依照下表計算五格。

天運派五格的計算方式	
格	計算方式
天格	1＋姓筆畫數
人格	姓筆畫數＋名1筆畫數
地格	名1筆畫數＋名2筆畫數
總格	姓＋名1筆畫數＋名2筆畫數
外格	1＋名2筆畫數

天運派五格的意義

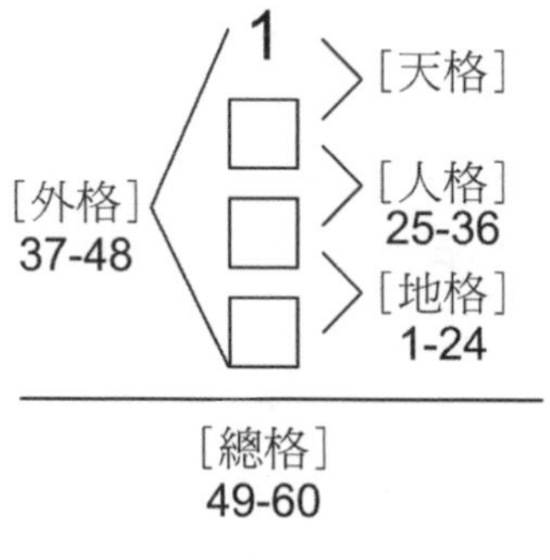

a.「地格」：主1歲至24歲的運程，代表性格及潛在意識。

b.「人格」：主25歲至36歲的運程，代表內心感情及個性。

c.「外格」：主37歲至48歲的運程。

d.「總格」：主49歲至終老的運程，外在行爲表現，也表示一生運勢。

e.「天格」：納音天運五行不單論「天格」。

判斷五格的五行

「五格」的「五行」判斷是以數字的個位數來進行判別：

1、2屬木

3、4屬火

5、6屬土

7、8屬金

9、0屬水

判斷納音天運五行（掌訣）

納音天運五行判斷掌訣，以民國95「丙戌」年的人爲例：

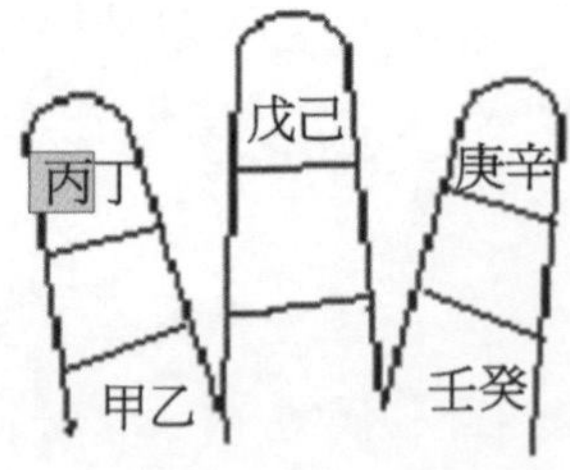

1. 以左手食指的根部起算「天干」，算至該「天干」位置「丙」。

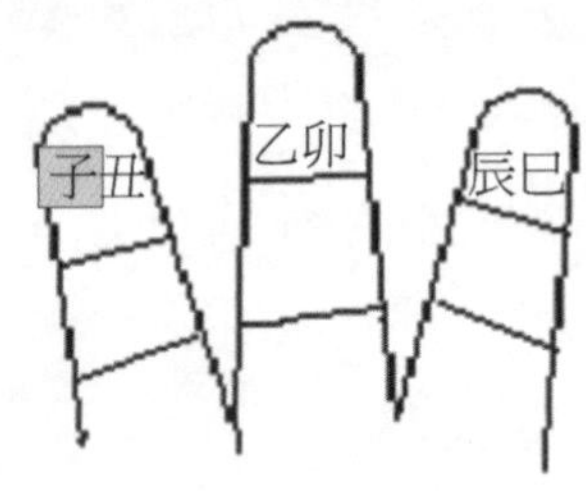

2. 以左手的食指「丙」起算「地支」，兩個「地支」爲一組。

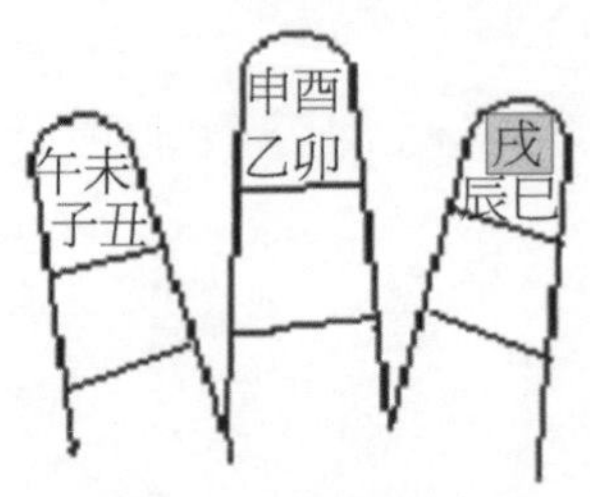

3. 三組「地支」作爲一個循環，直到算至該「地支」位置「戌」。

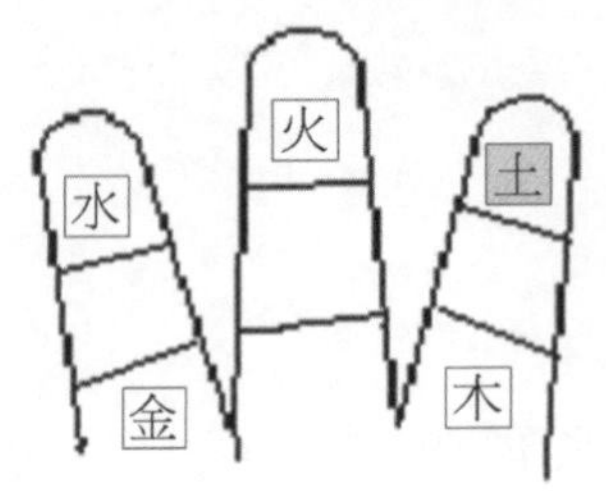

4. 檢查該「地支」位置之納音五行。

判斷納音天運五行（速查表）

納音天運五行判斷查表，以民國95「丙戌」年的人爲例：

1. 先確定民國年的十位數9。
2. 向下延伸至民國年的個位數5，可推估該年的納音天運五行爲土。

納音天運五行判斷速查表				
民國年十位數／民國年個位數		0	1	2
		3	4	5
		6	7	8
		9	10	11
2	1	木	水	金
4	3	水	金	火
6	5	土	火	水
8	7	火	木	土
9		木	土	金
0		金	木	土

判斷納音天運五行（查表）

判斷納音天運五行可以查「納音六十甲子歌訣」，以民國95「丙戌」年的人爲例，查出爲屋上土：

納音六十甲子歌訣		
甲子乙丑海中金	甲戌乙亥山頭火	甲申乙酉泉中水
甲午乙未砂中金	甲辰乙巳覆燈火	甲寅乙卯大溪水
丙寅丁卯爐中火	丙子丁丑澗中水	丙戌丁亥屋上土
丙申丁酉山下火	丙午丁未天河水	丙辰丁巳沙中土
戊辰己巳大林木	戊寅己卯城頭土	戊子己丑霹靂火
戊戌己亥平地木	戊申己酉大驛土	戊午己未天上火
庚午辛未路傍土	庚辰辛巳白蠟金	庚寅辛卯松柏木
庚子辛丑壁上土	庚戌辛亥釵釧金	庚申辛酉石榴木
壬申癸酉劍鋒金	壬午癸未楊柳木	壬辰癸巳常流水
壬寅癸卯金箔金	壬子癸丑桑柘木	壬戌癸亥大海水

天運五行判斷吉凶

天運派判斷吉凶的方式

由出生年的納音五行（大運）確定後，就可以知道大運與五格五行之間的生剋關係。

舉例說來，2006年爲丙戌年，天運五行屬土，對應姓名「人格」的五行屬性，以土、金爲宜，才能和天運有比旺、相生作用。相對的，「人格」的五行屬性爲水時，則逢天運土所剋制，實力無從發揮。「人格」爲火時，火生天運土，則帶有洩氣破財之象。「人格」爲木時，小木無力剋屋上土，則該年行事猶如螳臂當車，無法掌控大局。

判斷吉凶

天運派吉凶判斷理論，以出生年之「納音五行」對「姓名五格」做爲判斷「生剋」之依據：

a.「大吉」：

納音天運五行「生」五格、大運五行。

b.「中吉」：

納音天運五行「同」五格、大運五行。

c.「半吉」：

五格、大運五行「剋」納音天運五行。

d.「次凶」：

五格、大運五行「生」納音天運五行。

e.「大凶」：

納音天運五行「刑剋」五格、大運五行。

以2006年爲例，此年爲丙戌年，天運五行屬土，對應姓名「人格」的五行屬性：

a.「大吉」：五格、人格屬金。

b.「中吉」：五格、人格屬土。

c.「半吉」：五格、人格屬木。

d.「次凶」：五格、人格屬火。

e.「大凶」：五格、人格屬水。

判斷天運

天運與他格的判斷：

「天運」的關係		
關係	五格	意　　義
生	天格	先天的福報好，祖德旺，先天條件好，老天好像已經存一筆錢到户頭。
	天格	「外格」剋「天格」，表示天生有錢，後天敗財。
	天格	女性：表示容易嫁給一個「福氣」的老公。
	人格	25至36歲的運勢平順，身體健康，有貴人相助。
	地格	1至24歲時父母的運勢好，容易得到祖產。
	地格	且「地格」又生「天格」，表示有遺產的命，男性可娶到賢慧的妻子，女性可得貴子。
	外格	表示出生家世背境良好的家庭，先天貴人運勢旺盛，所認識的朋友都很高尚，天生帶好運，誰與他交朋友誰就會出運。
	總格	「總格」又剋「天格」，表示事業心強，名聲地位旺，但工作越忙花錢越多。
	總格	「外格」又剋「總格」，小人不斷，事業不順利。
	總格	「地格」和「總格」相剋，表示適合從事自由業。
同	天格	祖德與福報良好，生活環境還不錯。
	天格	「外格」剋「天格」，表示天生有錢，後天留不住財，有錢大家都知道，連兄弟姐妹、朋友、客户都想來瓜分你的財庫。
	人格	25至36歲運勢平順，有貴人相助，身體也很健康。
	地格	少年運平順，子女會很爭氣，有繼承祖產的命。
	地格	男性：可娶到有福氣、賢慧的妻子。

「天運」的關係		
關係	五格	意　　義
	地格	女性：可得貴子。
	外格	周遭朋友、兄弟姐妹的運勢佳，且自己也可得貴人相助。
	總格	有貴人出現協助，有事業心，名聲地位旺，小時學業佳，可得天助。
	總格	「外格」剋「總格」，易成勞碌命，事業易波折，小人多。
剋	天格	先天的祖德薄弱，需靠自己或朋友之助才能有好運。
	天格	女性：容易嫁給不合適的對象。
	天格	「天格」屬金，表示玩股票容易賠錢。
	天格	「外格」生「天格」，表示天生沒錢，後天會因為貴人相助而得財，一生較不容易破財或被騙錢。
	天格	「總格」生「天格」，表示天生沒錢，後天會賺錢。
	人格	25至36歲運勢不佳，有志難伸，身體易有病痛。
	地格	比較沒有繼承祖產的命，小時候的運勢不佳，父母也會因此受影響。
	地格	男性：易娶到運氣不佳的老婆。
	地格	女性：子女的運勢不佳，身體不佳。
	外格	表示天生帶衰運，誰與他交朋友誰就會倒楣，一輩子難有貴人相助，兄弟姐妹會有人生活困難。
	總格	事業運差，學業不佳，名聲地位弱。

判斷天格

「天格」不單論，但仍可討論與其他四格的關係。

- 生「天運」表示祖父母輩的運勢弱，常作功德或回饋人的事。
- 剋「天運」表示祖父母輩很有奮鬥精神，不服輸、不認命，生活要和老天對抗。也表示先天的財庫平平。
- 同「天運」表示祖父母輩的環境還不錯。

判斷人格

「人格」—在判斷時表示自己，或代表內心的想法、感情，也主25至36歲的運程。

- 生「天運」表示自己先天財運不錯，但在25-36歲時都在持續付出，就像在作功德，回饋給社會，但回收少。
- 剋「天運」表示自己辛苦奔波，不服輸、不認命，相信自己可憑意志戰勝命運。
- 同「天運」表示25至36歲運勢平順，有貴人相助。

判斷地格

「地格」—主1至24歲的運程，代表性格。

- 生「天運」表示錢財都回饋給社會，付出多，但回收少，也表示少年運不佳。男性：可能會娶到先天運勢差的妻子。

- 剋「天運」表示少年時期生活辛苦。男性：妻子、子女會辛勤地工作。
- 同「天運」表示少年運平順，子女會很爭氣。女性：有幫夫運。

判斷外格

「外格」—主37至48歲的運程，外在行爲表現。

- 生「天運」表示貴人少，且自己都在作功德，周遭朋友運勢弱。
- 剋「天運」表示周遭朋友工作都很努力，有幹勁，不服輸。
- 同「天運」表示周遭朋友、兄弟姐妹的運勢佳，且自己也可得貴人的相助。

判斷總格

「總格」—在判斷時表示自己的外在行爲表現，也主49歲至終老的運程，表示一生運勢。

- 生「天運」表示自己在工作事業上，常常辛苦付出但回收卻很少。
- 剋「天運」表示相信自己可以靠意志戰勝命運，個性不服輸，爲事業辛苦奔波。
- 同「天運」表示有貴人出現協助。有事業心，可得天助。

11 生肖派姓名學

生肖派姓名學利用年支所代表的十二個不同生肖的喜好，分析名字的組成元件是否符合生肖喜好，這個命名方式就稱爲「生肖派姓名學」。

生肖派姓名學的觀點

生肖派姓名學的優點在於只要知道生肖，就可以利用生肖來論斷，不用更細的資料，即可知道結果，在應用上非常方便。

生肖派姓名學的理論邏輯

「生肖派姓名學」是中國「生肖」觀念的延伸，這個觀念認爲：

1. 隨著時間推演每年都有不同的六十甲子干支，因此出生年的「干支」即代表「主體」。其中「主體」又包括了出生年的天干五行、與地支所代表的生肖。
2. 以姓名之「天格、人格、地格」每部分之「陰邊、陽邊」的組成元件代表「客體」特性。
3. 以主體之天干五行對照客體之陽邊，利用生肖派的論斷方式，討論「客體」的組成「元件」的五行對「主體」之天干五行之間所產生的關係，藉此來論斷字體的吉凶禍福。

4. 以主體之十二生肖對照客體之陰邊，利用生肖派的論斷方式，討論「客體」的組成「元件」所代表的環境與助力對「主體」生肖所產生的關係，藉此來論斷字體的吉凶禍福。

主客體關係及其特性	
關係	特　　性
主體生客體	付出、消耗，有名無利，賺錢辛苦，事倍功半，投資多而報酬少，感情付出較多，相等對待較難。
主體剋客體	任性、固執，一意孤行、破壞、霸道、好權、好大喜功，傷六親、耗錢財、敗家產。
客體剋主體	受制、壓抑、有志難伸，名譽不彰、勞而無功、碌而無力，易受朋友拖累傷害。
客體生主體	助力，貴人旺，人緣佳，賺錢輕鬆，進財容易，行事順利，投資報酬高，心想事成，家庭和諧。

生肖派姓名學的論命方式

生肖派姓名學利用觀察、想像生肖習性，分析名字的組成「元件」所提供的生肖條件，作為評斷名字良莠的依據。

因此，「生肖派姓名學」就是利用名字的組成元件比對生肖喜好的命名方式。字體中的不同元件，就代表不同的生肖條件；不同的生肖也有不同的喜好，適合不同的環境。對「生肖派姓名學」而言，所謂的「好名」是指：

1. 客體陽邊元件五行「生」或「同」主體五行。
2. 客體陰陽邊元件的環境、條件，適合主體的生肖。

生肖派姓名學的獨特主張

「生肖派姓名學」和其他派別相較，有以下不同的主張：

1. 時間的判定以農曆正月爲主，與八字派以「立春」的節氣論法不同。
2. 「生肖派姓名學」的邏輯是以出生年之「干支」爲主體代表「我」。
3. 「生肖派姓名學」將姓名分爲「天、人、地」三大部分，再細分每部分爲「陰、陽」二小部分；與其他派將姓名以「五格」的方式分「天格、人格、地格、外格、總格」不同。
4. 以生年之天干、地支爲主體代表「先天本質」；姓名「天、人、地」每部分之「陰、陽」兩邊之「形、意」爲客體代表「後天外力、助力或阻力」。
5. 以姓名中的「天、人、地」每部分字之「陰邊、陽邊」爲客體，藉由討論主體和客體之間不同的關係，來了解主體的運勢。

生肖派姓名學的缺點

「生肖派姓名學」論命的方式雖有其獨到之處，但由於拆字的規則在一開始時就是想像、觀察而來，並沒有像其他派有一體適用的標準，所以即使論斷同一個人、同一組姓名，給不同的老師拆字，也可能會產生不同的結果。

生肖派姓名學姓名學判斷流程

「生肖派姓名學」判斷的流程如下：

1. 確定出生年份以判斷生肖。
2. 拆解姓名三格。
3. 論斷「客體」「元件」的五行。
4. 論斷「客體」「元件」的生肖條件。
5. 論斷無法拆解之「元件」。

確定出生年份以判斷生肖

對「生肖派姓名學」而言，精確的出生年份，才得以換算成正確的天干與地支（生肖），以轉成不同的生肖。「生肖派姓名學」以農曆年的除夕晚上十一點作為區分生肖的時間，在除夕晚上十一點（亥時）前還是肖前一個生肖、除夕晚上十一點（子時）後即肖後一個生肖。與八字學以「立春」的節氣區隔年之方法不同。

拆解姓名三格

「生肖派姓名學」將姓名依照姓、名多寡的不同分成：「單姓複名」、「單姓單名」、「雙姓雙名」、「雙姓單名」四類，每一類可再區分爲「天、人、地」三格，每格可以再細分成「陰、陽」二部分。

區分陰陽的方式是：左陰右陽、上陽下陰、內陰外陽。當遇無法再細折陰、陽兩邊，整個字即是「陰邊」也是「陽邊」，陰陽邊決定後，即可以作爲推論的架構。

單姓

單姓雙名	單姓單名
● 天格：「陽邊」以姓氏的陽邊代表；「陰邊」以姓氏的陰邊代表。 ● 人格：「陽邊」以名一的陽邊代表；「陰邊」以名一的陰邊代表。 ● 地格：「陽邊」以名二的陽邊代表；「陰邊」以名二的陰邊代表。	● 天格：「陽邊」以姓氏的陽邊代表；「陰邊」以姓氏的陰邊代表。 ● 人格：「陽邊」以姓氏的陰邊代表；「陰邊」以名一的陽邊代表。 ● 地格：「陽邊」以名一的陽邊代表；「陰邊」以名一的陰邊代表。
姓一 A ［A陰｜A陽］［A陽／A陰］ 天格 名一 B ［B陰｜B陽］［B陽／B陰］ 人格 名二 C ［C陰｜C陽］［C陽／C陰］ 地格	姓一 A ［A陰｜A陽］［A陽／A陰］ 天格 ［B陽｜A陰］［A陰／B陽］ 人格 名一 B ［B陰｜B陽］［B陽／B陰］ 地格

複姓

複姓雙名	複姓單名
●天格：「陽邊」以姓一代表；「陰邊」以姓二代表。 ●人格：「陽邊」以名一的陽邊代表；「陰邊」以名一的陰邊代表。 ●地格：「陽邊」以名二的陽邊代表；「陰邊」以名二的陰邊代表。	●天格：「陽邊」以姓一代表；「陰邊」以姓二代表。 ●人格：「陽邊」以姓二代表；「陰邊」以名一的陽邊代表。 ●地格：「陽邊」以名一的陽邊代表；「陰邊」以名一的陰邊代表。
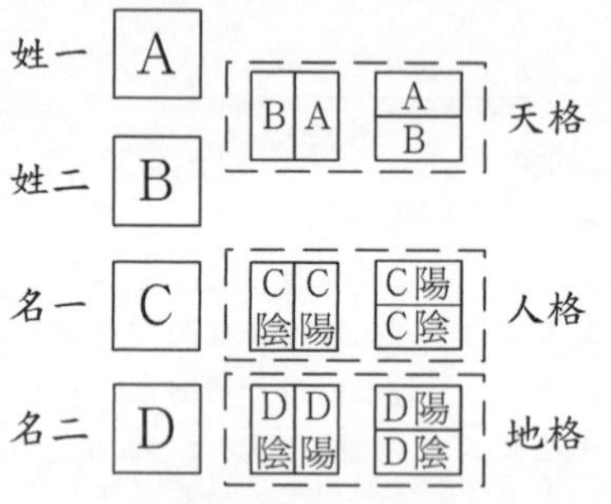 姓一 A 姓二 B 天格：B A／A B 名一 C 人格：C陰 C陽／C陽 C陰 名二 D 地格：D陰 D陽／D陽 D陰	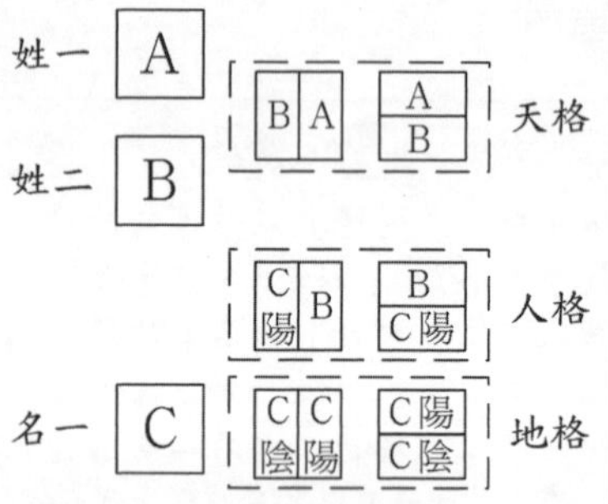 姓一 A 姓二 B 天格：B A／A B 人格：C陽 B／B C陽 名一 C 地格：C陰 C陽／C陽 C陰

三格之意義

「生肖派姓名學」三格的意義如下：

生肖派姓名學三格論斷意義			
位置	對應流年行運	對應身體部位	意　義
天格（姓）（事情的開始）	陽邊： 1～10歲、61～70歲。 陰邊： 11～20歲、71～80歲。	頭部： 眉毛以上。 身體： 咽喉以上及兩手器官的健康情形。	長輩父母助力與緣份、天資智慧、公家或私人機構、可否當老闆、官運科名考運、客户、陰宅、祖德與祖產的多寡、大偏財、在外名聲、賺錢方式（勞碌財或輕鬆財）。 姓氏沖剋影響髮際至眉宇（額頭、印堂）之間寬狹凹顯與破相。 可看家中：神廳。 女性可看：長相甜不甜、老公才華（陰邊）及長相（陽邊）。

生肖派姓名學三格論斷意義			
位置	對應流年行運	對應身體部位	意　義
人格（名一）（事情的過程）	陽邊： 21～30歲、81～90歲。 陰邊： 31～40歲、91～100歲。	頭部： 眉毛以下一直到鼻息（人中）。 身體： 咽喉至肚臍器官的健康情形。	夫妻相處情形、兄弟姐妹的緣份與助力多寡、平輩的緣份與助力多寡、外表與自我心性（自信）、賺錢的欲望與能力、爲人如何、客廳。 小孩可看抵抗力與生男生女（下一胎招弟還是招妹）。 名一沖剋影響眉宇至鼻息（人中）之間寬狹凹顯與破相。 可看家中：客廳。 女性可看：長相美不美。
地格（名二）（事情的結果）	陽邊： 41～50歲。 陰邊： 51～60歲。	頭部： 鼻息以下一直到咽喉。 身體： 肚臍以下器官的健康情形。	事業（陽）錢財（陰邊）多寡、不動產（陽）、家庭觀念、脾氣、子女多寡與緣份助力多寡、肖下、福氣、食祿、性能力強弱、偏財、死後長相（是否意外死亡）、性能力、對疾病的抵抗能力、家運、修道、對母親的供養。 名二中不陰不陽可看出投資運，非每個人皆可看出。 名二沖剋影響鼻息（人中）至下巴之間寬狹凹顯與破相、與身材胖瘦，無刑剋則會比較胖。 可看家中：大門，廚房、床的方位。 男性可看：太太助力、太太才華（陰邊）及長相（陽邊）。 女性可看：長相媚不媚（指內在氣質），「名二」對先生的「生肖」可論家運。

論斷無法拆解之「元件」

遇到無法折的字時：

1. 判斷陰陽邊。先寫的爲「陽邊」、後寫的爲「陰邊」，如：丁的「一」表示「陽」、「亅」表示「陰」。

2. 再以字體論「五行」：

字體五行表	
筆畫	五行
點	水
橫	土
豎	木
撇	火
捺	金

遇到沒有五行之元件時，直接以生肖帶入，如：「槐」右邊的「鬼」沒有五行。

論斷「元件」的五行

肖金之字根

1. 帶「金」的字根：鑫、淦、今、銀、銅、鐵、鍵、鏈、鈞、鈿、錐……等。
2. 「白」色：泉、錦、碧……等。
3. 方位「西」肖金：煙、票、標、灑（酒）、要……等。
4. 羽肖「雞」爲正金：翠、翻、羿、翟……等。
5. 八卦「兌」肖金：鋭、説、悅、侻……等。
6. 酉肖「雞」爲正金：酒、尊……等。
7. 「非」有「翅展」之意肖雞：輩、斐……等。
8. 「飛」也有「翅展」之意肖雞：飛……等。

9.「庚」爲西方肖金：粳、浭……等。

10.「辛」爲西方肖金：新、欣、鋅……等。

11. 含「刀」之字：刁、到……等。

12. 讀「金」之字：斤、今……等。

肖木之字根

1. 帶「木」的字根：森、林、楚、梵……等。
2.「艸」肖木科：草、若、茜……等。
3. 方位「東」方肖木：陳、凍……等。
4.「兔」肖木：逸、饞、巉、儳……等。
5.「卯」肖木：柳、泖……等。
6.「甲」爲東方肖木：鉀、胛……等。
7.「乙」爲東方肖木：凍、棟、湩……等。
8. 八卦「震」肖木：震……等。
9. 八卦「巽」肖木：巽……等。

肖水之字根

1. 帶「水」的字根：淼、踏、池、江、河、泊、洋、消、紳、汎、泛、汝……等。
2.「黑」色肖水：黑、墨、黨……等。
3. 方位「北」肖水：冀、背、背……等。
4.「雨」中藏水：雲、霖、雷……等。
5.「壬」肖北爲水：廷、任、軠、紝……等。
6.「癸」肖北爲水：癸、揆……等。

7. 八卦「坎」肖水：坎……等。
8. 「耳」肖水：耳……等。
9. 「冫」字旁皆肖水，如：冰、凌……等。
10. 含「子」字之字根，如：存、學、季、孟、孺、敦、遊、孫……等。

肖火之字根

1. 帶「火」的字根：焱、烊……等。
2. 「南」方肖火：南、喃、楠……等。
3. 「朱」爲紅色爲火：株、洙、珠……等。
4. 「紫」也爲火：紫。
5. 「丙」肖南方爲火：柄、炳、怲……等。
6. 「丁」肖南方爲火：丁、釘、盯、酊……等。
7. 「午」爲正火：許、杵、仵……等。
8. 「馬」爲午肖火：碼、瑪……等。
9. 「竹」肖馬爲火：節、築……等。
10. 「目」肖火：目……等。
11. 八卦「離」肖火：離……等。

肖土之字根

1. 帶「土」的字根：垚、吐、釷……等。
2. 字的陰邊帶「土」的字根：地、在、均、坤、埕、城、堆……等。
3. 中「央」爲土，含「央」之字：映、殃、泱……等。

4. 「戊」爲中央肖土：成、戌、盛、誠……等。
5. 「己」爲中央肖土：記、紀、忌……等。
6. 「隹」含土：雅、雄、進、淮……等。
7. 八卦「艮」肖土：艮……等。
8. 「一」一橫之字肖土：一、二、三……等。

論斷「元件」的生肖條件1—干支

取干支

取天干之方式：民國年次減2取個位數即爲年天干，不夠減時向十位數借十來減。如：61年次－2（11－2＝9）個位數爲9，其年天干即爲壬。

天干歌訣與意義		
個位數	歌訣	意義
1、2	甲乙東方木	甲爲陽木1、乙爲陰木2
3、4	丙丁南方火	丙爲陽火3、丁爲陰火4
5、6	戊己中央土	戊爲陽土5、己爲陰土6
7、8	庚辛西方金	庚爲陽金7、辛爲陰金8
9、0	壬癸北方水	壬爲陽水9、癸爲陰水0

取地支的方式：民國年次除以12取餘數即爲地支，餘數如爲0，即爲亥。如：61年次除12餘1，所以其地支即爲子。

地支與生肖的關係												
五行	水 丑—土中藏水			木 辰—土中藏木			火 未—土中藏火			金 戌—土中藏金		
陰陽	陰	陽		陰	陽		陰	陽		陰	陽	
地支	亥	子	丑	寅	卯	辰	巳	午	未	申	酉	戌
數字	12	1	2	3	4	5	6	7	8	9	10	11
生肖	豬	鼠	牛	虎	兔	龍	蛇	馬	羊	猴	雞	狗

天干五合

天干數目相減差五者即爲合。

天干五合意義		
天干	歌訣	意義
甲己	甲己合化土	中正之合，行事正派，光明磊落
乙庚	乙庚合化金	義氣之合，爲人講信用
丙辛	丙辛合化水	智慧之合，行事有魄力
丁壬	丁壬合化木	桃花之合，人緣特佳
戊癸	戊癸合化火	老少之合，勞碌之合

地支三合

所謂「三人成眾、眾志成城」，生肖派姓名學中地支三合是最強的組合；任一組合只要有二合即算地支三合。

申子辰（合水）、巳酉丑（合金）、亥卯未（合木）、寅午戌（合火）。

「姓」地支三合，有大偏財。

「名一」地支三合智慧高。

「名二」地支三合福德財。

地支三會

「地支三會」是物以類聚，生肖屬性五行相似之物匯聚成爲強大力量，只要有下列任一組合即可成爲地支三會，力量僅次於地支三合，亥子丑（北方水）、寅卯辰（東方木）、巳午未（南方火）、申酉戌（西方金）。

水水相融可地支三會。

木木相扶——但只能寅卯會、卯辰不可會（玉兔見龍雲裡去）、寅辰不可會（龍虎鬥）。

火火比旺可地支三會。

金金相會多摩擦，過程會很辛苦。

地支六合（半合）

六合：午未、巳申、辰酉、卯戌、寅亥、丑子（沒有地支三合強）。

地支六合歌訣	
地支	歌訣
午未	馬羊同吃草
巳申	蛇猴同爬樹
辰酉	龍雞同爭輝
卯戌	兔狗同賽跑
子丑	鼠牛同一家
寅亥	虎豬超愛吃

地支六沖

六沖：子午、丑未、寅申、卯酉、辰戌、巳亥，生肖對名字沖才算直接破壞。

地支六沖歌訣	
地支	歌訣
子午	鼠馬蹄亂踏
丑未	牛羊沒草吃
寅申	虎猴愛打架
卯酉	兔雞不同籠
辰戌	狗叫龍跑掉
巳亥	蛇被豬吃掉

（男女雙方：歲數相差6歲沖祖父母、月份相差六個月沖父母、日數相差六天沖男女雙方）。

地支六害

姓名中若有六害是很不佳的，因爲「害」代表分離、變卦、災難小人。「姓」有六害時，名一不可太強，否則剋父母；但名一也不可太弱，否則會被父母剋。

地支六害歌訣表		
地支	歌訣	效應
子未	羊鼠相逢一但休	無緣相會，總有一天會分離
丑午	自古白馬怕青牛	個性不合
卯辰	玉兔見龍雲裡去	付出再多也不會有結果
巳寅	蛇遇猛虎如刀戳	蛇會傷痕累累
酉戌	金雞遇犬淚相流	一敗塗地
亥申	豬遇猿猴似箭投	被剋

地支六破

四大桃花

子、酉、午、卯（四大桃花），名字與八字若有二個以上之組合容易有桃花，四個全齊的話大富大貴。

四大驛馬

寅、申、巳、亥（四大驛馬），如果八字地支有這四個組合越多越不喜受拘束，越會奔波勞碌（趴趴走）。

四大墓庫

八字有辰、戌、丑、未，比較有錢，如果八字地支有這四個組合，越多越容易受房子的好壞影響（房子好就好、房子差就差），如果有兩個以上的庫，錢財的開銷比較大。

天羅地網

「天羅地網」顧名思義，就如同一張極爲細密，沒有方向，沒有頭緒，也沒有結尾的蜘蛛網。一旦獵物掉入網中，必定逃不出這層層剪不斷理還亂的陷阱。「辰戌丑未」這四個地支構成天羅地網的基本架構，基本上辰戌及丑未即爲六沖，辰（正天羅）戌（正地網）與丑（副天羅）未（副地網），天羅地網的特色就是綿密、複雜，在情感上就是是「黏」，在事業上是「煩」，端看下例便能知曉。

範例：甲辰年生之男性「○成○」

a.「成」在此視作「戌」肖狗，在「名一」看感情、人際關係，辰戌互爲六沖且成爲天羅地網，將造成夫妻感情不順，旦又不能斬斷情絲而藕斷絲連，離婚不易。

b. 如妻子肖龍此情形更甚。

範例：甲辰年生之女性「○美○」

a.「美」在此做「未」解釋，辰未雖無六沖，但互爲天羅地網，將形成和先生感情特別濃密之現象，說更誇張一些，如同綁在一起，一刻也不能分離。

b. 對於異性則會有成爲紅粉知己的態勢，感情甚篤，願爲對方付出一切在所不惜。

地支四刑

四刑對應一覽表				
四刑	地支	四刑內容	對應位置	解釋
無恩之刑	寅巳申	寅刑巳 巳刑申 申刑寅	姓 名一 名二	逢之勞而無獲，易遭小人剋害，多口舌、六親少義、做官不利舉業，施恩無功，易受人拖累，災禍頻仍，自己做得要死要活，但別人還是嫌。婦女損孕。 如台語「自己做到流汗別人嫌到流涎」。 範例：肖蛇之人名字中有虎之字根，即犯到無恩之刑；同理：肖虎之人名字裡有肖申猴之字根亦同。 範例：肖虎、名一、名二中有巳、申、遇亥年，會做出殘暴之事、忘恩負義，會服喪。
恃勢之刑	丑戌未	丑刑戌 戌刑未 未刑丑	名一 名二	剛毅太過，迭遭挫折，易罹災，傷人傷己，同僚不和，不利合夥，會與人爭鬥是非，驗證台語的「靠勢」，對自己太過有信心，且最有把握的往往最會出問題。 婦女逢之易孤獨。 範例：肖牛之人名字取「○○盛」，「盛」爲戌（狗）之字根，即表示對事業及工作須特別小心，否則往往會失算而導致破財傷身。

四刑對應一覽表				
四刑	地支	四刑內容	對應位置	解　　釋
無禮之刑	子卯	子刑卯 卯刑子	名一	不相見面、上下不睦、破財小災、講話易得罪別人、眼光高、講話比較不客氣。 範例：肖兔之人名字中有子（水），講話易得罪別人，且眼光高，說話較不客氣；同理：數鼠之人名字裡有卯（木）亦同。
自刑	亥酉 午辰	亥刑亥 酉刑酉 午刑午 辰刑辰	姓 名一 名二	自信不足，缺乏信心，疾病不安、動搖猶豫不決、有心結，自尋煩惱放不開，又固執己見，行事眼光短淺，易有始無終，且明知不可爲而爲之。 範例：肖豬之人名字爲「〇〇豪」，「豪」爲亥豬之字根，以爲在寶蓋下非常之舒適安逸，殊不知犯到「自刑」，輕者自閉有心結糾纏、煩惱放不開，嚴重的話會自殺尋短見。（嚴重程度由亥至辰）

論斷「元件」的生肖條件2——喜忌

耳朵、遇人、手

「耳、陳左」表示耳朵，動物不喜歡被人拎耳朵，拎耳朵表示受制於人，處處受限制、嘮叨。

十二生肖之中，只有「鼠、蛇、雞」三者不懼被抓耳朵。

含「耳」之字：聲、聞、聰、聽、耿、聆、聯、聖、職……等。

含左阜之字：陳、隆、陵、防、限……等。

含右邑之字：鄭、邱、郝、邢、都、鄉、鄰……等。

「遇人」表示受人控制之意，動物一般都不喜歡人在旁邊。

虎遇人小人不斷、遇一人可欺人、遇二人平分秋色、遇三人則被人宰。

可「遇一人」之生肖：猴、狗、牛、馬，遇兩人以上，會不知所措。

忌「遇人」之生肖：鼠（犯小人不斷）、蛇、豬、羊、雞、兔，身體容易有刑傷。

名二遇人，範例：「滿」中不陰不陽藏「雙人」，在尤其在投資、房地產方面易犯小人或受人騙。

含「二人」之字易受他人的影響，如：滿。

含「人」之字，如：

人：介、以、大、欽、欣……等。

便左：信、依、俊、健、倍、仙……等。

徐左：徐、得、德、行……等。

修左：修、條……等。

欠上：久、夕、旋、施、作……等。

「遇手」表示受人控制、沒有自由。

手部之字：控……等。

愛上：愛、采、暖……等。

開腳、翹腳、單腳、開口

「開腳」指動物奔馳之意，大動物有追逐之意，小動物則有逃命之意。

男生「名一」陰邊開腳，表示爲妻操勞；如：�……等。

女生「名一」陽邊開腳，表示爲夫操勞；如：淑……等。

適合「開腳」之動物：虎、馬、狗、猴。

不適合「開腳」之動物：雞、蛇、龍、豬、鼠、牛。

肖蛇之人開腳表示會誇大其詞、吹牛。

猴開腳有升格成爲人之意。

免開腳代表展現才華（動如脱免）。

有「開腳」之字，如：

㐅：文、雯、央……等。

又：叔、受……等。

攵右：政、玫、敦、敬……等。

夊：夏、愛……等。

八：興、典、貝……等。

儿：光、亮……等。

「翹腳」是拱腳休息、安逸、穩定、沒有危機之意。

適合「翹腳」之動物：鼠、牛、免、羊、猴、狗、豬。

不適合「翹腳」之動物：龍、馬、虎、雞。

虎翹腳：有「病貓」之意。

龍翹腳：降格成爲飛不上天之池中困龍。

蛇翹腳：畫蛇添足，表示誇大其詞。

雞翹腳：指生病的雞（瘟雞）。

「翹腳」之字（字中帶有「厶」），如：公、雲、宏、雄、玄……等。

「單腳」即所謂單腳站立之意，可單腳站立之生肖：狗、馬、雞、猴、虎。

猴單腳站立有升格成人之意。

「單腳」之字：十、章、華、聿、行、微……等。

「開口」指字中見「獨立成口」之字。

適合「開口」之生肖：鼠、蛇、兔、猴、雞、豬、狗、羊、馬。

不適合「開口」之生肖：虎、龍。

猴開口説話有升格成「人」之意。

虎開口，在「姓氏」表示開口傷父母，在「名一」表示説話傷人，在名二表示在事業上傷人傷己，易有口角。

狗開口成「吠」表示掌權聲勢浩大，但性情剛烈，遇二口成「哭」字，開四口成「器」。

龍開口成困龍，無法變化。

馬開口成嘶成馬王、帶頭掌權之意，開二口成

「罵」(不佳)，開三口以上等著被罵（更不佳)。

含「開口」之字：

口：呂、嘉、何、容……等。

囗：國、圓、圖……等。

鑽洞、平地、寶蓋、柵欄、陷阱、山谷、住家、山頭、得地、林地

「鑽洞」是指字中有口但非「獨立成口」之字。

適合「鑽洞」之動物：鼠、蛇、兔、猴。

不適合「鑽洞」：龍、虎。

肖「鑽洞」之字，如：

日：日、田。

甘：甘、柑。

虫：蟲、重。

「寶蓋」有凹洞、隱藏、安逸之意。

適合遇肖「寶蓋」之生肖：鼠、蛇、牛、羊、狗、豬。

不可遇肖「寶蓋」之生肖：龍、虎、兔。

兔——忌用「寶蓋」字成「冤」、容易被騙成爲冤大頭，有好事都沒他的份，壞事都找到他。

屬於「寶蓋」之字：

宀：寶、安、牢、宇、守、安、宏、宜、宗、宛、宙、室、家……等。

广：廟、府、廣、序、庇、庭、康、廠……等。

夊：各、絡……等。

厂：厘、原、厚、厝……等。

「平地」也有平原、草原之意。

適合「平地」之生肖：鼠、牛、兔、馬、羊、猴、雞、狗、豬。

虎落平陽被犬欺，虎肖山中之物，忌用屬「平地」之字。

龍在天上，遇平原有「降格」爲蛇的意思，因爲龍困淺灘遭蝦戲。

肖「平地」之字：

艸：草、葉、菊、莞、芝、苗、苔、英、茂、莫、茉、花、華……等。

平：一、玶、坪……等。

原：原、源、願……等。

田：富、黃、福、由、申、甲、男、甸、佃、當……等。

甫：焍、浦……等。

「柵欄」爲圈養牲畜之圍籬。

適合「柵欄」之生肖：鼠、牛、兔、蛇、羊、豬、馬。

虎遇柵欄，等於受困、受制，亦即坐困愁城、有志難伸。

肖「柵欄」之字：

冊：柵、珊、姍……等。

聿：建、肆、津……等。

而：而、耐、耑……等。

彗上：彗、慧、豐……等。

侖下：侖……等。

「陷阱」是人放置捕捉動物的裝置。

適合「陷阱」之生肖：蛇、鼠。

肖「陷阱」之字：

學：礐、舉……等。

興：譽……等。

囪：蔥、璁……等。

「山谷」爲兩山間流水之道，動物雖有蔽身過冬之處卻無食物來源。

最適合「山谷」之生肖：牛、馬、羊、猴、狗、豬。

肖「山谷」之字：容、欲、裕。

「山頭」表示山林，山中也暗藏「虎」。

最適合「上山」之生肖：虎，「虎」上山頭稱王爲所欲爲。

「馬」上山頭爲艱困。

「雞」上山頭變鳳凰。

「牛」上山頭舉步爲艱、氣喘如牛。

「狗」上山頭眾人（獸）騎（欺），會受人欺負，一敗塗地，風光不再。

肖「山」之字：

山：山、峻、嶺、峰、峯、嶽、峻、嶺、崑、嶽、嵩、崧……等。

丘爲小山：丘、邱、坵……等。

艮爲大山：艮、莨、卿、莨、艱……等。

屯：純、燉、囤、鈍……等。

「得地」表示字邊爲土的字。

適合「得地」的生肖：馬、猴、狗、雞、牛、豬。

「得地」之字：坊、坤、坪、坷、域、堅……等。

「山洞」是指天然遮蔽物，可供遮風避雨之用。

適合：鼠、蛇、羊、猴、牛、狗、豬。

肖「山洞、洞穴」之字，如：

句上：苟、敬。

罔：罔、網。

穴：穴、竄、窩、穿、穹、窈、窩、竇……等。

「林地」是指森林，也暗指虎之意。

適合「林」之生肖：虎、兔、狗、豬、馬、羊。

不適合「林」之生肖：雞、猴、龍、蛇。

屬於「林」之字：林、森、霖、淋、琳、彬。

「住家」表示人居住之處，可受人圈養照顧。

適合「住家」之生肖：鼠、牛、馬、羊、雞、狗、豬。

在人居住的地方，老鼠很容易生存，所以「住家」

對老鼠而言是很好的。

屬於「住家」之字：

門：門、關……等。

鬥：鬥、鬧……等。

户：啓、扈、肇……等。

瓦：瓶……等。

各（屋頂蓋）：各、絡、駱……等。

广：庭、府、廟……等。

草食、雜糧、肉食

十二生肖中各種動物皆有其食物，大致區分爲「草食」、「肉食」兩種。

「草食」爲草食動物的主食。

吃「草食」之動物包括：牛、兔、馬、羊。

肖「草」之字，如：

艸：草、葉、菊、莞、芝、苗、苔、英、茂、莫、茉、花、華……等。

芻：縐、皺……等。

「雜糧」爲「非肉食」動物之主食。

吃「雜糧」的動物包括：鼠、牛、兔、馬、羊、雞、豬。

「大猴損五穀」表示猴子不但不吃五穀，還會破壞農作物。肖猴之人名中有五穀類之食物，會不珍惜。範例：姓「秋、香」姓肖猴者，較易不珍惜家產而任意揮霍。

肖「五穀雜糧」之字，如：

黍（禾）：禾、秀、秉、稼、利、和、黍、秋、榛、蓁、莉、程、稚、秣……等。

菽（豆）：豆、登、豐、燈、豉、彭……等。

麥：麥、麩、麵……等。

稻（米）：米、糧、菊、益、粉、粧、粹、粽、粲……等。

稷（粱）：粱、樑……等。

「肉食動物」指以肉類爲主食之動物，可配合有「肉」之字，如：青、清、心、快左。

「肉食動物」包括：虎、蛇、狗。

「快左」指「有骨之肉」適合狗，如：快、怡、性、恆、恬、情……等。

「月」有肉之字根，最適合肉食動物使用：肴、肯、育、能、胡、朋、朗……等。

「小」字也有心、肉之意，又有身材小之意，適合身材小又吃肉的蛇使用，則人際關係好。忌小之動物：鼠、牛、虎、龍、馬、羊，使用易有自信心不足的問題。

「心」是肉之精華，虎最喜歡食用，含「心」之字，如：志、忠、念、恩……等。

範例：寅年之男「○○清」表示有很多肉吃，但性需求很大（飽暖思淫欲）。

範例：寅年之女「○○蕊」表示有很多肉吃，但性需求也大。

龍不食凡間之物，口中含龍珠，在雲中吞雲吐霧，龍珠有：水、火、日、月、星五珠。

肖「日」之字：明、旭、昌、暉、旮……等。

肖「月」之字：明、朋、菁、青……等。

王格、彩衣、輔佐、戴冠、軍隊、出頭

十二生肖在傳統祭典中：鼠、虎、龍爲受崇敬的對象；馬、蛇、雞爲司禮的角色；牛、羊、豬爲三牲供品；猴最像人成爲負責祭祀的角色；兔、狗則上不了祭典。

「王格」，也就是當君主掌令、領導者的意思。

可成「王」之生肖：鼠、虎、龍。

忌成「王」之生肖：牛、豬、羊，代表犧牲付出。

牛成「王者」，代表犧牲付出。

具王格之字：

君：郡、桾、群……等。

主：住、注、柱、炷……等。

大：奇、太……等。

王：瓊、瑾、瑜、瑤……等。

冠：冠……等。

首：首、道……等。

長：長、萇……等。

至：到、致……等。

尊：樽、鱒……等。

令：伶、令、苓、鈴、羚……等。

「彩衣」爲穿彩衣、錦上添花、增添威儀的含意。

適合「披彩衣」的生肖：鼠、虎、兔、龍、蛇、馬、猴、雞、狗。

「牛、羊、豬」爲三牲，如果披彩衣上供桌，表示犧牲。

蛇爲小龍披彩衣升格爲龍。

「猴」披彩衣升格爲人。

「雞」披彩衣升格爲鳳凰。

「狗」披彩衣升格爲虎。

忌「披彩衣」之生肖：牛、羊、豬。

肖「彩衣」的字根：

采：菜、綵、採、釉、釋……等

彡：彬、彪、彤、形、彥、彬、彰、彭……等。

衣：衣、依、裔……等。

糸：綺、緯、縈、紅、紀、紋、紜、紳、娟……等。

肅：簫、繡、蕭……等。

几：佩、珮、婀……等。

巾：市、帛、帝、希、帆、帥、布……等。

疋：楚、胥、旋……等。

示：神、社、祈、祖、祖、祥、祺、禎、福……等。

「軍隊」代表部隊出巡。

忌用「軍」字之生肖：鼠、牛、龍、虎、兔、猴。

天子（鼠）逢「軍」表示御駕親征，代表江山有危機。

牛逢「軍」代表宰殺三牲犒賞軍士或拉輜重。

軍中藏「田」字，龍遇田有降格爲蛇之意。

軍中藏「田」字，虎遇田有遭顛之意。

肖「軍」之字，如：

軍：運、揮、輝、渾……等。

「戴冠」有「出頭」成爲領導者，戴冠冕成王、頭角崢嶸之意。

適合「戴冠」的生肖：鼠、虎、龍。

忌「戴冠」的生肖：牛。

屬於「戴冠」的字根：

高上：高、郭、亨、毫、亦……等。

曾上：慈、曾……等。

光上：尚、光、堂……等。

業上：業、叢、晉……等。

卷上：卷、豢、勝……等。

登上：登、發、癸……等。

彑：彖、彚、喙、彝……等。

詹上：詹、簷、膽、擔……等。

「輔佐格」，也就是不能成王之階層，僅能成爲輔佐之角色。

適合「輔佐格」之生肖：牛、兔、蛇、馬、羊、猴、雞、狗、豬。

「輔佐格」之字：

丞：拯……等。

相：相、想、霜……等。

臣：頤、姬、監……等。

士：志、吉、仕……等。

小：小、少、省……等。

工：江、貢、攻……等。

力：勁、男……等。

肖「第二」之字：次、亞……等。

「出頭」表示在群體中可成爲領導者的意思。

適合「出頭」之生肖：鼠、虎、龍、雞、馬、猴。

忌諱「出頭」之生肖：牛、豬、羊。

屬於「出頭」之字，如：

士：志……等。

武器

「武器」代表老鼠的牙齒，五行肖金。

代表「武器」之字，如：

刀——超、昭……等。

刂右——劉、別、利……等。

矛——柔、務……等。

匕——比、昆、鹿、皆……等。

戈、弋——成、越、伐……等。

矢——知、智、疾、短……等。

斤——欣、沂、所、芩……等。

片——牌……等。

爿——壯、莊、裝……等。

淵右——淵、棩、蜵……等。

形聲

斤、今：金……等。

楊：羊……等。

生：申……等。

日光、月光、四季、方位

「日光」象徵太陽、白天。

適合日光之生肖：龍、豬、雞、虎、羊。

不適合「日光」之生肖：鼠、牛、蛇、兔、馬、狗。

日爲陰煞，在名一陰邊犯小人。如：晡……等。

虎遇日：代表威嚴（古時當官者，門扁上有日正當中），很有威嚴。

羊遇日：羊是很膽小的動物，晚上縮在一起，但一遇日就會有精神。

代表「日光」之字，如：

日：旦、昆、昌、曾、明、景、暉、影、晶、旺、晃、耀、輝……等。

光：晃、輝、耀……等。

火：灰、炫、炷、烈……等。

「月光」象徵月亮。

適合「月光」之生肖：兔、蛇、鼠、龍、羊、豬、狗。

不適合「月光」之生肖：牛、雞、猴。

肖「月光」之字，如：

月：朋……等。

夕：汐、夕、夠、外、多、夥……等。

「四季」的五行：

a.「春」肖木、木中藏兔。

b.「夏」肖火、火中藏馬。

c.「秋」肖金、金中藏雞，姓名中含「秋」表「秋煞」，表説話直接，易得罪人。

d.「冬」肖水、水中藏鼠。

「方位」的五行：

a.「東」：因申酉戌肖西方金煞東方木，生肖猴、雞、狗用之大兇。

b.「南」：因亥子丑肖北方水煞南方火，生肖豬、鼠、牛用之大凶。

c.「西」：因寅卯辰肖東方木煞西方金，生肖虎、兔、龍用之大凶。

d.「北」：因巳午未肖南方火煞北方水，生肖蛇、馬、羊用之大凶。

排行

名字須配合排行，否則長幼無序，易有家庭糾紛。

乾——代表父親、丈夫。

震——代表長男、長子，長子以外的兄弟使用則剋長兄，取代長男的地位。

坎——代表次男、中男，次男以外的兄弟使用則剋次男。

艮——代表三男，三男以外的兄弟使用則剋次男。

坤——代表母親、妻子，非長女使用易刑剋母親或長女。

巽——代表長女，長女以外姊妹不可使用。

離——代表次女、中女，長女、三女皆不可用。

兌——代表三女，長女、次女不可用，三女之後女子方可用。

冠——代表一家之主，一家之主泛指父親、長兄、或丈夫，除了以上三者，名字中使用「冠」字，會具有剋長上的力量。

伯、仲、叔、季——依序代表長男、次男、三男、四男，切不可錯用排序，否則長幼無序，家中易有爭執。

導入自身的生肖

遇下列字時，均有「自我」之意，須將本身生肖帶入。

不可將生肖作爲名之生肖：鼠、龍、虎、豬、雞、馬（亥、酉、午、辰表示自刑）。

肖「自身」之字，如：

吾：語、悟、梧……等。

自：鼻……等。

我：義、娥、蛾……等。

身：謝、射……等。

於：宇……等。

其：琪、斯……等。

某：謀……等。

予：圩、盂……等。

爾：彌、璽……等。

余：塗、餘、徐……等。

阮、倪：姓氏中直接藏生肖。姓倪者與父親長輩的關係如同兄弟、朋友一般。

女：僅限女性導入生肖……等。名字中有「女」字旁之字，女性以本身生肖來論。姓氏中有女字旁的姓，如：姚、薑，可以母親的生肖帶入來論母子關係。男性姓名中使用女字部首，可將配偶生肖導入來論夫妻關係。

指示

其：樓梯，向上取字以代替其字。

其他論斷「客體」之規則

生肖派論斷流年

「生肖派姓名學」也可以論斷是中國「生肖」觀念的延伸，這個觀念認爲：

1. 以姓名之「天格、人格、地格」每部分之「陰邊、陽邊」的組成元件代表「主體」特性。
2. 以流年的六十甲子干支代表「客體」。
3. 以客體之天干五行對照主體之天干五行所產生的關係，藉此來討論流年對姓名名三格之影響。
4. 以主體之生肖條件對照客體之天干生肖所產生的關係，藉此來討論流年對姓名名三格之影響。

「生肖派姓名學」以生肖論流年，12年爲一輪，名字再怎麼好，也會有3年運勢不好。

生肖派女性論斷之規則

1. 支、枝、萍——表示「無根」，最終將無落腳處。
2. 卿——使用此名，因卯被大山（艮）切開，易流產或開刀與婦女病。
3. 素——用此名，個性會很強悍，也就是台語的「鴨霸」。
4. 眞、貞——個性會非常倔降、不服輸，有時甚至會不講理，如台語所說「青番」，而難以溝通，夫妻生活易起磨擦，且此字易有血光之災。
5. 霜、雪、冰、寒、冷、露、枝、支、霞一在名一：夫妻感情不好；在名二：性生活不協調、生殖器官易有障礙。
6. 雲、霞、露——意義肖於稍縱即逝的美好事物，須注意腎臟、膀胱和生殖方面的問題。
7. 女性忌用男名或陽剛性的用字，如：忠、義、順、強，若用之則一生勞碌，甚至會有剋夫的情形。
8. 使用單名：女性使用才華洋溢，但一生勞碌，情路難行，須愼用。
9. 「淑」——「叔」爲古代「三男」之意，女性採用男名一生勞碌。
10. 「名一」有「麗」字第六感較靈驗。
11. 「茹」——有含辛茹苦之意。
12. 「伶」——有孤苦伶仃之意。
13. 「蘭」——古代饋贈之禮，有容易爲人作嫁之意。

14. 「涵、函」——音同寒，女性不宜，身體弱易得婦女病。
15. 「姿」——爲次女，不利感情、婚姻。
16. 「芬、盈」——易有血光之災，要特別注意下腹部：腎臟、膀胱、生殖器官的疾病。
17. 「英、琴、秀、美」——在名二，容易有勞碌之跡象。

生肖派姓名學其他規則

1. 男子重事業，故「名二」不能破（男重財）；女子重家庭與夫妻生活，故「名一」不能破（女重情）。
2. 可相剋之五行：

「火剋金」可成器、如：丙午年之「○金○」，雖然對人際關係不好，但能自我要求。

3. 天干爲「丁」又遇肖「○丁○」之名，正所謂「男丁」，丁有男性之意，所以此人會有很多好兄弟或男性朋友。
4. 天干剋但地支（生肖）相合，則事業會做得心不甘情不願，又不得不做。

如：辛亥年之人「名二」爲草字頭如「○○茹」，辛肖金，金剋草（肖木），但豬又適合在平原，所以事業會做得心不甘情不願。

5. 筆畫橫向較多人則較胖，筆畫直向較多人則較瘦。
6. 「○○哲」手腳會碰傷或折斷或酸疼。

7. 特殊字之意義

忠——俗語對狗有「忠狗」的稱呼，因此「忠」也代表「狗」。

信——土——脾。

仁——木——肝。

義——金——肺。男名中有「義」，自我中心，人也可能會很固執；另外「義」也代表「牛」。

禮——火——心。

智——水——腎。

孝——古時羊跪著哺乳表示「孝順」，因此「孝」也代表「羊」。

節——古時有「馬節」的稱呼，因此「節」也有「馬」的意思。

8. 「名一」中：

多金——太響亮、臭屁。

多木——個性剛硬、不柔和。

多水——根腐、表示對性的需求大。

多火——不明理，傷肝。

多土——不信實、沒有信用

9. 天干、地支與名一的關係

天干、地支與名一關係表	
天干、地支剋名一	會陷害朋友
天干、地支生名一	對朋友很好
名一、剋天干地支	會被朋友陷害
名一生天干、地支	朋友對他很好

10. 天干、地支與名二的關係

天干、地支與名二關係表	
天干、地支剋名二	辛苦做事
天干、地支生名二	追錢辛苦，須努力事業才會很好
名二、剋天干地支	凡事不順，或根本沒事業
名二生天干、地支	事業輕鬆可得、駕輕就熟

11. 名字五行避免直接相剋：

何泳午－泳爲雙水、午爲正火，直接相剋不合。

鼠

1. 鼠＝子＝正水。
2. 地支三合：申子辰。
3. 地支三會：亥子丑。
4. 肖鼠之字根，如：

子爲正水，故所有「水、清左」字旁皆肖鼠，如：江、沙、河、泉、康、永、承……等。

所有「冫」字旁皆肖水，如：冰、凌……等。

含「子」字之字根，如：存、學、季、孟、孺、敦、遊、孫……等。

含「鼠」字之字根，如：鼦、蠟、獵、竄……等。

鼠爲十二生肖之首，故含「首」字之字根皆肖鼠，如：道……等。

鼠爲十二生肖之首，故含「至」字之字根，如：臻、臺、到……等。

鼠為十二生肖之首，故含「尊」字之字根，如：尊、遵……等。

鼠為十二生肖第一位，故含「一」、「壹」字之字根皆肖「鼠」，如：壹、懿……等。

鼠為十二生肖之冠，故含「冠」字之字皆肖「鼠」。如：冠……等。

5. 屬「鼠」之姓氏：子、孫、孟、孔、李、水、洪、汪、江、沈、泉、泰、永、冰、冷、凌、灌、澹、源、潘、滿、添、湛、溫、湯、遊、淵、浦、海、洛、河、泰、法、沈、汲、沃、汩、汪、沙、江、汝、池……等。

6. 歌訣一：

羊鼠相逢一旦休，蛇鼠一窩難重重，
兔鼠同籠刑且剋，雞鼠相見破害中，
倘遇午馬相沖對，身心難安福不榮。

7. 歌訣二：

子肖原鼠水，生肖列第一，
喜大難為小，喜夜忌日愁；
猴龍見地支三合，豬牛同地支三會，
沖刑馬與兔，迫害雞與羊；
喜動益喜穴，遊走草叢間，
性喜食五穀，忌吃肉危險；
逢蛇多煩惱，逢人性命休，
彩衣增光耀，升格樂逍遙；

忌逢士相剋，身心難安樂，
金水得相生，財得萬事成。

「鼠」可用之字

1. 地支三合「申子辰」，故鼠喜屬「猴」、「龍」之字。
2. 地支三會「亥子丑」，故鼠喜屬「豬」、「牛」之字。
3. 鼠喜食「五穀」，故鼠喜用屬「五穀」之字。
4. 鼠喜遇含「鑽洞」之字。
5. 鼠喜遇含「住家」之字。
6. 鼠喜遇含「王格」之字。
7. 鼠喜遇含「彩衣」之字。
8. 肖逢「八」必發，如：竄……等。
9. 鼠爲夜行動物，喜遇含「月光」之字。
10. 鼠喜遇含「翹腳」之字。

「鼠」忌用之字

1. 「羊鼠相逢一旦休」（六害），故鼠忌遇肖「羊」之字。
2. 「鼠馬蹄亂踏」（子午沖），故鼠忌遇肖「馬」之字。
3. 「子卯相刑」（無禮之刑），故鼠忌遇肖「兔」之字。

4. 鼠遭蛇吞食，危險之象，蛇鼠一窩，災難重重，因此鼠忌遇肖蛇之字。
5. 鼠忌遇肖「輔佐格」之字。
6. 「土剋水」鼠爲正水，忌遇肖「土」之字，如：城、基……等。
7. 「過街老鼠、人人喊打」鼠忌遇肖「遇人」之字。
8. 鼠爲夜行性動物，忌見有「日光」之字。

適合「鼠」之姓氏

1. 肖「鼠」之姓氏。
2. 肖「猴」之姓氏。
3. 肖「龍」之姓氏。
4. 含「口」之姓氏高、呂、田、吳、黃……等。
5. 具「王格」之姓氏大、王、君……等。

不適合「鼠」之姓氏

1. 肖蛇之姓氏。
2. 肖「兔」之姓氏。
3. 肖「馬」之姓氏。
4. 肖「羊」之姓氏。

生肖派肖「鼠」之範例

1. 範例一：25年次（丙子年）肖鼠之「黃清輝」。
   姓「黃」，「艸」肖木，木生火，父親對他很好，長輩對他很照顧；「田」田地多洞受母親疼愛。

名一的「清」，「水」對子（水）歸庫；「青」肖木，「木生火」表示不論同性或異性的人際關係都很好。

名二的「輝」，「光」下「儿」肖蛇，鼠遇蛇被吃掉表示無錢庫；「軍」字藏「日」對事業也不好。

2. 範例二：61年次（壬子年）肖鼠之「趙嘉豐」。

姓「趙」，「走」下之「儿」肖蛇，蛇吃鼠，無母親與長輩之幫助。

名一「嘉」，「土」剋「壬」（鼠水）會遭男性朋友陷害；「加」內有「口」，表示自我心性較爲懶惰，生活安逸，但可得妻助。

名二「豐」，「豆」肖陰邊，也表示此人天生就帶錢財，但仍傾向懶惰。

3. 範例三：73年次（甲子年）肖鼠之「吳妍穎」。

姓「吳」，「口」：鼠遇口可鑽洞，人聰明、受父母喜遇、有投機心、受上司賞識。「央」（土剋水）：受母親管教。

名一「妍」，「女」字可將自己的生肖帶入所以肖是鼠地支三會。「开」有洞鑽，對丈夫好。但陰邊開腳，比較閒不住。

名二「穎」，「禾」五穀，有財庫，「頁」屬龍，申子辰三合，事業好。

牛

1. 牛屬土，但暗藏水（溼土）。
2. 地支三合：巳酉丑。
3. 地支三會：亥子丑。
4. 肖牛之字根，如：

   含「牛」字之字根，如：隆、生、性、牛、星、產、造、皓……等。

   含「物左」之字，如：物、牧、特……等。

   含「丑」字之字根，如：扭、忸、鈕、紐……等。

   牛排行「第二」，故「第二」的字也代表牛：次、亞……等。

   牛排行「第二」，故「二」的字也代表牛：二、貳……等。

   「士」爲象棋中排行第二與牛相同，故含「士」之字亦肖牛，如：士、仕……等。

   「良」是「艮」卦，也是土中藏水，與牛相同，故含「艮」之字亦肖牛：良、駺、浪……等。

   「義」也有代表牛的意思。
5. 屬「牛」之姓氏：牛、物、牧、牟……等。
6. 歌訣一：

   自古白馬怕青牛，牛羊相見上供桌；

   牛狗同度刑且剋，牛龍相破運多折；

   若將彩衣披上身，勞碌奔波淚雙流。

7. 歌訣二：

丑牛土藏水，性溫忌當頭，
豬鼠同地支三會，雞蛇見地支三合；
沖刑羊與狗，迫害馬與龍，
逢人受牽制，逢耳不自由；
彩衣上戰場，抬頭見犁拖，
喜草與五穀，逢肉缺財福；
大口身心安，小口氣難喘，
白天勞碌苦，上山累無助；
翹腳福祿享，喜洞穴門欄，
剋害皆因土，金水身心如。

「牛」可用之字

1. 地支三合「巳酉丑」，故牛喜遇含「蛇」、「雞」之字。
2. 地支三會「亥子丑」，故牛喜遇含「豬」、「鼠」之字。
3. 「鼠牛同一家」（子丑合），故牛喜遇含「鼠」之字。
4. 牛喜食「草食」，故牛喜用「草食」之字。
5. 牛喜被人圈養，故喜遇含「住家」、「柵欄」之字。
6. 牛喜遇含「平地」之字。
7. 牛遇車升格成馬，故喜遇含「車」之字，如：連、軒、輔……等。

8. 牛喜遇含「輔佐格」之字。

「牛」忌用之字

1. 「自古白馬怕青牛」(六害),故牛忌遇肖「馬」之字。
2. 「牛羊沒草吃」(丑未沖),故牛忌遇肖「羊」之字。
3. 「未刑丑」、「丑刑戌」(恃勢之刑),故牛忌遇肖「羊」、「狗」之字。
4. 牛忌遇肖「示」關於祭祀的字,有送上貢桌成爲祭品之意。
5. 牛忌遇肖「彩衣」,有披彩衣犧牲自我(火牛陣)之意。
6. 「抬頭將犁拖」牛忌遇肖「抬頭」之字,表示作工辛苦、嘆息之意。
7. 牛見日光會辛苦工作,故牛忌遇肖「日光」之字。
8. 牛忌遇肖「軍隊」之字,因軍有宰殺三牲(牛、羊、豬)之意。
9. 牛成王必辛苦,故忌遇肖「王格」之字。
10. 牛「開口」表示「氣喘如牛」,故忌遇肖「開口」之字。
11. 牛不吃肉,故忌遇肖「肉」之字,若遇肉則有糟蹋之意。
12. 牛上山舉步爲艱,故忌遇肖「山頭」之字。

13. 林中藏虎，牛入林中使虎爲所欲爲，有受困、侷限之意，故牛忌遇肖「林地」。
14. 牛忌遇肖「二人」會不知該往東、西。
15. 女性忌用「安」字，女代表自己須帶入生肖「牛」，有「牢」之意義，人際關係較不凸顯。
16. 牛忌用「宇」字，「于」代表自己，帶入有「牢」之意義，人際關係較不凸顯。
17. 牛忌遇肖「田」之字，牛入田中有「一分耕耘一分收穫」的意思，在名二表示賺辛苦錢。
18. 牛忌遇肖「耳」之字，有受人控制之意思。

適合「牛」之姓氏

1. 字根肖「蛇」之姓氏。
2. 字根肖「雞」之姓氏。
3. 字根肖「豬」之姓氏。
4. 字根肖「鼠」之姓氏。

不適合「牛」之姓氏

1. 字根肖「馬」之姓氏。
2. 字根肖「羊」之姓氏。

生肖派肖「牛」之範例

1. 範例一：肖牛之男「◯軍良」：

名一「軍」內有田，蠻幹苦幹、任勞任怨；軍內又暗藏「日」，大太陽下牛很辛苦的工作，則有受制於老婆的意思。

名二「良」有「艮」肖大山，牛上山很辛苦，且山中藏虎，表示事業辛苦。

2. 範例二：巳丑年之女「林艾璉」：

姓「林」，肖木，丑肖水，水生木，表示對父母很好，但受制於父母。

名一「艾」，艾上有「艸」表示與男性朋友關係良好，「乂」表示開腳，牛辛苦奔跑，表示對姊妹、女性朋友辛苦付出，而且所付出的與收成的不成比例。

名二「璉」，事業上有車，表示會需要辛苦付出勞力，錢財上有王，牛成王表示會辛苦爲別人付出，沒有錢財留下給自己。

3. 範例三：50年辛丑年之男「曾輝煌」：

姓「曾」，下有「日」，牛遇日辛苦，得不到父母幫助。

名一「輝」，光下「儿」暗藏蛇（巳），巳丑地支三合，異性緣好，夫妻情感好。

名二「煌」，「火」被「水」（丑）剋，且又爲六害，故無錢財；牛不可爲王，所以工作辛苦。

4. 範例四：丑年之「○○金」與「○○木」：

「○○金」土生金，金生水，所以事業是先付出後回收。

「◯◯木」水生木，木剋土，投資事業反而會賠進去；如果是女性，則會有偷找性伴侶之可能。

5. 範例五：丑年之「◯◯鈴」：

名二「鈴」，「金」肖「雞」也肖「酉」，酉丑肖「地支三合」成為悶騷。

虎

1. 地支三合：寅午戌。
2. 地支三會：寅卯辰。
3. 肖虎之字根，如：

含「寅」之字，如：演、寅、黄……等。

含「爭」(虎喜爭鬥) 之字根，如：爭、淨、靜……等。

含「虎」之字，如：彪、處、盧、獻、慮、虔、琥……等。

「虎從風」，故含「風」之字皆代表「虎」，如：嵐、楓、颱……等。

「年獸」指「虎」，故含「年」之字皆代表「虎」，如：年……等。

「大蟲」指老虎，故含「蟲」之字皆代表「虎」，如：螢、虹、蜜……等。

含「毛」之字，如：尾、毯……等。

含「山」之字。

虎排行三，含「三」之字也代表虎，如：三、參、糝……等。

4. 屬「虎」之姓氏：風、丘、邱、虎、盧、獻、虞、虔、艮、良、狼、郎、山、仙、嵩、崔、崇、密、崖、岳、毛……等。

5. 歌訣一：

蛇遇猛虎如刀戳，亥豬相破意不如；
虎落平陽遭犬欺，龍虎相爭難言吉；
申猴相刑且相沖，施恩蜈蚣災難罹。

6. 歌訣二：

寅虎肖陽木，森林山裡居，
喜大不喜小，開口傷人畜；
地支三合馬與狗，地支三會卯兔窩，
猴豬相沖破，刑害最忌蛇；
平地被犬欺，草原無生氣，
逢人耳受困，洞穴不自由；
喜彩衣添翼，喜肉忌五穀，
喜抬頭戴冠，忌白天翹腳；
高山我獨尊，水木相生吉，
倘逢金相剋，世路多坎坷。

「虎」可用之字

1. 地支三合之「寅午戌」，故虎喜屬「馬」、「狗」之字。
2. 地支三會之「寅卯辰」，故虎喜屬「兔」之字。

3. 「虎豬超愛吃」(寅亥合)，故虎喜遇含「豬」之字。
4. 虎「開腳」表奔馳，故虎喜開腳之字根。
5. 虎披「彩衣」表尊榮、威嚴，故虎喜遇含「彩衣」之字。
6. 虎喜遇「吃肉」，故虎喜遇含「肉食」之字。
7. 虎喜遇含「王格」之字。
8. 虎喜遇含「戴冠」之字。
9. 虎喜遇含「武器」之字。
10. 虎喜遇含「日光」之字。
11. 虎喜遇有「山」之字。

「虎」忌用之字

1. 「地支三會」成「龍虎鬥」，故虎忌用屬「龍」之字。
2. 「蛇遇猛虎如刀戳」(六害)屬「蛇」之字。
3. 「虎猴愛打架」(寅申沖)肖「猴」之字。
4. 「申刑寅」、「寅刑巳」(無恩之刑)，故虎忌遇屬「蛇」、「猴」之字。
5. 六破(驛馬)屬「豬」之字。
6. 肖虎之地支：寅，如：「○寅○」、「○○虎」。
7. 「虎落平陽被犬欺」，故虎忌「平原」之字。
8. 虎忌遇「田」字，易遭人怨恨。
9. 虎怕耳朵被捉，故虎遇肖「耳朵」之字。

10. 虎忌「遇人」遇一人欺人、遇二人平分秋色、遇三人被人宰。
11. 虎忌吃「五穀」，會有糟蹋的意思。
12. 虎忌遇肖「輔佐格」之字，會有降格的意思。
13. 虎忌開口。

口在「姓氏」如：吳、呂之人，傷父母或不聽父母的話。

口在「名一」，有「敬」之男性，異性緣不佳。

適合「虎」之姓氏

1. 字根肖「馬」之姓氏。
2. 字根肖「狗」之姓氏。
3. 字根具「王格」之姓氏。
4. 字根肖「木」之姓氏。

不適合「虎」之姓氏

◎字根肖「龍」之姓氏。

生肖派肖「虎」之範例

1. 範例一：寅年生之男「◯◯清」。

   名二「青」中有肉、表示性需求較大；也有自以為是、自命清高之意。
2. 範例二：丙寅肖虎之「田◯闊」。

   姓「田」，表示老虎至田中作亂，易遭人怨恨。

名二「閎」，是關在門內的老虎，事業無法發展、突破，雖有錢財但是收的不多。

3. 範例三：甲寅年之「林◯華」。

姓「林」，虎入林中，為所欲為受長輩、上司賞識，雖有祖產但會花完。

名二「華」，華中藏蛇財運不好，老運也不好，華上有「艸」也表示平原，表示「虎落平陽被犬欺」，事業不得志。

4. 範例四：甲寅年之女「丘月鈴」。

姓「丘」為山，虎上山頭成王，故可作老闆。

名一「月」，孤月無伴，情路孤單。

名二「鈴」中有「令」，虎可掌令，江山一片但「金」剋木，所以口袋空空。

兔

1. 地支三合：亥卯未。
2. 地支三會：寅卯辰。
3. 肖兔之字根，如：

含「兔」之字，如：逸、勉、兔、菟、晚、挽、冕……等。

含「卯」之字，如：昂、鄉、茆、昴、抑、迎、印、卿……等。

正木為兔，含「木」之字亦肖兔，如：木、柳、林、楓、杉、柄、桂、柱、松、柏、棵、楹、棚、業……等。

「東」方肖木為兔，故含「東」之字亦肖兔，如：東、凍、棟、涷、陳……等。

「春」肖東方，故含「春」之字亦肖兔，如：春、椿……等。

月宮有兔仙搗藥，故含「月」字根之字亦肖兔，如：月、清、靖、勝、朗、明、望、青、青、朋……等。

兔排行四，所以「四」也代表兔。

4. 屬「兔」之姓氏：胡、有、木、林、李、陳、柳、東、青、欒、樣、權、滕、橋、樂、樓、楚、椿、楊、留、劉、閒、茆、梁、麻、婪、肥、桂、桐、桑、桃、桓、柯、查、相、柴、析、杭、松、宋、杞、杜、岑、樸、卯、印、仰……等。

5. 歌訣一：

玉兔見龍雲裡去，子鼠相刑剋六親；
雞兔正沖災厄至，午馬相破病呻吟；
若逢巳蛇再相遇，終日惶惶淚沾襟。

6. 歌訣二：

卯兔肖陰木，偏喜月中藏，
豬羊見地支三合，地支三會不喜龍；
忌逢金刑剋，酉雞正相沖，
刑破鼠與馬，逢之福不榮；
喜小喜彩衣，福厚得聲名，

忌大忌抬頭，勞碌歷艱辛；
逢人同度禍，逢蛇命擔憂，
喜洞亦喜穴，忌安宇成冤；
喜草喜五穀，逢肉少財富，
喜水木相逢，忌逢日光愁。

「兔」可用之字

1. 「亥卯未」，故兔喜遇含「豬」、「羊」之字。
2. 地支三會「寅卯辰」，故兔喜遇含「虎」之字。
3. 「兔狗同賽跑」（卯戌合），故兔喜遇含「狗」之字。
4. 兔吃草，故兔喜遇含「草食」之字。
5. 兔食「雜糧」，故兔喜遇含「雜糧」之字。
6. 兔喜遇「鑽洞」，「狡兔三窟」是最高明的兔子，但太多洞易有神經質，故兔喜遇含「鑽洞」之字。
7. 兔喜遇含「彩衣」之字。

「兔」忌用之字

1. 「雞兔不同籠」（卯酉沖），故兔忌遇肖「雞」之字。
2. 「玉兔見龍雲裡去」，故兔忌遇肖「龍」之字。
3. 「子卯相刑」（無禮之刑），故兔忌遇肖「鼠」之字。
4. 蛇吞兔，有壓抑、有志難伸之意，故兔忌遇肖「蛇」

之字。

5. 兔見人躲藏，故兔忌「遇人」之字。
6. 兔肖「月」，故兔忌遇肖「日」之字。
7. 兔忌用「寶蓋」之字根成「冤」，容易被騙成為冤大頭，有好事都沒他的份，壞事都找到他。

適合「兔」之姓氏

1. 肖「兔」之姓氏。
2. 肖「虎」之姓氏。
3. 「開口」之姓氏：區……等。

不適合「兔」之姓氏

1. 肖「龍」之姓氏。
2. 肖「蛇」之姓氏。
3. 「遇人」之姓氏：歐、任、何……等。

生肖派肖「兔」之範例

範例：卯年之「〇貴〇」。

名一「貴」上有「蟲」肖小蛇，蛇吃「兔」會被男性騙；下有「貝」屬龍為六害，女性人際關係差，甚至會被女性朋友騙，也較無自信心。

龍

1. 地支三合：申子辰。

2. 地支三會：寅卯辰。
3. 肖龍之字根，如：

   含「辰」之字，如：宸、振、震、農、晨、展……等。

   含「龍」之字，如：龍、龐、嚨、瓏、龔、龕、寵……等。

   含「鹿」之字，如：麗、麒、麟、塵、麓……等。

   含「京」之字，如：景、諒、涼、就、影……等。

   含「君」之字，如：群、倉……等。

   含「言」之字，如：謙、誠、語……等。

   含「民」之字，如：泯、岷……等。

   含「貝」之字，如：寶、賀、費、貿……等。

   古有雲「雲從龍，虎從風」，所以「雲」亦肖龍。

   含「雨」之字，如：雯、霖、雷、霈。

   含「尤」（龍的簡體）之字根，如：尤、沈、就。

   「龍」音之字也暗藏龍，如：隆。

   「龍」排行五所以「五」也代表「龍」。
4. 屬「龍」之姓氏：景、隆、雲、長、展、農、晨、貝、項、賈、貢、賀、貴、須、顯、顧、頡、賴、穎、寶、費、顏、賽、龍、龔、襲、龐、瓏、鹿、麃、酈、言、計、諸、諒、詹、許、謝、讓、談、譚、譯、譙……等。
5. 歌訣一：

   玉兔見龍雲裡去，戌狗對面正相逢；

丑牛未羊天羅網，受制無奈志難伸；
龍虎相鬥不相容，辰龍自刑無始終。

6. 歌訣二：

辰龍雲中現，喜大喜抬頭，
地支三合猴與鼠，地支三會皆無助；
戌狗正相沖，辰龍自相刑，
迫害牛與兔，同行萬事休；
逢人蛇降格，忌洞穴受困，
喜馬祿祿享，忌牛羊羅網；
彩衣增光輝，日月照前程，
忌逢五穀肉，笑人間煙火；
喜水遇相生，忌盤腿翹腳，
忌逢金相剋，身心多衝折。

「龍」可用之字

1. 地支三合「申子辰」，故龍喜遇含「猴」、「鼠」之字。
2. 「龍雞同爭輝」（酉辰合），故龍喜遇含「雞」之字。
3. 龍不食凡間之物，口中含龍珠，在雲中吞雲吐霧，龍珠有：水、火、日、月、星五珠。

日：旭、昌、暉、旮……等。

月：朋、菁、青……等。

水：淼、踏、池、江、河、泊、洋、消、紳、汎、泛、汝……等。

火：炎、烊……等。

星：醒……等。

「龍」忌用之字

1. 「狗叫龍跑掉」（辰戌沖），故龍忌遇肖「狗」之字。
2. 「玉兔見龍雲裡去」（六刑），故龍忌遇肖「兔」之字。
3. 「辰辰相形」（自刑），故龍忌遇肖「龍」之字。
4. 龍遇蛇降格，膽小、懦弱、無助，故龍忌遇肖「蛇」之字。
5. 正天羅（辰）配副天羅（未）之字根，須加倍付出，故龍忌遇肖「羊」之字。
6. 龍虎相鬥，故龍忌遇肖「虎」之字。
7. 龍遇肖「口」成「困」無法變化，故龍忌遇「開口」。
8. 龍翹腳無法展現龍的氣勢，故龍忌遇「翹腳」之字。
9. 龍開腳表示降格，故龍忌遇「開腳」之字。
10. 龍忌遇人，因爲也有降格之意。
11. 龍忌遇「平原」之字，因爲龍在天上飛，一到平原不但有「降格」爲蛇的意思，還有「龍困淺灘遭蝦戲」而有志難伸之意。

12. 龍忌遇「食物」之字，因爲龍不吃其他生肖的食物，一遇到食物就有不屑、浪費、不在意的意思。

適合「龍」之姓氏

1. 肖「鼠」之姓氏。
2. 肖「猴」之姓氏。

不適合「龍」之姓氏

1. 肖「虎」之姓氏。
2. 肖「兔」之姓氏。
3. 肖「狗」之姓氏。

生肖派肖「龍」之範例

範例：辰年之「◯沛進」。

名一的「水」代表子鼠，能和辰龍成三合格局，表示異性緣好；「市」表示出頭，能在眾人前展現領導才能；「市」含有表示彩衣的「巾」，表示人同性的人際關係、名聲良好。

名二的「隹」內含有雙土，事業上有「龍困淺灘」的意味，代表子鼠，能和辰龍成三合格局，表示異性緣好；「市」表示出頭，能在眾人前展現領導才能；「市」含有表示彩衣的「巾」，表示人同性的人際關係、名聲良好。

蛇

1. 地支三合：巳酉丑。
2. 地支三會：巳午未。
3. 肖蛇之字根，如：

有「蟲」之字，如：蝴、蜜、螢、虹……等。

含「陳左」（邑）之字根，如：鄭、邵、那、邦、邱、郊、郤……等。

含「它」：佗、駝、沱……等。

含「毛」爲蛇中之王：尾、毯……等。

含「弓」（死蛇）之字根，如：強、張、記、宛、弘、弼、弟、佛、彎……等。

含「廴」之字邊（無攻擊性的蛇）：建、庭、廷、蜓、延……等。

含「辵」之字邊（有攻擊性的蛇）：迅、連、運、選、近、進……等。

含「几」之字，如：几、凡、凱、帆……等。

含「走」之字，如：起、超、越、趙……等。

含「彎曲」之字，如：佩、楓、段、儿、毛、也、光、巴……等。

含「幺」之字：繼……等。

含「之」之字，如：芝、乏、泛……等。

其他肖蛇之字根，如：川（三條死蛇）、三（三條死蛇）、申（藏蛇）……等。

蛇排行六所以「六」也代表蛇。

4. 屬「蛇」之姓氏：鳳、包、巴、冠、光、楚、危、弓、弘、強、彌、張、蚋、蟻、融、運、逢、迻、造、通、連、邀……等。

5. 歌訣一：

蛇遇猛虎如刀戳，運多波折少福祿；
相刑相沖遇猴豬，強顏歡笑暗自憂；
倘遇白天又逢人，剋親耗財賣田園。

6. 歌訣二：

巳蛇肖陰火，最忌水相剋，
地支三合雞與牛，地支三會羊馬合；
亥豬正相沖，逢之運不通，
刑害猴與虎，同度命難榮；
小龍不喜大，龍蛇忌逢山，
喜洞穴辰龍，忌逢人日光；
喜肉喜彩衣，得孝子賢妻，
不食五穀糧，富貴不得享；
喜逢木火生，財帛福祿增，
忌盤腿撇腳，心煩不逍遙。

「蛇」可用之字

1. 地支三合「巳酉丑」，故蛇喜遇含「蛇」、「雞」、「牛」之字。
2. 地支三會「巳午未」，故蛇喜與肖「蛇」、「馬」、

「羊」之字。

3. 「蛇猴同爬樹」(巳申合),故蛇喜與肖「猴」之字。
4. 蛇喜遇「鑽洞」之字。
5. 蛇喜遇「開口」之字。
6. 蛇喜遇「肉食」之字。
7. 蛇喜遇含「寶蓋」之字。
8. 蛇遇「田」得食。

「蛇」忌用之字

1. 「蛇被豬吃掉」(巳亥沖),故蛇忌遇肖「豬」之字。
2. 「蛇遇猛虎如刀戳」(六害),故蛇忌遇肖「虎」之字。
3. 「寅刑巳」、「巳刑申」(無恩之刑),故蛇忌遇肖「虎」、「猴」之字。
4. 蛇忌遇「五穀」之字,有糟蹋之意。
5. 蛇忌遇「王格」之字,表示辛苦付出。
6. 蛇忌逢「開腳」之字,表示畫蛇添足,多此一舉。
7. 蛇忌遇肖「鼠」之字,無法對人好,具有攻擊性。
8. 蛇忌遇「平原」,有小龍困淺灘。
9. 蛇忌遇肖「兔」之字。
10. 蛇爲夜行性動物,見光死,故蛇忌遇「日光」之字。

11. 蛇忌「遇人」，會被人打死。

適合「蛇」之姓氏

1. 肖「雞」之姓氏。
2. 肖「牛」之姓氏。
3. 肖「馬」之姓氏。
4. 肖「羊」之姓氏。

不適合「蛇」之姓氏

1. 肖「鼠」之姓氏。
2. 肖「豬」之姓氏。
3. 肖「虎」之姓氏。

生肖派肖「蛇」之範例

範例：乙（木）巳（火）年之男「◯堅宏」

名一的「堅」有土，巳是「小龍」遇土表「龍困淺灘」，表示異性緣不佳。

名二的「宏」有翹腳，畫蛇添足多此一舉，錢財終究成空。

馬

1. 馬═午═正火。
2. 地支三合：寅午戌。
3. 地支三會：巳午未。

4. 肖馬之字根，如：

含「馬」之字，如：騰、駿、馳、駱、驥、驪、馮、馴、駐……等。

馬爲正火，肖「火」之字皆代表馬：火、然、炎、熙……等。

含「午」之字，如：許……等。

含「紅色」之字：朱、紅、赤、彤……等。

馬排行第七所以「七」又代表馬。

南方肖火、火肖馬、所以「南」又代表馬：南、楠、喃……等。

離：八字「離」卦肖火藏馬。

「竹」中有「節」，象徵君子，動物中唯馬講「節」，因此含「竹」之字，如：竹、築、笠……等。

5. 屬「馬」之姓氏：紅、赤、朱、光、火、南、狄、熊、燕、焦、魚、談、鄭、馬、馮、駱、驗、許、營、榮、郝、赫、越、起、趙、耿、秋、足、路……等。

6. 歌訣一：

自古白馬怕青牛，忌逢雙日罵不休，
鼠馬相沖身心煩，馬兔相破暗裡憂，
若逢金水又相會，耗親傷己萬事休。

7. 歌訣二：

午馬性肖火，最忌水相剋，
地支三合虎與狗，地支三會羊與蛇；

沖刑鼠與馬，破害兔與牛，
喜大不喜小，忌盤腿撇腳；
逢白天操勞，喜大穴依靠，
忌雙人雙口，自行最難熬；
喜草更喜豆，喜五穀忌肉，
彩衣助成龍，木火增榮豐；
逢田難使力，逢山累無依，
喜辰龍相會，富貴常相隨。

「馬」可用之字

1. 三和「寅午戌」，故馬喜遇含「虎」、「狗」之字。
2. 地支三會「巳午未」，故馬喜遇含「蛇」、「羊」之字。
3. 「馬羊同吃草」（午未合），故馬喜遇含「羊」之字。
4. 南方馬吃草、北方馬吃雜糧，故馬喜遇含「草食」、「雜糧」之字。
5. 馬披彩衣表示尊榮，故馬喜遇含「彩衣」之字。
6. 馬「開腳」表示奔馳、活動力強，故馬喜遇含「開腳」之字。

「馬」忌用之字

1. 「自古白馬怕青牛」（六害），故馬忌遇肖「牛」之字。

2. 「鼠馬蹄亂踏」（子午沖），故馬忌遇肖「鼠」之字。
3. 馬遇一人很好，遇二人以上不忠，故馬忌「遇二人」。
4. 「午午相刑」(自刑)，故馬忌遇肖「馬」之字。
5. 馬遇手會駕馭，「名一」有手被配偶駕馭，故馬忌遇肖「手」之字。
6. 馬耕田沒效率還被人嫌，有降格之意，故馬忌遇肖「田」之字。
7. 馬吃草，吃肉表示糟蹋，故馬忌「肉」之字。
8. 馬遇日表示辛苦奔馳、拉車，故馬忌遇肖「日」之字。
9. 馬遇一口是馬嘶成馬王、遇二口成罵、遇三口等著被人罵，故馬忌遇口。

適合「馬」之姓氏

1. 肖「虎」之姓氏。
2. 肖「狗」之姓氏。
3. 肖「蛇」之姓氏。
4. 肖「羊」之姓氏。

不適合「馬」之姓氏

1. 肖「牛」之姓氏。
2. 肖「鼠」之姓氏。

生肖派肖「馬」之範例

1. 範例一：丙午年之「◯◯清」。

   名二「清」之水與午火正沖，表示財庫衝破，沒有錢財。

2. 範例二：丙午（肖火）年生肖馬之「◯榮◯」。

   「木」生火：表示女性對他很好。

3. 範例三：壬午年之「◯慶國」。

   名一「慶」屬龍，配午馬，個性臭屁。

   國肖火，地支三合有錢，但易有兩個女人。

4. 範例四：丙午年之「◯金城」。

   名一「金」，被午火剋金，表示對人說話比較直無口德，常會傷害到人而不自知，故人際關係較不好，朋友越來越少。

   名二「成」（戌）和馬爲地支三合，但火剋金會設計人，智慧聰明但較好強，40歲後財運不錯，但恐有肺及呼吸器官的疾病。

羊

1. 地支三合：亥卯未。
2. 地支三會：巳午未。
3. 肖羊之字根，如：

   含「羊」之字，如：羚、善、美、祥、達、烊……等。

   含「未」之字，如：妹、朱、珠、姝、茉、味……

等。

音同「羊」者：楊、陽……等。

羊排行八所以八又代表「羊」。

民俗中羊哺乳時是跪在母羊身旁表示孝順，所以含「孝」之根亦代表羊，如：孝、踍……等。

4. 屬「羊」之姓氏：羊、宰、南、幸、辜、薑、養、義、楊……等。

5. 歌訣一：

羊鼠相逢一旦休，牛羊相沖相怨尤，
辰龍戌狗羅網會，多禍多愁多煩憂，
若披彩衣又逢人，官祿財帛不得求。

6. 歌訣二：

未羊土藏火，忌逢水相剋，
地支三合豬與兔，地支三會馬與羊；
丑牛正相沖，破害鼠與狗，
喜小喜洞穴，喜翹腳門欄；
逢人難伸展，彩衣淚潺潺，
五穀爲主食，得之身心如；
忌逢龍狗會，災殃兇禍隨，
未羊不得食，逢肉缺財福；
喜木火相隨，逢之福祿增，
倘遇水相剋，心憂萬事愁。

「羊」可用之字

1. 地支三合「亥卯未」，故羊喜遇含「豬」、「兔」之字。
2. 地支三會「巳午未」，故羊喜遇含蛇、「馬」之字。
3. 「馬羊同吃草」（午未合），故羊喜遇含「馬」之字。
4. 羊食草，故羊喜遇含「草食」之字。
5. 羊喜安逸，故羊喜遇含「寶蓋」之字。
6. 羊喜受人圈養，故喜遇含「住家」、「柵欄」之字。
7. 羊喜遇「輔佐格」之字。

「羊」忌用之字

1. 「牛羊沒草吃」（丑未沖），故羊忌遇肖「牛」之字。
2. 「戌刑未」、「未刑丑」（恃勢之刑），故羊忌遇肖「牛」、「狗」之字。
3. 「羊鼠相逢一旦休」，故羊忌遇肖「鼠」之字。
4. 羊披彩衣表示被犧牲成爲祭祀的供品，故羊忌遇肖「彩衣」之字。
5. 羊成王表示付出很多、辛苦，故羊忌「王格」之字。
6. 忌「遇人」：會被人宰。
7. 羊開口20歲以下有得吃、20至40歲可吃、40歲以上呻吟，也表示付出（很會叫），故羊忌「遇口」之字。

8. 羊吃草，吃肉會糟蹋，故羊忌遇肖「肉食」之字。
9. 羊膽小怕黑暗不怕日，故羊忌「月光」之字。

適合「羊」之姓氏

1. 字根肖「馬」之姓氏。
2. 字根肖「豬」之姓氏。
3. 字根肖「兔」之姓氏。

不適合「羊」之姓氏

1. 字根肖「牛」之姓氏。
2. 字根肖「鼠」之姓氏。

生肖派肖「羊」之範例

範例：肖羊之「◯玉彩」。

名一「玉」是王格，羊成王表示付出犧牲，與人相處付出多。

名二「彩」是彩衣，羊披彩衣表示付出犧牲，表示錢財都花在別人身上。

猴

1. 地支三合：申子辰。
2. 地支三會：申酉戌。
3. 肖猴之字：

含「猴」音者：侯、喉、猴……等。

含「猿」音者：園、袁、遠……等。

含「申」之字，如：申、紳、坤、伸、暢、神……等。

含「示」之字暗藏猴：祐、祺、禎、宗、福、禮……等。

俗語有「孫猴子」的說法，藉之來稱呼猴子，所以「孫」也肖猴。

含「禺」之字：萬、隅、愚……等。

4. 屬「猴」之姓氏：申、孫、遜、袁、侯、遠、轅、萬、猿、禹……等。

5. 歌訣一：

　豬遇猿猴似箭投，最怕寅虎相沖剋，
　逢田逢大損五穀，傷親耗材賣家產，
　若論相刑巳蛇會，勞勞碌碌命曲折。

6. 歌訣二：

　申猴肖羊金，最怕遭火剋，
　地支三合鼠與龍，地支三會雞與狗；
　相沖逢寅虎，刑害豬與狗，
　喜小莫當大，最忌強出頭；
　逢人學人樣，彩衣得升格，
　不食五穀肉，只喜吃水果；
　喜洞亦喜穴，喜立助成人，
　白天多辛苦，夜晚好覓食；

逢山多煩惱，逢耳不自由，
相生最宜土，得之身心如。

「猴」可用之字

1. 地支三合「申子辰」，故猴喜遇含「鼠」、「龍」之字。
2. 地支三會「申酉戌」，故猴喜遇含「雞」、「狗」之字，但「申酉戌」地支三會全爲金，金金相會磨擦，過程會比較辛苦。
3. 「蛇猴同上樹」（巳申合），故猴喜遇含蛇之字。
4. 猴可稱臣不可稱王，故猴可遇肖「輔佐格」之字。
5. 喜遇左邊有土之字。
6. 喜遇「遇人」、「開口」、「站立」升格成人。
7. 喜穴成美猴王。

「猴」忌用之字

1. 「虎猴愛打架」（寅申沖），故猴忌遇肖「虎」之字。
2. 「豬遇猿猴似箭投」（六害），故猴忌遇肖「豬」之字。
3. 「巳刑申」、「申刑寅」（無恩之刑），故猴忌遇肖「蛇」、「虎」之字。
4. 猴忌見「王格」，在「名一」爲家犧牲，在「名二」無財運。

5. 猴忌遇「五穀」，「大猴損五穀」有糟蹋之意。
6. 猴遇耳朵有被控制，故猴忌「耳朵」。
7. 猴下「田地」遭怨，有玩弄、賭博之意。

適合「猴」之姓氏

1. 字根肖「雞」之姓氏。
2. 字根肖「狗」之姓氏。
3. 字根肖「鼠」之姓氏。
4. 字根肖「龍」之姓氏。

不適合「猴」之姓氏

1. 字根肖「豬」之姓氏。
2. 字根肖「虎」之姓氏。

雞

1. 地支三合：巳酉丑。
2. 地支三會：申酉戌。
3. 肖雞之字根，如：
   含「酉」之字，如：醒、酒、醴、鄭……等。
   含「鳥」之字，如：鳥、鳳、鵝……等。
   含「奚」之字，如：雞……等。
   含「羽」之字，如：廖、翔……等。
   含「兆」之字，如：逃、桃……等。
   含「非」之字，如：菲……等。

含「兑」之字，如：鋭、悦……等。

含「白」之字，如：皓、習、楷、皀……等。

含「隹」之字，如：堆、錐、難、雄、雅……等。

含「飛」之字，如：飛……等。

含「芻」小雞之字根，如：縐、趨……等。

西方肖金、「正金」爲雞、因此「西」也代表雞：煙、票、茜……等。

西方肖金、「正金」爲雞、因此「金」也代表雞：鑫、銘……等。

暗藏雞之字根，如：麗（上方暗藏雞爪）……等。

「雞」排行十所以「十」也代表「雞」。

4. 屬「雞」之姓氏：白、迺、猷、譚、鄭、姚、兆、烏、鳥、鳳、鄔、鄥、鷹、雛、睢、霍、崔、雄、焦、金、鉗、錫、錢、鈕、鉉、鍾、鐘、鐵、祈、析、新、羽、習、翁、羿、翟、翼、飛、斐、裴、晁……等。

5. 歌訣一：

金雞遇犬淚雙流，忌逢卯兔正相沖，

雞鼠相破不相容，酉雞自刑無始終，

最忌逢大又逢火，抬頭盤腿桌上供。

6. 歌訣二：

酉雞肖陰金，遇犬淚雙流，

地支三合蛇與牛，地支三會喜逢猴；

喜小喜逢大，逢大性命憂，

喜洞忌逢人，逢人不自由；
喜彩衣飛翔，枝頭變鳳凰，
五穀享福祿，逢肉不得食；
忌盤腿撇腳，形似上供桌，
喜金雞獨立，氣勢無人比；
忌逢火相剋，福祿皆難得，
喜土相生吉，富貴常相依。

「雞」可用之字

1. 地支三合「巳酉丑」，故豬喜遇含「蛇」、「牛」之字。
2. 地支三會「申酉」，故雞喜遇含「猴」之字。
3. 「龍雞同爭輝」（辰酉合），故雞喜遇含「龍」之字。
4. 土生金，故雞喜遇五行「肖土」、或「平原」之字。
5. 雞食「五穀」，故雞喜遇「五穀」之字。
6. 雞喜單腳站立，故雞喜遇「單腳」之字。
7. 雞喜吃蟲，故喜遇含「蟲」之字，如：蟲……等。
8. 雞遇「彩衣」升格成鳳凰。
9. 喜遇「武器」之字，代表雞爪。
10. 雞遇「車」表示「指南車」，有自己的方向，故雞喜遇含「車」之字。

「雞」忌用之字

1. 「金雞遇犬淚雙流」（六害），故雞忌遇肖「狗」之字。
2. 「雞兔不同籠」（卯酉沖），故雞忌遇肖「兔」之字。
3. 「酉酉相刑」（自刑），故雞忌遇肖「雞」之字。
4. 雞時「五穀」故忌遇「肉食」之字。
5. 雞「遇人」被宰殺，故忌「遇人」之字。
6. 雞忌遇「王格」之字。
7. 雞忌遇「日光」之字。
8. 雞屬金遇水表示付出成爲「落湯雞」，故雞忌遇五行肖水或含水之字。
9. 雞「開腳」成爲「病雞」、「瘟雞」，故雞忌遇「開腳」之字。

適合「雞」之姓氏

1. 字根肖「猴」之姓氏。
2. 字根肖「蛇」之姓氏。
3. 字根肖「牛」之姓氏。

不適合「雞」之姓氏

1. 字根肖「兔」之姓氏。
2. 字根肖「狗」之姓氏。

生肖派肖「雞」之範例

1. 範例一：肖雞之「○○齡」。

   名二「齡」，雞露齒會比較會撒嬌。

2. 範例二：肖雞之「鄭文雯」。

   姓「鄭」，內含酉戌爲自刑，白天時都很正常，到了晚上就會東想西想，會責怪自己，此外和長輩的關係也不佳，在觀念、想法上經常有一些磨擦。

   名一名二都有「開腳」，故身體不好。

狗

1. 地支三合：寅午戌。
2. 地支三會：申酉戌。
3. 肖狗之字：

   含「戌」之字，如：成、威、咸、盛、武、戴……等。

   含「狗左」之字，如：狄、猛、獠、獄……等。

   含「犬」之字，如：然、狄、猛、狀……等。

   九之發音與「狗」類似，故「九」又代表狗。

   含「或」之字（或與戌類似）：或……等。

   民俗對狗有「忠狗」的稱呼，因此「忠」也有狗的意思。

4. 屬「狗」之姓氏：猷、武、式、盛、越、國、城、鹹、娍、成、戎、狼、猿、豹、狐、狄、伏、狀…

…等。

5. 歌訣一：

金雞遇犬淚雙流，龍狗正沖六親憂，
單口成吠性剛烈，雙口成哭多吃求，
更忌牛羊相刑破，禍害無盡萬事休。

6. 歌訣二：

戌狗土藏金，喜土忌火剋，
地支三合虎與馬，地支三會喜逢猴；
辰龍相沖剋，牛羊相刑破，
若值酉雞會，逢之淚雙流；
喜小不喜大，喜穴喜逢人，
四口可成器，忌雙口成哭；
平原得自由，上山遭獸欺，
五穀不得食，喜肉財福積；
彩衣助升格，精神志氣高，
忌天狗蝕日，福祿皆難求。

「狗」可用之字

1. 地支三合「寅午戌」，故狗喜遇含「虎」、「馬」之字。
2. 地支三會「申酉戌」，故狗喜遇含「猴」之字。
3. 「兔狗同賽跑」（卯戌合），故狗喜遇含「兔」之字。
4. 狗披彩衣升格成戰狗，故狗喜遇含「彩衣」之字。

5. 狗帶冠升格成虎，故狗喜遇「帶冠」之字。
6. 狗遇肖「軍」成軍犬得名又得智慧，故狗喜遇含「軍」之字。
7. 狗喜吃「帶骨之肉」之字。
8. 狗喜在草叢中尋找食物，故狗喜遇含「草」之字。
9. 狗遇土「得地」，故狗喜遇土之字根。
10. 狗遇「田地」成器，但可能會招人怨恨。
11. 狗「開腳」表示有衝勁，故狗喜遇「開腳」之字。
12. 狗喜歡讓人飼養，故狗喜遇「住家」之字。
13. 狗遇人：

    遇一人爲忠。

    遇二人爲不忠（憨狗）。

    遇三人爲瘋狗，不曉得要聽誰的。
14. 狗忌遇口：

    遇一口成「吠」：表示講話有份量，掌權之意。

    遇二口成「哭」：表示會遇傷心事。

    遇三口表「狗亂叫」：神經質。

    遇四口成「器」，成大器有成就。

「狗」忌用之字

1. 「狗叫龍跑掉」（辰戌沖），故狗忌遇肖「龍」之字。
2. 「金雞遇犬淚雙流」（六害），故狗忌遇肖「雞」之字。

3. 「丑刑戌」、「戌刑未」（恃勢之刑），故狗忌遇肖「牛」、「羊」之字。
4. 狗食肉，若食五穀會遭人怨，故狗忌遇肖「五穀」之字。
5. 狗「翹腳」表示安逸。
6. 狗見「日」表示：天狗食日，有漸漸消失之意，故狗忌遇肖「日光」之字。
7. 狗成王表辛苦付出，忌狗遇肖「王格」之字，倘若有三合三會之搭配即可成王。
8. 狗遇水有「落水狗」之意，人會狼狽，故狗忌見「水」之字。
9. 狗遇狗表示「狗咬狗一嘴毛」，沒有結果空努力，故狗忌遇肖「狗」之字。

適合「狗」之姓氏

1. 字根肖「猴」之姓氏。
2. 字根肖「虎」之姓氏。
3. 字根肖「馬」之姓氏。

不適合「狗」之姓氏

1. 字根肖「龍」之姓氏。
2. 字根肖「雞」之姓氏。

生肖派肖「狗」之範例

1. 範例一：戌狗年之女「顧秀卿」。

   姓「顧」，顧右為頁屬「龍」，辰戌互為天羅地網，和父親彼此感情綿密，雖偶有爭吵，但感情仍密不可分。

   名一「秀」有13把「禾」，狗不吃禾（稻穀），情路不順。

   名二「卿」中「艮」為大山，狗上山頭眾獸欺，會被男生欺侮。

2. 範例二：丙戌年之「○德昌」。

   名一「德」遇雙人，情字難。

   名二「昌」有兩口成哭，難成大器。

豬

1. 豬＝亥＝水。
2. 地支三合：亥卯未。
3. 地支三會：亥子丑。
4. 肖豬之字根，如：

   含「豕」之字，如：家、豪、聚、毅、眾、緣……等。

   含「亥」之字，如：核、該、孩、駭、刻……等。
5. 屬「豬」之姓氏：家、象、豬……等。
6. 歌訣一：

豬遇猿猴似箭投，豬蛇相沖財難求，
逢大逢肉福難享，彩衣抬頭多煩憂，
若再加逢寅虎破，財散情斷萬事休。

7. 歌訣二：

亥豬五行水，生肖當老么，
地支三合羊與兔，地支三會鼠與牛；
迫害虎與猴，正沖為巳蛇，
小小喜翹腳，洞穴樂逍遙；
逢人多犧牲，逢耳不自由，
逢大就砧板，抬頭上供桌；
喜食五穀糧，忌肉福難享，
逢山逢蛇苦，彩衣淚雙流；
白天熱難當，喜水財福旺，
逢金相生喜，土剋易罹疾。

「豬」可用之字

1. 地支三合「亥卯未」，故豬喜遇含「兔」、「羊」之字。
2. 地支三會「亥子丑」，故豬喜遇含「鼠」、「牛」之字。
3. 「虎豬超愛吃」（寅亥合），故豬喜遇含「虎」之字。
4. 五行金生水，故豬喜遇含「金」之字。
5. 豬喜小才不會被殺，故豬喜遇含「小」之字。

6. 豬可遇屬「輔佐格」之字。
7. 豬喜吃「雜糧」，故豬喜遇含「雜糧」之字。
8. 豬喜安定，故豬喜遇含「洞穴」之字。
9. 豬開口有得吃，故豬喜遇「開口」之字。

「豬」忌用之字

1. 「豬遇猿猴似箭投」(六害)，故豬忌遇肖「猴」之字。
2. 蛇被豬吃掉（巳亥沖)，故豬忌遇肖「蛇」之字。
3. 「亥亥自刑」，故豬忌遇肖「豬」之字。
4. 豬不吃肉，故豬遇肖「肉食」會糟蹋。
5. 豬忌逢「王格」，有被犧牲之意。
6. 豬忌逢「耳朵」，表被人牽著走身不由己之意。
7. 豬忌「開腳」，表辛苦付出。

適合「豬」之姓氏

1. 字根肖「兔」之姓氏。
2. 字根肖「羊」之姓氏。
3. 字根肖「鼠」之姓氏。

不適合「豬」之姓氏

1. 字根肖「豬」之姓氏。
2. 字根肖「猴」之姓氏。
3. 字根肖「蛇」之姓氏。

生肖派肖「豬」之範例

範例：肖豬之「黃進興」。

名一「進」，「辶」代表蛇，豬與蛇正沖，婚姻不順。

名二「興」字有開腳，陰邊開腳，表示一生不斷地在追錢，表示財運不佳。

12 形家巒頭派姓名學

陽宅風水分為巒頭和理氣兩大類，在姓名學方面派別更是多元化！形家派姓名學是近代姓名學方面的一項創舉。創始人是我的恩師陳義霖大師。經由他的啓蒙，我才著手編著這個形家派姓名學！

形家派姓名學的觀點

形家派的理論邏輯

形家派姓名學是以數之陰陽吉凶，氣數之強弱，配合地理形勢之高低，以巒頭四勢，左青龍、右白虎、前朱雀、後玄武來推論流年吉凶。推論的過程，還包含各個數理個別的意象吉凶，若能再參考別派學術之精華綜合討論，相信會具有相當高的準確性。

形家派的論命方式

把姓與名的畫數分成四格，即人格（主運）、地格（副運）、外格（外運）、總格（總運）。配合巒頭形家四勢，即主山、明堂、龍虎砂來做大運或流年的分析討論。在形家上論龍虎砂之延伸性，透過長短高低，以及有無上升或下陷等等來論斷吉凶！

形家派姓名學的判斷流程

形家派姓名學筆畫正確算法

1.主格數算法：

單姓者，以姓氏畫數再加名字的第一個字畫數，其總和即爲主格數。

複姓者，以複姓畫數總和再加上名字的第一個字畫數，其總和即爲主格數。

2.副格數算法：

單姓單名者及複姓單名：以單一名字畫數再加一畫，其總和即爲副格。

單姓複名者及複姓複名：兩個名字的畫數總和即爲副格。

3.外格數算法：

單姓單名者及複姓單名者：以姓氏畫數再加一畫數，其總和即爲外格數。

單姓複名者及複姓複名者：以姓氏畫數再加名字最下面一字畫數，其總和即爲外格數。

4.總格數算法：

姓（單雙姓）與名字（單名或複名）總畫數相加即是。

單姓複名算法	單姓單名算法
毛 4 子 3 奇 8 7（主格） 11（副格） 12（外格） 15（總格）	毛 4 奇 8 (1) 1 12（主格） 9（副格） 5（外格） 12（總格）
複姓複名算法	**複姓單名算法**
歐 15 陽 17 玉 5 花 10 37（主格） 15（副格） 42（外格） 47（總格）	歐 15 陽 17 玉 5 (1) 1 37（主格） 6（副格） 33（外格） 37（總格）

形家姓名學各運之解說

1.主格運：

管大環境，論出生到25歲左右之大運。代表求學階段的狀況，可分析內在的思想與個性，以及先天的條件和成長的過程。可看祖德、父母、長輩及上司的關係。亦可看功名財運及官運！女性則可看夫之助力條件的好壞。主運也代表上半身健康情形。

2.副格運：

管夫妻關係、戀愛運，以及家運好壞。論26至50歲左右之中年大運。代表後天的努力、做事情的過程、人生的規劃與脾氣性格。在外可論其人之人際關係、貴人小人，亦可論人體腹部以下及下半身的健康情形。

3.外格運：

管外在的人際關係，可看出行動力、表現力、貴人運的助力好壞，也可看事業的成功與否，以及合作的好壞。同時也代表26至50歲左右之中年大運。

4.總格運：

最終的表現，總體的表現，一生財運的總歸納。可看人生的運途是否順暢、總體的財運及福德多寡。也可論其人的事業成就，以及在社會上的地位與名望。對形家學而言，尚可論來龍靠山及明堂狀況！尤其又可看後半生的運勢好壞。同時代表51至75歲左右之晚年大運及健康情形。

流年之推算

形家姓名學流年之推算，以總運之字畫數爲基礎年齡，超過此數之流年，由總運（在此代表明堂）起算，依順時鐘方向，總運到外運（此爲虎邊），再到總運（假借總運當作靠山）然後再到主運（此爲龍邊），之後再回到總運共四個階段，每階段三年，一周期共12年。若是推算總運之前的流年，則反之依逆時鐘方向，每一階段減三年來計算，依此來推斷該階段所逢之運的吉凶，再配合大運及左右龍虎邊的高低關係，則可知其人的流年運勢之吉凶禍福。

形家筆畫學論述

數字尾數之特性分析

姓名學各運數字之尾數，皆有很多類似的特性，但還是有所區別，分別就各個尾數分析如下。

1.尾數1畫：

代表自尊數，個性好強不服輸，也代表王數，通常當老大。在形家上論總運，表示前後有貴山且漂亮，論龍虎長且高，其斜度大約60度左右。

2.尾數2畫：

代表失意數，做事不果斷。又爲驚恐數，但是32畫例外。在形家上代表地勢低平無靠山，論龍虎則是短低！

3.尾數3畫：

代表平安數，又爲桃花數。男風流，女桃花，如果再配上尾數有9之動數則有外遇現象。在形家上表示前面明堂有拜堂水勢，後靠爲30度之斜坡山勢，論龍虎長且漸高之地勢。

4.尾數4畫：

代表無緣數，六親無緣之意。爲軟弱之意，易犯得失，但是24畫除外。在形家上代表地勢下陷無靠之意，龍虎皆往下傾斜陷落。

5.尾數5畫：

代表敦厚數，性溫和，穩重好面子。在形家上代表地勢前面有橋墩高而遠，或是有土形的大樓，後靠山勢俊美，論龍虎長漸高且有力。

6.尾數6畫：

代表貴人數，又爲驛馬數，但46例外，以尾數4畫論之。形家論總運，表示前面有寬大之馬路，畫數越大，馬路越寬，後靠空無平平，論龍虎平平無靠之地勢。6、16爲貴人，26、36爲半貴人。

7.尾數7畫：

代表智慧數，又爲刀數，個性剛強且有霸性。形家論總運，表示前有大樓高於本宅且帶壁刀煞，後靠則是有大樓壓迫，論龍虎爲帶壁刀或是屋角之切面刀狀。

8.尾數8畫：

代表軟數，又爲氣質數，通常愛面子，一般錢財外借，大部分都要不回來。但48畫例外，會因其他之數的吉凶而改變。形家論總運、主運、外運，表示前後左右地勢微軟，往下傾斜之勢。

9.尾數9畫：

代表動數，又爲官司數，尤其是19畫更爲明顯，易犯官司。形家論總運，表示前面45度內有防火巷或是帶路，有路之形勢。後靠則是先遇到馬路後再有建築物，論龍虎代表隔小條防火巷後，再有建築物延伸，且長而有力。

10.尾數0畫：

代表空數，無財論，但是30畫例外，30畫爲霸數，須配合其他各格之數來論吉凶。形家論總運、主運、外運，論前後左右之地勢平平無起伏高低，但30畫則是論在前面爲暗堂或高大建築物，後靠則爲飽山或高樓大廈，論龍虎爲高且長之建築物。

如何論數字之吉數

1.數字之個位數代表自己，十位數代表對方，我比對方大1數之組合，會比較好命，對方爲我付出或給我較多，例如數字12，23，34，45之組合。

2.數字中個位數比十位小之組合，如21，32，43等代表對方比我大1數，代表好運往往是對方，而自己會爲對方付出，如21，32，43，54等組合。

3.數字中個位數與十位數相同，如11，22，33，44代表平起平坐，表示自己喜歡對方尊敬自己，如對方對自己付出一分，則自己也回報對方一分，不喜歡欠對方人情。

4.其他數字之組合則以數理之吉凶及尾數特性討論。

畫數之分析

畫數1畫，數屬陽，爲尊數，形家形勢，往上昇斜度只比7畫低。

主運，論自尊性強，有自信且理想高遠，實力內蘊行事穩健，注重實際與工作，有不屈不撓之精神，但因善攻心計，稍有猜疑心，若與他運配置吉，無不利之配置，事業前途必定出人頭地。爲此數之人，男吉，女較不吉，但因現在男女普遍平等之趨勢,女性用之雖有男性化之傾向，但還是可以用。在形家上論龍砂有長且高之山勢。

副運，論男性會對女性態度溫柔，對配偶亦較能體貼。在外人際關係有人緣，但配偶個性強。女性則較有能力，好勝心較強，對丈夫喜歡耍個性。在形勢論龍砂之延伸性長又高。

外運，論積極向外發展人際關係，愛出風頭之數如總運，吉則可得到別人的幫助，貴人提拔成功，如遇主運7尾之數則例外。代表容易有血光之災及生命危險。行家上論虎砂長且高之地勢。

總運，論人長相清秀，性格溫和、待人寬厚，表面嚴肅但內在仁慈，很負責任，能靠毅力克服總總困難，創出屬於自己的事業，但若副運收軟失勢者例外，尤其長房更不利。在形家巒頭上論前後有貴山且俊美。

數字在各運格之分析

尾數1畫之分析

尾數1畫在主運（人格）之分析：

尾數1畫在主運有共同點，如自尊心、自信心、好勝心都強，且有主見、有理想，雖有自信但較固執、好面子，如果與總運配吉數，則事業前途能出人頭地。唯此尾數之人，男性吉，女性較勞碌且有男性化之個性。在形家上論龍砂長且高之勢，或左方有金形貴山來應。

11畫較不易相信別人，具好勝心，能無形中掌控工作業務，亦不占別人便宜或欠人情債。

21畫的男性易有大男人主義，喜出風頭、好強，有強烈之野心，別人越尊敬他，他越能爲別人付出。女性易成女強人，一生較易背夫債，或爲娘家操不完的心，如配合總運33畫或他運逢19動數則易有婚變。

31畫外表斯文、做事急，內心隱藏野心與霸氣，口才佳，如配凶數則暗帶血光，或帶酸痛症。男女異性緣佳，帶隱藏性暗桃花。

41畫個性溫和、做事不急不徐，喜好付出或與人共享，但女性早婚則婚姻不美滿，且較不適合從政。

51畫之人做事較沒原則，雖內心有強烈欲望，但行動與積極度都不夠，想得多、做得少，運勢起起伏伏，先甘後苦之命。

61畫，名利雙收，但個性孤傲、強勢。能憑自己實力開創成功事業，但家庭易出現糾紛。

71畫，有構想，但理想雖多，行動力不夠、做得少，帶養神耐勞之數。

尾數1畫在副運（地格）之分析：

副運論後天努力之成果，以及與家庭、夫婦、兄弟姊妹、異性之感情，亦論周圍人事與人際關係。在陽宅則論龍砂之延伸性、強弱之局勢。尾數1畫在副運除了21畫個性自負、自傲、愛出風頭之外，其他性情溫和。男性大都能對女性謙虛溫和，對太太亦能體貼，但配偶之個性較好強。女性則喜歡表現自己的才幹，對丈夫喜歡耍個性，好勝心較強，但配偶之自尊性亦強，且愛面子，因此婚姻較不美滿。其中數字21跟31畫，做總運會33或39畫則易有婚變之現象。在陽宅形勢上論龍砂延伸性長又高，或外局左方或左前方有金形之貴山。

尾數1畫在外運之分析：

外運論其人在外的人際關係，以及與朋友或同事之社交運是否順利發展、是否有貴人相助等。尾數1畫在外運論其人，在外喜愛出風頭，但有貴人相助，亦能積極發展人際關係，如配合主運及總運吉數，則可得貴人幫助，獲提拔成功，但配總運偶數及主運27畫則例外。在陽宅形家論虎砂長且高之地勢，或右側有金形之貴人峰應，如能配合參男吉總運吉數，則能接受長輩之意見而事業有成。

尾數1畫在總運之分析：

總運代表大環境，可論其人事業成就之多寡，以及晚運之吉凶。一般必須配合主運、副運及外運總合論，其準確性較高。如總運雖吉，其他如主運、副運皆凶，則其吉亦不應，其理亦在此。尾數1畫在總運，如配合主運吉者，則論中年之後，能在社會建立良好的名望與地位，如配他運不吉者，則因其自尊心太強，而導致其主觀性亦強，因爲愛面子而不服輸，易陷於獨斷獨行，宜涵養謙和之美德。陽宅形家論前明堂，後靠有金形之貴山且俊美。

11畫屬於思多行少型，欲望、野心不大，喜歡享受人生，追求精神生活。女性較重權力，事業心比男性強。若配副運軟數或凶數，則易有晚婚之傾向。

21畫財運不錯，重物質享受，事業屬於早發型。不論男女異性緣好，對感情較不易克制自己情緒。女性成就會超越丈夫，大部分爲職業婦女之命運。

31畫個性柔中帶剛，一生貴人多，社交手腕圓滑，事業財運都不錯，但暗帶血光數，若配副運凶或軟數，則論外強內柔。易有血光或酸痛病症，女性則有晚婚傾向。

41畫自信、有名望，但個性易反覆、猶豫不決，不適合創業，適合任公職或到大企業工作。宗教信仰強。女性婚姻要小心，宜晚婚。

51畫一盛一衰，領導能力等各方面都較弱，機會、貴人不多，賺錢應盡量入庫守成，否則晚年易失敗，尤其爲子女之事而煩，宜自重自保平安。

61畫忌因名利雙收，而造成內外不和，如家庭反目或兄弟不和，宜修身養性。

71畫外表樂觀但內心苦悶之數，若配主運軟數，則缺乏執行力，逢流年會凶數則凡事少成。

尾數2畫之分析

尾數2畫在主運之分析：

尾數2畫在主運之共同點：個性直，容易生悶氣，且內心矛盾自尋煩惱，帶空虛煩悶之傾向。多接受別人的意見，做事較不積極果斷，易三心兩意，且構思與行動不協調。其中32畫數則例外，32畫論冷靜，圓滑辯才無礙。形家上論龍砂地勢往下傾斜，或比本宅低之建物，或拖建之房舍。

12畫注意外表斯文，彬彬有禮，但口才十分尖酸刻薄。口袋空空也要打扮，擁有亮麗之外表，遇到利害關係發生時，則快速改變。

22畫外柔內剛，親和力強，但帶反覆無常之個性，易生悶氣。有時溫和一切隨緣，但有時又刻薄，要求多或心生不滿，而讓人摸不著頭緒。一般論男好色，女美貌或愛美。

32畫冷靜、分析力強，但經常反反覆覆，猶豫不決，行動力不夠，需要輔助，宜做他人軍師。如不喜歡與人交談，能安分守己，得貴人相助。

42畫任勞任怨，能力強、有創作力，多才多藝，但耐力不足，持守成心態，尤其是男性，雖有機會卻容易喪失。

52畫爲人熱心、親和力強，且有服務他人之本質。

62畫失意數，男對感情不穩定，女性對戀愛則較消極。

72畫爲人熱心、外表樂觀，但有內心空虛、煩悶之傾向。

尾數2畫在副運之分析：

與朋友、同事共處宜平等心相待，不要妄想支配對方或駕馭對方。其中22畫者，在異鄉較有朋友及貴人。男性對感情較不穩定，沒有好氣氛，婚姻不美滿。女性對戀愛態度較明智，若與他運配凶則易有晚婚之虞。形家論龍砂延伸往下傾斜，越來越低。

尾數2畫在外運之分析：

一般尾數2畫在外運之特性，講話率直不加修飾，容易遭人誤解，好心沒好報。其中22畫則反覆無常，但女性外型漂亮吸引人。32畫論講話直率坦白，容易使人信服，誠心待人而不求回報，是溫和性的領導人才。形家論虎砂向下傾斜，或虎邊無靠。

尾數2畫在總運之分析：

男性論叛逆性高，又堅持己見一意孤行，對上之教誨有故意違抗之頑性，精神多勞，凡事少成，身體亦較虛弱，若主運吉生扶則可反敗爲勝。女性論個性外柔內剛，家庭生活不美滿，精神孤獨而苦悶。尾數2畫中32畫是唯一的吉數，冷靜、圓滑辯才無礙，男性大多青少年時代環境佳，若會主運吉數則可得父母餘蔭，生活安定。女性論個性溫和善良，家庭美滿，若會主運或他運凶數則陷入勞苦不安。形家論無後靠，且地勢往下傾斜，靠山空流年則易破財或被人倒債。12畫心太軟，自不量力，又不滿足，能力不夠卻企求達不到之事，不能腳踏實地。

22畫年輕時做事易反覆無常，志願半途遇挫折，十做九不成，若成功則屬於他的功勞，失敗則與他無關。暗帶血光、開刀、車禍之數，此數一般男好色，女貌美或愛美。

32畫冷靜喜談理論，辯才無礙，外表看來溫和，但積極性不夠，有些被動，若得貴人提拔則成功可期。一生可遇到好事，壞事則輪不到，僥倖成功之格。

42畫男性聰明，多才多藝，但十藝九不成，若與他人合夥，而本人不管事務，則有利可圖，如配主運24畫事業，則事業專精有成。此數之人腳易酸痛，有時走路易自己跌倒。

52畫論有謀略，有先見之明，能賴其眼光而成功。

男性外表溫和，內心倔強，其身體較虛弱，因尾數2畫，在總運論後山軟，無靠且地勢略往下傾斜，故必須配主運強數及外運財數才能反敗爲勝。

62畫論失意，身心衰頹之數，內心不合，缺乏信用，且意外災害頻生，事業難發展，除非謹言愼行，防範災禍，始可免於困難。

72畫論幸福中有苦痛之數，少年不努力，老大徒傷悲之運格，無能無爲、始終不遇，徒食山空，陷入苦境且有意外之災。

尾數3畫之分析

尾數3畫在主運之分析：

數字3在後天八卦爲震卦，故尾數3畫在主運之特性，論做事積極，爲人樂觀豪爽，好比炎熱之太陽，活力洋溢，喜愛從事各種活動，人緣佳且易得到別人幫助。女性具有才華及魅力，但個性好勝不服輸，一生多勞碌，婚後仍難得清閒。男女異性緣皆佳。形家論龍邊有漸漸上升之拜堂水地勢。

13畫平安數，個性開朗但略顯浮躁、直腸子，火爆脾氣，論桃花帶財數。

23畫論桃花偏財數，注重外表，很在意別人的目光，若配總運吉，則可35歲前成功有作爲。

33畫天機數好動有野心，帶勞碌格局，女性則愛說話說不停，男子易從政，女性易離婚，若配他運有21畫，則離婚率占七成。

43畫不宜創業，一生往往幫人打好江山，而遭到撤換，讓所有努力成爲泡影。男帶疑心數，性急財運不穩，女性帶桃花，易紅杏出牆，但須配9畫動數才應。

53畫表面數，死要面子，擺門面，但心中帶憂，女性易紅杏出牆。

63畫事事遂心所欲，得天賜之福，能逢凶化吉，爲榮華富貴之數。

73畫靜逸之數，惟有時缺乏實行之勇氣，往往使得事無所成。

尾數3畫在副運之分析：

男性論言語幽默，頗得異性歡心，有早婚之傾向，但婚後有晚歸之情性。女性則生性熱情、有魅力、有才華，但好勝心強，婚後常常依個人意見行事，逢他運有9畫之動數，則易有桃花事件。在形家論龍砂外有拜堂水勢，帶外財之地理形勢。

尾數3畫在外運之分析：

外運3畫大部分帶桃花，尤其是13畫較明顯，43畫則論交際較複雜，常有麻煩是非之事。如能配合主運或總運吉數，則可知人善用，適合擔任主管或領導階層，亦適合從事企劃工作，可名利雙收。形家論虎砂方面有拜堂水勢，或收虎水過堂之地勢，論有外財之形勢。

尾數3畫在總運之分析：

男性論外向好動，工作衝勁十足，不願受人拘束，一般名利心較重，與主運配吉則能得貴人相助，而名利雙收，一般財運甚佳。女性論工作能力與個性比較男性化，有時因工作忙而無法兼顧家庭及婚姻，大多爲女性事業家類型或職業婦女。形家論前明堂收拜堂水之地勢，其中43畫則論明堂起伏不平，且後靠不平穩，或明堂拜堂水成歪斜之地勢。

13畫平安數，異性的親和力很強，桃花多，貴人亦多，尤其是異性貴人，人際關係越好，財運越佳。

23畫足智多謀型，事業心強，但有時想太多而失去機會，宜加強實踐力。多重性格，一生易爲情所困，故男風流，女帶嬌。不論男女皆論財數，但女性有凌夫之意，宜事業家庭二選一，否則易生波折。

33畫帶官緣，貴人運旺，但婚姻生活宜多費心經營，尤其女性，若配主運21則有婚變。男性則喜好女人，帶大男人主義。

43畫帶散財運，一生多風浪，須看命運流年及配他運吉，可創造佳績，否則先吉後凶，男疑心數，女性若配9畫動數，易有紅杏出牆之事。

53畫表面數，有名無實，外表死要面子，擺門面，但心中帶憂，人際關係易出問題，易犯小人。有災禍宜快速處理，否則易有劫難，若主運及他運配吉，有機會創造佳績。女性如配他運動數，流年逢到易紅杏出牆。

63畫榮華富貴數，注重生活享受，喜歡指揮他人，不受長上拘束，女性若副運配吉數，則一生很幸福。

73畫靜逸之數，有理想及創業之毅力，但做事有虎頭蛇尾之現象，女性若副運配凶數，則婚姻欠美滿。

尾數4畫之分析

尾數4畫在主運之分析：

尾數4畫一般論凶，無緣數，易患得患失，在主運論性格上有多愁善感、不安定、孤傲自命清高等傾向，頭腦好、反應大，但脾氣不好，又具自我主觀，不喜別人管束，喜歡我行我素。脾氣不發則已，一發「一鳴驚人」，對事情有理想，惜有始無終。形家論龍邊地勢太陷，落陷空沒靠，其中24畫則論龍邊平平寬敞。個性論做事謹慎細心，理想高完美主義之人，男性若能注重外表、裝扮有體面，女性若能懂得打扮，則往往事事如意順利。若能配合他運財數適當，可得穩定性發展，若流年大運逢傷破則成敗一瞬間。

14畫無運，父母無緣，無貴人助，出事無人救，孤獨煩悶不如意。男性注意爲朋友犯官司，或意外凶死，女性則多病、開刀、心臟病，如他運配凶恐有短命、刑罰。

24畫口才佳又善辯，說話圓滑一點，才不會招致小人，事業也能更上層樓。天生財運不錯，代表財數，白手成家之格局，但必須配總運吉才應。

34畫神經數，具敏感度高之神經質，主觀性強，言行不一，且個性深沉，中年後才開運，爲少年辛苦之命格。

44畫一生帶口舌，講話宜懂得修飾，否則容易與人爭執。男性創業喜歡與人合夥，且常把夥伴當作自己的老婆而讓人受不了。女性則屬熱心過頭的個性。

54畫同34畫論神經數，有憂鬱傾向，理想高而有眼高手低的狀況。主觀性強，言行不一，個性深沉。

64畫帶浮沉之數，有憂鬱之傾向，理想高遠而凡事阻礙多，主觀性強，喜我行我素。

74畫性格憂鬱，理想高而有眼高手低之傾向，喜我行我素，愼防受到突來的失敗打擊。

尾數4畫在副運之分析：

感情及婚姻不穩定，有途中破緣之危機，男性對婚姻生活傾於幻想，女性則對丈夫常有不滿，喜歡藉機發牢騷，婚姻生活不美滿。但24畫例外，婚姻生活尚稱圓滿，如與主運配吉則有利於財運，且婚姻氣氛較佳。

尾數4畫在外運之分析：

不善於交際，生活單純，且在外運常有吃虧上當之事，不適合當主管管理太多部屬，宜從事單純工作，以免遇上麻煩而受累之事，吃力不討好。形家上論虎砂下陷，空缺無。

尾數4在總運之分析：

男性論精神生活很苦悶，雖有才華，但不持久，多勞而無功，易遭人誤會與排斥，常有懷才不遇之感嘆。女性則因個性太剛直，易得罪人吃暗虧。形家論後無靠，且地形有下陷之形勢，明堂無吐唇，且地勢下陷。其中24畫則例外，論待人誠懇多禮，社交尚稱如意，有時吃暗虧也不在意，管理部屬尚得人緣，亦能受支持與愛護，形家論明堂地勢平平寬敞之勢。

14畫，破兆，無運，浮沉破財之數，雖能言善道、擅強辯，但易引起別人之反感，遇上有勞無酬之現象。父母無緣，家族緣薄，兄弟姊妹離散，有缺子之憾。

24畫口才佳，人際關係好，可絕處逢生、白手成家、財源廣進。女性有幫夫運，易得家產，一生越老越豐。

34畫老年得志，但少年辛苦且遭遇不好，可能大好大壞，若事業有成，則子亡或妻亡，家中成員不完整，且須注意血光之災。女性易嫁有錢人。

44畫煩悶之數，帶勞碌，講話直接，有傲氣，任何事情都往壞的方面想，本身又無法解決，且諸事不能如願，又愛吹牛，加油添醋，唯恐天下不亂。身有家財破散之傾向。

54畫大好大壞之命格，若能處理人際關係，懂得攀附，說話越圓融，則人際關係和財運會越好，否則破財、孤獨病苦，凡事不能安心，雖全力以赴，卻容易徒勞無功。

64畫破財，病苦，災厄病難，孤獨短命之數，凡事不能安全，徒勞無功又意外災害重重。

74畫怨嘆之數，性格憂鬱，有眼高手低之傾向，少年不努力，老大徒傷悲。無能無爲，坐吃山空，尤其晚年不幸，且有意外之災。

尾數5畫之分析

尾數5畫在主運之分析：

論性情溫和之量數，斯文有禮，喜愛面子，對部屬寬厚，亦能受到尊敬與歡迎。此尾數5畫之人較適合公職人員或薪水階級，如想經商宜從小資本做起，或從事小資本之行業，不宜從事大企業，否則較難成就。形家論龍邊有靠且漸高延伸之趨勢。但25畫有點例外，個性固執、求好心切，帶勞碌數又爲空亡數。

5畫，量數，愛家，長輩緣強，進入社會易得上司關照，個性穩重，認眞不多話，斯文有禮，喜好面子。

15畫男性帶忠厚老實之模樣，長輩緣佳，升遷機會亦順。女性則能幹，猶如阿信一般吃苦耐勞，而且上司緣奇佳。

25畫固執，個性十分內斂保守，如35歲前未發，則凡事宜守爲安。本身喜愛面子、求好心切，帶勞碌命。

35畫溫和帶勞碌命，常視工作爲第二生命，工作未完成絕不下班，喜從工作中找信心，但暗帶血光數。

45畫量數，少年辛苦，中年後平順發展。半工半讀、白手起家創業，喜好投資房地產而賺錢，爲智慧賺錢格。

55畫個性溫和，喜好面子，花錢欠節制，少年不努力，老大徒傷悲，大多先吉後凶。

65畫富貴之數，個性穩重，常常會絕處逢生，逢流年佳時生活無憂。

75畫量數，愛家，長輩緣佳，爲人寬厚斯文有禮，喜愛面子，年輕時宜懂得理財，才能無後顧之憂。

尾數5畫在副運之分析：

男性的家庭觀念重，婚姻生活能圓滿和順，如其他運格配吉，則婚姻生活必能幸福。女性則論心地善良，有配貴夫之傾向，夫妻感情善於協調，如他運配吉則夫榮子貴。其中25及55畫則因對家庭責任心重，對婚姻生活稍有爭執之象，女性好勝心強，若他運配吉，則家庭生活尚稱如意。在形家論龍砂外有漸漸平平上升之趨勢，厚又長之地勢。

尾數5畫在外運之分析：

論口才大多都很好，能言善道，可得別人信服，在任何工作場合均能與人相處融洽，交友相當廣闊，爲人豪爽，各階層人士都有其朋友。形家論虎砂平平上升又寬又長。但55畫在外則有一點花錢浪費之現象。

尾數5畫在總運之分析：

男性論爲人穩重謙虛，易受人歡迎，思想新穎多變化，故較不能長期安分於一個工作，格局佳時可成功發展，名利雙收。女性則論戀愛運較早，婚後夫妻感情融洽，但必須與夫配數合才論，能榮夫益子之數，但25畫數之女性則因個性較倔強，而影響夫妻生活。一般尾數5畫之女性大多心地善良、處世有量。形家論明堂有平平上升、又寬又長、外加橫案或土形之案山來朝應，後靠論有土形之靠山，其中25畫陽宅論後靠土形之大樓，或後山俊美。

5畫，量數，個性穩重不多說話，但做事有點不積極，屬於慢郎中。口才不佳，但重承諾，答應之事較不易起變化。

15畫量數，貌似員外，很有理財觀，但易是守財奴型。靜如處子，做事雖是慢郎中，且個性木訥，但沉著穩重，是5數中最大好運。

25畫固執，守成又能理財、守財，年輕若創業則起伏較大，晚運事業趨於穩定。此數男性英俊且氣質非凡，但說話太直接，易得罪人而不自知。女性論漂亮，但掌控欲強。

35畫溫和之數，財運普通，屬中等命格，進退保守，處事嚴謹。女性則帶勞碌命，多半職業婦女，宜從文書或公職之工作。此數暗帶刀數，若他運配置凶時，則論開刀，尤其在35數後。

45畫大榮大貴之數，但小心中年易有危機，若其他運格配吉，則做事事半功倍，一分努力付出，而可得三分收穫。女性相當有福氣，能得丈夫之照顧，獲得貴人給予工作之協助。

55畫吉之極而反生凶，個性保守，容易失足，年輕時宜守住財，年老才不需擔心。處事須有不屈不撓之意志，冷靜沉著應付困難，方可克服難關轉而爲吉。

65畫富貴之數，事事成就，一生平安，但中年易有變化，宜善於把握機會，不可大意，才能無後顧之憂。

75畫欲速不達，進不如守，年輕時運氣不錯，但中年則有工作危機。做事缺乏勇氣，享福不久之數，宜年輕時就要懂得理財，才能無後顧之憂。

尾數6畫之分析

尾數6畫在主運之分析：

帶半貴人數，驛馬，其人好動，帶奔波勞碌格局，熱情工作、個性固執、做事任性、愛好自由、心地善良、講義氣、不愛受拘束。在外人緣好，尤其在異鄉逢貴人多，固宜在異鄉發展。除了6及16畫之外，其他尾數6畫因朋友多而犯小人，須注意朋友之陷害而拖累自己。形家論隔一間後有路，6、16畫隔一間房子後有路，26畫隔兩間後，36畫隔三間後再接馬路，但46畫則例外，帶下陷之馬路。

6畫很容易與人打成一片，重事業輕家庭，自小喜歡往外跑，事業在家鄉難有成就，宜異鄉發展較易成功，一生貴人多。

16畫貴人數，朋友及異性緣極佳，個性溫和、重情義，但因有任性之性格，故青少年時期易鬧事。事業宜在異鄉發展。

26畫帶驛馬，一輩子閒不下來，做事任性、帶叛逆性格，不順心時易換工作，尤其在20至30歲時。一生忌賭，並少管閒事。

36畫奔波勞碌，尤其中午常因工作而忘了吃飯。一生記住：不要替人做擔保，避免好管閒事，以免擔責任又惹得一身腥。

46畫喜愛獨自深夜工作來尋找工作靈感，是習慣過夜生活之人。個性安逸內斂，難有知己好友，宜學習表達情感及圓滑態度，交友及事業才能順利發展。

56畫不善表達，行動力也不足。工作時缺乏持久力、耐性，而且進取心不夠，遇到挫折難以復起，喜換工作。

66畫在外人際關係不能持久維持良好，與人交往時，越久越不能和睦相處，不重信義。

76畫熱心助人，但做事任性，不如意時經常換工作，凡事無成就，宜在異鄉發展較有貴人相助。

尾數6在副運之分析：

6及16畫之人較喜歡結交朋友，對朋友講義氣，朋友緣極佳，在異鄉緣貴人亦多，若有事業可往外鄉發展。男性戀愛運較順利，易得異性之歡心，如選擇配偶之主運忌逢19畫，或五行屬陽木如21畫，避免婚姻較不美滿。女性則論人緣佳，子女亦優秀，如不與主運19或21畫相剋，則婚姻大都很圓滿。26、36、46……等較容易結交小人，也易犯小人而被拖累。形家論左前方看到路且龍水拖出。男性戀愛不太順利，家庭欠美滿，因大部分在家待不住，愛往外跑，如不與主運19畫動數相剋，或與配偶之主運相剋，則婚姻尚稱和樂。女性婚前易與情人賭氣，對婚姻態度消極，子女也較內向固執，若主運相吉且吉數則反吉。

尾數6畫在外運之分析：

尾數6畫中16畫之性格幽默風趣，與人交往相當融洽，異性緣佳，在社交場合較受歡迎，若從事業務方面之工作很受客户之欣賞，業績能達到輝煌成果。

其他26、46、56……等等之尾數6畫，則論性格固執、講話直率，容易遭人反感，宜從事較單純的工作，如極力往外發展則是非多。其中36畫則論性格古怪，與人來往很難融洽，在社交場合易受排斥，故較不適合從事業務方面之工作，否則業績難達理想。形家論虎邊帶路，其中6及16畫馬路外收逆水之形勢，故利異鄉發展成功。其中6尾數則虎邊臨地勢低之馬路，且順水流出之地勢，異鄉發展必須配合主運吉凶而論成功與否。

尾數6畫在總運之分析：

尾數6畫中只有6、16爲吉數，26畫爲吉凶帶吉，其他皆論凶。

6及16畫，男性一生常有出乎意料的好運，待人豪爽大方，有愛面子之傾向，花錢比較慷慨，如與主運配凶或他運配不吉，則流年逢到財去財來總是空。此數幼年較辛苦，屬於早發型，年紀越大運氣越好。女性大都賢淑能幹，有配嫁貴夫之傾向，如主運與副運配吉，則婚後夫妻生活和樂美滿。

26畫男性因固執又理想高遠，雖有突破萬難之勢，但一生挫折較多，成敗常在一瞬間。女性則因稍有古怪之個性，精神生活常受困擾，物質生活時好時壞，一生命運起伏不定。

其他尾數6畫，男性則因愛面子，而待人豪爽大方，花錢浪費不節制，常爲金錢而煩惱，且一生常有出乎意料的打擊。女性則因個性固執又倔強，婚後夫妻生活欠美滿，若逢主運，副運尊數則有婚姻危機。

6畫貴人數，宜異鄉或國外發展，以一技之長發展事業，到任何地方都能成功，屬於早發型。奔波忙碌、安穩餘慶之格，形家論明堂前馬路外收逆水局之地勢。

16畫貴人數，易出生在知識程度高的富貴家庭，可能上輩子有做善事，一生逢凶化吉，絕處逢生。朋友多，亦多能得貴人相助，但暗藏霸氣，因1加6等於7畫，外表溫和但內心有孤獨感，有孤傲之個性，但還算樂觀，屬於貴人得助、名利雙收之格。形家論門前有馬路，收馬路中開地勢高之拜堂，或外局之朝拜水之地勢。

26畫帶勞碌，驛馬，宜往外地發展，能有異鄉貴人，若在自己家鄉發展則成就不高。個性帶叛逆，富有俠義精神，但因多變動，若與他運配凶則易陷於放逸、淫亂、短命，無眷屬之緣，但有不出世怪傑、烈士、偉人、孝子等異常之人，爲變怪異奇之格。形家論收面前路外局之朝拜水地勢。

36畫奔波漂泊，風浪不靜之格局，宜在異鄉發展事業，小做微利，大即失敗難堪。有老大哥性格，人人都可跟他交朋友，但常莫名引來小人，易犯小人。一生帶勞碌病，婚姻、感情容易變質。形家論門前橫路或帶微反弓路。論後靠山空爲力，或有馬路橫過。

46畫論意志薄弱，積極性不夠，白手起家成功率不高，且財運普通，若想突破，宜自我鞭策，增強動力，否則一生機運不佳。形家論面前有低陷之橫過馬路，後山不但沒帶或有低之馬路橫過。

56畫則論進取心薄弱，動力能量不足，且在公家機關或大公司工作，可以在穩定中成長。形家論門前之馬路雖寬但地勢低，且後靠無又低傾斜。

66畫內外不和，常陷於進退維谷、災厄重重之慘境，如能重義氣與人和睦相處，晚年或可避免破滅之虞。形家論前馬路低，且後靠無又低下傾斜。

76畫論家財破散，骨肉離散，貧病交迫，短壽之命。形家論前後有低陷之馬路。

尾數7畫之分析

一般姓名學尾數7畫，只有27與77論吉帶凶及57畫論凶帶吉，其他尾數7皆論吉數。形家7尾論智數、刀數，故其聰明才智佳，但個性剛強，暗帶權威之霸氣，爲人好勝，個性特別強烈，在姓名學各運中只有一個7尾，論有血光之應，如單7尾配動數如19畫，論車禍、開刀，一般開刀概率較大。

若單7尾配驛馬數6尾則論車禍。

若單7尾配30畫霸數則論開刀。

若雙7尾配動數9，則有三次開刀之概率。

若雙7尾配驛馬數之凶數如26、36、46……則可能車禍死亡。

尾數7畫在主運之分析：

論性格主觀，好勝心強，頭腦靈敏，喜歡強辯行事，忍耐力及鬥志旺盛，凡事喜歡自己決定，不願受到他人的干涉或牽制，適合創新行業之開發工作。因主運尾數7畫本身帶刀，帶權之霸氣，忌逢他運有動數或驛馬數，以及尾數7畫，否則有開刀或車禍之概率發生。形家上論龍邊之建物有缺口或帶壁刀之建物。

7畫頭腦靈敏，但個性孤僻，六親緣薄，熱愛自己，喜獨居，宜適合單打獨鬥之行業較能成功，若與人合夥事業易失敗。

17畫天生具有開創格局，屬於自己打拚白手起家型，中年有成，一般在35歲左右即可獨當一面，當老闆或主管。由於命中亦帶勞碌，常因工作之需常常充實自己，吸收專業知識。

27畫兄弟數，個性好強，事業心重，對金錢很有概念，且頭腦一流，一般中年以前會發，亦屬白手起家型。但積極性不夠，事業發展也會因而受限，宜從事軍人，或從事警察行業。

37畫帶刀數，一方之霸的格局。具權力欲望，頭腦靈敏，獨立性強，35歲以前能發，但必須要有強壯之身體才會發。男性冒險性強，遇到危險較多，只要有錢賺，就算走險路也會放手一搏。女性則比較保守，較少冒險，行事會按部就班進行。

47畫是天生推銷高價位產品的高手，如推銷珠寶或房地產等高價產品，屬於爆發財之格，但因個性不認輸，老年未必會好，尤其主運字畫超過45畫，中年過後易有工作危機。

57畫魄力數，冒險性強，尤其是男性，女性則保守。男性因冒險性強，喜走法律邊緣，金錢方面易出問題，錢進錢出起伏大。年輕時起伏較大，若能懂得理財，晚年則能無後顧之憂。

67畫中年以前可白手起家，個性孤傲，習慣隱藏情緒與感情。雖心腸軟、感情豐富，但卻不懂得適當表達出來。

77畫樂極生悲，六親緣薄，熱愛自己，不宜與人合夥事業，因人多事雜，易犯小人而破敗。中年以前發，但中年過後易有工作危機。

尾數7畫在副運之分析：

一般論個性固執孤傲，主觀意識強烈，凡事喜歡靠自己不願依靠他人，喜獨立工作，不宜和朋友或客户有金錢往來，以免引起糾紛。其中17畫之人較例外，其人個性善良、內斂，會隱藏情緒，對朋友付出，但朋友很難得感受到恩惠或好處，時間久了毫無回報，心裡常不是滋味，自己又不好意思說。建議可以藉酒壯英雄膽，來表達隱藏的心聲，以利與人交流。

尾數7畫在副運之男性，其配偶之個性較強烈，如與主運配吉大都有早婚之象，如配運不吉則夫妻多爭執。女性亦同論。

尾數7畫在外運之分析：

一般論口齒伶俐，容易得罪人，喜歡支配別人而不願屈居人下，雖具有創業之毅力，但必須配合總運吉數及排行老三或小房才能成功。形家論虎邊帶壁刀，或右前方有壁刀建物且虎過堂帶切，一般論帶刀，若會總運6尾則有車禍事件。

尾數7畫在總運之分析：

男性做事恩怨分明，性急，個性又剛強，人際關係較不和諧，大都喜歡自己作主，不願接納別人意見，一意孤行。做事多變化，所以成功或失敗常在一瞬間。女性脾氣倔強，事業心重於家庭，婚姻亦有晚婚之傾向，婚後仍爲職業婦女，繼續在社會上忙碌不休，如他運配吉則可成爲女事業家，否則大都爲職業婦女。形家論前堂不寬，後靠山論逼如建物迫近或大樓壓迫，或是後靠建築物不整齊帶壁刀。

7畫智數，聰明超群，獨立性強，且有勝利之運格，外表表現冷漠無情，講話很直接，無意中易得罪人，故易犯小人，但其人財運不錯，若能稍微改變表達之態度，不僅事業有成，財運也會更好。

17畫倔強、固執，但意志堅定，有突破萬難之魄力而成就大業。一生爲人默默付出，凡事靠自己，永遠是別人的貴人。平時應學習表達情感，並多與配偶相聚，如此婚姻才能維繫下去。

27畫兄弟數，爲人精明且主觀意識強，有領導能力，但心腸太軟，有時還是會容易受騙。男性暗帶桃花，若犯桃花時，不敢讓他人知道。此數都以智謀，努力而博得名利，在中年即達成功之域，但必須格局龍過堂才應。晚年如不愼會身陷逆境，此一成一敗應靠謹愼方可自守。

37畫帶權數，帶刀，爲一方之霸的格局，隱藏不外顯，有狹義心，吃軟不吃硬，對朋友或老闆忠誠度高。與26、36畫個性不同，26畫帶固執叛逆，亦是吃軟不吃硬，對朋友則人人都好，36畫則霸氣外顯、愛面子，有老大哥之個性。

總運37畫之人有領導能力，容易創造財富，也會有成就，但不會刻意去搶鋒頭。女性比男性溫和且保守，行事按部就班進行，但忌姓名虎過堂帶動數，生氣時用刀殺人。

47畫不敗數，與人合作事業，進可取、退可守，自由自在，屬於安逸格，如有長輩提拔，得朋友贊助，可成大事業。但女性有時會跟另一半唱反調，且積極度不夠，所以想要得到任何東西，得付出更多代價，不見得一分耕耘一分收穫，是辛苦格。

57畫性剛毅，帶點孤傲有魄力，常自覺懷才不遇，內心常感到不甘心，有怨氣，一生雖曾遇大難一次，但後來轉敗爲勝而享受吉祥繁榮。注意老年內心孤獨，有憤世嫉俗之傾向。女性中年多災厄，晚年稱意之運勢。

67畫白手起家，草木逢春成育發達之運數。有自立獨行之能力，事事如意，順利成家立業，但忌貪欲，如果過貪則反招至悲運。女性溫和保守，行事按部就班，賢能有美德，榮夫益子。

77畫樂極生悲，吉凶參半之格。與人合作事業，因人多事雜，難免被小人作弄而破敗。一般命運幸福至中年，然後陷落不幸，悲嘆之運，宜中年時多勞苦，以開闊晚年之幸福。

尾數8之分析

尾數8畫在主運之分析：

尾數8畫屬軟數，個性剛毅木訥，頑固而無通融性，有堅強之耐久力。對事愛打抱不平，性情帶雷公性，做事心急，時時被騙，一般錢財外借要不回。吃苦耐勞且做事腳踏實地，比較不注重物質生活，大都靠自己努力奮鬥而成功發展。格局若無財數配置者，則凡事少成，且大都勞多利少。一般以8、18、48及68論吉，28論凶帶官司數，其他吉凶各半。在形家論龍邊失，無靠或軟之意，尾數8形勢上只比尾數4吉一點，但比尾數2吉6畫差，其中8、18及48則論形勢平平。

8畫聰明，頭腦靈活，喜歡動腦想點子，屬於創造型。個性不服輸，靠自己打拚事業，行動力強，帶勞碌格局，賺錢不輕鬆，多半需要勞心勞力，付出很多。熱愛家人，只要家人吃得飽、過得快樂，願意付出所有。

18畫愛面子，愛擺派頭。17畫者賺錢自己用，而18畫則賺錢給別人用，大都是給六親用。早年發跡，女性較能幹勞碌，男性則愛表現，男女都要注意容易遇上中年危機，經營事業要考慮周全，小心別衝過頭。

28畫官司數，比較容易捲入法律訴訟的糾紛中，個性任性帶叛逆，如在35歲前能成功，則老運佳，否則日後運氣不順。在社會工作較沒自信，甚至對自己都沒信心，有些男性會走向黑社會，但又混不出明堂，建議此數之人宜在公家機關任職爲佳。女性多陷於孤寡或有病患之慮，且婚姻不美，但外表喜歡漂亮美麗。

38畫完美數，人人好之意，個性安逸，樂天易知足，不喜與人競爭或爭奪，只要是朋友都認爲是好人，常爲朋友之事兩肋插刀，尤其是男性，對待朋友重於妻小，做事心急，常未經考慮就要創業，時常被騙上當，一生錢財易失。女性則好強，受不了別人讚美。

48畫在總運論城府深，性情沉著，但在主運，則愛面子、好吹牛，平時外出時打扮得十分光鮮亮麗，嘴上說在某地段買房子，但你說要去他家時，他便找很多理由不讓你去，原因是怕你知道他說謊，此種人喜歡以光鮮一面來面對世人，自尊心十分強。

58畫賺錢欲望不大，花錢欲望很高，只顧交友，而忽略生命中更多重要的事情。家庭與事業，經過大失敗後，若能拿出魄力與野心重新來過，則能保成功。

68畫智慧高超，具有開創能力及領導力，屬於光芒外露型，與17畫個性內斂不同。此畫喜歡表現自己的能力，有時較誇大，深怕別人不知道他的才華。也能運用群眾集體力量，而達到自己的目的。

78畫思想情緒容易反覆，又不喜歡與人競爭，一生錢財易失，尤其中年以後漸漸衰退，宜謹言慎行，並小心交往對象、節制花費，如此方保安順。

尾數8畫在副運之分析：

尾數8畫之人交朋友總是來者不拒，不懂得如何篩選朋友，警覺性又太低，經常爲朋友付出過多，才發現受騙或是被利用。如28畫之人耳根特別軟，經不起朋友一再勸說，可能因此而作出錯誤的投資決定，並因此損財。也可能錢財借人卻要不回來，容易犯小人。但38數則例外，此數之人親和力強，擅長交際，有異性緣，一生貴人多，亦容易得到朋友協助。形家論龍砂外失無延伸，或下坡之形勢。

男性做事及對婚姻態度較嚴謹，配偶個性亦少倔強，除了28及78婚後夫妻常吵架，其他數的家庭生活尚稱平順。

女性則對戀愛過於執著，雖追求者多，但容易因考慮過多，而失去良機或良緣。不過一旦結婚後，家庭生活尚稱圓滿，其中18及28畫較例外，18畫女人幹練，帶勞碌格，喜歡靠自己的本事行事，有時會強出頭，或氣勢壓過另一半，有人說：「無能的男人，是能幹女人造成的」，故宜在婚姻與事業上做出抉擇。28畫之女人結婚之後很會照顧自己娘家，有任何好處都不會忘記帶回去一份。

尾數8畫在外運之分析：

尾數8畫在外運上，28及58畫屬於例外，在外社交運上不甚圓滿或不如意，待人好爭好強，得理不饒人，常惹麻煩是非，管理部屬也比較嚴肅，容易引起反感。其他尾數8畫則論社交運尚稱如意，待人很守原則，善惡分明，管理部屬雖然比較嚴肅，但能夠受人敬重，除非主要軟數或被剋，則個性傾於固執。形家論虎邊失或溜下坡之形勢。

尾數8畫在總運之分析：

男性個性堅忍具有突破困難之毅力，但因內在個性傾於固執，很容易陷入一意孤行之局面，尤其是28畫，不論在主運或總運，易一意孤行、我行我素，且容易判斷錯誤而陷入困擾。其中28數流年逢之應生意失敗或被倒。女性大都是精明能幹，能與男人並駕齊驅，能自創事業，婚後也能幫助丈夫共創家業，但一般婚後婚姻生活稍欠圓滿。形家論明堂下坡，往下溜之形勢，形勢介於2尾與4尾中間，但48數則論平平之形勢，28數之狀況與4尾相當，呈下陷之意，男人流年逢之應生意失敗或被倒，女人若會動數則應車禍。

8畫帶勞碌，一生多需靠自己努力，多半能成爲別人之貴人。自尊心強，不容易接受他人協助，認爲別人不可信，還是自己最可靠。事業運佳，且多半靠自己努力，屬於開創格，故必須在同行裡突破、改革，推出獨樹一格或提出新概念才能成功。惟患得患失，一旦遇到挫折容易因而灰心，則有破運之慮。

18畫頭腦相當靈活，講義氣，個性雷公性，好打抱不平，愛好面子，重視外表，會利用昂貴的服裝、飾品表現自己的身價，喜歡展現自己的能力與才華，屬於早發型。自尊心強，然而缺乏包容力，堅忍但剛性過頭，凡事三思而後行則名利雙收。女性最好婚後事業家庭擇一，否則會很勞碌。

28畫個性任性，易與人打成一片，但有時喜歡與人唱反調。小心不要玩得太過火，否則還是會傷感情。男性易因朋友惹官司是非，宜逆向操作，多花時間陪伴家人。一般來看，28與27畫一樣，與親人感情較淡，或聚少離多。故女性婚後對自己不要太嚴苛，對先生不要管得死死的，多學習尊重與包容，婚姻生活、家庭生活才會幸福，否則多陷於孤寡及家庭生活不美滿。總運28畫注意流年逢到應生意失敗或被倒債。

38畫完美數，懂得享受人生，愛幻想，思多行少，有惰性、積極度不夠。會交際公關，個性溫和，人人好。持和平主義，不喜歡與人競爭。錢用完再賺即可，有安逸的惰性，亦有文藝才華。具藝術氣質，如能對藝術方面多努力，能有相當成就，但是缺首領之才幹及統率之威望，雖有其志而乏其力，故難貫徹目的，而陷於不平，生意因而難以成功。

48畫權力欲望，性情沉著、城府深，具有智慧，具競爭格，競爭心越強得到越多。重視金錢，賺錢動腦不動手，能適應任何環境，享天賜之福而成功。可爲人之顧問，亦爲眾人所尊敬，但忌因過份信人而上當，故用人時須注意。

58畫先苦後甘，半凶半吉之運數，若能懂得經營人際關係，借力使力，可增加貴人運，並且突破命格，增加很多機會。個性多半樂觀，年輕時要懂得理財，才可讓晚年更有依靠。

68畫具智慧聰明，思慮周詳，意志堅定，有果斷之才幹，信用厚重，有回天之力、創造發明之機能，願望達成、名利雙收。惟有時過分考慮，致失先機，或優柔寡斷而導致失敗。

78畫劫財數，爲吉帶凶，因凶相潛入其內，雖少但其力較凶，故凶氣較強。屬於早發型，早年、中年即能發達或享受富貴幸福，但至中年以後漸自衰退而陷入苦境，屬於前半生幸福，後半生困苦之運勢。

尾數9畫之分析

尾數9畫在主運之分析：

動數，好動，片刻不能靜止，個性聰明，好勝心強，常依個人意見爲所欲爲，但有時又變動不定。理性發達，有謀略之才能及活動力，但9爲極數，進一步就突入10之空虛數，若退一步則爲8畫之頑剛運所不容，故易造成浮游不定、孤獨窮破、徒勞無酬，自然心生疲憊，家破敗產隨數字越大越具誘導力。一般論9、19爲凶帶吉，29、39論吉數，其他皆論吉。在形家論龍邊有延伸，但插有不寬之小路或防火巷。

9畫聰明，反應快、學習力強，爲人熱情有活力，不論身在何處，常把歡樂帶給身邊之人，且喜愛展現自己卓越的能力，忌因光芒太露而觸犯小人。

19畫聰明，但鬼點子多，屬於運用智慧賺錢之人，反之，也可說是智慧犯罪者。天性好賭，如炒作股票之老手，常認爲原本就是零，只要能打拚就是我的，拚輸再回到原點。故一生起落較大，亦因重情義而招小人背叛或招來無妄之災，須注意血光之災。男性較喜歡風花雪月的生活，小心被人誘惑亂投資，以免有被倒之虞。此數與他運流年配吉應吉，配凶論凶。

29畫聰明，應變能力強，屬於個性能屈能伸型，朋友眾多，三教九流各個階層和類型都有。對事情觀察入微，而且適應能力相當強，命中帶暗財，有獲得意外之財的好運氣。由於個性能屈能伸，又得官緣，若能從事官職、公職則易有成就，從政也非常適合。

39畫聰明，天生具有耐磨的個性，爲達到目的不擇手段，且耐性十足，只求成功，不擇手段，哪裡有錢賺，再遠再早都會爬起來往那裡鑽，這種態度，很容易成爲別人的小人，也易犯小人。男吉，女性不吉。

49畫聰明且喜歡炫耀自己的智慧，一有新思想，立刻告訴別人，因此馬上就有許多人模仿他。一生屬軍師格，不適合當老闆。

59畫聰明，個性缺乏忍耐及勇氣，又喜歡浪費時間和金錢在吃喝玩樂上，中年有危機，晚年又不好，宜任公職或到有保障之大公司工作，避免有中年危機。

69畫精神缺乏霸氣與企圖心，做事不果斷，猶豫不定，且失意，又多病導致精神異狀，有因而陷失敗或短命之命運。

79畫有勇無謀，能伸而不能屈，知進而不知退，精神意志不穩定，屬失信用又犯小人而遭失敗之命運。

尾數9畫在副運之分析：

朋友相交滿天下，貴人與小人兼而有之，且容易近朱者赤，近墨者黑，交友層次相差懸殊，宜愼選朋友，多接觸層次高之人，尤其是9及19畫之人。29畫交友雖廣闊，但貴人助益多，且貴人不斷。39畫則對朋友好惡分明，是個直腸子的個性，其他尾數9畫與9、19同斷。一般尾數9畫之人，在外應酬是家常便飯，故錢財不易留住，只有29畫的人一生帶暗財，人際關係又佳。

婚姻方面，男性29畫與39畫之人，異性緣佳，戀愛積極，對自己所喜愛之人也能順利達到願望，家庭生活則依主運及對方之主運交叉討論論吉凶。其他尾數9畫的男性有拙於應付異性之傾向，感情易冷易熱，情緒易不穩定，一般婚姻生活欠融洽。女性方面同樣是29及39畫對感情方面比較熱情，且身體健康佳，如他運配凶則家庭陷入爭吵不安，或有晚婚之兆，而其他尾數9畫則身體健康欠佳，感情方面比較消極，如主運配凶易有晚婚之兆。形家論龍砂外或左前方有小路，或防火巷。

尾數9畫在外運之分析：

29及39畫，論交際手腕尚佳，與主運配吉則易得貴人或親友之助，反之與主運配凶則易受他人拖累，捲入是非或財務之損失。其他尾數9畫則論交際手腕差，易犯小人，精神生活易受困擾，常有出乎意料的打擊。若與主運或他運配凶，則易受人拖累，捲入是非或遭受財務上損失，如會刀數則易有血光之災，會桃花數易有桃花事件。形家論虎砂有縫或防火巷。

尾數9或在總運之分析：

男性論聰明好動，有俠義心、好勝心強，又多才多藝，但運程比較多災多難。理想雖高，但凡事少成，而使精神生活陷於苦悶中。注意交友，否則易犯小人，也易被劫財或遇血光之災。大運及流年配吉仍可成功發展。其中29及39畫雖然運程論順利，或有意料之外發展，大運及流年配凶則徒勞無功。

女性論常有家庭生活的問題而勞苦不安，精神生活亦常感操勞煩悶。其中29及39畫個性傾向男性化，有男人的創業魄力及能力，喜歡參與丈夫的工作或創業，大多對待事業重於家庭，應取得丈夫之諒解，否則婚姻不美滿。形家論面前帶路，其中19畫則面前有防火巷之壁刀。29畫亦同論，但不太明顯，必須虎強龍弱才論，而在主運及外運論宅旁有離縫如防火巷之類。

9畫動數，帶官訟數，屬於聰明鬼才型，野心大但機運不佳、波折多，一生易大起大落。如他運配置吉祥者，能隨環境改變而順應環境，也懂得如何表現自己之優點，而獲取機會。往往出現例外之怪傑、偉人或大富豪。9畫論動數，好動帶冒險性，也有賭性，因此易有橫財，卻也易一夕間賠光，且一生要注意血光之災。

19畫動數，個性容易衝動，外表強悍有魄力，有俠義心，但交友複雜易走偏，易因小人破財或生官非，財運易暴起暴落，如白月娥（藝名白冰冰）一樣。一生注意車禍及血光之災。尤其夫妻、子女有生離死別之挫折，宜休養身心，造福田而增貴人運，以保平安。此數流年或與其配數，配吉應吉，配凶則應凶。

29畫權數，有領導格，頭腦靈活，反應又快，亦能察言觀色，雖在朋友中不愛表現，但很會維繫人際關係。男人可得妻財，但要注意不要眼高手低，要對家人多付出與疼愛。女人一生有暗財，不需要太辛苦付出便能得到，財運很好。但忌不足不平的念頭不絕，否則任意從事，恐致弄巧成拙。至於婦女，易流男性化，成女強人或好猜疑，宜戒嫉妒之心。

39畫足智多謀，野心大，敢於爭取機會，尋找商機，而獨立創業，對金錢及權力之欲望高，能早年發展成功。無奈貴重至極之中，都藏著凶機，所謂「貴極則反」，故最好少用，而且中年後容易神經質。男性易婚變，女性若無早婚則不易結婚，但婚後易陷孤寡。

49畫吉祥含凶之數，擅於經營人際關係，一生能得助力，不需付出太多即可獲得成果，一生命運遇吉則吉中生吉，遇凶則變大凶，故大成大敗。男性異性緣強，但小心犯桃花，女性婚後仍易有異性緣，易惹來家庭風波，最好能保持距離。

59畫爲破家產、抑制、衰退之象，乏勇氣，做事猶豫不決，無成事之才能。年少貪玩樂，中年產生危機而影響晚運不佳，若想無後顧之憂，須在年輕時多花時間努力，或是任公職，或是到大公司工作，則可以避免中年危機的機會。

69畫病災非運之數，精神缺乏霸氣與企圖心，行事鈍拙又猶豫不定，屢陷危地，挫折頻臨，失意且多病弱，以致精神異狀，爲搖動不靜或失敗連連之命運。

79畫挽回乏力、勞而無功之數，能伸而不能屈，知進而不知退，有勇無謀，精神缺乏霸氣與企圖心。猶豫不定，一旦遇到挫折精神便喪失，無挽回之氣力，導致失敗命運。

尾聲0畫之分析

數字9及0畫之尾數，一般論五行皆屬水，尾數9畫好比洪水之流勢，漫山遍野，擊岩移石，沒有靜止之象，所以心性不能守靜，具有相當之活動力，且性情淡泊，不執泥於事物外在之美。尾數0畫好比井中水，又如湖沼之水，很沉著的樣子，平常蓄存停滯在一定範圍內之狀，外在缺活動之表情，但頭腦敏銳透澈，富有判斷力及謀略，所謂「不鳴則已，一鳴驚人」，平時老實忠厚，一下子變得冷酷無情，令人出乎意料。

尾數0畫在主運之分析：

頭腦敏銳透澈，心機深沉，即才智雖強但缺活動性，一旦時機來臨，又會變爲大海，似驚濤駭浪，係好權愛財之性。適合研究開發之工作，不論學歷高低，大都有文學或技藝方面之才華。形家論龍邊空，地勢平平無靠，但30畫則論龍長又高之勢。

10畫反應靈敏，很有預知能力，可惜比較消極，膽子不夠大，常常拿不定主意，但野心大又不能安於現狀，一生工作到老。不論賺錢或拓展事業都低調進行，注意不要被借，易被倒，如跟會亦易被倒會。

20畫空數，一般腸胃較差，頭腦敏銳透澈，特立獨行，主見強烈，但行動力、意志力、積極性都不夠，容易思多行少。懂得規劃、企劃，屬於軍師型人物，若配他運吉則可成功，一般論無吉凶，依配數而論吉凶。

30畫霸數，魄力數，個性柔中帶剛，足智多謀，事業容易發展。天生思多行少，利用資金以一當十，愛面子。女性求財欲望比男人強，也較有偏財運。

40畫聰明，頭腦冷靜，但個性很深沉。天生運氣不錯，不過本身積極度不夠，沒有行動力，遇到運勢起伏時容易發生問題。一生易有波折，運氣佳時財運不錯，反之則因缺乏衝勁，對一切都不夠積極，錢財也因而無法入庫。

50畫雖有才智但無行動力，遇到運勢起伏時容易發生問題。少年運勢平平，必須到老年才能順利，如配他運凶數時則易有殺傷、離愁、刑罰等之變動。

60畫個性搖擺不定，出爾反爾，難決定目標，故難有成就，若初期對事業有確立者，加上配數吉，則可獲小成。

70畫空數，空虛寂寞之象，遇事有逃避退縮之情形，不敢面對現實直接解決問題。帶有隨貧苦困難而招致久病不起之重患，甚至成爲殘廢、植物人、低能等運程。

80畫波浪障礙接踵之象，是避禍隱居得安逸之數格。宜早入隱遁之生活，則可以安心立命，化凶爲吉；若持續活動，則一生困難辛苦不絕，病患、貧苦、刑傷、災害之凶相繼。

尾數0畫在副運之分析：

尾數0之人，一般有選擇朋友之智慧，交友相當理性謹愼，均屬「君子之交淡如水」，但有時因自己才智過度外顯，而招致紛爭與犯小人，尤其流年逢動數有小血光、破財之災。

一般男性對於感情之事較消極，對喜歡之人總是默默想念，如與主運配凶，則有晚婚或家庭多是非之象。女性則心情容易陷於孤寂空洞的幻想之中，家庭難培養愉快和樂之氣氛，如與主運配凶則有晚婚或生產時有早產、流產開刀之兆。其中20畫之配偶易有開刀之現象，形家論龍砂延伸中斷，空無繼續延伸之勢。

尾數0畫在外運之分析：

性格孤高且固執，講話直率，得理不饒人，除非主運及總運偶數，才不會與人起爭執、懂得尊重包容對方，否則容易引起親友之反感，而遭到精神勞苦或財運空虛之打擊。

尾數0畫在總運之分析：

一般尾數0畫之人，頭腦敏銳，有時太聰明反被聰明誤。平時老實忠厚，一下會變得冷酷無情，令人出乎預料，一般財運不穩定。

男性對平靜的生活比較沒有興趣，喜歡追求投機而橫發之行業。創業過程挫折較多，若他運配吉則可相當發展，但一生常會碰到意外困境，如會刀數7則開刀血光之災。女性大多理想高，而生活於不平不滿之中，容易陷於孤獨無助而徬徨不安，他運或流年配運吉則反吉。形家論後山或明堂平平無高低之地勢，但30畫則例外，虎過堂論明堂暗堂，龍過堂論後山飽。

10畫一般多出自於窮人家庭，一生嘗盡苦楚心酸，雖有智慧，仍須自惕以智取財，不宜勞力取財，要懂得自我充實，否則財運不穩定，也要注意血光、病痛、刑罰等非運。

20畫空數，破滅衰亡之數，雙親緣薄，雖具理性且善於規劃，賺錢機會多，但辛苦勞碌，適合往異鄉發展，不要從事投機性之投資，以免失敗產生危機。宜自幼鍛鍊忍力，養成精力，處事謹慎，對錢財節蓄以備老境。一般論較無吉凶，做事小心，若配數即可成功。

30畫霸數，魄力數，形家上格局組合，龍過堂論後山飽滿，若虎過堂則論明堂暗堂。論有智慧、敢競爭，外柔內剛，35歲後能確認自己的目標方向，配他運吉則有所成就。男人帶偏財，可得妻助，女人則金錢欲望重，適合晚婚。

40畫空數，一般男人外出身上不多帶現金，亦又論手上現金空空，但有不動產財，若無不動產則現金可能空。人英俊、智謀拔群，然而有傲慢態度，易引起失敗，造難之運，宜謙讓處事，則一生機會多。有長輩緣，如能到公家機關或大企業工作較好，且建議從事智慧型的工作。

50畫空數一成一敗之象，即僅花一朝之夢，一生易自尋煩惱，身心難兩閒。有異鄉緣，事業婚姻到外地都會有好發展。宜學習判斷拿主意，才不至於影響婚姻，如年輕時就思考「要不要離婚」，一直猶豫到50、60歲才放棄婚姻，這樣猶豫不定的個性，讓另一半摸不透亦猜不透，會讓人很沒有安全感。此數晚年失敗，致離愁破家，被殺傷，孤寡之命遇。女性則極愛美，喜奢侈，好誇虛榮。

60畫空數，無算無謀之數，人生方針不定，一生奔波忙碌，宜到異鄉發展，以及到公家機關或大公司企業上班。年輕時宜多存錢及理財，晚年才能無後顧之憂，否則一生無一成就，並陷於困苦、煩惱、病弱、刑罰等命遇。女人無建家之才能，且一生勞苦。

70畫空數，空虛寂寞之象，出生貧困之家，一生慘淡不安，隨貧苦困難而招致久病不起之重患，甚至成爲殘廢、盲目低能，或世上無用之人。命運或黑暗多劫，難免殺傷、廢疾、刑罰、離散等，憂愁不絕。

80畫空數，吉星入遁，波浪之重疊不絕，出生貧苦之家庭，一生艱難辛苦，若能及早修行善德，早入隱遁之生活者，可以安心立命，化凶爲吉。若活動，則困難辛苦不絕，貧苦、病患、刑傷、災害之凶相繼，宜愼之。

● 本節參考書目 ●

形家大師陳義霖，形家派姓名學筆記。

13 姓名學各派案例解析

在前面的章節，我們已經提出了形、音、義分家的漢字，因此任何建立在漢字的姓名學派別，皆無法以單一的姓名學派別作爲判斷姓名的方式，必須以各個門派不同論姓名的方式才能準確地論斷姓名吉凶；以各個門派的角度互相搭配，才能稱得上是好名。

現在我們就藉由幾個例子，驗證姓名學各派的觀點：

1.1 案例解析——郭台銘

郭台銘，西元1950年10月8日生，庚寅年，天運屬木，他的五格如下：

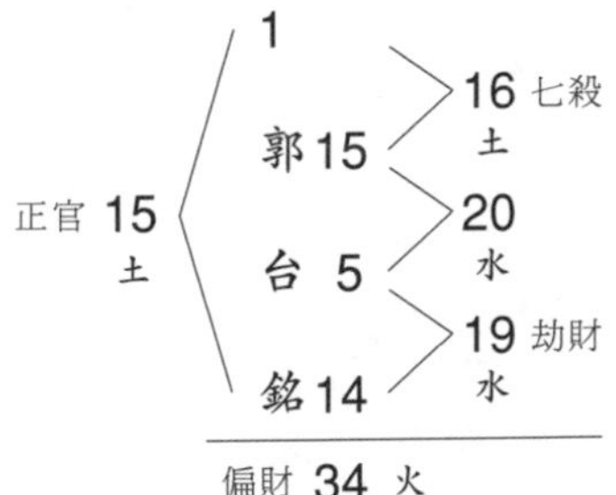

郭台銘認爲自己不是兇，只是賞罰分明，要保持企業中分辨是非對錯的工作價值觀，每個幹部都要有

負責任的任事態度，這是爲了防止公司内產生和稀泥的攪和文化。

1974年，郭台銘以母親標會的十萬元新台幣與十名員工成立「鴻海塑膠企業有限公司」，從黑白電視機旋鈕製造起家。同年與當時在藥廠的見習生林淑如結婚。

1981年，鴻海成功開發了電腦「連接器」(connector)，開始轉型生產連接器。

1982年，改名「鴻海精密工業有限公司」，資本額1600萬。

1985年，鴻海成立美國分公司。

2000年，鴻海市值突破新台幣1000億元。

2005年，鴻海集團總市值已突破新台幣一兆，郭台銘持有鴻海集團百分之三十股權。

2005年2月3日，郭台銘藉著旗下富士康在香港股市掛牌成功。

2005年3月10日富比士公佈郭台銘以32億美元（合台幣980億元）資產晉升世界富豪第170位，擠下排行榜上的王永慶31億美元（合台幣951億元）成爲台灣首富。

2005年3月12日，林淑如因乳癌病逝。

現在我們就利用「郭台銘」這個名字，檢驗本書揭露的姓名學規則結果如下：

以「郭台銘」姓名檢驗本書姓名學規則的結果							
	三才派	五格派	六神派	太乙派	天運派	格局派	生肖派
準確率	0%	60%	100%	33%	100%	0%	0%

※「—」表示無法判斷

符號說明：

∨：準確

Ⅹ：不準確

△：無法確認，不會被計算

從三才派來看郭台銘（0／1）：

Ⅹ 雖有勉強的短暫小成，但成功運被壓抑，無法伸張發展，即便暫時成功，也容易再陷失敗。流離失所，本性不誠實，喜好詐騙財色，以致犯了刑罰，又有水災病難，家庭之困苦不幸等，因急變大災而陷於孤立貧悲。→與報導中郭台銘個性務實、四姐弟感情融洽的事實不符。

從五格派來看郭台銘（6／10）：

Ⅹ 天格剋地格。做事保守，腳踏實地，給人信賴感，比較重視金錢，有錢也捨不得給妻子，是典型的小氣老闆。內心時常苦悶，沒有地方傾訴。→與報導中夫妻鶼鰈情深，每月花在自己身上的錢在1萬以內，身上上下皆交給妻子打理的資訊不符。

ㄨ　天格剋人格。長輩、父母的管教比較嚴厲，雙方的溝通狀況較差，關係容易緊張。個性較保守內斂、神經質、不擅長與人互動，作事一板一眼，但有擔當與責任感，抗壓性強，很能忍耐，願意接受別人的建議，容易成爲主管或老闆的命格。屬於「財多身弱」的特質，有錢身體就差，沒錢長命百歲，無福消受錢財。→與報導中郭台銘創業的十萬塊錢還是母親標會得來，只有在每年過年放假閒下來郭台銘才會生病的說法不符。

ㄨ　人格剋總格。愛享受，物質欲望強。雖能成大事，但投機心強，宜謹愼投資與花費。一生運途較勞碌，容易遭逢感情上或精神上的打擊。→郭台銘自述自己不會把錢花在個人的享受上，反而比較有興趣把錢花在爲大眾的領域，例如：爲弱勢團體做些有意義的事情，與事實不符。

ˇ　人格同地格。對子女關係如同朋友一般，家庭生活和樂，對部屬不會端架子，可以和晚輩、屬下稱兄道弟，部屬緣份好。→部分吻合，郭台銘的獨裁魅力讓許多資深主管私下表示當郭台銘退休時，就是離開鴻海的時刻。

∨ 外格剋人格。理財觀念差，個性自閉、自我封閉，不喜外出。喜怒形於色，不善交際，人際關係差，容易和朋友有意見衝突。但人緣不錯，但因爲容易被別人佔便宜，一生多爲同事、朋友受累，易發生法律上的糾紛，因而造成金錢損失。→部分吻合，郭台銘自認賞罰分明，甚至說自己獨裁爲公。

∨ 總格生天格。喜歡賺錢，而且有許多賺錢的管道，是要靠創業才能發財的命格。會以物質孝順父母。典型的工作發財致富的命格。→與郭台銘創業的事實吻合。

∨ 總格火外格土，總格火生天格土，表事業順暢，財運亨通。→部分吻合。

∨ 天格土人格水。個性略爲急躁，抗壓性強，若能忍辱負重，堅忍多時，終能成功，受到肯定；但有時徒勞無功，反受災難，又遭人嘲笑。但對長輩則能容忍。→部分吻合。創業的第四年郭台銘終於存了一筆錢，可以選擇買地或是原料囤積居奇，但還是蓋了一間屬於自己的模具廠，在幾年後才發現當初的決定是正確的。

ㄨ 天格土地格水。家境庸碌平淡，無甚發展。力求安貧樂道，無憂自在。→郭台銘的家境既不庸碌平淡，個性也不安貧樂道，正值壯年的郭台銘，雄心和精力都反應在鴻海每年逐步攀高的績效表現上。

△ 總格火人格水。運逢天羅地網，事難如願。提防急變災難，晚景淒涼。→郭台銘人屆壯年，無法確認。

∨ 外格土人格水。膽量小，步步守身，思慮周密，富理智且勤勉，受朋友信任，但常遭朋友牽累，自己吃虧。→與報導中郭台銘思維敏捷，認眞工作的部分大多吻合，但膽量小，步步守身的部分也未必。

從六神沖剋來看郭台銘（1／1）：

∨ 天格有七殺、地格有劫財、外格有正官、總格有偏財，財官殺皆現，此爲標準的工作工廠生產者之命格，且官殺爲掌權發號司令，又能得到好名聲，但地格劫財會奪正財（妻子），天格七殺與外格正官又剋比劫，只要官殺旺盛比劫必有損傷，所以妻子早逝，但無損於事業。→部分吻合。

從太乙數來看郭台銘（1／3）：

╳ 人格20凶數「非業破運災禍不安」，此爲萬事不成、進退維谷之數。受短命非業的誘導，一生不得平安，陷於逆境，災難迭至，凶禍頻臨；或導致病弱、短命、或者幼時別親、失其配偶而陷困苦。→除了失去配偶，皆不吻合。

v 地格19凶數「風雲蔽月災苦重來」，此爲萬事挫折非命至極之數。其人雖足智多謀、善活動，有博得好名的實力，但易發生意外，致使內外不和，困難苦慘不絕。如果缺乏其他吉數相助，多陷病弱、殘疾、刑罰、殺傷、孤寡甚至夭折、妻死子別等災殃。也叫短命數，倘先天有金水者，可成巨富、怪傑、偉人。→部分吻合。

X 總格34凶數「家破亡身財命危險」，此爲離亂破壞之數。外表盛大，但內在空虛，禍象頗強，爲破家、亡身的最大凶數。倘若凶煞臨到，容易一敗塗地，禍事接踵而來，致生大凶、內外破亂、衰敗。六親緣薄，老年寂寞，常人不堪用之。→與報導不吻合。

從天運派來看郭台銘（2／2）：

△ 天運剋外格，表示天生帶衰運，誰與他交朋友誰就會倒楣，一輩子難有貴人相助。→沒有和郭台銘關於朋友的報導，所以無法確認是否屬實。

△ 天運生總格，且地格剋總格，表示適合從事自由業。→因爲郭台銘沒有從事自由業，所以無

法確認。

∨ 人格生天運，表示自己先天財運不錯，但在25-36歲時都在持續付出，就像在作功德，回饋給社會，但回收少。→郭台銘在那段期間，確實努力工作，爲日後的發展打基礎，與報導的事實吻合。

△ 地格生天運，表示錢財都回饋給社會，付出多，但回收少，也表示少年運不佳。男性：可能會娶到先天運勢差的妻子。→目前除了郭台銘誠實納稅的報導，沒有相關的報導，所以無法確認是否屬實。

∨ 庚寅年，天運爲木，有生助於總格34火，卻剋到外格15土，因此他的運勢必定是在48歲後才漸入佳境。再加上他在事業上都能幫助別人，總格34火生外格15土，故而能化解天運木剋土之不利情形。→與報導中鴻海的營收逐年增加吻合。

從格局派來看郭台銘（0／1）：

ㄨ 不適合當領袖，適合作上班族。→與報導中創業後一手開創事業的事實不符。

△ 職業是作上下來照顧你的最好。→因爲郭台銘沒有上司，無法確認。

△ 要常巴結你的上司與長輩，和長輩培養好關

係。→無法確認。

從生肖派來看郭台銘（1／3）：

∨ 姓「郭」，陽邊之「邑」表示蛇，和長輩有蛇遇猛虎如刀戳之意，與長輩刑剋情形；陰邊的「享」表示戴冠之意，老虎戴冠表示掌權，增加氣勢，名聲顯亮，也與母親有緣。→與母親感情融洽的報導相符，但刑剋長輩的部分未能確認。

✕ 名一「台」，生肖虎不喜遇「厶」翹腳，代表無力、無衝勁，陰邊之口，虎遇口傷人，表示容易與妻子口角。→與報導中，郭台銘夫妻鶼鰈情深，是企業界恩愛夫妻的典範之事實不符。

✕ 名二「銘」，生肖屬虎，地支爲寅木，陽邊的「名」有夕表示夕陽下山，對事業有無力感；陰邊的「金」字卻來剋寅木，表示錢財被剋制，表示一生與財無緣。→與報導中，郭台銘的霸氣、軍事化管理，以及身價32億美金的事實不符。

● 本節參考資料 ●

1. 張戌誼、張殿文、盧智芳，三千億傳奇——郭台銘的鴻海帝國，天下雜誌。
2. 商周編輯，閱讀郭台銘——鴻海帝國傳奇，商顧。
3. 張戌誼、張殿文、盧智芳，五千億傳奇——郭台銘的鴻海帝國，天下雜誌。

1.2 案例解析——田弘茂

田弘茂，西元1938年11月7日生，戊寅年，天運屬土，他的五格如下：

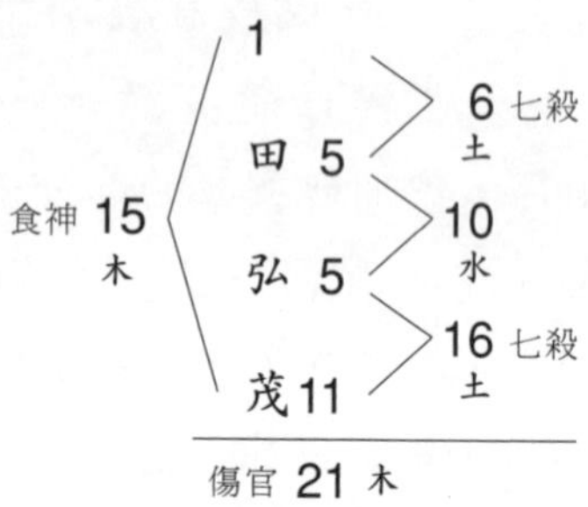

田弘茂，出身於台南縣六甲鄉，曾擔任美國威斯康辛大學政治系教授。因爲學者性格，所以個性拘謹，但不失幽默，言談中常有天外神來一筆。

1992年接任國策研究院院長。

2000年5月20日接任外交部部長，並爲行政院政務委員。

2002年2月1日改任駐英國代表處代表。

2005年重回國策研究院。

現在我們就利用「田弘茂」這個名字檢驗本書揭露的姓名學規則結果如下：

以「田弘茂」姓名檢驗本書姓名學規則的結果							
	三才派	五格派	六神派	太乙派	天運派	格局派	生肖派
準確率	0%	100%	100%	50%	100%	100%	0%

※「－」表示無法判斷

符號說明：

ｖ：準確

㐅：不準確

△：無法確認，不會被計算

從三才派來看田弘茂（0／1）：

㐅 爲「土水土」之格局，人格被上下剋，境運不安定，成功運被壓抑，不能伸張，多有變動之兆，徒勞而無助，易受連累而陷於不安之中。→與報導中在政府機構擔任公職的事實不符。

從五格派來看田弘茂（2／2）：

△ 天格剋人格。長輩、父母的管教比較嚴厲，雙方的溝通狀況較差，關係容易緊張。個性較保守內斂、神經質、不擅長與人互動，作事一板一眼，但有擔當與責任感，抗壓性強，很能忍耐，願意接受別人的建議，容易成爲主管或老闆的命格。屬於「財多身弱」的特質，有錢身體就差，沒錢長命百歲，無福消受錢財。→無

法確認。

△　地格剋人格。會爲家庭多付出，甚至爲家庭犧牲自己。個性內向，疑心病重，能力強自尊心也強，做事認眞，愛面子，常有自己當老闆的念頭，但容易遭受部屬的陷害拖累。常因爲子女的反抗心理比較強烈，而感覺家庭生活不美滿。→無法確認。

△　人格生外格。個性活潑外向，熱心公益，對待朋友比較寬宏大量，會主動爲人付出，所以人緣佳，但40歲以前多爲別人打天下。有時受人囑託，但不懂得推辭，而受他人連累。→無法確認。

v　人格生總格。個性主觀，做事謹愼，工作認眞，腳踏實地，有始有終，會存錢不亂花費，因此能在社會上成功。適合當老闆、主管，會努力追求名望、地位及事業的成就感。→部分吻合。

v　外格同總格。事業能成功，貴人多，事業旺，和朋友能互相幫忙。→被延攬入閣的原因之一，即是因爲在擔任學者期間所建立的國外人脈。

△　外格剋天格。意志力強，個性獨立自主，遇強則強，會因爲不喜歡向人低頭，而力爭上游，突破逆境。不適合太安逸的環境，適合須競爭

的環境。樂於助人，是天生的破財運，因爲朋友只會在有錢的時候出現，所以只要有朋友就會沒錢，一輩子難以累積財富。→無法確認。

△ 天格土人格水。個性略爲急躁，抗壓性強，若能忍辱負重，堅忍多時，終能成功，受到肯定；但有時徒勞無功，反受災難，又遭人嘲笑。但對長輩則能容忍。宜男不宜女。→無法確認。

△ 天格土地格土。家境庸碌平淡，無甚發展。力求安貧樂道，無憂自在。→目前沒有關於田弘茂家庭的相關報導，無法確認。

△ 地格土人格水。表面似良好，精神實不安，易被捲入失意、逆境。男性：要特別注意婚姻多波折。→無法確認。

△ 總格木人格水。雖如草木逢春，難免有苦。晚景可享清福，長壽之兆。→無法確認。

△ 外格木人格水。言行一致守其信用，成人之美。凡事三省而行，絕不著急，安泰平祥。肯爲人付出，對人關心，人際關係好，朋友多。→目前沒有關於田弘茂朋友交往的相關報導，無法確認。

從六神沖剋來看田弘茂（1／1）：

△ 天格有七殺、地格有七殺、外格有食神、總格

有傷。七殺有二，七殺爲權力、事業，但見到爲外格的食神，成爲「食神制煞、食傷生財」格局，則企圖心強，在變動性高的行業中必能有對財庫有所斬獲，此外，食傷又爲聰明才華之星，且食傷亦能生財，故而能有所成就。→是典型的學而優則仕，部分吻合。

從太乙數來看田弘茂（1／2）：

X 人格10大凶數「萬事終局充滿損耗」，此爲萬事乏力之數。此數之凶惡，尤甚於九數。以數字言，十即零也，主運有此數者，多非業短命，虛無縹緲，四顧茫茫，黑暗陰冷，如同日沒，乃神哭鬼號之象。受其誘導，一生臨深履薄，雖處處設防，步步爲營，仍不免落入陷阱，心勞力絀，而無可奈何；或纏綿床榻，病痛不絕；或躓踣路途，窮苦潦倒；或無辜遭難，飛災橫禍；或家屬緣薄，孤獨無靠。倘若三才之配合不佳，更如火上加油，風中攪雪，短命早夭，大多中年早逝，但例外者可絕處逢生，能成功者非無矣。→與報導中的事實不符。

V 總格21大吉數「明月光照質實剛健」，此爲光風霽月之數。萬物形成自立之勢。獨立權威，受人尊敬，過程中雖難免遭遇挫折，倘能排除困難，則興家立業，博得名利。→與報導中的事實吻合。

從天運派來看田弘茂（1／1）：

△ 天格同天運，表示祖父母輩的環境還不錯。→無法確認。

△ 人格剋天運，表示自己辛苦奔波，不服輸、不認命，相信自己可憑意志戰勝命運。→無法確認。

△ 地格同天運，表示少年運平順，子女會很爭氣。→無法確認。

△ 外格剋天運，表示周遭朋友工作都很努力，有幹勁，不服輸。→無法確認。

v 總格剋天運，表示相信自己可以靠意志戰勝命運，個性不服輸，且為事業辛苦奔波。→部分吻合。

從格局派來看田弘茂（1／1）：

v 是「光宗耀祖格」，事業會隨著人脈的擴展基礎越來越穩固，尤其是下屬扶持的力量非常強。→部分吻合。

從生肖派來看田弘茂（0／1）：

△ 姓「田」，老虎遇田遭怨，不利公職。→無法確認。

ㄨ　名一「弘」，「弓」表示蛇，蛇遇猛虎如刀戳，是六害，而「厶」又表示翹腳，人際關係會有無力感。→人際關係不佳應無法被任命部長，與事實不符。

△　名二「茂」，草字頭，代表平原之意，表示虎落平陽被犬欺，表示事業上難施展手腳。→無法確認。

1.3 案例解析——郝龍斌

郝龍斌，西元1952年8月22日生，壬辰年，天運屬水，他的五格如下：

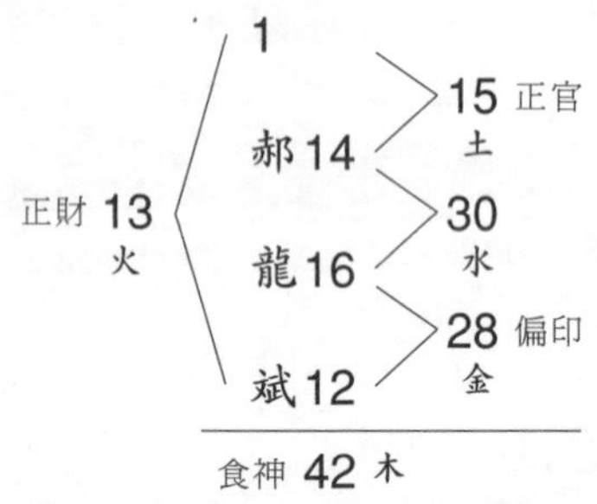

1952年生，是前行政院院長郝柏村之子。

1975年，國立台灣大學農業化學系學士。

1984年，獲得美國麻州州立大學食品營養博士學位，返台擔任國立台灣大學食品科學研究所副教授、教授。

1990年擔任紅十字會顧問。

1995年8月因不滿國民黨的現狀而退出國民黨，加入新黨。

1995年12月，獲新黨提名，當選爲第三屆立法委員。

1999年，連任第四屆立委。

2000年1月20日，被選爲新黨第九任全委會召集人。

2001年3月7日，任環保署長，任內處理過希臘籍貨輪阿瑪斯號貨輪油污事件、嘉義縣大林鄉焚化爐事件、推動限用塑膠袋政策。

2003年辭環保署長。

2004年4月15日，任紅十字會祕書長。

2005年提出「一中兩制」的主張，強調「一個中華民族，兩種制度」，但卻未獲支持。

2006年宣佈加入中國國民黨，並通過中國國民黨臺北市長黨內初選，擊敗對手丁守中，確定代表中國國民黨參選2006年底臺北市長選舉。

現在我們就利用「郝龍斌」這個名字檢驗本書揭露的姓名學規則結果如下：

以「郝龍斌」姓名檢驗本書姓名學規則的結果							
	三才派	五格派	六神派	太乙派	天運派	格局派	生肖派
準確率	100%	89%	100%	0%	100%	100%	100%

※「一」表示無法判斷

符號說明：

v：準確

X：不準確

△：無法確認，不會被計算

從三才派來看郝龍斌（1／1）：

v　是「土水金」，基礎運吉，因勤勉而有一時之成功，但成功運不佳，以致不能有所伸張發展，而不滿現實，有病難或家庭之生死離別。惟境遇可稍微安定，但有急變之慮，有再敗之兆。→部分吻合，但病難或家庭的部分無法確認。

從五格派來看郝龍斌（11／11）：

v　天格剋人格。長輩、父母的管教比較嚴厲，雙方的溝通狀況較差，關係容易緊張。個性較保守內斂、神經質、不擅長與人互動，做事一板一眼，但有擔當與責任感，抗壓性強，很能忍耐，願意接受別人的建議，容易成爲主管或老闆的命格。屬於「財多身弱」的特質，有錢身體就差，沒錢長命百歲，無福消受錢財。→部分吻合，早期擔任大學教授只要作研究，後來加入新黨，才改變成願意與人交往的個性。

v　天格生地格。長輩的期望比較高，也會要求言行舉止。家庭觀念強，會盡心力照顧家庭，並重視小孩的教育。對工作抱有使命感，會全心全力投入工作。→部分吻合。

∨ 人格生總格。個性主觀，做事謹愼，工作認眞，腳踏實地，有始有終，會存錢不亂花費，因此能在社會上成功。適合當老闆、主管，會努力追求名望、地位及事業的成就感。→部分吻合。

△ 人格剋外格。個性積極主動，會主動爭取。對外界的朋友、客户、兄弟、姐妹關心。有研究心，想到什麼就做什麼，但不好相處容易得罪人，所以人際關係稍差，較無知心的朋友，但卻自認人緣好。比較不會遇到小人。喜歡居領導地位，指揮他人。能欣賞有才華之人、有才幹之部屬，部屬雖然能幹，但因爲不重視人際關係，所以不能長久爲自己所用。屬於功利主義，會精打細算，將錢花在刀口上，就怕自己吃虧。→目前沒有關於郝龍斌朋友交往的相關報導，無法確認。

∨ 地格生人格。依賴心重，能得到配偶及子女的幫助，受到子女的孝順及尊敬，得到部屬之盡忠及援助，家庭生活幸福美滿。男性：有異性緣，有時會自以爲是，有大男人的傾向，因爲妻子對他太好，所以有時不知珍惜。→部分吻合，但目前沒有關於郝龍斌家庭的相關報導。

△　地格剋總格。會因爲家人、配偶而破財，有時和家人、配偶的相處會有衝突。配偶、家人對你的事業較無助力。→無法確認。

△　外格剋地格。愛面子，犯了錯也不願意承認，愛吹噓，而面不改色。容易因爲拉不下臉拒絕同事、朋友的請託，受拖累而影響工作、事業。→無法確認。

∨　外格生天格。有遠大的計畫，夢想多，但想得多行動反而少。貴人運很旺，財運佳，容易因爲外在朋友的相助而得財。不喜歡與人計較，對某些事情會睜隻眼、閉隻眼地盲目付出。→部分吻合，郝龍斌過去曾在新黨提出連署「一中兩國」的政治主張，但無法被人接受。

∨　外格同總格。事業能成功，貴人多，事業旺，和朋友能互相幫忙。→部分吻合，郝龍斌不到7年時間，便一步到位成了國民黨市長候選人，比馬英九的18年更短。

∨　總格剋天格。個性獨立，有自己的想法，不易服從上司主管的認同，因此難獲重用。父母賺錢比較辛苦，少年經濟情況比較吃緊，但易有遺產可繼承。→部分吻合，有自己的政治主張，即使擔任環保署署長，仍與其他閣員不同調。

∨　天格土人格水。個性略爲急躁，抗壓性強，若能忍辱負重，堅忍多時，終能成功，受到肯定；但有時徒勞無功，反受災難，又遭人嘲笑。但對長輩則能容忍。→部分吻合，在環保署任內推動數個政策，即使被人誤解或不任同，仍毅然而然。

∨ 天格土地格金。家庭老幼和睦，相處融洽。運境繁榮順調，吉祥之運。→部分吻合，家庭生活和樂。

∨ 地格金人格水。能得子女、員工支持，但愼防處事過於堅持己見，以致判斷錯誤。→部分吻合，2005年提出的「一中兩制」的主張，卻沒有考慮到政治現實有時是不容理性的論辯，主張未獲支持，因此對新黨造成傷害。

△ 總格木人格水。雖如草木逢春，難免有苦。晚景可享清福，長壽之兆。→無法確認。

∨ 外格火人格木。個性好勝，內心多苦。外表樂觀爲人多勞，助他人之光景，終爲勞而無功，若他格有助者方可得大成功。→部分吻合，曾擔任紅十字會顧問，需要時常幫助人。

從六神沖剋來看郝龍斌（1／1）：

∨ 天格有正官、外格有正財、地格有偏印、總格有食，財官食皆現，此爲天生的官職之命格，但地格有偏印、總格有食神，容易有梟印奪食之勢，故需要特別小心部屬、妻子、子女對於事業的影響。→部分吻合，郝龍斌擔任環保署長時，常受四位祕書的左右，他點子雖多，但四位祕書卻各有主見，經常搞得機要室內紛爭時起，令郝無計可施。

從太乙數來看郝龍斌（0／1）：

△ 人格30吉數，「吉凶相伴浮沉多端」。此爲浮沉不定之數。吉凶難分，或因其他運的配合成大功，或沉於失敗，乘吉運者，成功自至；數理不良者，不知不覺間陷於失敗。另外也有孤獨、喪失妻子、短命者。→無法確認。

ㄨ 總格42，「意志薄弱缺少專心」。此爲博識多能之數。熱情洋溢，對各種學問、知識與技藝充滿興趣，雖有技藝，但旋即放棄，一藝難成。倘能自我警惕、專心進取，或者可以成功。此數中也有孤獨病弱者。→與事實不符，郝龍斌的專長在化學。

從天運派來看郝龍斌（2／2）：

v 天格剋天運，表示祖輩、父母輩很有奮鬥精神，不服輸、不認命，生活要和老天對抗。也表示先天的財庫平平。→部分吻合。

v 人格同天運，表示25—36歲運勢平順，有貴人相助。→部分吻合，此時郝龍斌已經服完兵役正在外國進修。

△ 地格生天運，表示錢財都回饋給社會，付出多，但回收少，也表示少年運不佳。男性：可能會娶到先天運勢差的妻子。→無法確認。

△ 天運剋外格，表示天生帶衰運，誰與他交朋友誰就會倒楣，一輩子難有貴人相助。→無法確認。

從格局派來看郝龍斌（1／1）：

v 名一16大於姓14、名二12，爲中廣型之格局，是適合發揮專長、才華的格局。→部分吻合，曾擔任大學教授，後來又擔任環保署署長，皆能發揮專長，亦曾擔任紅十字顧問。

從生肖派來看郝龍斌（3／3）：

v 姓郝，陽邊之「邑」表示耳朵，表示從小對父親的管教時常耳提面命，並深受其影響，邑也爲口，龍遇到口表示容易鑽牛角尖，邑也爲蛇，遇到蛇降格表示缺少自信心；陰邊的「赤」表示火，也就是馬，馬和龍互爲貴人，也與母親的感情好。→與郝伯村口述的郝龍斌大致吻合。

v 名一龍，生肖又屬龍，已經是王見王，辰辰自刑之意，容易自尋煩惱，且得不到別人的認同。→部分吻合，由於父親是顯赫的政治人物，所以他的成就旁人會認爲是靠父親的關係，他做得不好，卻又懷疑是他的能力不足，

v 名二斌，陽邊之「武」屬戌，代表事業，又和生肖「龍」形成「辰戌沖」，也就是天羅地網沖，不利事業發展；陰邊的「文」表示開腳，生肖屬龍遇開腳，爲降格之意。→部分吻合，轉戰政治界之後，發展一直不能符合自己的期望。

● 本節參考資料●

1. 維基百科編者，郝龍斌， http://zh.wikipedia.org/w/index.phptitle=%E9%83%9D%E9%BE%8D%E6%96%8C&oldid=2600397。
2. 新浪雜誌，郝龍斌：半路殺出的「市長候選人」，南方人物周刊 vol.200614, Sun, 23 Jul, 2006。
3. 郝伯村，我兒龍斌——他走自己的路，http://city.udn.com/v1/blog/article/article.jspuid=longbin&f_ART_ID=196860。

1.4 案例解析——李嘉誠

李嘉誠，西元1928年7月29日生，戊辰年，天運屬木，他的五格如下：

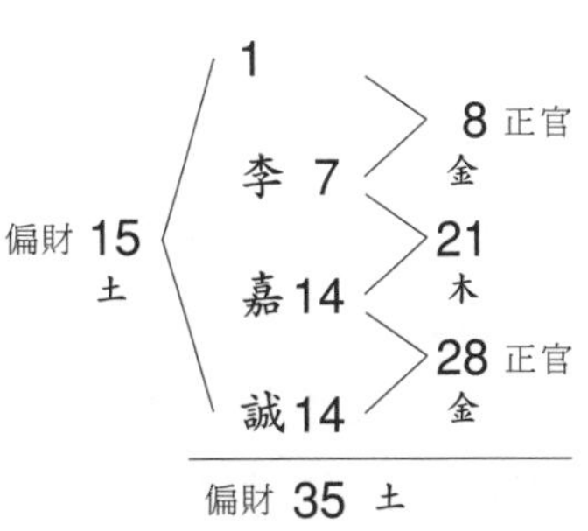

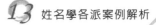

李嘉誠，個性平和、誠實、堅忍，他的成功祕訣在於嚴格的自制力，這也是他綽號「李超人」的由來。他的精力幾乎完全花在做生意上、與錢打交道上，然而他完全沒有放棄學習，他在窮的時候就利用到舊貨品店收購舊書的方式自修，包括英語。學習甚至成了他生活和事業的一部分，據說直到今天他仍每天堅持聽英語新聞。

他自認爲自己不是做生意的材料。因爲，一他怕應酬；二是他不懂得逢迎；三是講誠信，只要答應別人，就會守信用；但是別人的承諾，有時卻不是很守信用。

他自認爲成功的祕訣是：一、以誠相交，信譽爲本；二、目光遠大，穩建發展；三、人才至上，集思廣益；四、抓住機遇，全力投入。

1928年生於中國廣東省潮州一個教師家庭，他的父親李雲經是老師，所以自小便受到良好的基礎教育。在他家產不斷成長的同時，卻看不出他身上有其他富人的張狂和戾氣，便源自此。

1943年李嘉誠的父親不幸病逝，家境由小康墜入困頓，年紀尚輕的他提前挑起贍養母親和撫養弟弟、妹妹的重擔，到香港一家鐘錶店當店員。

1945年到一家五金製造廠擔任當推銷員，卻敗在塑膠公司老闆手下，但他的推銷才能卻也深得塑膠公司老闆賞識。後來進入塑膠袋製造廠擔任推銷員，因爲業績過人，被拔擢爲塑膠廠業務經理。20歲時又被晉升爲總經理。

1950年李嘉誠以自己多年的積蓄和向親友籌借的5萬港元，開設「長江塑膠廠」。在離職前老闆爲他離職餞行，令李嘉誠十分感動。席間，李嘉誠説：「我離開你的塑膠公司，是打算自己也辦一間塑膠廠。我難免會使用在你手下學到的技術，也大概會開發一些同樣的產品。現在塑膠廠遍地開花，我不這樣做，別人也會這樣做。不過我絕不會把客户帶走，用你的銷售網推銷我的產品，我會另外開闢銷售線路。」展現出李嘉誠重信義的個性。

1957年春天，李嘉誠登上飛往義大利的班機，去知名的塑膠花公司考查。但他素知該公司對新產品技術的保守與戒備，本來應該名正言順購買技術專利，但一來，長江廠小本經營，付不起昂貴的專利費；二來廠家也不會輕易出賣專利，往往要到準備淘汰這項技術時方肯出讓。因此李嘉誠想到親自去這家公司的塑膠廠擔任工人的方法。李嘉誠負責清除廢品廢料，所以他能夠推著小車在廠區各個部門來回走動，熟悉整個生產流程並記在腦裡，回旅店後又把觀察到的記在筆記本上。

回國時，他帶回了幾大箱塑膠花樣品和資料。他在香港洞燭先機，掌握了香港和國際大眾消費者的喜好，設計出全新的款式，並且不拘泥植物花卉的原有模式，快人一步研製出塑膠花，填補了香港市場的空白。並利用「以銷促產」的策略，以適中價位迅速搶佔香港所有塑膠花的市場，一舉打出長江廠的旗號。

同時他對外國的企業和管理方式抱有濃厚的興趣，因為他深知家族企業勢單力薄，發展緩慢，所以他看好股份企業。

1957年，他在香港北角創建「長江工業有限公司」轉型成公司的型態，開始快速累積財富。

1967年5月，北京發生「火燒英國駐北京代辦處」事件；香港也發生騷動，許多商人紛紛拋售房地產離開香港，但李嘉誠獨具慧眼，繼續積累資金和力量，大量購入跌到低價的房地產。

1968年李嘉誠開始在香港三十多處大興土木。

1971年李嘉誠成立「長江地產有限公司」。1972年7月31日，他將公司改名為「長江實業（集團）有限公司」，為爾後在各地一連串股票上市集資作準備。李嘉誠將中國人最寶貴的經驗和做人宗旨，發揚在做生意上，長江集團業務包括物業發展及投資、房地產代理及管理、酒店、投資證券、貨櫃碼頭、零售及製造、通訊、能源、基建項目及建材等。

1979年9月25日李嘉誠宣佈從匯豐銀行買入「和記黃埔」22.49％的股權，使「長實」成爲香港第一個控制英資企業的華資財團。接著就持續地收購「和黃」的股票。

1980年9月，李嘉誠捐資3000萬港元，籌建汕頭大學。

1981年1月1日，李嘉誠出任「和黃」董事局主席，成爲在香港華人入主英資財團的第一人。

1983年5月，李嘉誠捐資的汕頭大學開學。

1985年1月21日，「和黃」斥資29.8億港元，收購原屬英資「置地」財團的「香港電燈公司」34％的股權。

1986年9月，李嘉誠購入倫敦皮爾遜手提電話公司。「和黃」、「嘉宏國際」投資27億港元，購入加拿大赫斯基石油公司43％股權，李嘉誠的長子李澤鉅也購入該公司9％股權，從而取得了控股地位，跨足進入能源業。「和黃」收購豐澤建材公司及豐澤電器公司。

1987年9月14日，李嘉誠成功完成「集資百億」計畫，集資103.27億港元後，收購英資大東電報局4.9％股權，向「電信王國」邁進。

1989年11月，李嘉誠在汕頭大學原捐款3.7億港元的基礎上，又增捐款2億港元。

1989年6月4日，中國大陸發生天安門事件，外資企業大舉撤資中國，李嘉誠反而大舉進軍中國大陸市場，成爲香港在中國大陸的最大投資者。

1990年1月1日，李嘉誠的夫人莊月明因心臟病突發逝世，享年56歲。

1990年10月，李嘉誠集團的「衛視」正式開播，覆蓋面遍及亞洲38個國家和地區。

2004年美國《富比士》的排名，李嘉誠在世界富豪榜裡排行第19位，超越了傳媒大亨梅鐸。

2005年美國《富比士》的排名，李嘉誠以財富188億美元排名世界第十。

2006年8月24日，李嘉誠宣佈，未來將把三分一的個人資產放入其名下的李嘉誠基金會，捐作公益慈善之用。

現在我們就利用「李嘉誠」這個名字檢驗本書揭露的姓名學規則結果如下：

以「李嘉誠」姓名檢驗本書姓名學規則的結果							
	三才派	五格派	六神派	太乙派	天運派	格局派	生肖派
準確率	0%	92%	100%	100%	100%	100%	33%

※「－」表示無法判斷

符號說明：

v：準確

X：不準確

△：無法確認，不會被計算

從三才派來看李嘉誠（0／1）：

X　是「金木金」。雙金如鉗形而斬斷弱木，孤立無援，迫害殊多，容易發生交通事故或受金器所傷。境遇橫逆多變，精神不安，迫害多，常感不平、不滿之事或有常受欺壓之苦。有突發不測之短壽兆。必須特別注意腦疾、肺疾。→與事實不符。

從五格派來看李嘉誠（11／12）：

v　天格剋人格。長輩、父母的管教比較嚴厲，雙方的溝通狀況較差，關係容易緊張。個性較保守內斂、神經質、不擅長與人互動，做事一板一眼，但有擔當與責任感，抗壓性強，很能忍耐，願意接受別人的建議，容易成爲主管或老闆的命格。屬於「財多身弱」的特質，有錢身體就差，沒錢長命百歲，無福消受錢財。→部分吻合，李嘉誠也自承自己怕應酬也不懂得逢迎，且充分任用專業經理人，但與父母相處的部分沒有相關報導，所以無法確認。

v 人格剋外格。個性積極主動，會主動爭取。對外界的朋友、客户、兄弟、姐妹關心。有研究心，想到什麼就做什麼，但不好相處容易得罪人，所以人際關係稍差，較無知心的朋友，但卻自認人緣好。比較不會遇到小人。喜歡居領導地位，指揮他人。能欣賞有才華之人、和有才幹之部屬，部屬雖然能幹，但因爲不重視人際關係，所以不能長久爲自己所用。屬於功利主義，會精打細算，將錢花在刀口上，就怕自己吃虧。→部分吻合，李嘉誠曾表示自己公司的員工流動率低於業界平均水準，但未獲證實。

X 人格剋總格。愛享受，物質欲望強。雖能成大事，但投機心強，宜謹愼投資與花費。一生運途較勞碌，容易遭逢感情上或精神上的打擊。→與事實不符。李嘉誠一生不間斷地學習，並且累積捐贈人民幣22億給汕頭大學，此人的物質欲望應不強。

v 地格剋人格。會爲家庭多付出，甚至爲家庭犧牲自己。個性内斂，疑心病重，能力強自尊心也強，做事認眞，愛面子，常有自己當老闆的念頭，但容易遭受部屬的陷害拖累。常因爲子女的反抗心理比較強烈，而感覺家庭生活不美滿。男性：妻子比較有主見，愛挑剔又愛嘮叨，常感覺受妻子的剋制，恐有離異的跡象。→部分吻合，次子李澤楷17歲時，進入史丹福大學修習電腦工程，21歲大學畢業後，進入一家投資銀行從事電腦工作，做日薪的打工族，可見李澤楷不羈的性格，亦可見李嘉誠對兒子的包容。

v 總格生天格。喜歡賺錢，而且有許多賺錢的管道，是要靠創業才能發財的命格。會以物質孝順父母。典型的工作發財致富的命格。→部分吻合。

△ 總格生地格。發財後異性緣增加，會有桃花的命格。→無法確認，1990年曾經傳出前香港小姐冠軍李嘉欣被傳遭鉅額「包養」的緋聞，但未獲確認。

v 外格生天格。有遠大的計畫，夢想多，但想得多行動反而少。貴人運很旺，財運佳，容易因爲外在朋友的相助而得財。不喜歡與人計較，對某些事情會睜隻眼、閉隻眼地盲目付出。→部分吻合，但盲目付出的部分倒也未必。

v 外格生地格。外在忠厚老實，不善表達，但個性平和，人緣好，會主動替人想，以致於想要而又不好意思說，給人濫好人的印象。會爲了事業、前途學習進修。→部分吻合，這可以從買舊書自修看出。

- 天格金人格木。力絀勢屈，命運被壓抑，易有不平、不滿的情緒，易罹肝膽、筋骨疾病。男性：能自行創業，白手起家。→與事實吻合，因爲不利的環境，不但沒有使李嘉誠意志消沉，反而更激起李嘉誠的鬥志，更加努力地工作。
- 天格金地格金。家庭不和，易生事端。爲人孤高背世，留心外傷。→部分吻合，爲人意志堅定，與常人不同。
- 地格金人格木。運勢穩健平安無事，成功順調，晚景結實達成目的。男性：要特別注意婚姻不順利。→部分吻合。
- 總格土人格木。平生勤勞，施展才能、才華。安貧樂道，克服人生難關。→部分吻合。
- 外格土人格木。智謀卓著，膽略過人，自大得意，易被誤會。若能身先士卒，少言多行，終可獲得成功。→部分吻合，從幾次人棄我取的低價買進房產可以見得李嘉誠的膽識過人。

從六神沖剋來看李嘉誠（1／1）：

- 天格、地格有正官，外格、總格有偏財，是典型的財官格，是反敗爲成的變格，而有官就能有貴人相助，此人不管是在社會上的名聲、地位、或是財庫，都能夠大放異彩，獲得很大的成就。→部分吻合。

從太乙數來看李嘉誠（2／2）：

- 人格21吉數，「明月光照質實剛健」。此爲光風霽月之數。萬物形成自立之勢。獨立權威，受人尊敬，過程中雖難免遭遇挫折，倘能排除困難，則興家立業，博得名利。→部分吻合。
- 總格35吉數，「溫和平安優雅發展」。此爲溫良和順之數。在文藝、技術方面發展，若全力以赴，則成就大事業。本數缺少膽略氣魄，故此數實爲保守平安的吉數，適合女性，男性用之則傾向保守消極。→部分吻合。

從天運派來看李嘉誠（3／3）：

- 天格剋天運，表示祖輩、父母輩很有奮鬥精神，不服輸、不認命，生活要和老天對抗。也表示先天的財庫平平。→部分吻合，因爲李嘉誠的父母並未留遺產給他。
- 人格同天運，表示25—36歲運勢平順，有貴人相助。→部分吻合，這個時期是李嘉誠開設「長江塑膠廠」和「長江工業有限公司」開始快速累積財富的時期。
- 地格剋天運，表示少年時期生活辛苦。男性：妻子、子女會辛勤的工作。→部分吻合，李嘉誠的長子李澤鉅、次子李澤楷皆進入公司準備接棒。

△ 天運剋外格，表示天生帶衰運，誰與他交朋友誰就會倒楣，一輩子難有貴人相助。→無法確認。

從格局派來看李嘉誠（1／1）：

v 姓7、名一14、名二14，爲電池格，宜往事業、財富發展，有朝一日等到機會就能成功。→部分吻合。

從生肖派來看李嘉誠（1／3）：

v 姓「李」，陽邊木來剋戊土，表示小時候受到嚴格管教，與父親較有緣份；子代表鼠與龍呈三合，表示與母親的緣份良好。→部分吻合。

X 名一「嘉」，陽邊之「士」表示土，此爲龍困淺灘；陰邊又有口，表示降格鑽洞，再加上中間有艸，表示平原，皆不利生肖龍，表示人際關係容易受挫。→與事實不符。

X 名二「誠」，言屬龍，再加上生肖龍，表示是王見王，辰辰自刑之意，容易有錢財上的困境，產生「明知不可爲而爲之」的處境。→與事實不符。

本節參考資料

1. 星洲日報，李嘉誠——不斷尋夢者，http://big5.chinabroadcast.cn/gate/big5/gb.chinabroadcast.cn/7212/2004/12/13/405@390388.htm。
2. 阿里巴巴網站，李嘉誠：賺錢靠機遇 成功靠信譽，http://big5.chinabroadcast.cn/gate/big5/gb.chinabroadcast.cn/7212/2004/12/13/405@390391.htm。
3. 維基百科編者 (2006)，李嘉誠，http://zh.wikipedia.org/w/index.phptitle=%E6%9D%8E%E5%98%89%E8%AA%A0&oldid=2604461。
4. 盧琰源主編，李嘉誠傳。
5. 佚名，李嘉誠和他的時代 http://big5.chinabroadcast.cn/gate/big5/gb.chinabroadcast.cn/7212/2004/12/13/405@390381.htm。
6. 中經網，經典故事：李嘉誠的跳槽史，http://big5.xinhuanet.com/gate/big5/news.xinhuanet.com/fortune/2006-04/21/content_4456673.htm。
7. 佚名，李嘉誠的第一桶金，http://www.f518.net/Html/007/225306663.html。
8. 馬馳，李嘉誠成就一生大業的資本，《中華文摘》2003年6月號。
9. 何麗琪，李嘉誠慨捐三分一身家，香港文匯報。

1.5 案例解析——何鴻燊

何鴻燊，西元1921年11月25日生，辛酉年，天運屬木，他的五格如下：

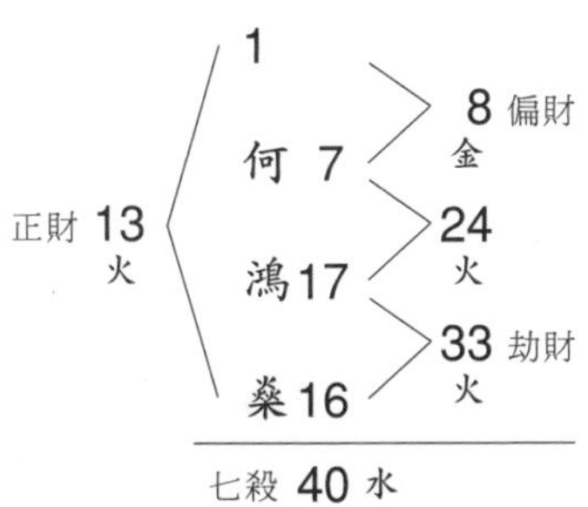

何鴻燊現任澳門旅遊娛樂有限公司總經理，他是澳門博彩史上權勢最大、獲利最多、名氣最響、在位最長的賭王，一生充滿了傳奇色彩。

何鴻燊身材高大、儀表堂堂，英俊的面龐配上挺拔的鼻子，一雙歐亞混血兒的碧眼睛，是一個標準的美男子。此外，何鴻燊衣著很講究，衣服穿在他身上很得體、有品味，言談舉止間，像個從貴族學校培養出來的、又融合時代潮流的紳士。

他能歌善舞。能唱國語歌、粵語歌、英語歌、葡語歌，他能唱優雅抒情的古典曲，能唱節奏激烈的流行曲，還在一次名人慈善大賽中，憑藉歌喉獲得冠軍。至於跳舞，賭王更是風頭大出，很多名媛淑女都以能與賭王跳一曲而爲榮。

何鴻燊口才很好，善於搞笑，他搞笑的本領，連得了憂鬱症的女人都會被他弄得開懷大笑。憑著紳士般的風度、出眾的儀表、超人的口才和瀟灑的舞姿，賭王還曾當選爲「香港十大最迷人的男士」。

1921年，出生於香港富商家族。曾祖父何仕文是個英國人，19世紀中葉在香港洋行做職員，娶了中國女子施氏爲妻。施氏生有5男3女，何啓東是長男，何啓福是次男，何啓福就是何鴻燊的祖父。20世紀中葉之前，提起何啓東的大名，在粵港澳無人不曉，他做過香港最大洋行怡和洋行的買辦，後辭去買辦職務做大地產商，還經營東南亞的食糖貿易、香港的航運公司、紡織工業、酒店業，以及出任多家上市公司的董事，在商界享有至高無上的聲望，是當時公認的香港首富，多次被英國、葡萄牙、法國、義大利、比利時以及中國政府授予爵士銜或榮譽勳章。

何啓福也是香港的著名人物，做過怡和洋行、沙宣洋行買辦，還擔任過香港立法局議員，在商場長袖善舞、富甲一方，是當時的華商五巨頭之一。何啓福共有13個子女，三子何世光是沙宣洋行買辦，還擔任過東華醫院主席、廿四行商會主席、華商會所主席、香港立法局議員等職，是個在商界政界享有盛譽的人士。何世光也有13個子女，何鴻燊排行老九。

1934年，父親何世光參與投機股票破產流亡越南，母親帶何鴻燊過平民生活。

1941年12月，太平洋戰爭爆發，澳門作爲中立區進入戰時特別繁榮期，就讀於香港大學尚未畢業的何鴻燊逃到澳門，加入聯昌洋行工作。

1942年，何鴻燊與出身於葡萄牙顯赫家族、有「澳門街第一美人」稱號的葡人黎婉華結婚。

1953年，何鴻燊被澳門地方勢力逼出澳門，他返回香港後成立利安建築公司致力房地產開發，成爲千萬富豪。

1957年，黎婉華突然患上結腸炎，遍尋名醫仍未能根治，加上引起其他併發症，必須切除胃部，長期服藥。何鴻燊娶華人藍瓊纓爲二太太。

1961年，何鴻燊返回澳門，與葉漢、葉德利、霍英東等人合組的香港財團，投得澳門賭場專營權，開始從事博彩賭業。

1962年5月，澳門旅遊娛樂有限公司正式成立，何鴻燊任董事總經理。

1970年6月，葡京酒店首期竣工，設在酒店一樓的葡京娛樂場爲娛樂公司最大最旺的賭場。

1973年，原配黎婉華在葡萄牙遇上車禍，腦部受重創。

1981年6月，何鴻燊次子何猷光夫婦在葡萄牙因車禍喪生。

1982年5月，澳門立法會通過的「新博彩法」生效，澳門成爲永久性博彩區。

1984年，何鴻燊、何添、鄭裕彤等合組財團收購澳門逸園賽狗公司75％股權。

1985年11月，何鴻燊爲「三姨太」陳婉珍購置新房，與陳正式同居。

1987年2月，由澳門政府、娛樂公司和一家葡資公司合組的澳門彩票有限公司成立。

1989年9月，何鴻燊爲「四姨太」梁安琪購置獨立洋房，與梁正式同居。

1990年12月，娛樂公司牽頭的港澳財團收購澳門賽馬會51％股權，何鴻燊出任賽馬會主席。

1995年，全年澳門博彩稅創歷史新高爲52.5億元。娛樂公司及馬會狗會的稅前總利潤爲170億元。

1997年7月23日，何鴻燊代表娛樂公司和賽馬會與澳府簽署兩項新約，賭場和賽馬的專營權延續到2001年12月31日。

1998年，何鴻燊購置賭船，經營公海賭博。

1999年3月，霍英東在全國政協會議上，批評娛樂公司壟斷賭權及其經營方式，提出澳門政府應收回娛樂公司賭權。

2000年8月，何鴻燊宣佈娛樂公司開辦「即時賭博」網站。

2002年2月8日，18家公司參與競標特區政府的博彩經營權，賭牌經營權因此一分爲三。何鴻燊旗下的澳門博彩股份有限公司（簡稱澳博）爲其一。

2004年2月21日黎婉華在香港逝世。

2005年年美國《富比士》排名151，淨資產總值達36億美元（約台幣1178億元）。

現在我們就利用「何鴻燊」這個名字檢驗本書揭露的姓名學規則結果如下：

以「何鴻燊」姓名檢驗本書姓名學規則的結果							
	三才派	五格派	六神派	太乙派	天運派	格局派	生肖派
準確率	100%	83%	100%	100%	67%	0%	33%

※「一」表示無法判斷

符號說明：

v：準確

X：不準確

△：無法確認，不會被計算

從三才派來看何鴻燊（1／1）：

v　是「金火火」。因勤勉多聞而在中年或壯年得以成功，成功運被壓抑，除非毅力堅強、耐力持久，難有向上伸展的空間，尤須注意言語。必須特別注意腦部、肺部疾病。→部分吻合。

從五格派來看何鴻燊（10／12）：

v　天格同外格。與朋友、兄弟、姐妹及外在的客户在錢財上能互相幫助，在錢財上人敬我一分，我也回敬一分，能得貴人的相助。→部分吻合。

ˇ 天格生總格。意志比較堅定，有財運，也很會存錢，長輩緣佳，易承接長輩的餘蔭。講排場愛面子，名聲重於利，對於事業，總是很捨得先花錢投資再說的命格。→部分吻合。

Ｘ 人格剋外格。個性積極主動，會主動爭取。對外界的朋友、客户、兄弟、姐妹關心。有研究心，想到什麼就做什麼，但不好相處容易得罪人，所以人際關係稍差，較無知心的朋友，但卻自認人緣好。比較不會遇到小人。喜歡居領導地位，指揮他人。能欣賞有才華之人、有才幹之部屬，部屬雖然能幹，但因爲不重視人際關係，所以不能長久爲自己所用。屬於功利主義，會精打細算，將錢花在刀口上，就怕自己吃虧。→與報導中交遊廣闊的事實不符。

△ 人格剋天格。個性較爲獨立自主、不服輸、好勝，有自己的想法，不喜歡服從命令，不易接受長輩的管教，因此常與長上的想法有出入，容易產生反抗心理，而與長官、父母產生對立，因此要當此人的上司可得有眞才實學。有開創性格，遇到困難寧願自己解決，也絕不低頭找人幫忙，或走後門，通常不會在一個地方待太久，大多爲離開原本的公司，自行創業白

手成家。有正義感，不畏強權，有冒險心。屬於「財多身弱」，有錢身體就差，沒錢長命百歲，無福消受錢財。花錢通常很大方，只要一稍微有錢，就會很想花錢。→無法確認。

v　人格同地格。對子女關係如同朋友一般，家庭生活和樂，對部屬不會端架子，可以和晚輩、屬下稱兄道弟，部屬緣份好。夫妻相敬如賓，與妻子的相處就像與手足一樣，認爲男女平等，必須一同負擔家庭責任。→部分吻合。何鴻燊是全澳最大的僱主，其員工人數超過一萬，在澳門甚至有一家三代都在賭場上班。四姨太梁安琪在澳門賭場擁有股份，協助何鴻燊掌管事業。

△　地格剋天格。好勝心強而有耐力，不怕上司或周遭環境的壓力，只願意追隨有眞才實學的上司，因此貴人運不佳。重視精神面的發展，不重視物質面的享受。要小心頭部的傷害。→無法確認，目前尚未有何鴻燊内心層面的報導。

v　地格剋外格。行事穩重有遠見，有耐性，個性溫和，不易發脾氣。但自我意識比較強烈，城府比較深，即使有意見也不會明說，更不容易被説服。喜歡結交志趣相投的朋友，不容易放下身段，所以認同的人也不多，自然貴人少。→部分吻合，與朋友合夥標下賭場營運權。

- v 外格生總格。爲人節儉，個性樸實，錢只用在刀口上。事業上的貴人多，但遇有困難時，容易獲得外界、朋友的金援而度過危機。與朋友合夥，事業順暢，容易成功。→部分吻合，與朋友合夥標下賭場營運權，但爲人節儉的部分就未必正確。
- v 總格剋人格。思想悲觀，以賺錢爲人生的第一目標，永遠嫌錢財不夠用，因此會不計辛勞、風險地賺錢，所以常給人守財奴、節儉、小氣的印象。雖能成大事，但一生運途較勞碌。→部分吻合，但是守財奴的印象與實際情況不符。
- △ 總格剋地格。常會爲了家裡的經濟問題而煩心，子女長大後會提供物質支援。→無法確認，目前尚未有何鴻燊家庭關係的報導。
- ╳ 天格金人格火。身心勞頓，內心易生不平、不滿的情緒，向上發展困難。要特別注意支出花費。易罹神經衰弱、精神疾病。女性：需要特別注意丈夫的身體。→與事實不符。
- v 天格金地格火。家境常有困擾，變幻莫測。運途多端難伸，急樊災厄。→部分吻合，早年因糾紛被迫離開澳門去香港發展，又歷經妻子大病、又及兒子與兒媳因車禍同時喪生。
- v 地格火人格火。個性急躁，缺乏耐力，倘能特別注意脾氣，運勢得以順利發展。→部分吻合。

- 總格水人格火。是非纏身，難免突變災禍。晚景淒涼，易患心臟麻痺。→部分吻合，他曾在菲律賓經營9間賭場，但因與當地總統發生衝突而遭撤銷當地賭場的資格。
- 外格金人格火。爲人主觀、固執、膽大，有反抗的心態，凡事不辨情理，不受旁人左右，容易得罪人。虛榮心強，衝破極爲困難的重圍，向外發展爭取權利，雖得一時成功，終因短慮而失敗。→部分吻合，但因短慮而失敗這點未能確認。

從六神沖剋來看何鴻燊（2／2）：

- 天格有偏財、外格有正財、地格有劫財、總格有七殺，同時有正財、偏財，所以異性緣良好，妻子也比較多，且賺錢容易，但爲人大方無法守財。總格帶七殺，偏財生七殺，七殺表示霸權，只要是他想做到的，就非要做到不可，表現在事業上尤其明顯。→部分吻合。
- 地格帶有劫財，老婆、子女常會瓜分他的錢財，但總格之七殺有制衡作用，以致尚不明顯。→部分吻合。四姨太梁安琪在澳門賭場擁有股份。她承包了葡京數個賭廳，並安排兩個親兄弟在賭場工作，其中包括賭場財務，財權在握。

從太乙數來看何鴻燊（2／2）：

- v 人格24吉數，「家門餘慶收實豐饒」。此爲路途崎嶇之數。才略智謀出眾，可白手成家之格。雖少年時期，不免要遭受一些磨鍊。中年以後，漸入佳境，財源廣進，到老愈豐，是子孫繼承餘慶的吉祥數。有參謀才能及新發明智力，老當益壯。→部分吻合，何鴻燊33歲被澳門地方勢力逼出澳門，40歲才又返回澳門發展，從事博彩賭業。
- v 總格40吉數，「謹愼保安盛衰不定」。此爲浮沉吉凶之數。富智謀，具膽識，好冒險，爲追求名利，好冒險投機，性情桀驁不馴，道德修養不足，易受誹謗攻擊而徘徊歧路，彷徨無主。他運配合不善者，有釀刑傷犯罪，或陷病弱，宜保守以保全的運數。→部分吻合，他曾在菲律賓經營9間賭場，但因與當地總統發生衝突而遭撤銷當地賭場的資格。

從天運派來看何鴻燊（2／3）：

- v 天格剋天運，表示祖輩、父母輩很有奮鬥精神，不服輸、不認命，生活要和老天對抗。也表示先天的財庫平平。→部分吻合，何鴻燊的事業是靠自己白手起家。

v 天運生外格，表示出生家世背境良好的家庭，先天貴人運勢旺盛，所認識的朋友都很高尚，天生帶好運，誰與他交朋友誰就會出運。→部分吻合，何鴻燊一起合作創業的朋友，都能有良好的發展。

X 天運生地格，1-24歲時父母的運勢好，容易得到祖產。→與事實不吻合，何鴻燊13歲時父親破產、家道中落，並沒有得到祖輩父輩的什麼澤益，他的出人頭地所靠的是個人奮鬥，而激發他奮發向上的正是世態炎涼、人情冷暖。

從格局派來看何鴻燊（0／1）：

X 名二17大於姓7、名二16，爲中廣型之格局，是適合發揮個人能力、才能、專業、名望、表現、技術的格局，絕對不能賭博，因無人脈，故最好避免從事與人有大量互動的工作。→與事實不符，賭博事業依靠的就是各種人脈。

從生肖派來看何鴻燊（1／3）：

v 姓何，遇丁火剋辛金，且雞遇人，有被控制之意思，難得長輩祖先之助力。→部分吻合，是靠自己白手起家。

ㄨ 名一鴻，陽邊之「鳥」恰巧生肖又屬雞，有升格飛天，但天干爲辛金，恐有金金相會，容易與朋友有磨擦；陰邊之「水」，遇生肖雞淪爲落湯雞，表示無自信，且會比較怕老婆。→與事實不符，賭博事業依靠的就是各種人脈，倘何鴻燊與朋友磨擦如何能掌理葡京數十年，此外，他能娶4個老婆，就一定不是懼內之輩。

ㄨ 名二燊，陽邊之「焱」有三個火剋天干辛金，表示事業不順利，作事容易失敗；陰邊的「木」爲卯兔，與生肖酉爲卯酉沖，錢財留不住。→與事實不符，何鴻燊資產超過美金35億。

本節參考資料

1. 祝春亭，何鴻燊傳，http://www.shuku.net:8080/novels/zhuanji/hehsz/hehsz.html。
2. 北京青年周刊，澳門賭王的家庭秘史，http://news.qq.com/a/20040321/000278.htm。
3. 祝春亭、辛磊部，何鴻燊全傳，湖北人民出版社2005年8月出版。
4. 維基百科編者，何鴻燊，http://zh.wikipedia.org/w/index.php?title=%E4%BD%95%E9%B4%BB%E7%87%8A&oldid=2611686。
5. 維基百科編者，何啓東家族，http://zh.wikipedia.org/w/index.php?title=%E4%BD%95%E5%95%9F%E6%9

D%B1%E5%AE%B6%E6%97%8F&oldid=2493835。

1.6 綜合論斷結果與討論

本書姓名學規則綜合論斷結果							
	三才派	五格派	六神派	太乙派	天運派	格局派	生肖派
郭台銘	0%	60%	100%	33%	100%	0%	0%
田弘茂	0%	100%	100%	50%	100%	100%	0%
郝龍斌	100%	89%	100%	0%	100%	100%	100%
李嘉誠	0%	92%	100%	100%	100%	0%	33%
何鴻燊	100%	83%	100%	100%	67%	0%	33%
平均值	40%	85%	100%	57%	93%	60%	53%

我們總結上面五個人物，並藉之評論各派的論斷結果如下：

純以論斷的平均值來看：

- 準確度最高的前三名依序是：六神派、天運派、五格派。
- 準確度最低的前三名依序是：三才派、生肖派、太乙派。

筆者使用評斷的方式，是筆者已知的論斷準確度的方法中較爲客觀的方式，當然還可以更準確，這點也可以容後再討論。

但筆者想藉由這個結果，提出一個觀點——姓名學絕不是百分百準確的。

姓名學既然是人創造出來的，自然也一定有缺陷，所以請讀者千萬不要相信任何人宣稱某項五術是百分百準確的，因爲任何未經過科學性驗證的假設，仍然只是假設。

此外，在傳授姓名學的過程中，如果學徒不求甚解，全盤接受老師的教學，而不澄清疑點，就很容易發生誤解與內容的偏差。

影響準確度的原因

前面我們已經提出論斷姓名學的方法以及結果。

從結果可知，確實有幾派的姓名學，在實際論斷時會出現與事實不相符的情況，依照筆者的經驗，可以從以下幾個方面來探討：

1. 論斷的對象

a. 多看書學習。從我們這次論斷的5個人來說，除了何鴻燊不確定之外，其餘4個都是很樂於學習，尤其是李嘉誠的眞正學歷可能僅只是國中肄業，郭台銘是專科畢業，但透過自修，藉由廣泛、深入的學習，才造就了未來不同的命運。

b. 改變思想。在蒐集李嘉誠的資料時，我們找到他的格言：「栽種思想，成就行爲；栽種行爲，成就習慣；栽種習慣，成就性格；栽種性格，成就命運。」當一個人開始改變想法，再改變行爲，最後成爲習慣，再成爲性格，命運也隨之改變，我們從郭台銘的身上也驗證到這點。

c. 意志堅強。郭台銘和李嘉誠除了能改變自己的行爲外，再藉由強於他人百倍的毅力與決心去貫徹、實踐自己的想法，終能克服困難。這驗證了一句在鴻海常說的：「成功的人找方法，失敗的人找理由。」

d. 多作善事。一個人的命在出生時就已經決定了，但運隨心生，運的齒輪是掌握在自己手裡的。所以有句話說：「人若爲善，福雖未至，禍已遠離；人若爲惡，禍雖未至，福已遠離」，因此，在筆者實際驗證姓名的過程中，就可以發現有人因爲多多行善，使原本的厄運轉趨平穩，能安然終老。

e. 出生時間錯誤。有很多的名人，可能因爲時代比較久遠、或人的記憶錯誤，所以導致户口上的出生年份、日期都有可能是錯誤的；但也有在報户口時就刻意報錯的例子，這些都會影響到論斷的結果。

f. 出生地點錯誤。五術中有很多的派別需要知道正確的出生地點，才能正確的依照地點推論正確的時間。

2. 論斷邏輯

a. 論斷邏輯不正確。如果論斷的邏輯本來就不正確，也缺少驗證，即使論斷了再多的人，其結果也不正確。

b. 論斷邏輯短少。也就是說論斷的邏輯還不足夠，使規則有缺失，以致於無法以更完整的面向進行論斷。

c. 論斷邏輯不夠條理化。姓名學的特徵是使用一個論斷的邏輯可以論斷一個人的不同面向，但目前的所有面向全部混在一個論斷邏輯內，以致互相影響準確度。例如：天剋人，可以看財運、與長上的關係，但目前全放在天剋人的邏輯內。

3. 論斷方法——驗證論斷邏輯的方法

a. 論斷的面向資料難以比對。有些面向是只有親暱的人、甚至是自己才能知道的，因此，這種面向除非當事人願意接受訪問，否則難以驗證。

b. 比對的資料不正確。如果引用的第二手資訊公正性、客觀性不足，採訪內容是否經過求證、是否有多個不同的來源，內容是否平衡報導，沒有偏向某一方，都是事件是否值得採信的依據。

提昇姓名學論斷準確度的方法

前面我們已經提出影響姓名學準確度的原因了，接下來我們將繼續討論如何提昇姓名學論斷準確度的方法。

筆者自己認爲「在哪裡跌倒就在哪裡爬起來」，既然前面已經討論了不準確的類別與原因，我們就從這些類別著手分頭改進。

1. 人

a. 驗證正確的出生時間與地點。有許多先進都提出了驗證出生時間的方法，因此我們不在此特別討論如何驗證，有機會再另外討論。

b. 重視思想。筆者已經發現影響一個人未來的，不是先天的條件，而是後天的思想。當一個人開始有欲望，開始積極努力想成爲他想要成爲的人，也付諸持續的行動時，他就能成爲那樣的人，反之，即使有先天的條件，沒有達成的欲望，也難以達成。

c. 是否行善。筆者已經發現，如果能多多爲他人付出時間、心力、錢財，可以因之化解一些戾氣，進而改變未來發展。

2. 論斷邏輯

a. 整理論斷邏輯。將一個論斷邏輯內的不同面向分離，分別論斷，重新驗證論斷邏輯。

b. 補充論斷邏輯。增加論斷的邏輯規則。

c. 重新驗證論斷邏輯。再次驗證整理過的論斷邏輯及其不同面向，以確認每個面向的準確度。

3. 論斷方法——驗證論斷邏輯的方法

a. 同時採用多個方式。可以同時使用問卷、第二手資訊的方法。

b. 採用問卷請當事人、朋友、親人、採訪的記者、共事的同事填寫。

c. 愼選第二手資訊。第二手資訊的觀點是否客觀、公正，是否有多個不同的來源，採訪內容是否經過求證，報導內容是否平衡沒有偏向某一方，都是第二手資訊是否值得採信的關鍵。

1.7 小結

「實踐是檢驗眞理的唯一標準」。

筆者打破了過去姓名學書籍論斷姓名時，會刻意忽略不準確的地方的陋習，轉而忠實列出本書中所列出的規則，以著名的人物逐條地檢驗這些規則，作爲本書的結尾，期望藉由這個方式，進一步說明筆者一貫的主張：「姓名學無法以單一派別作爲論斷，必須以各門派的不同方式方能準確地論斷姓名」，透過這個方法，倒也能夠以一種不同的方式展現姓名學的不同面貌。

當然，筆者所採用的這個方式，也確實存在著以下缺點：

1. 資料不足

筆者所列的這些個人資料，完全能夠由公開的第三手資料能取得，而非筆者刻意探聽他人的隱私，但至於更深入個人家庭、親情、工作的部分，如果想要驗證，就非得再用別的方式取得，但在考量時間、成本、及個人隱私的情況下，筆者只得以手邊資料作爲比較依據。

2. 部分內容缺乏驗證

筆者所列的這些個人資料，有部分能利用公開的第三手資料來驗證，但關於更深入個人家庭、親情、工作的資料，筆者就無法證實這些規則的驗證結果，因此這個在本文中有很大部分，筆者皆視爲「△無法確認」。

3. 論斷對象的時間不夠長

姓名學的論斷，往往需要數年以至數十年，來論斷這些規則的結果，甚至要到論斷對象作古後數年，一生功過方可正確、客觀論斷。但爲了顧及讀者的熟悉度，讀者也只能選目前大家算熟悉的對象，但這些對象大多正值壯年，是否照著姓名學規則推演的結果運行，尚屬未知，因此，這個部分還得長期、持續觀察。但這個方式，實在是驗證姓名學規則的眾多方法中不得已的做法。

4. 論斷規則不夠多

筆者在本書中所揭露的這些內容，一方面是受限於篇幅的關係；另一方面，筆者所學派別尚有欠缺，更何況尚未能搜羅全部派別擺入。但爲了儘量忠實檢驗這些規則，因此，筆者只以本書內容所列出的規則作爲論斷依據。

5. 取樣的樣本不足

筆者只取了以上數個樣本，作爲計算各派準確率的樣本，從統計學的觀點而言，這樣推論出來的結果是沒有説服力的。但筆者仍然提出這個另闢蹊徑檢驗姓名學的方法，只希望拋磚引玉，帶動大家更深入地研究姓名學，使姓名學學術能更進步。

14 常見字筆畫

1.1 常見複姓筆畫數

複姓筆畫數表															
萬	侯	張	簡	左	丘	顓	孫	仲	孫	公	孫	長	孫	公	羊
15	9	11	17	5	4	18	10	6	10	5	10	8	10	4	6
公	治	慕	容	歐	陽	夏	侯	諸	葛	澹	臺	正	宗	令	狐
5	9	15	10	15	17	10	10	16	15	17	14	5	8	5	9
黃	甫	申	屠	鐘	離	鮮	于	聞	人	尉	遲	赫	連	僕	陽
9	7	5	12	17	19	17	3	14	2	11	18	14	14	18	17
淳	于	單	于	上	官	軒	轅	宇	文	閻	丘	司	徒	司	空
12	3	12	3	3	8	10	17	6	4	16	4	5	10	5	8
司	馬	司	寇	仉	督	子	車	呼	延	端	木	巫	馬	公	西
5	10	5	11	4	13	3	7	8	8	14	4	7	10	4	6
漆	雕	樂	正	壤	駟	公	良	拓	拔	夾	谷	汝	鄢	晉	楚
15	16	15	5	20	15	4	7	9	9	7	7	7	18	10	13
自	法	太	叔	宰	父	塗	欽	段	幹	百	裡	東	郭	梁	丘
6	9	4	7	10	4	11	12	9	3	6	7	8	15	10	4
元	官	皈	海	羊	舌	微	生	東	門	西	門	東	方	南	門
4	8	9	12	6	6	13	5	8	7	6	7	8	4	8	7

1.2 容易誤算的字

數字中，「四」字雖是五畫，但按其靈意亦爲「四」畫；「五」字雖是四畫，但按其靈意亦爲「五」畫；同樣「七」、「八」、「九」、「十」雖爲二畫，但按其靈意亦爲「七」、「八」、「九」、「十」畫，而非二畫。

五畫：五、世、卯、巧、巨、幼、弗、瓜、瓦、永、王。

六畫：六、臣、亥、印、亙、仰、匡。

七畫：七、成、延、些、兔、免、冷、冶。

八畫：八、致、命、協、武、亞。

九畫：九、泰、表、染、飛。

十畫：十、育、酒、修、馬、芽、致。

十一畫：胡、卿、斌、梁、偉、紫、豚、貫。

十二畫：能、傑、淵、壺、黃、博。

十三畫：塚、琴、鼎、祿、裕、路。

十四畫：夢、實、第、壽、慈、碧、與、賓。

十五畫：養、興、寬、廣、賜、郵、緻。

十六畫：燕、龍、錫、龜、導。

十七畫：燦、隆、鄉、鴻、聯。

十八畫：翼、爵、繡、豐、蕭。

十九畫：繩、贊、關。

二十畫：寶、犧、露。

廿一畫：覽、纏、鶴、雞、羅。

廿二畫：鑒、藻。

廿三畫：蘚、纖、蘭。

廿四畫：蠶、臟。

廿五畫：觀。

1.3 常見字筆畫

一畫
一乙
二畫
丁七乃九了二人儿入几刀刁力匕卜又乂
三畫
三下丈上丸凡久也乞于兀刃千叉土士夕大女子寸小尢尸山川工己已巳巾干弓才万
四畫
丑丐不中丰丹之尹予云井互五亢仁什仆仇仍今介仄元允内兮公冗分切刈匀勾勿化匹午升卅卞厄友及反壬天夫太夭孔少尤尺屯巴幻廿弔引心戈户手支文斗斤方日曰月木欠止毋比毛氏水火爪父四爻片牙牛犬仂仏夬殳气爿

五畫

丙世丕且丘主乍乏乎以付仔仕他仗代令仙
仞充兄冉冬凹出凸刊加功包北仟半卉卡占
卯卮去可古右召叮叩叨司叵叫另只史叱台
句五囚外央失奴孕它尼巨巧左市布平幼弁
弘弗必戊斥旦朮本未末札正母民氏永玄玉
瓜瓦甘生用田由甲申疋白皮目矛矢石禾穴
立丼仜仡仝屳夯宁宄尻戉氶此扎王

六畫

打扔扒扑汁汀氾犯忉氻丞丟乩亙交亦亥仿
伉伊伕伍伐休伏仲件任仰仳份企伋光兇兆
先全共再冰列刑划刎劣匈匡匠印危吉吏同
吊吐吋各向名合吃后吒因回囝圳地圭圬圯
圩夙多夷夸妄奸妃好她如妁字存宇守宅安
寺尖屹州帆年式弛戎戌戍收早旨旬旭曲曳
有朽朴朱朵次死灰牟牝百竹米糸缶羊羽老
考而耒耳聿肉臣自至臼舌舛舟艮色虫血行
衣西伎仵伀价圮圪均奷孖屺巟庄异朾朹机
朿朼朳汆甪穵艸六

七畫

忙忖成扣扛托汝汗汙江池汐汕污汛汍汎忕
忓扞扤扡扦扢扠汒汜汏汊汔汋汌犴犵串亨
位住佇佗佞伴佛何估佐佑伽伺伸佃佔似但
作伯低伶余佝佈佚兌克免兵冷別判利刪劫

助努匣即卵吝吭吞吾否吧呆吳呈呂君告吹
吻吸吮吵吶吠吼呀吱含吟听困囮囫坊坑址
坍均坎圾坐坏圻壯夾妝妒妨妞妣妙妖妤妓
妊妥孝孜孚孛完宋宏局尿尾岐岑岔岌巫希
序廷弄弟彤形彷役忘忌志忍戒我改攻攸旱
更束李杏材村杜杖杞杆杠杓每求汞灶灼災
灸牢牡牠甬甫男甸皂矣私秀禿究系罕肖良
見角言谷豆豕貝赤走足身車辛辰邑酉里佖
伻体佟佘冏劭卲呇坌坋夆妠妗妢妏妧妡宎
宅尨尪岋岆帊庋庉庌庈庍弅弝彸忒忑忐盱
旲昆杅杇杙杌杈杝杚杋杠町甹皁耴延玎巡

八畫

肋肌艾芃忱快忸忪抄抗技扶扭把找扳抒折
扮投抓抑沙沁沈沅沛汪決沐汰沌汨沖沒汽
沃汲汾汴沆汶沂狄狂玖忨忮忡忤忺忻怜抵
拎沄沇汯沚汥狃玕玗玓玔並乖乳事亞享京
佯依侍佳使佬供例來侃佰侈佩佻侖佾侏侑
兔兒兩具其典函刻券刷刺到刮制卒協卓卑
卦卷卸取叔受味呵咀呻呷呼咐呱呶和呢周
命固坷坪坩坡坦坤坼夜奉奇奈奄妾妻委妹
妮姑姆姐姍始姓妯姘孟季宗定官宜宙宛尚
屈居屆岷岡岸岫岱岳帘帚帖帛帑幸庚店府
底庖弦弧弩往征彿彼忝忠忽念忿或戕房戾
所承放斧於旺昔易昌昆昂明昏昕昊昇服朋

杭枋枕東果杳枝林杰板枉松析杵枚杼欣武
氛炕炎炒炊炙爬爭爸版牧物狀呥的盂盲直
社祀祁秉秈空穹竺糾羌肩肴肯臥臾舍虎虱
初軋采金長門阜隹雨青非佼佽侉侄侗佪侚
侔伽佫佮匊呦囷囹坯坫坻妲妹妗宓宕岮岵
岬峡岭岢岧岦弨忞癹戽旻昋杬杶枘杴柲肷
沓林炄炖疌衸虮豖刹垂政柿

九畫

肝肚芒芋芍芎芊芃奔怏怔怖怡性拉拌拂抹
招披拓拔拋抨抽押拙拍抱拖折抬泣注泳泌
泥河沽沾沼波法泓沸泄油況泗泱沿治泡泛
泊泯泠狗玩玨玟玫玥表怦怲怴泫泔洞沺沴
玤玦玢玠玬亭亮信侯俠俏保促侶俘俟俊俗
侮俐俄係俞冠前則勇勉勃勁匍南卻厚咬咨
哉咸咳咽品哈咱型垠垣垓奕契奏奎姜姿姣
娃姚威孩宣宦室客宥封屋峙巷帝帥幽度建
弈弭彥很待徊律徇後徉思急怎怨扁故斫施
春昭映昧是星昨昱染柱柔柬架枯柵柯柄柑
柚查柏柳柒段毗泉炫炳炬炯炭炤爰牲牯畏
界畎畋癸皇盈盆省相眉看盾盼矜砂祉祈禹
禺科秒秋穿突紂紅紀紉紇約美羿耐耍耑虹
衍衫計訂訃貞負赳軍軌酋酊重面革韋韭音
頁風飛食首香哆垤垚姮娀姝姼姵姾宨峖峎

帑庤象拏衵昡昜昂昜枻柘柰炷昀昄祊种竑
紃蚐訇姬妍肓肙皈峉峇

十畫

邢迂迆迅迄併者肺肥肢肱股芳芝芙芭芹花
芬芥芯芸芷洰芫芚芮芼芨芡芩城恍恰恨恢
恆恃恬恫恪恤按拭持指拱拯括拾拴挑洋洲
洪流津洌洱洞洗活洽派洶洛洹洧洸洩洵洎
洫狩狠狡珊玻玲珍珀玳要峸恞恇恂恄挏洨
洟洼洿洒洊泇洄洙洺洝洁洐珂珈珅玹玴玿
珃珆乘亳倌倍俯倦俸倩倖倆值借倚倒們俺
倨俱倡個候倘修倭倪俾倫倉冥凍凌准剛原
厝叟唐哥哲哺哩哭員哪哦唇哽圃埂埋埃夏
套奘奚娑娘娜娟娛娓娠娣娩娥娌娉孫宰害
家宴宮宵容宸射屑展屐峽峻峨峰島差席師
庫庭座弱徒徑徐恙恣恥恐恕恭恩息扇拳挈
料旁旅時晉晅晁書朔朕校核案框桓根桂桔
栩栗桌桑栽桐桀格桃株栓殊殷氣烊烘烙烈
烏爹特畔畝畜留皋益盎眩眞眠矩砰祕祐祠
祟祖神祝秤秣秧租秦秩秘窄窈站笆笑粉紡
紗紋素索純紐級紜納紙紛羔翅翁耘耕耗耽
耿臭臬航舫般芻茲虔衷袁衽記訐討訌訕訊
託訓訖訏豈豺豹財貢起躬軒軔軏邕酒配酌
釘針釗釜閃隻馬骨高鬥鬲鬼俵唄娙娊宭宬
峮崀弰恚恁挐旆旄旃栖桎栔毦毢毨烜烝烔

烇眕祛袑稊秞秝竘笈紘紓紟羖羒聆衿酏育
致效晏晌柴泰眝

十一畫

阡阢邢邪邦那邡迎迋迍迕姘屏既研胖胥胚
胃背胡胎胞胤苧范茅苛苦茄若茂茉苒苗英
茁苜苔苑苓苟苯茆琉胘胂胜胗苙苾茀苕苫
苴苡芙弦卿埍悄悟悍悔悌悅悖挾振捕捆捉
挺捐挽挪挨捌朗梳浪涕消涇浦浸海浙涓浬
涉浮浚浴浩涌浹涅浥涔狼狹狽狸狷班珮珠
珞罟悢悀悒悁悝悕悛悗挼晟浣浤浡涒浘浢
浭涍浿浞浧浠涗浰浼涂涘浨浾涄淍浽涐狻
珓珙珖玼珧珣珜珒珛珝珚珗珨罡乾停偃偌
做偉健偶偎偕偵側偷偏偭兜冕凰剪副勒務
動匐匿區匾參曼商啞啡啃啊唱啖問唯唸售
啜圈國域堅堊堆埤基堂堵執培夠娶婁婉婦
婪婢婚婆婊孰寇寅寄寂宿密尉專將屜崇崆
崎崛崖崢崑崩崔崙崤崧巢常帶帳帷康庸庶
庵張強彗彬彩彫得從御徠徜患悉悠戚戛扈
敖救教敗啓敏敘敕斜斬族旋旌晝晚晤晨晦
晞曹望梁梯梢梓梵桿梧梗梭梆梅條梟梡欲
殺毫毬涎烹焉焊烽烯爽牽率瓷甜產略畦畢
痕盒眷眾眼眶眸眺祥票祭移窒窕笠笨笛第
符笙笞粒粗粕絆絃紮紹絀細紳組累紲紱羞
羚翌翎習耜聊聆舵舷舶船處彪蛇蛀蚶蛄蚵

蛆蛋蚱蚯蛉術袈被袒袖袍袋覓規訪訣訥許
設訟訛訢販責貫貨貪貧赦趾軛野釵釦釣釧
釭釩閉雀雪雩章竟頂頃魚鳥鹵鹿麥麻偲偈
唵圇圗埢埭堇埥埼埩婘婕婧娸婭婄�婈婇
琮寁寀崞崝崚崌崨崦崥崟徛挺晥晡棖桯梣
梩梫梲梏桷梪梠梖梠桸焍烷焌焄焆畤痒眹
眯硌祤裓袷窔窒笳笭粔粘紵紬紾紿紻紨羚
羝翊翏耟耞耛舸舳舺舲處虖蚰衒袉袪袗袎
訰軖釳釤釪釫釬釮壺紫斌械桶皎桴牿稆犁
返近

十二畫

防阮阪阯邵邸邱邶邯郃拼爲述迦迢迪迥迭
迫迨洴迣唧胱脂胰胭胴胳脈能胯茫荒荔荊
茸荐草茵茴荏茹茶茗荀茱茨荃淯胺胲茭荄
茂荎茜荑茛茼茯荅荌茾奢庚情悻惜惟惇掠
捲探接捷捧掘措掩掃推掄授掙採掬排掏掀
敝涼淳淙淡添淺清淇淋涯淑淞淹混淵淅涵
淘淪深淮淨淆淄涪淬淦猜猛琅球理現異疏
盛硫統赧捥淀涫涴涬淩涑淶涥淇淖淥淍淴
淊淰淉涺淲淓涸淍琋珸珵琄琁珽琇珺琋琙
琈傍傅備傑傀傘傚最凱割創勞勝博喀喧啼
喊喜喪喇喋喃單喟喚喻喬啾喫圍堯堪場堤
堰報堡堝壹奠婷媚婿媒媛媧寒富寓寐尊尋
就嵌嵐崴嵇巽幅帽幀幃幾廂弼復循徨惑悲

悶惠戟扉掣掌捶敞敦敢散斑斐斯普晰晴晶
景智晷曾替期朝棺棠棘棗椅棟棵森棧棹棒
棣棋棍植椒棉棚款欺欽毯焙焚焦焰無然焜
牌犄犀番痘登發皖皓短硝硬硯稍稈程稅稀
童竣等策筆答筍粟粥絞結絨絮絲絡給絢絰
絳善翔翕聒舒舜蛞街裁視註評詞証詁詔詛
訴診訶象貂貳貽貰費賀貴買貶貿貸越超趁
距跚跑跆軻軸軼辜酥量鈔鈕鈉鈞鈍鈐閔閏
開閑間閎雁雅雄集雇雯雲項順須馮馭黃黍
黑傜傒堙堞媞媢媥媄媗媋媌媜媓尌嵃嵋崵
嵛崺崽嵂崹嵉崲嵟幄惢晼晬晪晢椉欹欻欿
淼焠焞焯焮焱焟閔犉猋甯晙晚矞硤硲祰稃
竦筊筌筅粞絯絓絖絧絪絏絜絫絩羢聐袺覘
詎詍詀詄詒詈貰跓跖跕跅軯軺軹軮軥軫軩
鈁鈊鈌鈀鈒釿鈆鈗鈅鈖雱粧粵絛虜釉彭茝
椓覃

十三畫

椸楢楱椿楅楪椹楂楗楙楺楉楬椽楥楸楩楯
楄榕椮椻椷楏楑椲楒椯楻楰業楚楷楔極椰
楊楨楫楞楓楹榆楝楣楛煎煙煩煤煉照煜煬
煦煌煥煞煨煖煒煠煁煝煢煪煂煋煟煐煄鉈
鉒鈺鉦鉰鉥鉞鈮鉊鉆鉏鈶鈱鉐鉎鉓鉌鉖鈲
清渟渼渽港游湔渡渲湊渠渥渣減湛湘渤湖
湮渭渦湯渴湍渺測湃渝渾渙湎湣湄湲湩湅

湢渫漆湝湳溴湃湋湀湑湝渃湞湜湡湈湫湫
溾渢溢渷渧湤湉渹湈湈湼湍渶溫陀阿阻附
陂陆阽阺陃郊郁郈邽郅郲送逆迷退迺迴逃
追逅迾适迿迻逢逪逌渚瓶脯脖脣脫脩胆脤
莎莞莩莐莨莱莦莒茜荪莙莩莎莃莧巠莛莪
莢莖莫莒莊莓莉莠荷荻荼莆莧脘脥脛脟脬
脡脕脝孳廊悝惰惻惴惱愎惶愉愒描揩揉揆
揍插揣提握揖揭揮援換揚暑楮湟煮猶猴猩
琪琳琢琥琵琶琴琯琛琦琨琮琬琰琫琖琚琡
琭琱琤琣琠琲肅飪飯飩飲飭嵫愔惲愝揎揥
揨揠揄琙亂傭債傲傳僅傾催傷傻募勦勤勢
匯嗟嗜嗇嗑嗣嗤嗚嗡嗅園圓塞塘塗塔塡塊
塢塋奧嫁嫉嫌媾媽媼嫆嫀嫊嫏媳嵩嵯幌幹
廉廈彙徬微愚意感想愛惹愈慍愍愆敬新暗
暉暇暈暖暄暘暍會歲殿毹毽爺牒猷當畸盞
盟睛睫睦睞督罩睬睜睨矮碎硼碓祺祿禁禽
稜稚稠稔稟稞窟窠筠筮筧粱粳經絹綑綏義
羨群聖聘肆肄舅艇虞號蛹蜓蜈蜇蜀蛾蜕蜂
蜃蜆蜊衙裟裔裙補裘裊裕覜解詫該詳試詩
詰誇詣話誅詭詢詮詬詹詻貉資賈賄賃賂賅
跡跟跨路跳跤躲較載軾輊辟農酬酪酩鈷鉗
鈸鉀鉛鉋鉤鉑鈴鉉鉍鉅鈹鈿閘雍雋雉雊雷
電雹零靖靴靶預頑頓項頒頌馳馱馴鳩鼎鼓
鼠粼僂嗔嗄塏壼嫋嫐媱媵媿嫈寑寘嵣嵬嵢

幏幍庾嗀徯傜睽暐睶喃膆楟歆歃煇犍犎睕
啜晳睕睔祼稘稙稗竫筦筤筴筥筳筱粱粯綈
綆綒綠綅絺綎綄綃綌綄綤羫羥羧艄艀蜄蛷
蛺蛸蜎蜉蜓蜉蜍觥觡詶詿詡誃登豊豦貅趐
輁輀輅輈酮閟睢雩靳靷靲馯碁熙睡筵綖蜓
耶碉莘愁裝裋裎敬

十四畫

郎限陋陌降郕陔陏陊郡郝郢郖郜郭邵郗郶
郤莽這逍通逗連逨逝逐逕逞造透逢逖逛途
陷逑逡滋腕腔腋腑腎脹腆脾腌腓菩萃菸萍
菠菅萋菁華菴萊菰萌菌菽菲菊萎萄菜萇菔
菟腊腒腏腓菹菀菆莉萁菘菡菖菉萉菑萑萆
菇菑菪菳鉼慈慎慌慄慨愴愧愷搭搏損搶搖
榔溢溯滓溶滂源溝滇滅溥溼溺滑準溜滄滔
溪溧溴獅猿猾瑚瑕瑟瑞瑁琿瑙瑛瑜睹置罩
罪誠飴飽飾慊愫慅慆慉慎慀搒搤搢搯搥搧
滾滈溏滃溟溓溠溱滆滒滉溷溰溦滏滖滃溒
溎湣溤溡漧湏溗溉溗溙猿獂猺獀瑄瑊瑋瑒
瑑瑗瑀瑎瑂瑆瑍瑔罫罧罨腄銃僧僮僖僚僕
僑僩兢劃匱厭嘗嗽嘔嘆嘉嘍嘎團圖塵塾境
墓墊墅壽夥夢奪嫡嫦嫩嫗嫖嫘嫣寞寧寡寥
實寨寢寤察對屢嶄嶇幕幗幔廓廖彰慇愿態
截敲榦旗旖暢暝榨榕榮構榛榷榫槐槍榭槌
槃榣歉歌滌煽熊熄熒爾犒犖獄甄疑盡監睽

睿碟碧碩碣禎福禍種稱窪窩竭端管箕箋算
箝箔箏箇粹粽精綻綰綜綽綾綠緊綴綱綺綢
綵綸維緇綬翠翡翟聞聚肇臺與舔舞艋蜿蜜
蜻蜢蜥蜴蜘蜷蜩裳裴裹裸製裨裯誦誌語誣
認誡誓誤説誥誨誘誑貍貌賓賑賒赫趙趕踴
輔輒輕輓酵酸酷鉸銀銅銘銖銘銓銜銑閡閨
閩閣閥閤需鞄鞅韶頗領颯駁骯骰髦魁魂鳴
鳶鳳麼鼻齊嘓墉墐墇嫜嫮嫪嫚嫫嫬嫞嫌嫙
嫨寠寣屣嶂嵺嵷嵳嵹幘幓彈彯慁慈擊塈槽
榠槎楮榬榑榙榧榿榽榤榹槊榪榛榞槇榴榥
歊毃滎熇熀熅熏煻犗獃甃暉碞禘禋禖禕禔
禓禗禪箖箑箐箍箛箚箙箂粿粺綧綷綨綣綪
緁緀緅緄緆緋緌緰綦縩綩蜮蜡蜙蜛蜾蜺蜚
裧裱裾裼褊覡誖豩賕踉輐輑輎酺銛銸銍銚
銿鉅鉿銂鉽鉞鉑銙銙銋銇鍬鋌鞊鞀鞂鞄颭
馹駀髟魹魡魟鳵縢誕綿裹鋈艴鞁豪

十五畫

郱院陣陡陛陜除陞陟部郭郯郴郲郬郗慨摒
溉腴著萸逮逵週逸進逶郵嫣逭逯概萬節署
腰腸腥腳腹腦葷落萱葵葦葫葉葛萼萵葡董
葩葭葆葖葶葹葑葇葳葺蒽萩萹葯葥幣徹慷
慢慣慵摘摸摺摑摧漳演滾滴漩漾漠漬漂漢
滿漆漸漲漣漕漫漪滬漁獐瑤瑣瑪瑰瑭磁箸
緒罰褚餃餌餉慞慱慳慒慓慬慔慺慥慪慖摴

摜滸濂漉漙漚漒澤滫漅漟漍漈瑢瑳瑱瑲瑧
億儀僻僵價儂儉劇劈劉劍厲嘻嘹嘲嘿嘴嘩
噎嘶嘯墟增墳墜墩播奭嬉嫻嬋嫵嬌嬈寮寬
審寫層履嶝嶔幢幟幡廢廚廟廣廠彈影德徵
慶慧慮慕憂慼慫慾戮摩摯摹敵敷數暮暫暴
樣樟椿樞標槽模樓樊槳樂樅樑歐毅毆漿熟
熬熱犛獎瑩畿皚盤瞎瞇瞌瞑瞋磋磅確磊碼
磐稼穀稽稷稻窯窮箭箱範箴篆篇糊締練緯
緻緬緝編緣線緞緩緲緹罷羯翩耦蝴蝶蝠蝸
蝙蝗蝌衝褐複褓褕諒談諄請課諉調誰論誹
豌豎賠賞賦賤賢賣賜質趟趣踐踝踏踞輝輛
輟輩輪輜輞輥醇醉醋醃鋅銻銷鋪鋁銳銼鋒
鋇閭閱霄霆震霉靠鞏頡頻頜颳養駝駐駟駛
駑駕駒駙髮鬧魅魄魯鴉麾黎墨齒儇噌嘺圚
墠嫶嫸嬂嫹嬅嶢嶓嶠幝幜廞夐斳暵暪樀樗
槥槤槿槢樛槾槧槦槫樘槶樇槝毿頴熲熯熛
熰熠熝熥熞燈皜皞皛褱磍碻磏磌磑磈禚禡
禜禛稹窴篋箹糅糈緷緪緧緗緫緶緟羬羭蝖
蝚蝭蝪蝟蝯褌褘觭諆諗誾賙賚趜踣踖輬輤
輮輗醅醊醁醀鋐鋃鋙銶鋏鋟鋘鋗鋝鋌鋂鋊
鋎鋍鋉鋠鋞鋡鋆閲雩霈霂靚頞頦頨駔駉駘
嫺廝髯墫畾緘

十六畫

都陪陳陰陬鄂郾陲搗溈鄆鄄鄘郭郯鄀郲運
遊道遂達逼違遐遇遏過遑逾遁遒逷遄撇撤
澈膀膏膈膊腿膂蓉蒿蓆蓄蒙蒲蒜蓋蒸蓀蓓
蒐蒼蓑蓊餅澂漯膝膃膋蒡蒟蒺蓂蒹蒴蓁蓍
蒱蓐蒻蒨蔴蓛憧憐憫憎憬憚憤憔憮撞撲撈
撐撰撥撓撕撩撒撮播撫撚撬撙潼澄潑潦潔
澆潭潛潸潮澎潺潰潤潘潯潠潟獗璋璃瑾璀
罵衛諸諛豬賭赭餒餘幩憋憉憛憭慄憒憍憳
撗撜撣撟榼潾澇澒澍澉澌潢潏潚澖潬澂潲
潒潐潗澔澓潡潽潧潓澋潩潿澕潣潪獠璇璉
璆瑽璈觰餔儒儔儐儕冀凝勳噫噩噤噪器噥
噱噯壁墾壇壅奮學寰導彊憲憑憊戰曆曉暹
曄曇暸樽樸樺橙橫橘樹橄樍橡橋橇樵機橈
歙歷熾燉燐燒燈燕熹燎燙燃燄甌甍盧盥瞠
瞞瞟磨磚磬磧禦穎穆穌穋窺篙篤篛篡篩糕
糖縊縑縈縛縣縞縝縉縐翰翮耨臻螟螞螢融
衡褥褫褡親覦諦諺諫諱謀諜諧諮諾謁謂諷
諭諳諶諼豫賴蹄踱蹂踹踵輻輯輸輳辨辦錠
鋸錯錢鋼錫錄錚錐錦錡錕錮錙閻雕霎霑霖
霍霓霏靛靜靦鞘頰頸頻頷頭頹頤餐駭駱骸
骼髻鮑鴕鴣鴦鴨鴒鴛默黔龍儜叡噲噞圜壈
墿嬗嬙嬐嬖嬠嬞寯嶧嶮嶭幨幣廩廦彋徼憝
憨憩曈暾暻暺樴橦橉橧樻橝橛橑橚橨樿橪

燊橏橔橈橞樸樳橺橎橆潞燂熸燖燀燁燋燔
橤燇燆犝暲瞙磪磞穄穈穇窶窸篚篔篟糗糐
縒縗縟縠縓縜縢縋罃豲虤螛螗螓螈螘螇螣
螐螝螄螉褞褮褟諠諢諲諴諵諤諟諰諞諡諨
諯諻賵賷赬蹀踼踽踰輶輮輹輴醐醑醍醏錧
錞錈錆錏錣錁錎錝鐃鋹鋷錪錔錋錉竪鋻閒
閾閹閶閿閵鞔韸駭駥鮀魾鮂鮒鮐鮣鮏鴋駕
麈麇麮默澀篠錘陵陸陴陶陭陫鼐整瓢積築
興縕虤銹蓰艘醒翱橐輵

十七畫

陼鄉隊階隋陽隅隆隍隄陿隈隉隃鄰鄗鄐郹
鄝鄙鄖鄔鄎遠遘遜遣遙遞遢遛餅膛膜膝膠
膚蔗蔚蓮蔬蔭蔓蔑蔣蔡薊蓬蓿蔆漬膣膞蔏
蔀蔩蔎蔟蔧蔦蔈蕁蔪蓷蔘蓪蓩華蔞蓶蓧蓨
蓯蓹蔋懍憶憾懊懈擅擁擋撻撼據擄擇擂操
撿擒擔撾濂溊澡濃澤濁澧澳激澹澶澒澠澴
獨璜璘璞瞥罹羲館餞餛餡餚嬿懞懆懁懌憸
擗擐撽擉擻擃濋澣濇澼濎濈濄澽澞濊濨澥
澮澺澪澿澸澢濍澯澲澰獧獫獪璠璔璒璕罽
謯餟優償儡勵嚎嚀嚅嚇壕壓壑壎嬰嬪嬡孺
尷屨嶼嶺嶽嶸幫彌徽應懂懇戲擎擊擘斂曖
檀檔檄檢檜檣橾檗檐檠殮毚氈燧營燮燦燥
燭燬燠牆癆療盪瞳瞪瞰瞬瞧瞭矯磷磺磴禧
禪穗窿簇簍篾篷簌糠糜糞糟糙糝縮績繆縷

縲繃縫總縱繅繁縴縹繈罄翳聱聲聰聯聳臨
舉艱虧蟀螳蟆螌螻螺蟈蟋褻褶襄褸覬謎謗
謙講謠謝謄謐豁谿豳賺賽購賸賻趨蹉蹋蹈
蹊轄輾轂轅輿醞醜鍍錨鍵鍊鍥鍋鍾鍛鍰鍚
鍔闊闃闌闈隸雖霜霞鞠韓顆颶騁駿鮮鮫鮪
鮭鴻鴿麋黏點黜黝黛齋嚍壖壔嬭嬥嬲嬣嬬
嬧嬦嬯嬮𤢖寱寲嶷懤懞勳𢣀憼噭檖檁檉檟
檛檡檞檓檎檕檃檑橿檚檅薉歛殭氉燢燡燮
嚹癉皤瞵瞫瞶矰磽磻禫禨穜穛穘穚窾窺竁
簏篲篢篻篴篳簂簉簃簁篸篽篰縭縼繂繟繀
繇縩縻縶繄罅螪螭螬螵螼螯蟄蟊螢螽螲襝
襁褷覲觳謞諰謑謅諜謏謒謕謇謍謜謚蹍豰
豯貕貔赯蹍蹌蹇轃轀醚醘醡醝醓鍤鍖鍇鍼
鍘鍜鍉鍑鍠鍭鍪鍗鍕鍱鍡鍞鍧鍌闇闉闅霙
韔鍐醎騂騪騃骾鮚鮨鴳鴸鴰鴽黚黻鼀齔龠
蓳翷爔

十八畫

隘隔隕蔿鄗鄘鄞隙鄣鄜鄠鄢鄟蔽適遮遨遭
憯遯邀膳膩膨蕊蕙蕈蕨蕩蕃蕉蕭蕪蕞遲駢
㦬膦膮膫膰膬膲膧蕫蕓蕘蕀蕁蕢蕄蕑蕠蕎
蕕蕝儲嚏懦戴擠擰擦擬擢擭斃曙濘濱濟濠
濛濤濫濯濬濡濩濕濮濰爵獰獲璩環璦璨翼
蟒懠懥懤懞擯擣擤濔濜濭濞濸獮獯璲璫璐
璪璱璥罿罽鎡餬餳叢嚕壙壘嬸彝懣戳斷曜

朦檳檬櫃檻檸櫂檮檯歟歸殯燻燼燾燸璧甕
癖癒瞽瞿瞻瞼礎禮穡穢穠竄竅簫簧簪簞簣
糧織繕繞繚繡繒繙翹翻職聶舊蟯蟬蟲蟠覲
觴謨謹謬謫豐贅蹙蹣蹤蹟蹕軀轉醫醬釐鎔
鎊鎖鎢鎮鎬鎰鎘鎚鎗闔闖闐闕雜雙雛雞霤
鞦鞭韹額顏題顎颺餮馥騎髁鬃鬆魏魎鯉鯈
鯀鵑鵝鵠黠鼬噯嚗嚙嬼孊巂巀懱懨懟懪旛曚
曛嚅檹檽櫞檻櫇櫻氁燿燹甓皦磻礓礜礒礑
禭襘穟簜簙簠簟簦簨簢簥縛繐繖繢繟繑繗
繓繚羳翺艟虩蟢蟫蟪蟥蟜蟣蟨襓襏襌襑襉
謣謳謼謾謱謥謷謦謤謻謬貙貘貗贄蹢蹠蹡
蹝蹔轆醨醧醪鎒鎛鎉鎧鎎鎪鎞鎦鎈鎟鎵鎑
鎣闓闛闟韐雚巂雝霣霢鞬鞮鞨鞫鞪鞢鞮鞣
颸騏騑髀鬈鬵鯀鯁鶃鵖鵒鵌齕鵡覆闕

十九畫

障際遷鄰鄭鄧鄱鄯鄫鄦鄲遵遴選遼遺臏遶
遹櫛臆臃膺臀膿膽臉膾薪薄蕾薔薛薇薨薊
膻朦臊膈蕰薏蕻蕹蘋蕺薆薙蘑蘚薈蕹蕿薟
嚮擴擲擾擺擻擷瀉瀋濾瀆濺瀑瀏獵璿薦轍
離餽擿攄攕瀇瀍瀅濼璯璹璶蠁藷蹩醯鎑鎎
儳嚥壞壟壢寵龐廬懲懷攀曠曝櫝櫚櫓爆爍
牘犢獸璽疇疆癡矇礙禱穫穩簾簿簸簽簷繫
繭繹繩繪繳羶羹羸蟻蠅蠍蟹襠襟襖襞譁識
證譚譎譏譆譙贈贊蹼蹲蹶蹬蹺蹴轔轎辭醱

醮鏡鏑鏟鏃鏈鏜鏝鏢鏘鏤鏗鏨難霪霧靡韜
韻類願顛颼鶩騙鯨鯧鯖鯛鶉鵲鵬麒麗麓麴
嚦嚧壚壝壛嬾嬿巃懥徿旝曞櫋櫟櫍櫞歠氌
爇犣犡罷矱礩礞穧穦簳簹檗繶繵繰繷繯繲
罋羷翽翾艤艣蟺蠃蟶蟷蠉蠋蠆襢襚襛襡襜
襘襝襙觶譐譈譊譀譓譖譔譕譎譂譒豰貚贇
贉趬趪蹭蹸蹬蹯轒轑轓韔醰醭鏞鏇鏏鏚鏐
鏹鏌鏙鏦鏊鏔鏕鏧霦鞲韞顡顗颻鬋鬷鯫鯤
鯢鯕鯡鵰麑黼齖齗罽櫧譜懸籀欐

二十畫

隢鄹著避遽還邁邂邀邅臍臏藏藍藐藉薰薺
臺瀦臑歊藂薵薿藎薶薷攏瀛瀟瀨瀚瀝瀕瀘
獺瓊躇饅攄櫧櫫瀙瀧瀠瀖瓅瓃羃羆嚶嚴嚼
壤孀孃孽寶懺曦爐獻礦礪礬礫竇競籃籍糯
糰辮繽繼纂罌耀艦蠕襤覺觸議譬警譯譟譫
贍躉躁躅躂醴釋鐘鐃鏽闡霰飄馨騫騰騷鰓
麵黨齟齣齡礐孅巆廯曨曣曤櫪櫱爓皪矌矎
矍礨繻繾纁羺聹蠐蠑蠓襦譠譨譣躆躄轖轗
轕轘醲醳鐓鏻鐏鐔鐝鐐鐙鐍鏵鐎鏸鐰鏶闞
闠闟飂騶鰈鰉鶂鶩鶖黥黦齛齠龔璵犧懶辧
勸譅疊隢鄹鄮著避遽還邁邂邀邅邃臍臏藏
藍藐藉薰薺臺鯽瀦臑歊藂薵薿藎薶薷攏瀛
瀟瀨瀚瀝瀕瀘獺瓊躇饅饉攄攉櫫瀙瀧瀠瀖
瓅瓃羃羆饈嚶嚴嚼壤孀孃孽寶巉懺曦櫬爐

獻礦礪礬礫竇競籃籍糯糰辮繽繼罌耀艦蠔
蠕襤覺觸議譬警譯譟譫贍躉躁躅躂醴釋鐘
鐃鏽闡霰飄馨騫騰騷鰓鹹麵黨鼯齟齣齡嚳
孅巆懩襧闠嚵鐕

二十一畫

隧隨險隩鄸邇邈臘藕臕藜摩攘攔攙瀾瀰激
瓏饒饑攕攓櫹瀼瀯瀹瀸獽獼饐饎饌饋儷囁
囂屬巍囊櫻檽爛籐纏續蠣蠢蠡禨襬譴護譽
贓躊躍躋轟辯醺鐳鐵鐺鐸鐲鐫闢霸霹顧顥
驅驃驀騾髏魔鰭鰥鶯鶴鷂麝黯齦齧孈孇巏
廱櫼欃櫸欀爚甗矐礭礱糲纊纇纈纆纍罍耰
蠜蠛譹譸譺贐趯轞鐶鐰鎊鐬闥闤霵韡顪飆
驂鶩鰣鰩鰤鶇鷁鶻鶱鐮籌羅纂欄露歸藤夔
贏襀藞

二十二畫

隱隰隬鄺鄿藷邊邋礡朧臚藻藹蘭蘆蘋蘇蘊
臞臙藿蘀藶蘄蘅蘗懼懾攝攜灌瓖瓔覽響饗
灃灘爝獾饘囈囊囉孿巔巒彎權歡疊癬禳籠
籟聾襲襯讀贖躑躓轡鑄鑑霽霾韁顫饕驕驍
鬚鰱鰾鷓鷗軀齬齪龔樊孌巑欋櫵氍爞犨穰
籜籙籛籚糴纑艫蠨蠦蠪蠥襱覿讂躕躔躒躐
轠轢鑌鑐鑊鑏饔驊鬻魕鱄鰲鷙龢竊聽懿孋

二十三畫

隳酀鄿蘭蘚蘘蘧蘩攤灑灘鷩攡攢灒瓘瓗皭
羇躛巖戀攣籤籥纓纖纔蠱孌鑣鑠黶顯饜驚
驛驗髓體鱔鱗鷥麟黴壧孍巘戁曫欑欒欏籧
蠰蠲蠮襴襳讌讎讐讈躘轤轣鑕韅囊鱒鱘鱎
鱋鷲鷊鷦鷔鷴黲鼷鷺矔黐

二十四畫

隴酃臟臞攫攬瓚戄攩玁襶囑壩癱矗蠶蠹讓
讒讖艷釀鑪靂靈靄韆驟鬢鷹鹼鹽齷齲孎曭
曮欓爣礸襸纗蠵讔讕躞躟躝醽鑫鑨雥韇髕
鱣鱧鱠鸇贛鑢

二十五畫

蠬酆鄺酅臢蘸蘿蘺蘼灞羈灟灡灝灠瓛釂廳
欖籬籮蠻觀躡釁鑲鑰顱髖鬣欘欙欗欚矘礹
饡纘矕襼襻讘讙鑮鑭鑯鑱靉鱨鱭鸑

二十六畫

酈邏灣饞饟矚讚鑷虉驢籯蠼釃鑴鑵驠

二十七畫

虆灤驥纜讜躪釅鑽鑾鑼鱷鱸蠿讞躩顳顴驤
驦鸕鑿

二十八畫

灨饡豔鸚戇钀钁驩

二十九畫
驪 鬱 鸛
三十畫
鸞 鸝
三十一畫
虋
三十二畫
灩

15 姓氏格局表

※ 此表僅供參考，並不能作爲命名之根據，命名時需配合其他派別才可。

二畫局

七、刁、刀、力、丁、卜、乃、乜				
3 〈 (1) 2 4 2 〉 3 6 6 8	11 〈 (1) 2 1 10 〉 3 3 11 13	3 〈 (1) 2 9 2 〉 3 11 11 13	11 〈 (1) 2 3 10 〉 3 5 13 15	5 〈 (1) 2 9 4 〉 3 11 13 15
13 〈 (1) 2 3 12 〉 3 5 15 17	3 〈 (1) 2 13 2 〉 3 15 15 17	13 〈 (1) 2 4 12 〉 3 6 16 18	8 〈 (1) 2 9 7 〉 3 11 16 18	3 〈 (1) 2 14 2 〉 3 16 16 18
21 〈 (1) 2 1 20 〉 3 3 21 23	13 〈 (1) 2 9 12 〉 3 11 21 23	11 〈 (1) 2 11 10 〉 3 13 21 23	3 〈 (1) 2 19 2 〉 3 21 21 23	21 〈 (1) 2 3 20 〉 3 5 23 25
5 〈 (1) 2 19 4 〉 3 21 23 25	21 〈 (1) 2 9 20 〉 3 11 29 31	11 〈 (1) 2 19 10 〉 3 21 29 31	13 〈 (1) 2 19 12 〉 3 21 31 33	21 〈 (1) 2 13 20 〉 3 15 33 35
15 〈 (1) 2 19 14 〉 3 21 33 35	11 〈 (1) 2 23 10 〉 3 25 33 35	13 〈 (1) 2 23 12 〉 3 25 35 37		

三畫數姓氏格局

子、干、上、山、于、弓、大、万、千、土、小、尸、才、女、士

3 (1) 3 3 2 4 6 5 8	7 (1) 3 2 6 4 5 8 11	6 (1) 3 3 5 4 6 8 11	11 (1) 3 3 10 4 6 13 16	6 (1) 3 8 5 4 11 13 16
13 (1) 3 3 12 4 6 15 18	8 (1) 3 8 7 4 11 15 18	6 (1) 3 10 5 4 13 15 18	3 (1) 3 13 2 4 16 15 18	17 (1) 3 2 16 4 5 18 21
16 (1) 3 3 15 4 6 18 21	7 (1) 3 12 6 4 15 18 21	25 (1) 3 8 24 4 11 32 35	23 (1) 3 10 22 4 13 32 35	15 (1) 3 18 14 4 21 27 35
13 (1) 3 20 12 4 23 32 35	18 (1) 3 18 17 4 21 35 38	24 (1) 3 22 23 4 25 45 48		

四畫數姓氏格局

火、井、太、勾、木、水、支、巴、仇、戈、弓、元、卡、卞、文、方、尤、牛、尹、孔、毛、仉、殳、毋

6 (1) 4 2 5 5 6 7 11	3 (1) 4 9 2 5 13 11 15	5 (1) 4 9 4 5 13 13 17	3 (1) 4 11 2 5 15 13 17	13 (1) 4 4 12 5 8 16 20
16 (1) 4 2 15 5 6 17 21	6 (1) 4 12 5 5 16 17 21	13 (1) 4 9 12 5 13 21 25	3 (1) 4 19 2 5 23 21 25	23 (1) 4 3 22 5 7 25 29
17 (1) 4 9 16 5 13 25 29	15 (1) 4 11 14 5 15 25 29	13 (1) 4 13 12 5 17 25 29	7 (1) 4 19 6 5 23 25 29	23 (1) 4 9 22 5 13 31 35
13 (1) 4 19 12 5 23 31 35	15 (1) 4 19 14 5 23 33 37	13 (1) 4 21 12 5 25 33 37	23 (1) 4 13 22 5 17 35 39	23 (1) 4 19 22 5 23 41 45

五畫數姓氏格局

<table>
<tr><td colspan="5">王、卯、弁、右、石、史、央、甘、目、申、由、田、白、包、丘、仙、皮、平、古、冉、井、令、左、世、可、司、正、句、以、丙、玉、布、市、巨、召、代、弘、各、可、未、公</td></tr>
<tr>
<td>5 ｜ (1) 5 2 4 ｜ 6 7 6
11</td>
<td>7 ｜ (1) 5 2 6 ｜ 6 7 8
13</td>
<td>6 ｜ (1) 5 3 5 ｜ 6 8 8
13</td>
<td>6 ｜ (1) 5 8 5 ｜ 6 13 13
18</td>
<td>3 ｜ (1) 5 11 2 ｜ 6 16 13
18</td>
</tr>
<tr>
<td>15 ｜ (1) 5 2 14 ｜ 6 7 16
21</td>
<td>5 ｜ (1) 5 12 4 ｜ 6 17 16
21</td>
<td>7 ｜ (1) 5 12 6 ｜ 6 17 18
23</td>
<td>7 ｜ (1) 5 18 6 ｜ 6 23 24
29</td>
<td>25 ｜ (1) 5 8 24 ｜ 6 13 32
37</td>
</tr>
<tr>
<td>15 ｜ (1) 5 18 14 ｜ 6 23 32
37</td>
<td></td>
<td></td>
<td></td>
<td></td>
</tr>
</table>

六畫數姓氏格局

仲、伍、再、曲、任、百、后、戎、伏、全、羊、
牟、朱、仰、同、向、年、自、光、吉、安、米、
伊、羽、多、老、列、有、匡、合、朴、式、艮、
危、共、印、州、守

7 〈 (1) 6 9 6 〉 7 15 15 21	6 〈 (1) 6 10 5 〉 7 16 15 21	8 〈 (1) 6 10 7 〉 7 16 17 23	15 〈 (1) 6 9 14 〉 7 15 23 29	5 〈 (1) 6 19 4 〉 7 25 23 29
17 〈 (1) 6 9 16 〉 7 15 25 31	16 〈 (1) 6 10 15 〉 7 16 25 31	7 〈 (1) 6 19 6 〉 7 25 25 31	18 〈 (1) 6 12 17 〉 7 18 29 35	7 〈 (1) 6 23 6 〉 7 29 29 35
24 〈 (1) 6 10 23 〉 7 16 33 39	15 〈 (1) 6 19 14 〉 7 25 33 39	24 〈 (1) 6 12 23 〉 7 18 35 41	17 〈 (1) 6 19 16 〉 7 25 35 41	17 〈 (1) 6 23 16 〉 7 29 39 45

七畫數姓氏格局

江、貝、吳、余、車、宋、希、佟、佘、呂、束、豆、步、何、吾、杞、里、別、良、言、杜、汝、而、系、伯、李、池、冷、岑、我、甫、谷、克、足、利、辛、延、伸、赤、成、求、巫、君、角

6 (1) 7 10 5 8 17 15 22	8 (1) 7 9 7 8 16 16 23	7 (1) 7 10 6 8 17 16 23	8 (1) 7 10 7 8 17 17 24	11 (1) 7 8 10 8 15 18 25
17 (1) 7 8 16 8 15 24 31	16 (1) 7 9 15 8 16 24 31	7 (1) 7 18 6 8 25 24 31	18 (1) 7 8 17 8 15 25 32	17 (1) 7 9 16 8 16 25 32
8 (1) 7 18 7 8 25 25 32	11 (1) 7 22 10 8 29 32 39	18 (1) 7 28 17 8 35 45 52	16 (1) 7 30 15 8 37 45 52	

八畫數姓氏格局

始、青、政、忠、狀、沈、虎、東、征、昌、念、卓、析、帛、明、知、汲、杭、委、肖、岳、沃、長、兒、幸、宓、竺、居、物、庚、官、汨、屈、來、武、易、汪、狄、松、金、宗、沙、京、林、奇、空、呼、房、牧、扶、孟、於、周、始、和、艾、祁、盂、尚、姓

11 (1) 8 3 10 9 11 13 21	7 (1) 8 9 6 9 17 15 23	6 (1) 8 10 5 9 18 15 23	8 (1) 8 9 7 9 17 16 24	7 (1) 8 10 6 9 18 16 24
8 (1) 8 10 7 9 18 17 25	16 (1) 8 8 15 9 16 23 31	11 (1) 8 13 10 9 21 23 31	17 (1) 8 8 16 9 16 24 32	24 (1) 8 9 16 9 17 25 33
16 (1) 8 10 15 9 18 25 33	13 (1) 8 13 12 9 21 25 33	21 (1) 8 9 20 9 17 29 37	11 (1) 8 21 10 9 29 31 39	8 (1) 8 24 7 9 32 31 39
17 (1) 8 21 16 9 29 37 45				

九畫數姓氏格局

咸、河、昭、段、秋、勇、侶、柯、封、約、
宦、俞、施、風、胥、泰、哈、侯、南、計、
狐、柳、姜、禹、後、韋、查、羿、眉、帥、
相、柴、柏、革、紅、冠、姬、姚、紀、娀、
皇、法、宣、岑、昝

5 〈 (1) 9 2 4 〉 10 11 6 15	8 〈 (1) 9 8 7 〉 8 16 15 24	15 〈 (1) 9 2 14 〉 10 11 16 25	7 〈 (1) 9 9 6 〉 10 18 15 24	8 〈 (1) 9 9 7 〉 10 18 16 25
5 〈 (1) 9 12 4 〉 10 21 16 25	18 〈 (1) 9 6 17 〉 10 15 23 32	17 〈 (1) 9 7 16 〉 10 16 23 32	13 〈 (1) 9 12 12 〉 10 21 24 33	21 〈 (1) 9 12 20 〉 10 21 32 41
11 〈 (1) 9 22 10 〉 10 31 32 41	18 〈 (1) 9 22 17 〉 10 31 39 48	29 〈 (1) 9 20 28 〉 10 29 48 57		

十畫數姓氏格局

祖、眞、肥、晏、恭、桂、原、耿、孫、家、桐、桑、倉、宮、展、益、花、晉、桃、洪、倪、夏、桀、高、城、秘、貢、索、時、芳、留、班、容、奚、晁、師、唐、軒、般、烏、祝、馬、秦、桓、徐、席、起、袁、展、租、凌、宰、洛、翁、蚋、豹、殺、芮

3 (1) 10 3 2 11 12 5 15	3 (1) 10 6 2 11 16 8 18	13 (1) 10 1 12 11 11 13 23	11 (1) 10 3 10 11 13 13 23	8 (1) 10 6 7 11 16 13 23
3 (1) 10 11 2 11 21 13 23	13 (1) 10 3 12 11 13 15 25	5 (1) 10 11 4 11 21 15 25	3 (1) 10 13 2 11 23 15 25	11 (1) 10 11 10 11 21 21 31
21 (1) 10 3 20 11 13 23 33	13 (1) 10 11 12 11 21 23 33	11 (1) 10 13 10 11 23 23 33	23 (1) 10 3 22 11 13 25 35	13 (1) 10 13 12 11 23 25 35
21 (1) 10 11 20 11 21 31 41				

十一畫數姓氏格局

苑、苗、茅、茚、英、張、假、梁、宿、麥、寇、扈、符、曹、茱、那、崔、麻、苟、邢、浦、商、從、魚、終、巢、尉、範、畢、習、鹿、胡、庸、敖、崇、粘、國、許、常、婁、堅、海、密、崖、常、強、章、粕、狼、康、將、婪、斜、紫

5 〈 (1) 11 2 4 〉 12 13 6 17	15 〈 (1) 11 4 14 〉 12 15 18 29	5 〈 (1) 11 14 4 〉 12 25 18 29	23 〈 (1) 11 2 22 〉 12 13 24 35	21 〈 (1) 11 4 20 〉 12 15 24 35
13 〈 (1) 11 12 12 〉 12 23 24 35	3 〈 (1) 11 22 2 〉 12 33 24 35	24 〈 (1) 11 14 23 〉 12 25 37 48	24 〈 (1) 11 18 23 〉 12 29 41 52	21 〈 (1) 11 21 20 〉 12 32 41 52
33 〈 (1) 11 20 32 〉 12 31 52 63	23 〈 (1) 11 30 22 〉 12 41 52 63			

十二畫數姓氏格局

邵、盛、焦、黃、堵、費、賀、荊、理、童、富、茹、荀、程、喬、雲、彭、項、喻、邱、阮、景、曾、博、閔、開、留、朝、閒、敦、鈕、貴、惠、郤、淵、須、雄、強、舜、能、盛、舒、單、辜、堯、嵇、斐、馮、越、祈、邸、屠、靳、甯、庾、訾

3 (1) 12 3 2 13 15 5 17	3 (1) 12 4 2 13 16 6 18	11 (1) 12 1 10 13 13 11 23	3 (1) 12 9 2 13 21 11 23	11 (1) 12 3 10 13 15 13 25
5 (1) 12 9 4 13 21 13 25	15 (1) 12 3 14 13 15 17 29	21 (1) 12 1 20 13 13 21 33	18 (1) 12 4 17 13 16 21 33	13 (1) 12 9 12 13 21 21 33
11 (1) 12 11 10 13 23 21 33	21 (1) 12 3 20 13 15 23 35	15 (1) 12 9 14 13 21 23 35	13 (1) 12 11 12 13 23 23 35	11 (1) 12 13 10 13 25 23 35

5〈 (1) 12 19 4 13 31 23 35	15〈 (1) 12 11 14 13 23 25 37	13〈 (1) 12 13 12 13 25 25 37	6〈 (1) 12 20 5 13 32 25 37	3〈 (1) 12 23 2 13 35 25 37
11〈 (1) 12 19 10 13 31 29 41	25〈 (1) 12 9 24 13 21 33 45	21〈 (1) 12 13 20 13 25 33 45	15〈 (1) 12 19 14 13 31 33 45	11〈 (1) 12 23 10 13 35 33 45
23〈 (1) 12 13 22 13 25 35 47	16〈 (1) 12 20 15 13 32 35 47	13〈 (1) 12 23 12 13 35 35 47	23〈 (1) 12 23 22 13 35 45 57	

十三畫數姓氏格局

楚、祿、鉗、廉、雷、睦、琴、湛、詹、裘、嵩、解、莫、溫、郁、經、莊、雍、幹、農、湯、新、義、椿、游、督、虞、稠、衙、楊、路、賈、塗、裔、廉、雍、賁、莘、琚				
3 (1) 13 3 2 14 15 5 18	6 (1) 13 3 5 14 16 8 21	15 (1) 13 2 14 14 15 16 29	6 (1) 13 11 5 14 24 16 29	5 (1) 13 12 4 14 25 16 29
16 (1) 13 3 15 14 16 18 31	23 (1) 13 2 22 14 15 24 37	13 (1) 13 12 12 14 25 24 37	6 (1) 13 19 5 14 32 24 37	25 (1) 13 8 24 14 21 32 45
15 (1) 13 18 14 14 31 32 45	13 (1) 13 20 12 14 33 32 45	25 (1) 13 11 24 14 24 35 48	24 (1) 13 12 23 14 25 35 48	18 (1) 13 18 17 14 31 35 48

十四畫數姓氏格局

郗、臧、郟、輔、鳳、齊、端、郝、郤、趙、逢、慎、郜、管、造、韶、赫、臺、聞、銥、華、榮、僮、猿、熊、郎、源、逄、連、甄、通、廖、裴、翟、槐、暴、壽

6 / (1) 14 2 5 / 15 16 7 / 21	3 / (1) 14 9 2 / 15 23 11 / 25	7 / (1) 14 9 6 / 15 23 15 / 29	16 / (1) 14 2 15 / 15 16 17 / 31	17 / (1) 14 2 16 / 15 16 18 / 32
16 / (1) 14 3 15 / 15 17 18 / 32	13 / (1) 14 9 12 / 15 23 21 / 35	20 / (1) 14 4 19 / 15 18 23 / 37	15 / (1) 14 9 14 / 15 23 23 / 37	13 / (1) 14 11 12 / 15 25 23 / 37
5 / (1) 14 19 4 / 15 33 23 / 37	17 / (1) 14 9 16 / 15 23 25 / 39	7 / (1) 14 19 6 / 15 33 25 / 39	23 / (1) 14 9 22 / 15 23 31 / 45	13 / (1) 14 19 12 / 15 33 31 / 45
25 / (1) 14 9 24 / 15 23 33 / 47	23 / (1) 14 11 22 / 15 25 33 / 47	15 / (1) 14 19 14 / 15 33 33 / 47	13 / (1) 14 21 12 / 15 35 33 / 47	

十五畫數姓氏格局

鄔、郲、郯、逯、郵、談、墨、褚、樂、樊、
鞏、歐、養、樓、董、閭、摯、審、萬、魯、
廣、葛、郭、滿、諒、麃、葉、黎、頡、劉、
厲、陝、練

5 ｜ (1), 15, 2, 4 ｜ 16, 17, 6 21	8 ｜ (1), 15, 8, 7 ｜ 16, 23, 15 30	15 ｜ (1), 15, 2, 14 ｜ 16, 17, 16 31	8 ｜ (1), 15, 9, 7 ｜ 16, 24, 16 31	7 ｜ (1), 15, 10, 6 ｜ 16, 25, 16 31
8 ｜ (1), 15, 10, 7 ｜ 16, 25, 17 32	17 ｜ (1), 15, 8, 16 ｜ 16, 23, 24 39	16 ｜ (1), 15, 9, 15 ｜ 16, 24, 24 39	25 ｜ (1), 15, 8, 24 ｜ 16, 23, 32 47	24 ｜ (1), 15, 9, 23 ｜ 16, 24, 32 47
15 ｜ (1), 15, 18, 14 ｜ 16, 33, 32 47	25 ｜ (1), 15, 9, 24 ｜ 16, 24, 33 48	24 ｜ (1), 15, 10, 23 ｜ 16, 25, 33 48	16 ｜ (1), 15, 18, 15 ｜ 16, 33, 33 48	16 ｜ (1), 15, 22, 15 ｜ 16, 37, 37 52
29 ｜ (1), 15, 20, 28 ｜ 16, 35, 48 63				

十六畫數姓氏格局

駱、龍、臻、閻、穎、霍、諸、都、蒯、盧、衡、衛、賴、稽、穆、蒲、錫、融、陸、潘、運、燕、蓋、陶、鮑、鄂、憑、陳、錢、橋、縣、院、邴、陰、蒼

6 ⟨ (1) 16 1 5 ⟩ 17 17 6 22	5 ⟨ (1) 16 9 4 ⟩ 17 25 13 29	8 ⟨ (1) 16 9 7 ⟩ 17 25 16 32	7 ⟨ (1) 16 23 6 ⟩ 17 39 29 45	5 ⟨ (1) 16 13 4 ⟩ 17 29 17 33
17 ⟨ (1) 16 7 16 ⟩ 17 23 23 39	15 ⟨ (1) 16 9 14 ⟩ 17 25 23 39	5 ⟨ (1) 16 19 4 ⟩ 17 35 23 39	24 ⟨ (1) 16 2 23 ⟩ 17 18 25 41	7 ⟨ (1) 16 19 6 ⟩ 17 35 25 41
29 ⟨ (1) 16 1 28 ⟩ 17 17 29 45	17 ⟨ (1) 16 13 16 ⟩ 17 29 29 45			

十七畫數姓氏格局

鐘、澹、館、應、翼、蔥、陽、鞠、鄒、優、彌、謝、讓、隸、韓、營、繆、蔡、勵、鄔、蔚、賽、蓬、蔣、隆、轅、遜、瞿、慕

11〈 (1), 17, 8, 10 〉 18, 25, 18 35	7〈 (1), 17, 12, 6 〉 18, 29, 18 35	17〈 (1), 17, 8, 16 〉 18, 25, 24 41	16〈 (1), 17, 20, 15 〉 18, 37, 35 52	6〈 (1), 17, 30, 5 〉 18, 47, 35 52
31〈 (1), 17, 18, 30 〉 18, 35, 48 65	29〈 (1), 17, 20, 28 〉 18, 37, 48 65	21〈 (1), 17, 28, 20 〉 18, 45, 48 65		

十八畫數姓氏格局

顏、魏、雛、闕、聶、簡、儲、戴、豐、環、繞、禮、睢、隗、濟、鄢、鄞、鄱、雙、濮、蕭

7〈 (1), 18, 7, 6 〉 19, 25, 13 31	11〈 (1), 18, 7, 10 〉 19, 25, 17 35	7〈 (1), 18, 11, 6 〉 19, 29, 17 35	11〈 (1), 18, 11, 10 〉 19, 29, 21 39	16〈 (1), 18, 14, 15 〉 19, 32, 29 47
17〈 (1), 18, 29, 16 〉 19, 47, 45 63				

十九畫數姓氏格局

譚、薄、鄧、譯、關、譙、禰、薛、鄭、 龐、蟻、麴、蔄				
5 (1) 19 2 4 20 21 6 25	8 (1) 19 6 7 20 25 13 32	15 (1) 19 2 14 20 21 16 35	5 (1) 19 12 4 20 31 16 35	18 (1) 19 12 17 20 31 29 48
8 (1) 19 22 7 20 41 29 48	31 (1) 19 2 30 20 21 32 51	21 (1) 19 12 20 20 31 32 51	18 (1) 19 16 17 20 35 33 52	31 (1) 19 22 30 20 41 52 71

二十畫數姓氏格局

懷、賓、黨、藍、寶、釋、嚴、鐘、敢、闞、羅、籍、邀				
3 〈 (1) 20 3 2 〉 21 23 5 ; 25	11 〈 (1) 20 1 10 〉 21 21 11 ; 31	13 〈 (1) 20 1 12 〉 21 21 13 ; 33	11 〈 (1) 20 3 10 〉 21 23 13 ; 33	3 〈 (1) 20 11 2 〉 21 31 13 ; 33
15 〈 (1) 20 1 14 〉 21 21 15 ; 35	13 〈 (1) 20 3 12 〉 21 23 15 ; 35	5 〈 (1) 20 11 4 〉 21 31 15 ; 35	3 〈 (1) 20 13 2 〉 21 33 15 ; 35	21 〈 (1) 20 1 20 〉 21 21 21 ; 41
15 〈 (1) 20 11 14 〉 21 31 25 ; 45	23 〈 (1) 20 3 22 〉 21 23 25 ; 45	13 〈 (1) 20 13 12 〉 21 33 25 ; 45	21 〈 (1) 20 12 20 〉 21 32 32 ; 52	

二十一畫數姓氏格局

巍、襲、瓏、藥、顧、纏、鐵、隱、夔、饒

5 (1) 21 4 4 22 25 8 29	8 (1) 21 4 7 22 25 11 32	15 (1) 21 2 14 22 23 16 37	13 (1) 21 4 12 22 25 16 37	6 (1) 21 11 5 22 32 16 37
5 (1) 21 12 4 22 33 16 37	15 (1) 21 4 14 22 25 18 39	11 (1) 21 8 10 22 29 18 39	23 (1) 21 2 22 22 23 24 45	17 (1) 21 8 16 22 29 24 45
13 (1) 21 12 12 22 33 24 45	29 (1) 21 3 28 22 24 31 52	24 (1) 21 8 23 22 29 31 52	21 (1) 21 11 20 22 32 31 52	24 (1) 21 24 23 22 45 47 68

二十二畫數姓氏格局

藺、龔、樣、權、灌、蘇				
3 (1) 22 1 2 23 23 3 25	5 (1) 22 3 4 23 25 7 29	11 (1) 22 1 10 23 23 11 33	13 (1) 22 1 12 23 23 13 35	11 (1) 22 3 10 23 25 13 35
5 (1) 22 9 4 23 31 13 35	15 (1) 22 1 14 23 23 15 37	13 (1) 22 3 12 23 25 15 37	6 (1) 22 10 5 23 32 15 37	5 (1) 22 11 4 23 33 15 37
3 (1) 22 13 2 23 35 15 37	15 (1) 22 3 14 23 25 17 39	5 (1) 22 13 4 23 35 17 39	21 (1) 22 3 20 23 25 23 45	15 (1) 22 9 14 23 31 23 45
11 (1) 22 13 10 23 35 23 45	5 (1) 22 19 4 23 41 23 45	16 (1) 22 10 15 23 32 25 47	15 (1) 22 11 14 23 33 25 47	13 (1) 22 13 12 23 35 25 47
23 (1) 22 13 22 23 35 35 57	13 (1) 22 23 12 23 45 35 57	25 (1) 22 23 24 23 45 47 69		

二十三畫數姓氏格局

蘭、顯、驗、欒				
5 (1) 23 2 4 24 25 6 29	7 (1) 23 2 6 24 25 8 31	5 (1) 23 12 4 24 35 16 39	15 (1) 23 2 14 24 25 16 39	17 (1) 23 2 16 24 25 18 41
7 (1) 23 12 6 24 35 18 41	23 (1) 23 2 22 24 25 24 47	16 (1) 23 9 15 24 32 24 47	3 (1) 23 22 2 24 45 24 47	24 (1) 23 2 23 24 25 25 48
18 (1) 23 8 17 24 31 25 48	16 (1) 23 10 15 24 33 25 48	8 (1) 23 18 7 24 41 25 48	13 (1) 23 12 12 24 35 24 47	24 (1) 23 22 23 24 45 45 68

16 其他相關知識

1.1 日光節約時間

日光節約時間又叫「夏令時間」，因爲白天日照時間較長，爲節約能源而將作息時間分秒不差地撥快一小時，在「日光節約」時間內出生的人，需將出生時間減一小時方爲正確的出生時間。

日光節約時間表	
實施年份	實施起訖時間
民國三十四年至四十年	五月一日至九月三十日
民國四十一年	三月一日至一月三十一日
民國四十二年至四十三年	四月一日至一月三十一日
民國四十四年至四十五年	四月一日至九月三十日
民國四十六年至四十八年	四月一日至一月三十日
民國四十九年至五十年	六月一日至九月三十日
民國五十一年至六十二年	停止實施
民國六十三年至六十四年	四月一日至九月三十日
民國六十五年至六十七年	停止實施
民國六十八年	七月一日至九月三十日
民國六十九年以後	停止實施

1.2 改名之步驟

擇名確定後，必須「擇日」攜帶供品至當地福德正神廟祭拜報告改名，並在神前將「改名文疏」燒掉，祈求上蒼繼續護佑，接著至祖先牌位前向祖先報告。

1.2.1 擇日

1. 在「蔡炳圳七政經緯通書」找生年之「相沖」、「三殺」、「回頭貢殺」、「三刑」、「箭刃」之地支。
2. 在「祈福酬神謝願吉課」找接近之日子與時辰，並避開上述之地支。
3. 找到合適的日子後，找到確定日子之吉時，並比較各時辰之吉凶，圈圈越多者越佳。

1.2.2 撰寫改名文疏

改名文疏必須以黃色紙製作，撰寫時以毛筆沾墨或黑筆書寫，内容可以參考範例，缺空處是必須填入的資料：地址、姓、原名、改名之原因、欲改之名、農曆生日、拜拜之農曆日期。

1.2.3 拜拜

要找住家附近當地的土地公（福德正神）拜拜，目的在向上蒼報告已改名並請繼續保佑。

1.2.4 改名文疏

◎改名文疏

天地萬物本無名，今既有名父母賜，
父母恩德天地大，於此感謝父母恩。

今　據南瞻部洲中華民國台灣省
居住，弟子庶姓　　　庶名　　　，原承父母恩賜，德澤猶如天地，因逢庶名 ◯不雅 ◯諧音不佳 ◯與長上同名 ◯字意不佳 ◯行運乖違等，故決定修改庶名爲：　　　　，嗣後塵世人間呼名均以新名爲主，凡有稟報天界庶名，亦如新名。今擇吉呈疏，誠心敬備香花清茶果品焚香禮拜，　伏乞上天垂愛庇佑，從此業道增進、智竅洪開、聰明大進、家和人和、貴人顯助、事業順遂、諸事如意、財運亨通。

今特造　　文疏叩稟

當境福德正神
轉呈
文昌梓潼帝君
三 官 大 帝
玉皇上帝大天尊　　　金蓮寶座前

弟子原庶名：
於民國　　年　　月　　日　時出生
今更改庶名爲：　　　　　印章

至誠頂禮叩拜上桌

天運歲次　　年　　月　　日　　　　呈文上疏

1.3 開運印鑑

命乃天生，運由己造，名爲其身，印即財庫。

倘命爲汽車，運即爲道路；又倘命爲樹苗，運則爲生長環境；您無法改變車種，卻可選擇道路，您無法改變遺傳因素，卻可以選擇生長之環境，這就是所謂知命與造運。

萬物以有名爲始，以有名爲基，雖只是文字元號，卻是的的確確代表了宇宙間的任何一種人、事、物之分辨。所謂「名氣」，卻是名字的磁場，名氣旺弱，與名字的主人是否相合相契有密不可分的關係。至於印，則是證明這個名字的基本工具，嚴格地說，「印」是名字的靈魂，「印鑑」代表見證與結果，因爲任何人事物的簽署都以蓋上印鑑爲終結，所以「印鑑」又代表財富與庫。

名是天生的，無從改變。運則是無形的力量，其力較緩，較不明顯，但較爲持久。名字如衣服，顯現較快、也較直接，印鑑是爲驗證，驗收之器，輔助力強，效果亦大。名字與印鑑兩者是相生關係，所產生之靈動力既大且深，結果亦快。此乃太極相生，開運造財法則。

1.3.1 開運印鑑製作步驟

刻印者可區分：雕刻匠與雕刻師，匠者：刀刻技術純熟，雕工細緻；師者：除了具雕刻技術之外，另須深諳姓名之學、擇日學、八字命理等數術。

本堂接獲之委託刻印，首先爲開運福主排定八字，再審查八字命格，找出八字喜用神，審核本命筆劃缺失，再給予增加點術與八卦宮位補強增吉。而後篆字起草構圖，再擇吉日良辰開雕刻印。印雕成後，再擇吉開光，爲開運者擇日祈福呈疏，並擇期開戶造財庫。

1.3.2 開運印鑑開運生財造庫法

富者；財多且源源不絕，乃太極相生原理，故欲生財、積財，須先造庫。

a. 爲快速得到開運之感應，請備一空白筆記本，每日蓋45個印模，啓動印靈，最好能持續三個月。每蓋一下請念一句「開運印鑑，開我財利來」。如此天天想錢，錢才會跟著您。

b. 用印物假手他人，恐別人的磁場與自己不合，蓋印前多思考一下，保持愼重心，再蓋下去。若蓋前感到不吉或令您猶豫時，即印靈感應您的心靈，對該事（契約、支票）要重新評估考量爲宜。

c. 本堂開運印鑑，皆依個人八字喜用精雕，並經過開光儀式，即產生印靈，有守護作用，平日隨身攜帶，可趨吉避凶。

d. 開運印鑑，印邊細，字文粗，代表能夠突破。因邊細易脆，故請小心用印，切記太過用力折斷細邊。萬一斷邊、缺角，定不可再使用，必須趕快用紅布包起來，並重新刻一個。

e. 開運印鑑開運祈福擇期：（請備：水果、糖果、餅乾、壽金、刈草、福金），擇新曆：年月日，農曆：年月日時，至住家附近「土地公廟」拜拜祈福，將印鑑朝向土地公，照著疏文念誦即可。

f. 再擇新曆：擇日至銀行開一新戶頭或更換印章，存款金額視個人能力而定，每月增加金額，只存不提，持續八個月如此財庫可存。

國家圖書館出版品預行編目 (CIP) 資料

姓名學教科書 / 何榮柱編著 . -- 五版 .-- 新北市 :
宏道文化出版 : 雅書堂文化發行 , 2019.04
592 面 ; 14.7 x 21 公分 . -- (知命館 ; 1)
ISBN 978-986-7232-80-9(精裝)
1. 姓名學

293.3 108003903

【知命館】01

姓名學教科書 暢銷五版

作　　者 / 何榮柱

出 版 者 / 宏道文化事業有限公司
發 行 者 / 雅書堂文化事業有限公司
郵政劃撥帳號 / 19934714
戶　　名 / 宏道文化事業有限公司
地　　址 / 新北市板橋區板新路 206 號 3 樓
電子信箱 / sv@elegantbooks.com.tw
電　　話 / 02-8952-4078
傳　　眞 / 02-8952-4084

2019 年 4 月 五版一刷

定價 680 元

作者簡介　何榮柱

大陸東方易學文化研究院　首席顧問

大陸中國建築風水研究院　首席顧問

十全轉運姓名學派創始人及專利獲獎人

FM89.7淡水河電台「姓名學命運大不同」節目主講人

FM99.3新聲廣播電台「姓名學命運大不同」節目主講人

台灣藝術台命運轉轉轉專任命理老師暨講師

如觀堂風水命理研究中心負責人

中國南京國學院註冊環境文化風水副高級評估師

新竹市中華風水命相學會常務理事

新竹市立文化中心特邀姓名學講師

新竹市風城百貨特聘姓名學義相老師

新竹市淨心服務協會常務理事

國泰人壽姓名學講師

馬來西亞（檳城）特邀命理老師專題演講

中國河洛理數易經學會姓名學顧問

二〇一一中國當代命名策畫名師

二〇一二中國十大地理風水名師

※著作：《風水學教科書》、《八字學教科書》、

《轉運神通寶典（簡體版）》、

《超級神算（簡體版）》

一、 陰陽宅風水鑑定

二、八字論命

三、男女合婚

四、嬰兒命名、成人改名、公司行號命名

五、手面相鑑定

六、卜卦、測字、梅花易數

七、一般擇日

八、姓名學、八字學、風水學、手面相學、開運名片學、轉運學、陰盤・陽盤奇門遁甲學、傳授招生執業

九、開運名片設計

十、（陰盤及陽盤）奇門遁甲轉運風水調理

住　　址：新竹市士林一街12號

預約電話：03-5331186～7　行動電話：0910159842

姓名學網站：www.6666tw.com

E-mail：golden.her@msa.hinet.net

通訊服務：請先電話詢問詳情以免有誤

現金袋寄掛號信至上述地址

書寫正確生辰八字、姓名、性別、地址、電話

八字學教科書

增訂版

知「先天命」，掌握「後天運」！

八字學大師何榮柱以其將近三十年研究與實務經驗，
精闢解析個人生命基礎密碼，推算性格所呈現的人生方向。

八字學大師何榮柱說：
可以將八字比擬成身體，
身體乃由各種組織、器官所構成，當組織、器官運作不良時，
身體就會產生不同症狀，因此必須要查明發生的原因，
採取相對應的「用神」治療，對八字產生正向的影響，
才可以減輕、消除症狀。

人的命運是可知、可預測的，
八字學大師何榮柱以其將近三十年研究與實務經驗，
告訴你如何以出生時間來預測命運的運動方向，開創人生新格局！

風水學
教科書
何榮柱◎編著
利用風水布局，
打造一個最好命・好運・好風水的環境！
易學易懂・完整實用・詳細圖解・專業知識，
與宇宙統一磁場，達到天地人合一的境界！

風水學教科書

好風水會不知不覺中
讓主人好命、好運及聚集財氣！

這是一本集合所有陽宅與陰宅的專業風水知識開運寶典，

從住宅外觀到內部一一細解。

詳細的圖解、專業的知識，及屋況內部裝潢解析，

讓風水學不再是深奧難懂的學問，而是輕而易舉的開運法寶！